WITHDRAWN
HARVARD LIBRARY
WITHDRAWN

Theonome Anthropologie?

PHAENOMENOLOGICA

COLLECTION PUBLIÉE SOUS LE PATRONAGE DES CENTRES
D'ARCHIVES HUSSERL

45

FELIX HAMMER

Theonome Anthropologie?

Comité de rédaction de la collection:
Président: H. L. Van Breda (Louvain);
Membres: M. Farber (Buffalo), E. Fink (Fribourg en Brisgau),
A. Gurwitsch, (New York), J. Hyppolite† (Paris), L. Landgrebe (Cologne),
M. Merleau-Ponty† (Paris), P. Ricœur (Paris),
K. H. Volkmann-Schluck (Cologne), J. Wahl (Paris);
Secrétaire: J. Taminiaux (Louvain).

FELIX HAMMER

Theonome Anthropologie?

MAX SCHELERS MENSCHENBILD UND
SEINE GRENZEN

MARTINUS NIJHOFF / DEN HAAG / 1972

© 1972 by Martinus Nijhoff, The Hague, Netherlands
All rights reserved, including the right to translate or to
reproduce this book or parts thereof in any form

ISBN 90 247 1186 X

PRINTED IN THE NETHERLANDS

Die vorliegende Untersuchung wurde im Sommersemester 1970 vom Philosophischen Institut an der Theologischen Fakultät der Universität Salzburg als Habilitationsschrift angenommen.

INHALTSVERZEICHNIS

Vorwort	XI
Literaturverzeichnis	XV
Einleitung. Zum geistigen Profil Max Schelers	1
§ 1. Scheler und die philosophisch-theologische Tradition	2
§ 2. Grundsätzliches zu Schelers Verarbeitung christlich-theologischen Gedankenguts	8
§ 3. Einheitlichkeit und ,,Phasen'' im Denken Schelers	16
I. Kapitel. Die liebende Wesensschau als Weg zur philosophischen Idee vom Menschen	19
§ 1. Philosophieren als Teilhabe und Teilnahme an einem überweltlichen ,,Reich''	20
§ 2. Die Phänomenologie als Methode der Entweltlichung zur reinen Erkenntnis	30
1. Von der Phänomenologie als Methode zur phänomenologischen ,,Einstellung''	30
2. Schelers phänomenologische Reduktion	35
§ 3. Die reine Liebe als Urakt der Teilnahme am Wesenreich	39
1. Der Primat der Liebe vor dem Erkennen	39
2. Liebe als Liebe zu Gott und unsinnlicher Mitvollzug des göttlichen Liebesakts	42
3. Zusammenfassende Bewertung	52
II. Kapitel. Philosophische Anthropologie: Der Theomorphismus des Menschen	55
§ 1. Die theomorphe Wesensbestimmung des Menschen	56
§ 2. Die anthropologische Grundkategorie der Personalität	64
1. Die Idee Gottes als Ur-Person	65

	2. Der Aktcharakter der menschlichen Person	76
	3. Die psychophysische Indifferenz als Ausdruck der Ich- und Leiblosigkeit der Person	85
	4. Person und Geist	97
	5. Das „Heil" als überweltliches Sinnziel der Person	106
§ 3.	Die Gesamtperson und das Prinzip der sittlichen Solidarität	110
	1. Gesamtperson und sittliche Solidarität im Rahmen des Imago-Dei-Schemas der allgemeinen Personlehre	111
	2. Weitere theologische Modelle	123
	3. Gesamtperson und Einzelperson	128

III. Kapitel. Metanthropologie: Der Anthropomorphismus Gottes   132

§ 1. Die anthropologische Wende   133
§ 2. Der anthropologische Dualismus   140
§ 3. Der Mensch als Mikrotheos und das dynamisch-dualistische Gottesbild   145

IV. Kapitel. Schelers Ansätze zu einer phänomenologischen Anthropologie   151

§ 1. Erscheinungsbild und Verhaltensstruktur des „homo naturalis"   152
   1. Die Bedeutung der morphologischen Sonderstellung des Menschen   153
   2. Das emotionale Leben und die Sympathie   158
     a. Die Gefühle   159
     b. Einsfühlung   161
     c. Sympathie und Personliebe   163
     d. Anthropologisches Schichtenmodell. Das Problem der seelischen Fremdwahrnehmung   167
   3. Werkzeugbildung und Verstand   171
   4. Die Konvergenz des homo naturalis in den außermenschlichen Raum   177
§ 2. Die Grundakte des Geistes   181
   1. Weltoffenheit und Sachlichkeit   182
   2. Der religiöse Akt   190

V. Kapitel. Rückblick und Weiterführung. Möglichkeiten und Dimensionen   195

§ 1. Der Zugang zur Wirklichkeit des Menschen. Zur Methode der philosophischen Anthropologie   196

INHALTSVERZEICHNIS

1. Ungenügende methodologische Grundlegung bei Scheler	196
2. Der Ansatz an der erfahrbaren Einheit des Menschen und seine Verdunkelung durch Schelers Dualismen	201
3. Philosophische Kritik des Theomorphieprinzips	204
4. Theologische Kritik des Theomorphieprinzips	210
5. Apriori und Aposteriori – ,,Idee'' und erfahrbare Wirklichkeit des Menschen	215
§ 2. Die Person ,,in ethischen Zusammenhängen''	219
1. Die individuelle Person in Sammlung zu sich selbst	226
a. Vollsinnigkeit	227
b. Mündigkeit	228
c. Leibbeherrschung	230
d. Handlung	232
e. Freiheit	233
f. Verantwortlichkeit	237
g. Individuelles Wertwesen der Person und Gewissen	238
h. Personale Individualität. Intime und soziale Person	242
i. Ich und Person	247
2. Du-Sphäre und Gemeinschaft	249
a. Der Ansatz an den wesenssozialen Akten der Person	251
b. Wesensformen möglicher Vergemeinschaftung	256
c. Gemeinschaft und Einzelperson	262
d. Die Bedeutung der faktischen Sozialgebilde	264
3. Erfahrung des Ungenügens und Transzendenz	268
a. Zur gegenwärtigen Krise der philosophischen Gotteslehre	271
b. Struktur eines möglichen Erfahrungshintergrundes der philosophischen Frage nach Gott	278
§ 3. Philosophische Weltanschauung	288
1. Theoretischer Sinn einer philosophischen Weltanschauung	292
a. Vorwissenschaftliches Weltbild. Philosophische Tradition	293
b. Begriffsbildung. Oberste Denk- und Seinsgesetze	295
c. Philosophie und Empirie	297
2. Praktische Bedeutung einer philosophischen Weltanschauung	299
PERSONENVERZEICHNIS	302
SACHINDEX	303

VORWORT

Die Absicht vorliegender Studie ist zunächst eine kritische Prüfung der philosophischen Anthropologie Max Schelers. Die Zeit von vierzig Jahren seit Schelers Tod, während der die Entwicklung der philosophischen Bemühung um Wesen und Wirklichkeit des Menschen nicht stillstand, dürfte genügend Abstand bieten für eine nüchterne, person- und sachgerechte Bewältigung dieser Aufgabe. Leitender Gesichtspunkt sind dabei die christlichen bzw. theologischen Implikationen im Schelerschen Menschenbild. Nach der philosophischen Gotteslehre ist die philosophische Anthropologie wohl am meisten aus der steten Auseinandersetzung mit christlichem Gedankengut gewachsen. ,,Seitdem das Christentum in die Welt getreten ist, hat es im Abendland kein Nachdenken über Wesen und Wert des menschlichen Daseins gegeben, das von dem Einfluß der christlichen Gedankenwelt völlig unberührt geblieben wäre."[1] Kaum ein anderer anthropologisch orientierter Denker unseres Jahrhunderts entspricht mehr dieser Diagnose als Max Scheler, mit dessen Namen die ,,philosophische Anthropologie" im engeren Sinn unlösbar verbunden bleibt.

Die Tatsache der starken christlich-theologischen Beeinflussung Schelers machte es notwendig, daß in unserer Arbeit immer wieder auch theologische Fragestellungen mitberücksichtigt werden mußten. Dies geschah, sooft die Sache es erforderte, jedoch unbeschadet der philosophischen Grundabsicht vorliegender Abhandlung.

Wenn von ,,christlichen" bzw. ,,theologischen" Implikationen in Schelers Menschdeutung die Rede ist, dann werden darunter

---

[1] Th. Litt, *Mensch u. Welt. Grundlinien einer Philosophie d. Geistes;* Heidelberg ²1961, 11.

Themen verstanden, die zwar altes philosophisches Gedankengut sein können, jedoch in christlicher Verwendung einen unverwechselbar neuen Sinn erhielten wie etwa des AUGUSTINUS Illuminationslehre oder der Gedanke des sich selbst transzendierenden Menschen. Darüber hinaus finden sich in Schelers anthropologischer Konzeption noch eigentlich theologische Leitlinien, Inhalte, die aus den Quellen der christlichen Offenbarung stammen, letztlich nur daraus zu erheben sind und auch, wie etwa das Theomorphieprinzip, die Erbsünden- und Erlösungslehre, der Primat der Liebe vor dem Erkennen, allein in theologischer Interpretation ihren genuinen Sinn erschließen. Nicht als ob Scheler alle diese Inhalte immer christlich und theologisch richtig verstanden hätte – im einzelnen wie in der Endvision eines in Drang und Geist zerfallenen, selbst erlösungsbedürftigen Gottes erscheinen überall die Spuren einer verhängnisvoll eindeutigen phänomenologisierenden Immanentisierung christlicher Kategorien. Doch kann Schelers äußerer wie innerer ,,Abfall'' keineswegs über die entschieden christliche Prägung seines Philosophierens hinwegtäuschen.

Die im Hinweis auf die eigenwillige Umformung des Christlichen liegende Anspielung auf Schelers eigenständige, konstruktive geistige Kraft führt zum zweiten Anliegen dieser Abhandlung. Es besteht in der Herausarbeitung jener Ansätze, die nicht nur wegen ihrer philosophischen Tragkraft, sondern auch durch die fruchtbare Aufnahme in der philosophischen Anthropologie nach Scheler ihre wirksame Relevanz für ein philosophisches Menschenbild erwiesen haben. Sie kommen freilich nur dann in vollem Umfang zur Geltung, wenn der Hintergrund freigelegt ist, von dem sie sich, letztlich unverbunden und, vielleicht auch wegen des vorzeitigen Todes Schelers, ohne Versuch einer Synthese, als eigenständige philosophische Zugänge zum Menschen abheben. Vorliegende Studie versteht sich also auch als Beitrag zur anthropologischen Sachproblematik. Einem Denker wie Scheler geschähe nämlich Unrecht, wollte man ihn bloß philosophiegeschichtlich auf ,,Quellen'' reduzierend nacherzählen. Die seiner Bedeutung wie auch denkgeschichtlicher Forschung als PHILOSOPHISCHER Aufgabe allein angemessene Würdigung ist jene Betrachtung der ,,erinnernden Vergegenwärtigung'',[2] die

---

[2] J. Ritter (Hrsgb.), *Historisches Wörterbuch der Philosophie*, Bd. 1 (Vorwort); Basel 1971, VI.

notwendig zum ,,Symphilosophein" wird, das auch Fragen nicht scheut.

So dient auch alle Kritik an Scheler indirekt seinem besseren Verständnis und damit der Sache selbst: der philosophischen Anthropologie als einer Wissenschaft VOM Menschen, vollzogen DURCH den Menschen mit den Mitteln seiner philosophischen Vernunft und nur so imstande – sollte das Phänomen Mensch es gebieten –, ÜBER den Menschen ohne voreilige Kurzschlüssigkeit hinauszuführen.

Wien, im Februar 1971.   F. H.

LITERATURVERZEICHNIS

I. WERKE MAX SCHELERS

Gesammelte Werke. Herausgegeben v. Maria Scheler. Francke Verlag, Bern u. München, 1953 ff. Geplant 13 Bände. Zitiert als GW. Bisher erschienen:
Bd. II: *Der Formalismus in der Ethik und die materiale Wertethik. Neuer Versuch der Grundlegung eines ethischen Personalismus;* [5]1966.
Bd. III: *Vom Umsturz der Werte. Abhandlungen und Aufsätze;* [4]1955.
Bd. V: *Vom Ewigen im Menschen;* [4]1954.
Bd. VI: *Schriften zur Soziologie und Weltanschauungslehre;* [2]1963.
Bd. VIII: *Die Wissensformen und die Gesellschaft;* [2]1960.
Bd. X: *Schriften aus dem Nachlaß.* Band 1: *Zur Ethik und Erkenntnislehre;* [2]1957.

Die transzendentale und die psychologische Methode. Eine grundsätzliche Erörterung zur philosophischen Methodik; Leipzig 1900.
Zur Phänomenologie und Theorie der Sympathiegefühle und von Liebe und Haß. Mit einem Anhang über den Grund zur Annahme der Existenz des fremden Ich; Halle 1913.
Der Genius des Krieges und der deutsche Krieg; Leipzig 1915.
„Die deutsche Philosophie der Gegenwart"; in: WITKOP Ph. (Hrsgb.), *Deutsches Leben der Gegenwart;* Berlin 1922.
(Die Sinngesetze des emotionalen Lebens. Bd. 1) *Wesen und Formen der Sympathie. Der „Phänomenologie der Sympathiegefühle"* 2. verm. und durchgesehene Aufl.; Bonn 1923.
Die Stellung des Menschen im Kosmos; Bern u. München [6]1962.
„Idealismus – Realismus"; in: *Philosophischer Anzeiger* 2 (1927/28), 255–324.
Philosophische Weltanschauung; Bern [2]1954.

II. SEKUNDÄRLITERATUR

BALTHASAR H. U. v., „Scheler"; in: *Apokalypse der deutschen Seele. Studien zu einer Lehre von letzten Haltungen.* Bd. III: *Die Vergöttlichung des Todes;* Salzburg-Leipzig 1939, 84–192.

BASSENGE F., ,,Drang und Geist. Eine Auseinandersetzung mit Schelers Anthropologie"; in: *Zeitschr. f. phil. Forschung* 17 (1963), 385–418.

BLESSING E., *Das Ewige im Menschen. Die Grundkonzeption der Religionsphilosophie Max Schelers;* Stuttgart 1954.

DUPUY M., *La philosophie de Max Scheler. Son évolution et son unité.* Tome I: *La critique de l'homme moderne et la philosophie théorique.* Tome II: *De l'éthique à la dernière philosophie;* Paris 1959.

FRINGS M. S., *Max Scheler. A Concise Introduction into the World of a Great Thinker;* Pittsburgh Pa. 1965.

–, ,,Der Ordo amoris bei Max Scheler"; in: *Zeitschr. f. phil. Forschung* 20 (1966), 57–76.

GROOTEN J., ,,L'augustinisme de M. Max Scheler"; in: *Augustinus Magister. Congrès International Augustinien, Paris, 21–24 septembre 1954;* Communications II, Paris 1954, 1111–1120.

HARTMANN N., ,,Max Scheler †"; in: *Kant-Studien* XXXIII (1928), I–XVI.

HARTMANN W. (Hrsgb.), *Max Scheler, Bibliographie;* Stuttgart-Bad Canstatt 1963.

–, *Die Philosophie Max Schelers in ihren Beziehungen zu Eduard v. Hartmann;* Düsseldorf 1956.

HASKAMP R. J., *Spekulativer und phänomenologischer Personalismus. Einflüsse J. G. Fichtes und Rudolf Euckens auf Max Schelers Philosophie der Person;* Freiburg-München 1966. (*Symposion. Philosophische Schriftenreihe,* hrsgb. v. M. Müller, B. Welte, E. Wolf; Bd. 22.)

HESSEN J., *Max Scheler. Eine kritische Einführung in seine Philosophie. Aus Anlaß des 20. Jahrestages seines Todes;* Essen 1948.

HILDEBRAND D. v., ,,Max Scheler als Ethiker"; in: *Die Menschheit am Scheideweg;* Regensburg 1954, 587–607.

–, ,,Max Schelers Stellung zur katholischen Gedankenwelt"; in: *Die Menschheit am Scheideweg* 607–622.

–, ,,Max Scheler als Persönlichkeit"; in: *Die Menschheit am Scheideweg* 622–639.

HÖLZEN E., ,,Max Scheler"; in: SCIACCA M. F. (Hrsgb.), *Les grands courants de la pensée mondiale contemporaine.* IIIe Partie: Portraits, 2nd vol.; Paris 1954, 1349–1378.

KREPPEL F., ,,Max Scheler und das Philosophieren"; in: *Zeitschr. f. Religions- u. Geistesgeschichte* 11 (1959), 383–386.

–, *Die Religionsphilosophie Max Schelers;* München 1926.

KUHN H., ,,Max Scheler im Rückblick"; in: *Hochland* 51 (1958/59), 324–338.

–, ,,Scheler"; in: *Lexikon f. Theologie u. Kirche,* Bd. XI; Freiburg ²1964, 383f.

LORSCHEID B., *Max Schelers Phänomenologie des Psychischen;* Bonn 1957.

–, *Das Leibphänomen. Eine systematische Darbietung der Schelerschen Wesensschau des Leiblichen in Gegenüberstellung zu leibontologischen Auffassungen der Gegenwartsphilosophie;* Bonn 1962.

LENK K., *Von der Ohnmacht des Geistes. Kritische Darstellung der Spätphilosophie Max Schelers;* Tübingen 1959.
MUTH C., ,,Begegnungen. Max Scheler"; in: *Hochland* 46 (1953/54), 12–17.
MALIK J., ,,Wesen und Bedeutung der Liebe im Personalismus Max Schelers"; in: *Phil. Jahrbuch* 71 (1963/64), 102–131.
NOACK H., *Die Philosophie Westeuropas;* Darmstadt 1962, 224–243.
NOTA J. H., ,,De rol van de liefde in Max Schelers ethica"; in: *Bijdragen. Tijdschrift voor filosofie en theologie* 27 (1966), 245–253.
ORTEGA Y GASSET J., ,,Max Scheler. Un embriagado de esencias (1874–1928)"; in: *Obras Completas,* Tomo IV (1929–1933); Madrid 1947, 507–511.
PLESSNER H., ,,Scheler, Max"; in: *Handwörterbuch der Sozialwissenschaften,* Bd. IX; Stuttgart-Tübingen-Göttingen 1956, 115–117.
PRZYWARA E., *Religionsbegründung. Max Scheler – J. H. Newman;* Freiburg 1923.
ROHNER A. M., ,,Thomas von Aquin oder Max Scheler. Das Ebenbild Gottes"; in: *Divus Thomas* 1 (1923), 329–355.
SCHOEPS H. J., *Was ist der Mensch? Philosophische Anthropologie als Geistesgeschichte der neuesten Zeit;* Göttingen-Berlin-Frankfurt 1960, 202–212.
SCHUETZ A., ,,Scheler's Theory of Intersubjectivity and the General Thesis of the Alter Ego"; in: *Philosophy and Phenomenological Research* 2 (1941/42), 323–347.

III. WEITERE LITERATUR

AMÉRY J., ,,Das Jahrhundert ohne Gott"; in: SCHLETTE H. R. (Hrsgb.), *Die Zukunft der Philosophie;* Olten 1968, 13–33.
AUER A. – THUM B., *Weltbild und Metaphysik;* München-Salzburg-Köln 1958.
AUGUSTINUS AURELIUS, *Confessiones.*
–, *De Genesi ad litteram.*
–, *De Trinitate.*
–, *Enchiridion.*
–, *In Ioannis evangelium tractatus.*
BALTHASAR H. U. v., *Herrlichkeit. Eine theologische Ästhetik.* Bd. I: *Schau der Gestalt;* Einsiedeln 1961.
–, ,,Der Zugang zur Wirklichkeit Gottes"; in: FEINER J. – LÖHRER M. (Hrsgb.), *Mysterium Salutis.* Bd. II; Einsiedeln-Zürich-Köln 1967, 15–45.
BARTH K., *Die kirchliche Dogmatik.* Bd. III/2: *Die Lehre von der Schöpfung;* Zürich 1948.
BECHER E., *Geisteswissenschaften und Naturwissenschaften. Zur Theorie und Einteilung der Realwissenschaften;* München u. Leipzig 1921.
BINSWANGER L., *Grundformen und Erkenntnis menschlichen Daseins;* München-Basel ²1962.
BISHOP J., *Die ,,Gott-ist-tot"-Theologie;* Düsseldorf 1968.

BUBER M., *Ich und Du:* Werke. I. Bd.: *Schriften zur Philosophie;* München-Heidelberg 1962, 77–170.
—, *Zur Geschichte des dialogischen Prinzips:* Werke I, 291–305.
—, *Das Problem des Menschen:* Werke I, 307–407.
—, *Urdistanz und Beziehung:* Werke I, 409–432.
—, *Gottesfinsternis. Betrachtungen zur Beziehung zwischen Religion und Philosophie:* Werke I, 503–603.
—, *Aus einer philosophischen Rechenschaft:* Werke I, 1190–1122.
BUYTENDIJK F. J. J., *Das Menschliche. Wege zu seinem Verständnis;* Stuttgart 1958.
DIEMER A., *Edmund Husserl. Versuch einer systematischen Darstellung seiner Phänomenologie;* Meisenheim am Glan ²1965 *(Monographien zur philosophischen Forschung,* Bd. XV).
DILTHEY W., *Weltanschauungslehre. Abhandlungen zur Philosophie der Philosophie.* Ges. Schriften, Bd. VIII; Stuttgart-Göttingen ²1960.
EBNER F., *Das Wort und die geistigen Realitäten. Pneumatologische Fragmente;* Wien 1952.
FEINER J. – LÖHRER M. (Hrsgb.), *Mysterium Salutis. Grundriß heilsgeschichtlicher Dogmatik.* Bd. II: *Die Heilsgeschichte vor Christus;* Einsiedeln-Zürich-Köln 1967.
FIORENZA F. P., ,,Die Abwesenheit Gottes als ein theologisches Problem''; in: HÖRGEL CH. – RAUH F. (Hrsgb.), *Grenzfragen des Glaubens. Theologische Grundfragen als Grenzprobleme;* Einsiedeln-Zürich-Köln 1967, 423–451.
FIORENZA F. P. – METZ J. B., ,,Der Mensch als Einheit von Leib und Seele''; in: FEINER J. – LÖHRER M. (Hrsgb.), *Mysterium Salutis.* Bd. II; Einsiedeln-Zürich-Köln 1967, 584–636.
FRIES H., ,,Reich Gottes: Die Reich-Gottes-Idee in der Neuzeit''; in: *Lexikon f. Theologie u. Kirche,* Bd. VIII; Freiburg ²1963, 1115–1117.
GADAMER H.-G., *Wahrheit und Methode. Grundzüge einer philosophischen Hermeneutik;* Tübingen ²1965.
GEHLEN A., ,,Stellungnahme zu den Hauptsachen''; in: *Zeitschr. f. phil. Forschung* 6 (1951/52), 93–98.
—, *Anthropologische Forschung. Zur Selbstbegegnung und Selbstentdeckung des Menschen;* Reinbek bei Hamburg 1961 (rde 138).
—, *Der Mensch. Seine Natur und seine Stellung in der Welt;* Frankfurt a.M.–Bonn ⁷1962.
GRAWE CH., *Herders Kulturanthropologie. Die Philosophie der Geschichte der Menschheit im Lichte der modernen Kulturanthropologie;* Bonn 1967 *(Abhandlungen zur Philosophie, Psychologie u. Pädagogik,* Bd. 35).
GUGGENBERGER A., ,,Person;'' in: FRIES H. (Hrsgb.), *Handbuch theologischer Grundbegriffe.* Bd. II; München 1963, 295–306.
HÄBERLIN P., ,,Anthropologie und Ontologie''; in: *Zeitschr. f. phil. Forschung* 4 (1949), 6–28.
HÄRING B., *Personalismus in Philosophie und Theologie;* München-Freiburg i.B. 1968.

HAMILTON W., ,,Bemerkungen zur ‚Radical Theology'"; in: *Concilium. Internat. Zeitschr. f. Theologie* 3 (1967), 730–735.

HAMMER F., ,,Der Mensch – Geist- oder Mängelwesen? Zur philosophischen Anthropologie Arnold Gehlens"; in: *Zeitschr. f. kath. Theologie* 88 (1966), 423–434.

—, *Genugtuung und Heil. Absicht, Sinn und Grenzen der Erlösungslehre Anselms von Canterbury;* Wien 1967 (*Wiener Beiträge zur Theologie*, Bd. XV).

—, *Die exzentrische Position des Menschen. Helmuth Plessners philosophische Anthropologie;* Bonn 1967 (*Abhandlungen zur Philosophie, Psychologie u. Pädagogik*, Bd. 42).

—, ,,Individuale Partnerschaft. Zur anthropologischen Bedeutung der Geschlechtlichkeit"; in: *Salzburger Jahrbuch f. Philosophie* XII/XIII (1968/69), 307–321.

HARTMANN N., *Ethik;* Berlin ³1949.

—, *Das Problem des geistigen Seins. Untersuchungen zur Grundlegung der Geschichtsphilosophie und der Geisteswissenschaften;* Berlin ³1962.

HASENHÜTTL G., *Der unbekannte Gott?;* Einsiedeln 1965.

HEBERER G., ,,Über den systematischen Ort und den physisch-psychischen Status der Australopithecinen"; in: HEBERER G. (Hrsgb.), *Menschliche Abstammungslehre. Fortschritte der ,,Anthropogenie" 1863–1964;* Stuttgart 1965, 310–356.

HEIDEGGER M., *Sein und Zeit;* Tübingen ⁶1949.

—, *Über den Humanismus;* Frankfurt a.M. 1949.

—, ,,Die Zeit des Weltbildes"; in: *Holzwege;* Frankfurt a.M. 1950, 69–104.

HENGSTENBERG H.-E., *Grundlegungen zu einer Metaphysik der Gesellschaft;* Nürnberg 1949.

—, *Philosophische Anthropologie;* Stuttgart 1957.

—, ,,Hat die Gemeinschaft ein Sein, das von dem der Glieder zu unterscheiden ist?"; in: *Freiheit und Seinsordnung. Gesammelte Aufsätze und Vorträge zur allgemeinen und speziellen Ontologie;* Stuttgart 1961, 206–213.

HILDEBRAND D. v., *Metaphysik der Gemeinschaft. Untersuchungen über Wesen und Wert der Gemeinschaft;* Regensburg 1955.

HUONDER QU., *Die Gottesbeweise. Geschichte und Schicksal;* Stuttgart 1968.

HUSSERL E., ,,Philosophie als strenge Wissenschaft"; in: *Logos. Internat. Zeitschr. f. Philosophie d. Kultur* I (1910), 289–341.

—, *Ideen zu einer reinen Phänomenologie und phänomenologischen Philosophie.*
I. Buch: *Allgemeine Einführung in die reine Phänomenologie.* Hrsgb. v. W. Biemel (*Husserliana* III); Den Haag 1950.
II. Buch: *Phänomenologische Untersuchungen zur Konstitution.* Hrsgb. v. M. Biemel (*Husserliana* IV); Den Haag 1952.
III. Buch: *Die Phänomenologie und die Fundamente der Wissenschaften.* Hrsgb. v. M. Biemel (*Husserliana* V); Den Haag 1952.

JASPERS K., *Der philosophische Glaube;* München 1954.

—, *Philosophie. III. Metaphysik;* Berlin-Göttingen-Heidelberg 1956.
—, *Philosophische Logik*, I. Bd.: *Von der Wahrheit;* München 1958.
—, *Psychologie der Weltanschauungen;* Berlin-Göttingen-Heidelberg ^{5}1960.
—, *Hoffnung und Sorge. Schriften zur deutschen Politik;* München 1965.
KANT I., *Idee zu einer allgemeinen Geschichte in weltbürgerlicher Absicht.*
—, *Kritik der praktischen Vernunft.*
KELLER W., ,,Über philosophische Anthropologie''; in: *Studia philosophica* XX (1960), 37-57.
KLEIN J., ,,Weltanschauung''; in: *Die Religion in Geschichte und Gegenwart. Handwörterbuch f. Theologie u. Religionswissenschaft.* VI. Bd.; Tübingen ^{3}1962, 1603-1606.
LAKNER F., ,,Gottebenbildlichkeit, dogmatisch''; in: *Lexikon f. Theologie u. Kirche*, IV. Bd.; Freiburg ^{2}1960, 1090-1092.
LANDMANN M., ,,Der Mensch als Evolutionsglied und Eigentypus''; in: HEBERER G., (Hrsgb.), *Menschliche Abstammungslehre;* Stuttgart 1965, 426-443.
LANDSBERG P. L., *Einführung in die philosophische Anthropologie;* Frankfurt a.M. ^{2}1960.
LANG A., ,,Gottesbeweise''; in: *Lexikon f. Theologie u. Kirche*, IV. Bd.; Freiburg ^{2}1960, 1093-1098.
LANGEMEYER B., *Der dialogische Personalismus in der evangelischen und katholischen Theologie der Gegenwart;* Paderborn 1963.
LIPPS TH., ,,Das Wissen von fremden Ichen''; in: *Psychologische Untersuchungen* 1/4 (hrsg. v. Th. Lipps); Leipzig 1907, 694-722.
LITT TH., *Individuum und Gemeinschaft. Grundlegung der Kulturphilosophie;* Leipzig-Berlin ^{2}1924.
—, *Wissenschaft, Bildung, Weltanschauung;* Leipzig-Berlin 1928.
—, ,,Empirische Wissenschaft und Philosophie''; in: ZIEGLER K. (Hrsgb.), *Wesen und Wirklichkeit des Menschen. Festschrift für Helmuth Plessner;* Göttingen 1957, 9-28.
—, *Mensch und Welt. Grundlinien einer Philosophie des Geistes;* Heidelberg ^{2}1961.
LÖWITH K., *Das Individuum in der Rolle des Mitmenschen;* München 1928.
LOTZ J. B., ,,Christliche Anthropologie''; in: ROMBACH H. (Hrsgb.), *Die Frage nach dem Menschen. Aufriß einer philosophischen Anthropologie. Festschrift f. Max Müller zum 60. Geburtstag;* Freiburg-München 1966, 70-88.
VAN MELSEN A. G. M., *Evolution und Philosophie;* Köln 1966.
METZ J. B., *Christliche Anthropozentrik. Über die Denkform des Thomas von Aquin;* München 1962.
—, ,,Versuch einer positiven Deutung der bleibenden Weltlichkeit der Welt''; in: ARNOLD F. X. - RAHNER K. - SCHURR V. - WEBER L. M. (Hrsgb.), *Handbuch d. Pastoraltheologie*, Bd. II/2; Freiburg-Basel-Wien 1966, 239-267.
—, *Zur Theologie der Welt;* Mainz-München 1968.

MEURERS J., *Die Frage nach Gott und die Naturwissenschaften;* München 1962.
MEYER H., *Abendländische Weltanschauung.* I. Bd.: *Die Weltanschauung des Altertums;* Paderborn-Würzburg ³1967.
MUCK O., ,,Zur Logik der Rede von Gott"; in: *Zeitschr. f. kath. Theologie* 89 (1967), 1–28.
MÜLLER M., ,,Person und Funktion"; in: *Phil. Jahrbuch* 69 (1961/62), 371–404.
NIETZSCHE F. W., *Die fröhliche Wissenschaft.*
NINK C., *Philosophische Gotteslehre;* München 1948.
VAN ONNA B., ,,Urstandsfragen im Lichte des Evolutionsproblems"; in: *Concilium. Internat. Zeitschr. f. Theologie* 3 (1967), 495–499.
OVERHAGE P.,*Experiment Menschheit. Die Steuerung der menschlichen Evolution;* Frankfurt a.M. 1967.
PANNENBERG W., ,,Person"; in: *Die Religion in Geschichte und Gegenwart,* Bd. V; Tübingen ³1961, 230–235.
PLESSNER H., ,,Die Deutung des mimischen Ausdrucks. Ein Beitrag zur Lehre vom Bewußtsein des anderen Ichs"; in: *Zwischen Philosophie und Gesellschaft. Ausgewählte Abhandlungen und Vorträge;* Bern 1953, 132–179.
—, ,,Macht und menschliche Natur. Ein Versuch zur Anthropologie der geschichtlichen Weltansicht"; in: *Zwischen Philosophie und Gesellschaft* 241–317.
—, *Lachen und Weinen. Eine Untersuchung nach den Grenzen menschlichen Verhaltens;* Bern u. München ³1961.
—, *Die Stufen des Organischen und der Mensch. Einführung in die philosophische Anthropologie;* Berlin ²1965.
PRENTER R., ,,Anthropologie, dogmatisch"; in: *Die Religion in Geschichte und Gegenwart,* Bd. I; Tübingen ³1957, 420–424.
RAHNER K., *Gefahren im heutigen Katholizismus;* Einsiedeln ³1955.
—, ,,Über die Erfahrung der Gnade"; in: *Schriften zur Theologie,* Bd. VIII; Einsiedeln-Zürich-Köln 1956, 105–126.
—, *Geist in Welt. Zur Metaphysik der endlichen Erkenntnis bei Thomas von Aquin;* München ²1957.
—, *Das Dynamische in der Kirche;* Basel-Freiburg-Wien ²1958 *(Quaestiones disputatae,* Bd. 5).
—, ,,Die Frage nach dem Erscheinungsbild des Menschen als Quaestio disputata der Theologie"; in: OVERHAGE P., *Um das Erscheinungsbild der ersten Menschen;* Basel-Freiburg-Wien 1959 *(Quaestiones disputatae,* Bd. 7), 11–30.
—, ,,Existential, übernatürliches"; in: *Lexikon f. Theologie u. Kirche,* Bd. III; Freiburg ²1959, 1301.
—, ,,Gnadenerfahrung"; in: *Lexikon f. Theologie u. Kirche,* Bd. IV; Freiburg ²1960, 1001f.
—, ,,Gotteslehre"; in: *Lexikon f. Theologie u. Kirche;* Bd. IV; Freiburg ²1960, 1119–1124.
—, ,,Die Hominisation als theologische Frage"; in: OVERHAGE P. –

RAHNER K., *Das Problem der Hominisation. Über den biologischen Ursprung des Menschen;* Freiburg-Basel-Wien 1961 *(Quaestiones disputatae,* Bd. 12/13), 13–90.

—, ,,Mystik, theologisch"; in: *Lexikon f. Theologie u. Kirche,* Bd. VII; Freiburg ²1962, 743–745.

—, ,,Grenzen der Amtskirche"; in: *Schriften zur Theologie* VI; 1965, 499–520.

—, ,,Theologie und Anthropologie"; in: *Schriften zur Theologie* VIII; 1967, 43–65.

—, ,,Philosophie und Philosophieren in der Theologie"; in: *Schriften zur Theologie* VIII; 1967, 66–87.

—, ,,Die Ehe als Sakrament"; in: *Schriften zur Theologie* VIII; 1967, 519–540.

—, ,,Der dreifaltige Gott als transzendenter Urgrund der Heilsgeschichte"; in: FEINER J. - LÖHRER M. (Hrsgb.), *Mysterium Salutis,* Bd. II; Einsiedeln-Zürich-Köln 1967, 317–401.

RAHNER K. - METZ J. B., ,,Grundstrukturen im heutigen Verhältnis der Kirche zur Welt"; in: ARNOLD F. X. - RAHNER K. - SCHURR V. - WEBER L. M. (Hrsgb.), *Handbuch der Pastoraltheologie,* Bd. II/2; Freiburg-Basel-Wien 1966, 239–267.

RATZINGER J., ,,Schöpfung"; in: *Lexikon f. Theologie u. Kirche,* Bd. IX; Freiburg ²1964, 460–466.

REVERS W. J., ,,Anthropologische Problematik der Schichttheorien"; in: *Schweizerische Zeitschrift f. Psychologie und ihre Anwendungen (Revue Suisse de Psychologie pure et appliquée)* 18 (1959), 34–41.

RICKERT H., ,,Wissenschaftliche Philosophie und Weltanschauung"; in: *Logos. Internat. Zeitschr. f. Philosophie d. Kultur* XXII (1933), 37–57.

RICŒUR P., ,,Die Zukunft der Philosophie und die Frage nach dem Subjekt"; in: SCHLETTE H. R. (Hrsgb.), *Die Zukunft der Philosophie;* Olten 1968, 128–165.

RITTER J. (Hrsgb.), *Historisches Wörterbuch der Philosophie,* Bd. I; Basel 1971.

ROTHACKER E., *Probleme der Kulturanthropologie;* Bonn ²1965.

—, *Die Schichten der Persönlichkeit;* Bonn ⁷1966.

—, *Philosophische Anthropologie;* Bonn ²1966.

SARTRE J.-P., *L'existentialisme est un humanisme;* Paris 1946.

—, *Die Wörter;* Reinbek bei Hamburg 1965.

SCHEFFCZYK L., ,,Lehramtliche Formulierungen und Dogmengeschichte der Trinität"; in: FEINER J. - LÖHRER M. (Hrsgb.), *Mysterium Salutis,* Bd. II; Einsiedeln-Zürich-Köln 1967, 146–220.

SCHMUCKER J., *Die primären Quellen des Gottesglaubens;* Freiburg-Basel-Wien 1967 *(Quaestiones disputatae,* Bd. 34).

SCHNACKENBURG R., ,,Basileia"; in: *Lexikon f. Theologie u. Kirche,* Bd. II; Freiburg ²1958, 25–31.

SCHREY H.-H., ,,Weltbild: Das neuzeitliche Weltbild"; in: *Die Religion in Geschichte und Gegenwart,* Bd. VI, 1621–1629.

SCHURR A., *Die Begründung der Philosophie durch Anselm von Canter-*

bury. Eine Erörterung des ontologischen Gottesbeweises; Stuttgart-Berlin-Köln-Mainz 1966.

SEEBERG R., *Lehrbuch der Dogmengeschichte.* Bd. II: *Die Dogmenbildung in der alten Kirche;* Basel-Stuttgart ⁵1960.

SEIBEL W., ,,Die Gottebenbildlichkeit des Menschen"; in: FEINER J. - LÖHRER M. (Hrsgb.), *Mysterium Salutis,* Bd. II; Einsiedeln-Zürich-Köln 1967, 806–817.

SIEGMUND G., *Tier und Mensch. Beitrag zur Wesensbestimmung des Menschen;* Frankfurt a.M. 1958.

SIEWERTH G., *Der Mensch und sein Leib;* Einsiedeln 1953.

SINGH J. A. L., *Die ,,Wolfskinder" von Midnapore;* Heidelberg 1964 (mit einem Geleitwort v. A. PORTMANN).

SÖHNGEN G., ,,Weltanschauung"; in: *Lexikon f. Theologie u. Kirche,* Bd. X; Freiburg ²1965, 1027–1029.

SÖLLE D., *Atheistisch an Gott glauben. Beiträge zur Theologie;* Olten 1968.

SPECK J., *Karl Rahners theologische Anthropologie. Eine Einführung;* München 1967.

STEGMÜLLER W., *Hauptströmungen der Gegenwartsphilosophie. Eine kritische Einführung;* Stuttgart ³1965 *(Kröners Taschenausgabe,* Bd. 308).

STEIN E., ,,Beiträge zur philosophischen Begründung der Psychologie und der Geisteswissenschaften (Erste Abhandlung: Psychische Kausalität. Zweite Abhandlung: Individuum und Gemeinschaft)"; in: *Jahrbuch f. Philosophie u. phänomenologische Forschung* 5 (1922), 1–283.

STIRNER M., *Der Einzelne und sein Eigentum;* Leipzig ³1901.

STRASSER S., *Seele und Beseeltes. Untersuchungen über das Problem der Seele in der metaphysischen und empirischen Psychologie;* Wien 1955.

—, *Phänomenologie und Erfahrungswissenschaft vom Menschen. Grundgedanken zu einem neuen Ideal der Wissenschaftlichkeit;* Berlin 1964 *(Phänomenologisch-psychologische Forschungen,* Bd. 5).

—, ,,Het wezen van de mens"; in: *Bouwstenen voor een filosofische anthropologie. Verzamelde opstellen en lezingen;* Hilversum-Antwerpen 1965, 11–51.

—, ,,Geisteswissenschaften oder Erfahrungswissenschaften vom Menschen?"; in: *Bouwstenen voor een filosifische anthropologie* 213–238.

—, ,,Endliche Freiheit"; in: *Akten des XIV. Internationalen Kongresses f. Philosophie,* Wien: 2.-9. September 1968, I; Wien 1968, 166–174.

STRÖKER E., ,,Zur gegenwärtigen Situation der Anthropologie"; in: *Kant-Studien* LI (1959/60), 461–479.

THEUNISSEN M., ,,Ich-Du-Verhältnis"; in: *Die Religion in Geschichte und Gegenwart,* Bd. III; Tübingen ³1959, 553–556.

—, ,,Skeptische Betrachtungen über den anthropologischen Personbegriff"; in: ROMBACH H. (Hrsgb.), *Die Frage nach dem Menschen;* Freiburg-München 1966, 461–490.

—, *Der Andere. Studien zur Sozialontologie der Gegenwart;* Berlin 1965.

THIEL M., ,,Das Problem einer fundamentalen Anthropologie. Ein Anliegen unserer Zeit"; in: FUNKE G. (Hrsgb.), *Konkrete Vernunft. Festschrift f. Erich Rothacker;* Bonn 1958, 159–177.

THOMAE H., ,,Grenzprobleme zwischen philosophischer und psychologischer Anthropologie"; in: *Studium Generale* 9 (1956), 433–445.
TÖNNIES F., *Gemeinschaft und Gesellschaft;* Leipzig ⁸1935.
WARNACH V., *Agape. Die Liebe als Grundmotiv der neutestamentlichen Theologie;* Düsseldorf 1951.
—, ,,Zum Argument im Proslogion Anselms von Canterbury"; in: RATZINGER J. – FRIES H. (Hrsgb.), *Einsicht und Glaube;* Freiburg-Basel-Wien 1962, 337–357.
WEISCHEDEL W., *Philosophische Grenzgänge. Vorträge und Essays;* Stuttgart-Berlin-Köln-Mainz 1967.
WENZL A., *Wissenschaft und Weltanschauung. Natur und Geist als Problem der Metaphysik;* Hamburg ²1949.
WISSER A., *Verantwortung im Wandel der Zeit;* Mainz 1967.
ZIMMER E., *Umsturz im Weltbild der Physik;* München ¹²1961.

NACHTRAG

Während der Drucklegung erschienen:
FRINGS M. S., *Zur Phänomenologie d. Lebensgemeinschaft. Ein Versuch mit Max Scheler;* Meisenheim/Glan 1971 (mit einer neuesten, von 1963 bis 1971 reichenden Scheler-Bibliographie).
—, ,,Bericht über die Sachlage am philosophischen Nachlaß Max Schelers"; in: *Zeitschr. f. phil. Forschung* 25 (1971), 315–320.

EINLEITUNG

ZUM GEISTIGEN PROFIL MAX SCHELERS

Nicht nur das Werk Schelers, auch die seit 1945 nach Aufhören der politisch bedingten Unterdrückung der Schelerschen Gedankenwelt wieder anwachsende Sekundärliteratur[1] zeigt die ungeheure, immer wieder ebenso gelobte wie verdächtigte Vielseitigkeit dieses Denkers. Die ständige, in Schelers letzten Jahren besonders zunehmende Beeinflussung durch die von ihm längst nicht immer wirklich überblickten und richtig beurteilten Ergebnisse der anthropologischen Einzelwissenschaften ist ganz dazu angetan, die philosophischen Grundlinien im Werk Schelers zu verdecken. Stil, Persönlichkeit und Denkweise Schelers tun ein Übriges, um den Eindruck anspruchsvollen Philosophierens zugunsten einer losen Aneinanderreihung vieler geistreicher Originalitäten zu verwischen.[2] Dennoch lebt Schelers Werk aus

[1] Vgl. dazu W. Hartmann, *Max Scheler. Bibliographie;* Stuttgart-Bad Canstatt 1963.
    Diese reichhaltige Bibliographie läßt leider nicht genau erkennen, bis zu welchem Zeitpunkt sie reicht. Ferner dürfte trotz der begreiflichen Beschränkung des Herausgebers auf einen „Querschnitt" jener Arbeiten, die Scheler in größeren Zusammenhängen behandeln (vgl. das Vorwort a.a.O. 7), die grundlegende Scheler-Deutung H. U. v. Balthasars (im III. Band seiner *Apokalypse der deutschen Seele*) nicht fehlen.

[2] Bei unverminderter Hochschätzung seines Freundes schreibt D. v. Hildebrand aus persönlicher Erinnerung über Scheler: „Er hatte gleichsam nur ‚Einfälle', d.h. dies und jenes blitzte ihm auf, und nun warf er es gleich hin, schrieb es nieder. Die eigentliche philosophische ‚Arbeit' fehlte bei ihm. Nur waren die Einsichten, mit denen er beschenkt wurde, ohne eigentliche Arbeit so gehaltvoll, ernst und zentral, daß seine Bücher keineswegs bloß aphoristischen Charakter tragen ... Aber anderseits fehlt eine philosophische Durchdringung ... Mit ungeheurem Leichtsinn konnte er die weittragendsten Behauptungen hinwerfen, nicht nur ohne sie irgendwie zu begründen, sondern auch ohne daß sie irgendwie sachlich mit den vorher aufgestellten richtigen Ergebnissen zusammenhingen ... Oft findet sich an Stelle einer Begründung das Heranziehen eines ungeheuren Materials aus den verschiedensten Wissensgebieten, das gleichsam von der Frage nach der Begründung ablenken soll." (Max Scheler als Persönlichkeit"; in: D. v. Hildebrand, *Die Menschheit am Scheideweg. Gesammelte Abhandlungen u. Vorträge;* Regensburg 1954, 627.)

durchgehenden und die ganze bunte Vielfalt tragenden, wenn auch nicht zu jeder Einzelheit passenden Voraussetzungen. Sie treten freilich meist halb- oder uneingestanden auf, viel weniger als Thesen denn als ,,Implikationen". ,,Jede Schelerdarstellung hat daher mit der Schwierigkeit zu kämpfen, ob sie flüchtig hingeworfene, geniale, aber oft schiefe Einfälle unterstreichen und als Theorien herausstellen soll, die dann aber als solche nicht mehr unter sich vereinbar sind, oder ob sie, jene Einfälle liegenlassend, nur den abstrakten Umriß des ganzen Gebäudes zeichnen will."[3] Vorliegende Arbeit möchte hinsichtlich der christlichen und theologischen Implikationen, die wir für Schelers Menschenbild für grundlegend halten, den zweiten Aspekt einer Umrißzeichnung betonen, ohne freilich wichtige Einzelheiten außer Acht zu lassen.

§ I. SCHELER UND DIE PHILOSOPHISCH-THEOLOGISCHE TRADITION

Die breite Basis, auf welche Scheler sein Gedankengebäude stellen will, zeigt sich eindrucksvoll an der ausgiebigen, freilich längst nicht immer den Intentionen der großen Denker getreuen Verwendung der philosophischen, theologischen und weltanschaulichen Tradition. Scheler ist wirklich ,,eine Art Sammelbecken aller weltanschaulichen Belange" nicht nur ,,seiner Zeit",[4] sondern aller großen Geistesrichtungen. Die Einflüsse, denen sich Scheler bei ,,unleugbar großer Unzuverlässigkeit im Verwenden historischer Belege" und teilweise horrender ,,Ungenauigkeit im Zitieren"[5] öffnet, sind so vielfältig, daß ihre genaue Darstellung mehrere Monographien erfordern würde. Hier können nur die wichtigsten Ströme, die in Schelers Gedankenwelt zusammenfließen, angedeutet werden.

Ohne die im wahrsten Sinn des Wortes klassischen Vorbilder PLATON und ARISTOTELES wäre Schelers fundamentale Ehrfurcht vor der menschenveredelnden Einmaligkeit und quasi-religiösen

---

[3] H. U. v. Balthasar, ,,Scheler"; in: ders., *Apokalypse d. deutschen Seele. Studien zu einer Lehre v. letzten Haltungen;* Bd. III: *Die Vergöttlichung d. Todes;* Salzburg-Leipzig 1938, 85, Anm. 1.
[4] H. U. v. Balthasar, a.a.O. 84.
[5] D. v. Hildebrand, ,,Max Scheler als Ethiker"; in: *Die Menschheit am Scheideweg* 604.

Würde des philosophischen Akts überhaupt als eines beständigen „Aufschwungs" nicht zu verstehen. Bald tritt dazu eine immer stärker werdende Orientierung an östlichen Quellen; vor allem BUDDHA wird zum unübertroffenen Meister einer leidentschärfenden Kontemplation, die als mystische „Seelentechnik" den Menschen zur Angleichung an den Weltgrund und damit zur Selbsterlösung befähigt. – Will man Schelers eigenen Worten uneingeschränkt Glauben schenken, dann ist der Einfluß von AUGUSTINUS, der gerne gegen THOMAS von Aquin ausgespielt wird, nicht hoch genug zu veranschlagen. „Nur bei Augustinus und seiner Schule finden wir starke Ansätze, eine unmittelbare Umsetzung des christlichen Erlebnisgehaltes in philosophische Begriffe zu gewinnen"[6] – ein Anliegen, das Scheler selbst zutiefst erfüllte und ohne das sein Philosophieren in seiner Gesamtheit schlechthin unverständlich bleibt. Genaueres Hinsehen, vor allem bei den auf AUGUSTINUS zurückgeführten Einzelthemen (z.B. dem Primat des Liebens vor dem Erkennen), lehrt jedoch, daß bei Scheler viel mehr „Augustinismus" als echte AUGUSTINUS-Nachfolge vorliegt. Es ist jener Augustinismus, der, „von seinen zeitgeschichtlichen Hüllen befreit und mit den Gedankenmitteln der phänomenologischen Philosophie neu und tiefer begründet",[7] über MALEBRANCHE und PASCAL bei Scheler zu einer letztlich ebenso widerchristlichen wie unaugustinischen Zerspaltung des einen Menschen in „Herz" und „Verstand" führt. Am ehesten an AUGUSTINUS orientiert ist noch die Forderung einer dem christlichen Grunderlebnis entspringenden „christlichen Philosophie".[8] – Wesentliche Teile von Schelers Philosophie, vor allem in der Ethik, wären undenkbar ohne die beständige Konfrontation mit KANT, dessen Lehre Scheler nach eigenem Zeugnis anfänglich „nahestand".[9] Der „Formalismus" strotzt geradezu

---

[6] „Liebe u. Erkenntnis": Gesammelte Werke (= GW) VI, 88.
[7] Vorrede zur 1. Aufl. v. „Vom Ewigen im Menschen": GW V, 8.
[8] Vgl. „Liebe u. Erkenntnis": GW VI, 87 und oben 53. – In ähnlichem Sinn beurteilt J. Grooten die Augustinus-Abhängigkeit Schelers; vgl. „L'augustinisme de M. Max Scheler"; in: *Augustinus Magister. Congrès International Augustinien*, Paris, 21–24 septembre 1954; Communications II, 1116; Paris 1954.
Den Einfluß des Augustinismus im genannten Sinn veranschlagt H. Plessner so hoch, daß er von Scheler schreibt: „Zum ersten Male gelang einem deutschen Denker in paradoxer Verschmelzung kantischer und nietzschescher Motive der Anschluß an die Linie Augustin-Pascal." („Scheler, Max"; in: *Handwörterbuch d. Sozialwissenschaften*, Bd. IX; Stuttgart-Tübingen-Göttingen 1956, 116.)
[9] Vgl. „Die deutsche Philosophie d. Gegenwart"; in: Ph. Witkop (Hrsgb.), *Deutsches Leben d. Gegenwart*; Berlin 1922, 198.

von Kantkritik. Manche Einseitigkeiten der Schelerschen Ethik, etwa die Ablehnung jeder Form von Pflichtethik, sind nur aus der lebhaften Polemik gegen KANT zu verstehen. Ebenso ist Schelers vielleicht fruchtbarste ethische Entdeckung, das „materiale Apriori", aus der notwendigen Erweiterung des kantischen Apriorismus geboren. Das theonome Menschenbild Schelers, besonders in seiner liberalisierten Spätphase als Deutung des Menschen „von oben", vom „Weltgrund" her, hat im Deutschen Idealismus sein prominentestes Vorbild in jener „erhabenen Philosophie der J. G. Fichte, Schelling, Hegel ...", der Scheler zuletzt nicht ohne Begeisterung die Überwindung der „utilistisch eingestellten Verstandesaufklärung" und der „durchlöcherten Dogmatik positiven Kirchen- und Christentums" zuschreibt.[10] Ähnlich wie bei Schelers Augustinismus steht auch hier nicht so sehr eine materiale Abhängigkeit als vielmehr die Grundtendenz einer groß angelegten Rationalisierung christlicher und theologischer Daten im Vordergrund.[11] Aus den gleichen Quellen fließen die Anregungen zum Werdepantheismus des späten Scheler, wobei freilich die unmittelbaren Verweise mehr auf SPINOZA, vor allem aber auf E. v. HARTMANN zielen.[12] Für Schelers Realitätslehre darf schließlich der Einfluß SCHOPENHAUERS nicht übersehen werden; hier fand Scheler seinen „Ausdruck in der Form eines Voluntarismus, der in manchen Zügen an Schopenhauer gemahnte, aber in dem Ausblick auf Vollendung und Endziel dem Pessimismus das Wort abschnitt."[13] – Ungleich stärker und in echtem Gegensatz zum Idealismus steht Scheler unter dem Einfluß der Lebensphilosophie. Scheler, dieser unsystematischste aller Systematiker, machte die Unabgeschlossenheit des „Lebens" geradezu zum System im Inhalt und auch

---

[10] Vgl. „Spinoza": *Philosophische Weltanschauung* 60.
[11] Hinsichtlich der Personlehre hat Schelers über Eucken gehende Fichte-Abhängigkeit aufzuweisen versucht R. J. Haskamp, *Spekulativer u. phänomenologischer Personalismus. Einflüsse J. G. Fichtes u. Rudolf Euckens auf Max Schelers Philosophie d. Person;* Freiburg-München 1966.
Auf die (übrigens von Scheler selbst in GW VIII, 138, 372 mitgeteilte) Anlehnung an die Realitäts- und Weltgrundspekulation des späten Schelling hat H. U. v. Balthasar, *Apokalypse d. deutschen Seele*, Bd. III, 174, hingewiesen.
[12] Zu den wenigen ausgesprochen philosophiegeschichtlichen Arbeiten Schelers zählt seine Amsterdamer Rede zum 250. Todestag Spinozas *(Phil. Weltanschauung 49–61)*, aus der eine unverkennbare Sympathie für den „gottrunkenen", „heiligen" Spinoza spricht.–Zur Hartmann-Abhängigkeit Schelers vgl. W. Hartmann, *Die Philosophie Max Schelers in ihren Beziehungen zu Eduard von Hartmann;* Düsseldorf 1956.
[13] N. Hartmann, „Max Scheler †"; in: *Kant-Studien* XXXIII (1928), XIV.

in der Form seiner Schriften.¹⁴ Vielfach zu spüren ist der Einfluß NIETZSCHES, DILTHEYS und BERGSONS, denen er begeisterte Zeilen widmet, freilich nicht ohne kritische Einschränkungen und nicht ohne ihre Leistung als ,,Versuche einer Philosophie des Lebens" zu bezeichnen.¹⁵ Sollte sein eigenes Werk Krönung und Abschluß dieser unabschließbaren Richtung sein? Zumindest an Lebendigkeit des Philosophierens selbst dürfte Scheler kaum mehr zu übertreffen sein. ,,Denn bei ihm war alles Philosophieren von Hause aus Lebensphilosophie, und zwar in anderem Sinne als bei denen, die dieses Schlagwort prägten und in ihre Buchtitel aufnahmen. Er brauchte das Leben nicht erst zum Gegenstande zu machen, nicht ,über' das Leben zu philosophieren; bei ihm strömte die Philosophie von vornherein aus der Lebensfülle. Ihm war Leben und Philosophieren nicht zweierlei."¹⁶ – Ein letzter und entscheidender Einfluß darf nicht vergessen werden: HUSSERLS Phänomenologie. Gemeinsamer Ausgangspunkt war dabei die Erweiterung der Anschauung über die sensualistischen und kantischen Minimalforderungen hinaus.¹⁷ Daß aus HUSSERLS Phänomenologie des leistenden Bewußtseins unter Schelers Händen die passiv-hinnehmende Wesensschau als phänomenologischer Grundzug wurde, ist bei Schelers ehrfürchtiger, bisweilen naiv realistischer Haltung nicht zu verwundern. Inwieweit Scheler gerade in seiner Anthropologie geschickt ursprünglich Husserlsches Gedankengut (etwa aus den entsprechenden

---

¹⁴ Bezeichnend äußert sich Scheler zur Systematik in der Philosophie: ,,Philosophie ... soll systematisch sein – aber ein ,System' geben, das nicht auf der Deduktion aus wenigen einfachen Grundsätzen beruht, sondern seine Nahrung und seinen Gehalt aus der eindringenden *Analyse der verschiedene Gebiete* des Daseins und des geistigen Lebens immer neu erwirbt: Ein System, das, nie geschlossen, *wächst im Leben* und *durch* des Lebens immer neue gedankenmäßige Verarbeitung." (Vorrede zur 1. Aufl. von ,,Vom Ewigen im Menschen": GW V, 9.)
¹⁵ Vgl. GW III, 311–339 (Sperrung von uns).
¹⁶ N. Hartmann, ,,Max Scheler †"; in: *Kant-Studien* XXXIII (1928), X.
¹⁷ Scheler schreibt über diesen ersten Kontakt mit Husserl: ,,Als der Verfasser im Jahre 1901 ... Husserl zum erstenmal persönlich kennenlernte, entspann sich ein philosophisches Gespräch, das den Begriff der Anschauung und Wahrnehmung betraf. Der Verfasser ... war zur Überzeugung gekommen, daß der Gehalt des unserer Anschauung Gegebenen weit reicher sei als das, was durch sinnliche Bestände, ihre genetischen Derivate und logische Einheitsformen an diesem Gehalt deckbar sei. Als er diese Meinung Husserl gegenüber äußerte, ... bemerkte Husserl sofort, daß auch er ... eine analoge Erweiterung des Anschauungsbegriffes auf die sogenannte ,kategoriale Anschauung' vorgenommen habe. Von diesem Augenblick an rührte die geistige Verbindung her, die in Zukunft zwischen Husserl und dem Verfasser bestand und für den Verfasser so ungemein fruchtbar geworden ist." (,,Die deutsche Philosophie d. Gegenwart"; in: Ph. Witkop [Hrsgb.], *Deutsches Leben d. Gegenwart* 198.)

Abschnitten über die Konstitution des Leibes und der Person in ,,Ideen II") aus seiner den Zugang erschwerenden Einkleidung ans Licht hebt, wäre in gesonderter Arbeit zu untersuchen.

Die Aufzählung dieser Einflüsse, denen noch etliche hinzuzufügen wären, könnte den Eindruck aufkommen lassen, als stünde Scheler den auf ihn einwirkenden Strömungen ungefähr gleich weit offen. So ist es aber nicht. Wenn man auch nicht von einem dominierenden Einfluß sprechen kann, der alle anderen Anregungen weit hinter sich zurückließe, so ist doch klar, daß für Schelers Philosophieren die Auseinandersetzung mit der christlichen Gedankenwelt und Theologie, vor allem in ihrer katholisch-augustinischen Form, entscheidend und prägend war. Damit soll weder über Schelers Religiosität noch über seine Orthodoxie im Sinne richtiger Interpretation der christlichen Inhalte etwas ausgesagt sein. Gemeint ist vielmehr, daß christliche Grundideen, wenn auch in verschiedener Intensität und nicht selten falsch oder einseitig interpretiert, doch zeitlebens für Scheler eine unerschöpfliche Quelle der Anregung für sein eigenes Philosophieren bildeten. Diesen in der Literatur zu wenig beachteten Umstand für Schelers philosophische Anthropologie aufzuweisen, ist Aufgabe der vorliegenden Studie und braucht jetzt nicht vorweggenommen zu werden. Für den Augenblick genüge das beredte Zeugnis eines Zeitgenossen und Freundes von Scheler: ,,Scheler hat nicht zeitweilig ‚katholisiert', er stieß nicht nur im Lauf seiner philosophischen Entwicklung gelegentlich auf Einsichten, die sich mit katholischem Gedankengut berührten und von denen er sich später wieder entfernte, sondern sowohl sein ganzes Leben wie seine eigentliche philosophische Arbeit lassen sich nur wirklich verstehen aus seiner Stellung zur katholischen Lehre und zum katholischen Ethos. Hier liegen seine Grunderlebnisse, hier der Quell seiner wirklich fruchtbaren und tiefen Einsichten, hier der Punkt, von dem aus positiv oder negativ sein Erkennen bestimmt wurde. Gewiß, er drang nie bis in das eigentliche Geheimnis vor ... Aber trotzdem bildete das katholische Ethos und die Grundrichtung der Metaphysik, die im katholischen Dogma immanent vorausgesetzt ist, den Kompaß seines Lebens und Denkens ..."[18] Diese Abhängigkeit vom christlichen Gedanken-

[18] D. v. Hildebrand, ,,Max Schelers Stellung zur katholischen Gedankenwelt"; in: *Die Menschheit am Scheideweg* 620; vgl. a.a.O. 638, wo für Scheler das katholische

gut zeigt sich vor allem in Schelers Anthropologie und bleibt auch in der Spätphase irgendwie erhalten, so daß man sagen kann, es habe Scheler förmlich eine Anstrengung gekostet, sich von diesen Inhalten loszureißen. Für beides stehe ein Text des späten Scheler, den wir für sehr bezeichnend halten und der auch fast alle Inhalte der christlichen Anthropologie enthält, die für Scheler bedeutsam wurden: „Der bekannte Mythos von einer Schöpfung des Menschen ... durch den persönlichen Gott, seiner Abstammung von einem Paare, dem Paradieszustand (Urstandslehre), dem Sündenfall ...; der Erlösung durch den Gott-Menschen ...; der vielfarbigen Eschatologie, von Freiheit, Personalität und Geistigkeit, Unsterblichkeit der sogenannten Seele, Auferstehung des Fleisches, Weltgericht usw. ... ist gewaltiger und für alle Menschen aufdringlicher, als man ahnt. Wer diese Dinge dogmatisch auch nicht mehr glaubt, der hat darum noch lange nicht auch die Gestalt, ferner das menschliche Selbstgefühl von sich abgetan, die in diesem objektiven Glaubensbestande ihre geschichtliche Verwurzelung haben."[19]

Allen diesen Einflüssen gegenüber bewahrte sich Scheler eine eigentümliche Selbständigkeit, deren äußerer Ausdruck nicht zuletzt die schon erwähnte Sorglosigkeit im Zitieren ist. Hier ist auch zu nennen der geringe Anteil an rein historischen Arbeiten, gemessen am Gesamtwerk, das voll von Querverbindungen und Verweisen auf die verschiedensten Epochen der Philosophiegeschichte ist. Scheler ging es nicht um ein bewußtes Philosophieren aus irgendeiner Tradition, noch viel weniger darum, genau den Sinngehalt einer Geistesströmung zu erfahren, um dann kritisch erneuernd oder fortführend darauf aufzubauen. Was Scheler brauchte, war An-Regung, An-Stoß in des Wortes unmittelbarstem Sinn; den aber, der dazu diente, konnte er sehr bald vergessen und fallen lassen, ja sogar bekämpfen. Um so lieber und rascher verließ er das Sprungbrett einer Anregung, je trag-

---

Gedankengut als „der Angelpunkt seines Denkens und Lebens" bezeichnet wird.
Im Hinblick auf Schelers Menschenbild schreibt M. Dupuy: „... la critique de l'homme contemporain dans l'œuvre de Scheler est évidemment d'inspiration chrétienne" (La philosophie de Max Scheler. Son évolution et son unité. T.I.: La critique de l'homme moderne et la philosophie théorique; Paris 1959, 124); und E. Hölzen spricht von einer „idée religieuse de l'homme" (Max Scheler; in: M. F. Sciacca [Hrsgb.], *Les grands courants de la pensée mondiale contemporaine*, IIIe Partie: Portraits, 2nd vol.; Paris 1964, 1360.)

[19] „Mensch u. Geschichte": *Phil. Weltanschauung* 66 u. 67.

fähiger und elastischer es war, um ihn in den weiten Raum der eigenen Gedanken, die oft erst am Traditionsgut gleichsam virulent wurden, hinauszuschnellen.[20]

§ 2. GRUNDSÄTZLICHES ZU SCHELERS VERARBEITUNG CHRISTLICH-THEOLOGISCHEN GEDANKENGUTS

Alles bisher über Schelers Verwendung vorgegebener Traditionsströme Gesagte gilt auch für die Einflüsse christlicher Inhalte auf die Gedankenwelt dieses Philosophen. Auch hier ist von Anfang an die Sorge um rechtgläubige und theologisch richtige Auslegung gering und noch geringer der Wunsch, bestimmte Dogmen und Lehrsätze philosophisch gegen Angriffe von außen zu rechtfertigen. Beides läßt Schelers Abfall bei gleichzeitigem Nachwirken theistischer, ja christlicher Voraussetzungen bis in die Spätphase leichter verstehen. Es wäre daher verfehlt, in Scheler einen Apologeten sehen und ihm, was er selbst zurückweist, vorwerfen zu wollen, ,,er habe die philosophische Methode zur Magd der Apologetik einer positiven Kirche und ihrer Dogmatik gemacht."[21] Bei aller Heilssorge, die uns später begegnen wird und deren theologischer Hintergrund außer Zweifel steht, geht es Scheler doch im Grunde um ein Heil, das sich autoritätsfrei und spontan in und am Medium dieser Welt, in aktiver Selbsttranszendierung des Menschen zum göttlichen ,,Allmenschen" verwirklicht. Das Zusammenwirken von Gott und Mensch

---

[20] Richtig urteilt in diesem Zusammenhang M. Dupuy: ,,Bien que Scheler emprunte beaucoup à ses devanciers ou à ses contemporains, sa philosophie n'a rien d'un éclecticisme. Car il possède l'art souverain ... de transformer l'idée qu'il accueille, en l'insérant dans un contexte nouveau, en la pliant des exigences personelles et en la fondant avec des notions qui procèdent de courants intellectuels très différents ..."
(La philosophie de Max Scheler T.I., 2.)
Und M. S. Frings schreibt: ,,The versatility of Scheler makes it rather difficult to relate him historically to definite sources ... His work is, in the true sense, genuinely autonomous, and consciously without much concern for the philosophy of the past."
(Max Scheler. A Concise Introduction into the World of a Great Thinker; Pittsburgh 1965, 26.)
[21] Vgl. Vorrede zur 2. Aufl. von ,,Vom Ewigen im Menschen": GW V, 13. – Als Apologeten interpretiert Scheler F. Kreppel; vgl. ,,Max Scheler u. das Philosophieren"; in: *Zeitschr. f. Religions- u. Geistesgeschichte* 11 [1959], 386.
Gegen eine frühere Äußerung Kreppels *(Die Religionsphilosophie Max Schelers;* München 1926) urteilt Dupuy richtig, ohne freilich die positive Seite von Schelers Philosophieren auf grund christlicher Gehalte genügend zu würdigen: ,,... il est inexact d'assimiler Scheler ... à un apologiste conscient et volontaire de la foi catholique ..." *(La philosophie de Max Scheler;* T.I., 125.)

ist dabei niemals auch nur andeutungsweise geklärt – vielleicht liegt darin ein philosophisch-theologisches Zentralproblem, dessen Tragweite Scheler nie bewußt wurde. Für die Verwendung der christlichen Grunddaten bedeutet dies reproduktive Annahme und zugleich konstruktive Übernahme und Umformung in phänomenologische, durch Wesensschau adäquat, wenn auch nur für wenige Auserwählte verifizierbare Begrifflichkeit. Dieser Vorgang wird uns immer wieder als Phänomenologisierung christlicher bzw. theologischer Daten begegnen, wobei sich der Schwerpunkt zusehends von der gläubig-passiven Annahme zur denkerisch-aktiven Umformung verlagert. Ganz im Sinne der genannten eigenständigen Verwendung der gegebenen Anregungen entzündet sich dabei Schelers Denken an Inhalten der christlichen Offenbarung und Theologie (bzw. an dem, was Scheler dafür hält), um in der Wirklichkeit der Welt eine erlebnismäßige Deckung für diese Inhalte zu suchen und daraus ein umfassendes Weltbild zu entwerfen. Die Stationen dieses Weges einer zunehmenden Eigentätigkeit im Sinne eines Philosophierens nicht „über", auch nicht rein „aus", sondern vorwiegend „anläßlich" christlicher Inhalte heißen in Anlehnung an Schelers eigene Hinweise: Inspiration durch christliche Daten, ihre rekonstruktive Reinigung und Wiederherstellung und schließlich ihre selbstdenkerische Verarbeitung.[22] Die Durchführung dieses Programms, das zunächst an die Bemühungen einer christlichen Philosophie erinnert, führt Scheler jedoch nicht zur philosophischen Untermauerung der christlichen Substanz, auch nicht zum intellectus fidei ANSELMS von Canterbury, sondern zur lapidaren, der Geschichte der philosophischen Anthropologie doch wohl widersprechenden These, der Mensch sei überhaupt nur „im Lichte Gottes" verständlich. Davon wird noch ausführlich die Rede sein. Jetzt sei schon festgehalten, daß auch und gerade

---

[22] Die Befruchtung aller Kulturgebiete durch die christliche Religion und die Kirche im Sinne einer „Harmonie von Religion und Kultur" ist gegeben, „wenn eine zuerst als *selbständig* ergriffene und gleichzeitig als die *erste und höchste Angelegenheit* des Menschen allgemein auch wirklich angesehene Religion die Kultur und all ihre Gebiete... unwillkürlich so *inspiriert*, daß der Hauch und der Atem ewigen Lebens alles schöpferische Tun und alles Werk wie von selbst durchflutet." („Probleme d. Religion": GW V, 323f.) – Und die Kirche hat „die *positive* Aufgabe einer *Inspiration* aller Kulturbetätigung durch den in der Kirche als heiliger Gesamtperson investierten Geist in Richtung auf das Gesamtheil." („Der Formalismus in der Ethik u. die materiale Wertethik" [= *Der Formalismus...*]: GW II, 539.)

eine christliche Anthropologie, wenn sie philosophisch sein will, zwar bemüht ist, ,,das MENSCHENLEBEN IM CHRISTEN zu durchdringen" – in diesem Sinn ist sie ,,christlich" –, jedoch so wie es ,,sich uns zunächst durch die Selbsterfahrung des Menschen und im Wissen öffnet . . ."[23]

Erst die christliche Orientierung im dargelegten Sinn macht bestimmte Grundhaltungen des Schelerschen Philosophierens, die nach Art einer evidenten Vorentscheidung bezogen werden, voll verständlich. An erster Stelle steht hier, was man Schelers christlichen Realismus nennen könnte: Das grundsätzliche Vertrauen zur bewußtseinsunabhängigen Wirklichkeit, ihrer Einheit und ihrer in Gott gegründeten guten Ordnung. Damit geht Hand in Hand die staunende und dankbare Anerkennung jener ,,ersten und unmittelbarsten Evidenz . . ., daß ÜBERHAUPT ETWAS SEI oder, . . . daß ,NICHT NICHTS SEI' . . ."[24] So unterscheidet sich Schelers Denken wesentlich von jedem Ansatz am subjektiven Cogito, mag er sich Kartesianismus, Kritizismus oder existenzeinklammernde Phänomenologie nennen. Das christlich beeinflußte Element dieser aufnahmebereiten Wirklichkeitszuwendung, die an die Stelle der kritizistischen Kriteriumsfrage ,,ein tiefes EINLEBEN IN DEN GEHALT und den Sinn der in Frage kommenden Tatsachen" setzt[25], liegt nun vor allem in der selbstverständlichen Annahme eines höchsten, werthaltigen und einheitstiftenden göttlichen Weltgrundes. Diese Annahme schränkt die sinnenfreudige Öffnung auf die bunte Welt und ihre Vielfalt wieder ein und bringt HUSSERLS Einklammerungstendenzen in neuer, wesentlich religiös inspirierter Form wieder zur Geltung.

Scheler kennt und empfiehlt neben der ,,Wesensphänomenologie" eine ,,rekonstruktive Phänomenologie" als ,,Methode der deskriptiven Weltanschauungslehre", die darin besteht, ,,irgendwelche metaphysischen und religiösen Gedankensysteme . . . auf ihre *Urerlebnisinhalte* zurückzuführen, d.h. das, was spät, abgeleitet, rationalisiert, erstarrt erscheint, gleichsam *rekonstruktiv* wieder zu intuifizieren und damit seinen *Ursinn* lebendig und anschauungskräftig zu machen . . ." (Vorrede zur 2. Aufl. von ,,Vom Ewigen im Menschen": GW V, 13.)

Der Höhepunkt dieses Weges aber besteht im Aufbau einer ,, ,christlichen Philosophie' ", eines ,,aus der *Wurzel* und dem *Wesen* des christlichen Grunderlebnisses durch selbstdenkerische Betrachtung und Erforschung der *Welt* entsprungen Gedankensystems", einer ,,unmittelbaren Umsetzung des christlichen Erlebnisgehaltes in philosophische Begriffe." (,,Liebe u. Erkenntnis": GW VI, 87, 88.)

[23] J. B. Lotz, ,,Christliche Anthropologie"; in: H. Rombach (Hrsgb.), *Die Frage nack dem Menschen. Aufriß einer philosophischen Anthropologie. Festschrift f. Max Müller zum 60. Geburtstag;* Freiburg-München 1966, 71.
[24] ,,Vom Wesen d. Philosophie": GW V, 93.
[25] ,,Phänomenologie u. Erkenntnistheorie": GW X, 381.

Was nämlich diese Welt an Gutem, Werthaftem, an innerer Einheit aufweist, hat sie als Welt Gottes, als raum-zeitlicher Erscheinungsbereich der ewigen göttlichen Ideen. Dies bedeutet eine Zuwendung zur Wirklichkeit dieser Welt, aber nicht um ihrer selbst willen, sondern um Gottes willen. Eine autonome, am Phänomen Welt und Mensch und den dazugehörigen Vollzügen ansetzende Deutung der Wirklichkeit blieb für den theistisch, besser: theonom ausgerichteten Scheler zeitlebens eine Unmöglichkeit. ,,War doch die innerste Seele der Philosophie dieses durch und durch metaphysischen Denkers ein starker, ursprünglicher, in den Tiefen seines Wesens wurzelnder Glaube an den Sinn des Daseins, der zutiefst ein Glaube an Gott und Geist war."[26]

Damit gelangen wir zu der für Schelers christlich geprägtes Philosophieren nicht minder bedeutsamen ,,zweiten Evidenz", der grundlegenden Überzeugung von der Existenz eines alles zufällige Dasein fundierenden absoluten, heiligen Ens a se.[27] Bei aller Scheidung zwischen der ,,Idee" Gottes (der ,,Gottheit") und ihren konkreten Ausfüllungen im Sinne des real existierenden ,,Gottes", womit sich Scheler von Anfang an den Weg für die späteren Wandlungen seines Gottesbegriffs offen hält, ist doch die fraglose Gewißheit vom Dasein eines höchsten Wesens ein Grundpfeiler des gesamten Schelerschen Gedankengebäudes. Die Bedeutung dieser wesentlich aus Schelers christlichem Glaubenspathos gespeisten ,,Realsetzung der Gottesidee" für die formale und inhaltliche Struktur der Philosophie Schelers ist kaum zu überschätzen, zumal seither kein epochemachender Denker auf dieser Basis, deren Selbstverständlichkeit mehr und mehr abhanden gekommen ist, philosophierte. Scheler hat dieser

---

[26] J. Hessen, *Max Scheler. Eine kritische Einführung in seine Philosophie*; Essen 1948, Vorwort.
Wegen der mangelnden Eigenbedeutung der konkreten, zufälligen ,,Umwelt" (im Gegensatz zur Wesens-,,Welt" von ,,Sein überhaupt") bedeutet auch Schelers Spätlehre vom Menschen als ,,Asketen des Lebens" keine ,,Revision" des christlichen Realismus im Sinne einer Betonung des ,,negativen Aspekts der Transzendenz", wie H. Kuhn meint (vgl. ,,Max Scheler im Rückblick"; in: *Hochland* 51 [1958/59], 337). Kuhn übersieht den im Philosophie-Aufsatz (vgl. GW V, 93) der Sache nach und im zum Vergleich herangezogenen Abschnitt in ,,Die Stellung d. Menschen im Kosmos" 89 auch terminologisch deutlichen, für Scheler wesentlichen Unterschied von ,,Umwelt" und ,,Welt". Schelers Askese gilt der ,,Umwelt" als zufälligem und defizientem Raum des Erscheinens von ,,Welt", zu der allein als dem in Gott ruhenden Wesensreich er vertrauensvoll Zugang sucht.
[27] Vgl. ,,Vom Wesen d. Philosophie": GW V, 94f.

EINLEITUNG

Gottesgewißheit und der Notwendigkeit, alles welthafte Sein auf einen transzendenten, göttlichen Weltgrund zu beziehen, um ihm Sinn und Einheit zusprechen zu können, bis in seine Spätphase die Treue gehalten.[28] Alles deutet darauf hin, daß es ihm dabei wirklich um ein zentrales Bekenntnis seines Lebens und damit seines Philosophierens ging. Freilich ist ebensowenig zu übersehen, daß Scheler immer wieder versuchte, sich über Gott zu stellen, wenigstens in dem Sinn, daß ihm die ,,Idee" Gottes als unentbehrlicher Schlußstein seines philosophischen Systems zu dienen hatte. ,,An der Wirklichkeit und Tiefe seiner Gottes erfahrung ist nicht zu zweifeln. Es scheint aber sein Verhängnis gewesen zu sein, daß sich ihm diese Erfahrung zu früh und zu unvermittelt in ein Forschungsobjekt verwandelt hat."[29]

Von Schelers Abhängigkeit von der Lebensphilosophie war schon die Rede. Wollte man sein eigenes Philosophieren von diesem Einfluß her charakterisieren, so müßte man in Erweiterung des Anliegens der Lebensphilosophie von einer *Erlebens*philosophie sprechen.[30] Schelers Philosophieren entsprang einer

---

[28] Vgl. dazu etwa: *Die Stellung d. Menschen im Kosmos* 88f.
Wieder sieht Kuhn in Schelers Formulierung eine ,,drastische Revision" gegenüber früher; denn ,,in der neuen Fassung ist das absolut Seiende nicht die gegenwärtige Grundlage des realen Ich-Seins, sondern die Vorwegnahme des Zustandes, in dem der Geist, der zunächst mit bloßen eidetischen Möglichkeiten befaßt ist, machtvolle Wirklichkeit geworden sein wird." (,,Max Scheler im Rückblick"; in: *Hochland* 51 [1958/59], 337.) So weit ist der späte Scheler nicht gegangen. Bei aller auf Gott übertragenen Werdedynamik bleibt das Göttliche doch ,,die formale Seinssphäre eines alle endlichen Erfahrungsinhalte und das zentrale Sein des Menschen selbst überragenden, schlechthin in sich selbständigen Seins von Ehrfurcht gebietender Heiligkeit", weshalb der Mensch auch jetzt noch ,,nur je ein Teilzentrum des Geistes und Dranges des ,Durch-sich-Seienden' " genannt werden kann *(Die Stellung d. Menschen im Kosmos* 88; 91). Immer noch bleibt also Gott Wesensgrundlage des Menschen (vgl. unsere späteren Ausführungen). Dies mag zur gleichzeitig vom späten Scheler gelehrten Angewiesenheit Gottes auf den Menschen in Widerspruch stehen – die Trennung von Wesen und Dasein vermag diesen Widerspruch nicht wirklich aufzuheben –, ist aber dennoch der nicht zu leugnende Rest der alten Theomorphie des Menschen.
[29] H. U. v. Balthasar, *Apokalypse d. deutschen Seele*, Bd. III, 180.
[30] So interpretiert Scheler den Sinn einer ,,Philosophie des Lebens": ,,Was man vielmehr mit jenem allgemeinen Schlagworte meint ... ist ... eine ,Philosophie des Lebens', in deren Benennung ,des Lebens' ein Genitivus subjectivus ist, d.h. eine Philosophie aus der Fülle des Lebens heraus, ja – schärfer gesagt – eine *Philosophie aus der Fülle des Erlebens des Lebens heraus*. ... was da auf irgendeine Weise schon vor uns steht, ein Sein irgendwelcher Art ... oder auch noch die organischen Lebensprozesse und die bereits gelebten sog. ,psychischen Erlebnisse' ..., ist im höchsten Falle nur *gelebtes Leben*, vollendet, fest geworden, und darum der Beobachtung und dem Begriffe zugänglich. Aber es ist nicht jenes ganz verschiedene ,Leben', das sich *im Erleben selbst* als einem tiefsten und schöpferischen Aktus ... *unmittelbar* erschließt, in ihm und in ihm allein aufblitzt und der mitschwebenden Reflexion zugänglich ist." (,,Versuche einer Philosophie d. Lebens": GW III, 313f.)

stets durchgehaltenen Grundüberzeugung von der **Erlebbarkeit** aller entscheidenden philosophischen Gehalte. Medium war ihm dabei der „unmittelbarste und dichteste erlebende Verkehr mit All und Gott."[31] Diese Erlebnisverbindung gilt vor allem als erste und letzte Quelle aller Gotteserfahrung. Die Wirklichkeit Gottes ist gleichsam das Urerlebnis, auf das alles andere Erleben zurückgeht, in dem es seinen Sinn und seine Berechtigung findet. Gott ist für Scheler nicht nur eine selbstverständliche Notwendigkeit, sondern auch eine erlebbare Größe. Von entscheidender Bedeutung ist dabei der Erlebniskontakt im unableitbaren religiösen Akt, der über alle Weltwirklichkeit hinweg einen Bogen vom Menschen zu Gott spannt. Darin kommt es zu einer „unmittelbaren" Wesenserfahrung des Göttlichen; sie ist „ursprünglich" und „aus weltlichen Erfahrungseindrücken unableitbar"; sie besteht „im mystischen Kontakt" des „geistig-persönlichen Seelengrundes mit der Gottheit" im Sinne einer echten „Offenbarung", allerdings „jener NATÜRLICHEN, ALLGEMEINEN, mit der Konstitution des menschlichen Geistes und seiner Daseinsform SELBST SCHON GEGEBENEN ... ,Offenbarung', die wir zwischen spontaner und mittelbarer Vernunfterkenntnis und positiver Offenbarung in Stifterpersonen eben als ein DRITTES Erkenntnisprinzip von Übersinnlichem in die Mitte stellen."[32] Die Möglichkeit der Leugnung Gottes, etwa auf Grund völligen Fehlens des genannten mystischen Erlebniskontakts, war für Scheler offenbar nie ernsthaft zu diskutieren. Alle Gottesleugnung bezieht sich immer nur auf konkrete Vorstellungen der Gottesidee und bestätigt so indirekt die Kraft dieser Idee: aller Atheismus ist notwendig „Kontratheismus".[33] – In denselben Rahmen der Erlebbarkeit und Erfahrbarkeit des Göttlichen ist auch die Wirklichkeit der Welt und des Menschen eingespannt. Die Welt ist der Raum, in dem mittelbar Spuren, Abdrücke, Schatten Gottes erscheinen; so und nur so ist die Hinwendung des Menschen zur Welt und ihrer bunten Vielfalt zu rechtfertigen. Schelers Vertrauen zur Erfahrbarkeit Gottes im Medium der Welt und des Menschen ist so gut wie grenzenlos trotz mehrfacher Hinweise auf die zu beachtende bloße Analogie zwischen Gott und Welt.

---

[31] „Versuche einer Philosophie d. Lebens": GW III, 314.
[32] Vgl. Vorrede zur 2. Aufl. von „Vom Ewigen im Menschen": GW V, 8, 9, 11, 21.
[33] Vgl. *Der Formalismus* ...: GW II, 574.

Für ihn steht „das ‚Reich Gottes' . . . in organischer, ERLEBTER Verknüpfung mit dem sichtbaren Reiche – so daß in ihm die Wertgesetze und Vergeltungsgesetze, die schon im sichtbaren Reich gelten und erscheinen, nur reinste und vollkommenste Ausprägung finden."[34] So wird die Welt Offenbarung und Symbol Gottes; und der Mensch ist jener bevorzugte Ort, an dem die Geistigkeit Gottes erfahrbar wird.[35] Aber auch der „Fall" der Welt, die ewige Widerständigkeit des Weltlichen gegen Gott, ist eine Erfahrungswirklichkeit; sie wird erschaubar im „Phänomen des Tragischen". Auch hier kommt es nicht so sehr auf das tragische Einzelereignis an, sondern auf „die in ihm nur exemplifizierte wesenhafte Weltkonstitution, von der das Ereignis als ‚Beispiel' vor uns steht."[36] Die Erlebbarkeit des Göttlichen und des tragischen Widerstands dagegen an ein und demselben Medium der Welt dürfte die tiefste Wurzel aller Schelerschen Dualismen sein.

Diese unmittelbare und mittelbare Erlebbarkeit des Göttlichen bezeichnet Scheler immer wieder als „Offenbarung", die er jedoch, wie wir schon sahen, von der positiven Offenbarung durch die Person Christi unterscheidet. Es geht dabei um die Grundlegung jenes intuitionistischen Irrationalismus, der für Schelers Philosophieren kennzeichnend ist. Offenbarung wird in einem formalen, christlich affizierten Sinn einseitig als vertrauensvolles, liebendes Hinnehmen jeder konstruktiven Verstandestätigkeit gegenübergestellt: „‚Offenbaren' heißt aber auch hier – wie überall – das Gegenteil von allem erdacht, erschlossen, abstrahiert werden."[37] Auch im Erkennen gibt es keine echte Einheit. Im Anschluß an PASCAL zerfällt bei Scheler das erkennende Subjekt in „Herz" und „Verstand", wobei dem fühlenden Herzen eindeutig der Vorrang zukommt.[38] Damit hängt zusammen die grundlegende Bedeutung der Intuition, die einerseits als die unmittelbar ansprechende philosophische Stärke

---

[34] „Das Ressentiment im Aufbau d. Moralen": GW III, 83.
[35] Vgl. „Probleme d. Religion": GW V, 172; 210.
[36] „Zum Phänomen d. Tragischen": GW III, 157.
[37] „Probleme d. Religion": GW V, 160.
[38] „Es gibt eine Erfahrungsart, deren Gegenstände dem ‚Verstande' völlig verschlossen sind; für die dieser so blind ist wie Ohr und Hören für die Farbe – eine Erfahrungsart aber, die uns *echte* objektive Gegenstände, und eine ewige Ordnung zwischen ihnen, zuführt, eben die *Werte*; und eine Rangordnung zwischen ihnen." (*Der Formalismus* . . .: GW II, 261.)

Schelers gelobt wird³⁹, anderseits aber auch berechtigte Zweifel an der Rationalität seines Ideengebäudes aufkommen läßt⁴⁰, besonders dann, wenn die Unentscheidbarkeit des „phänomenologischen Streites" betont und die Unmöglichkeit des schauenden Nachvollzugs allzu rasch auf mangelnde subjektive Disposition zurückgeführt wird.⁴¹ Wenn zu dieser Disposition Liebe, Demut und Selbstbeherrschung gehören⁴², dann erscheint Schelers Intuitionismus als philosophisches Pendant zum gehorsamen, aber auch erleuchtenden christlichen Glauben. Dies um so mehr, als Scheler den passiv-empfangenden Charakter der menschlichen Erkenntnis betont. Diese Rezeptivität, die freilich beim späten Scheler zurücktritt, ohne jedoch ganz zu verschwinden oder gar widerrufen zu werden, entspricht der dankbar offenen Haltung des gläubigen Menschen, wobei Scheler jedoch bei seiner Überbetonung des „sacrifizio dell'intelletto" die christlicher Philosophie und Theologie immer neue Aufgabe der gedanklichen Durchdringung des Geglaubten im Sinne des augustinisch-anselmischen intellectus fidei so gut wie völlig übersieht. Denn wo der späte Scheler denkt, hat er bereits zu glauben aufgehört. „Das Subjekt ist nicht schöpferisch und kann nur in der Hingabe an die Gegenstände zur Wesensschau kommen. In der theistischen Wertordnung Schelers ist diese kontemplativ passive Rolle des Philosophen ein entscheidender Bestandteil seiner von der Metaphysik begründeten Anschauung."⁴³ Beides, Intuition und Rezeptivität, sind immer wiederkehrende Grundpfeiler in Schelers

---

³⁹ „Scheler konnte, wie selten einer, gesprächsweise Gedanken entwickeln, ja, neu formen, Durchblicke geben, Perspektiven eröffnen, in denen alles geschaut oder doch bis auf Geschautes zurückgeführt war. Den kaum geborenen Gedanken konnte er plastisch-konkret, überzeugend hinstellen, so daß der Blick ihm nur zu folgen brauchte, um selbst zu schauen. Diese wunderbare Intuitionskraft verließ ihn nie ... In ihr lag das Geheimnis jener Macht, die immer wieder die Besten zu ihm hinzog, die es zuwege brachte, daß ein jeder beschenkt von ihm ging." (N. Hartmann, „Max Scheler †"; in: *Kant-Studien* XXXIII [1928], X.)
⁴⁰ „L'élément dangereux en est la surestimation de l'intuition et de la sous-estimation de la connaissance théorique, qui amenèrent fatalement Scheler à mettre le sentiment à la place du concept et du jugement, et à sacrifier le caractère scientifique de la philosophie an faveur d'une doctrine de salut à demi religieuse." (E. Hölzen, „Max Scheler"; in: M. F. Sciacca, *Les grands courants de la pensée mondiale contemporaine* III/2, 1353.)
⁴¹ Vgl. „Phänomenologie u. Erkenntnistheorie": GW X, 391–394.
⁴² Vgl. „Vom Wesen d. Philosophie": GW V, 89f.
⁴³ F. Kreppel, „Max Scheler u. das Philosophieren"; in: *Zeitschrift f. Religions- u. Geistesgeschichte* 11 (1959), 385.

Auseinandersetzung mit dem genau entgegengesetzten Geist des kantischen Kritizismus.

§ 3. EINHEITLICHKEIT UND „PHASEN" IM DENKEN SCHELERS

Die genannten Kennzeichen Schelerschen Philosophierens schöpfen keineswegs alle Dimensionen dieser ebenso reichen wie gefährdeten Persönlichkeit aus. Die Rückführung wichtiger Grundzüge der Geistigkeit dieses so sehr in die Breite wirkenden Philosophen auf die Berührung mit der christlichen Offenbarung vor allem in ihrer gedanklichen Verarbeitung durch die katholische Theologie scheint um so notwendiger, je weniger dieser Einfluß in der Scheler-Literatur ernst genommen wird. Der Grund für diese Vernachlässigung mag vor allem darin liegen, daß Scheler nach außen deutlich und unmißverständlich mit der Kirche gebrochen hat. Dennoch hat sich für Scheler erfüllt, was C. MUTH ihm 1923 prophezeite, um ihn vom Äußersten abzuhalten: „Denn Sie müssen der Gedankenwelt treu bleiben, ... die Sie für Millionen anderer aufgebaut haben und die ja schließlich auch bestehen bliebe ohne Sie, selbst dann, wenn ihr Urheber sie verleugnete, was nicht möglich wäre, ohne daß sie gegen ihn zeugte."[44]

Schelers spektakuläre Wende führt zum Problem der „Phasen" oder „Perioden" in seinem Denken und zur Frage nach der inneren Einheit seiner Philosophie. Auch hier wird zu sehr nach äußeren Kriterien geurteilt, als ob sich die Philosophie eines Denkers notwendig mit dem Wechsel seines Wohnortes änderte. Wieder ist es vor allem die äußere Trennung Schelers von der Kirche, die einer mehr oder weniger starren Phaseneinteilung und der Rede vom radikalen „Bruch" in Schelers Denkentwicklung entgegenkommt.[45] Man vergißt dabei, wie wenig Scheler jemals

---

[44] Begegnungen. Hinterlassene Notizen v. Carl Muth; „Max Scheler"; in: *Hochland* 46 (1953/54), 16.
[45] Schelers Abfall legen jene Autoren zugrunde, die in seinem Denken z w e i Perioden unterscheiden. So. z.B. besonders charakteristisch E. Hölzen: „La rupture avec le christianisme sépare la philosophie de Scheler en deux périodes principales: la période de la métaphysique chrétienne (bzw. période de l'anthropologie théologique) et la période de la métaphysique athée (bzw. période de la théologie anthropologique)." („Max Scheler"; in: M. F. Sciacca, *Les grands courants de la pensée mondiale contemporaine* III/2, 1351). Diese Einteilung, die immerhin die Metaphysik als durch-

im Sinne dogmatischer Rechtgläubigkeit und rein rechtlicher Kirchengliedschaft im Schoß der Kirche lebte. Ihm ging es viel mehr um die Verwendung geistiger Strukturelemente des Christentums als um satzhafte, sakramentale, in Brauch und Sitte ,,praktizierende" Gefolgschaft. Nun sollen echte Wandlungen in Schelers Denken keineswegs geleugnet werden. Dies hieße allzu offenkundigen Befunden ins Gesicht schlagen. Aber im Grunde lebt dieses Philosophieren doch aus einigen wenigen Grundintuitionen, die allerdings so dehnbar und weit sind, daß sie sich mit den verschiedensten, teilweise einander widersprechenden Inhalten auffüllen lassen. Nicht von ungefähr konnte Scheler in der Vorrede zur ,,Stellung des Menschen im Kosmos" kurz vor seinem Tod zwar von einer ,,Entwicklung (seiner) Ansichten über den großen Gegenstand" Mensch sprechen und doch diese Entwicklung ohne die geringste Erwähnung eines Bruchs vom streng theistischen Aufsatz ,,Zur Idee des Menschen" bis in die letzten Äußerungen der Spätphase führen einschließlich der immer noch der Veröffentlichung harrenden Kölner Vorlesun-

gehendes Anliegen Schelers anerkennt, setzt in ihrer zweiten Form gültige Akzente, die jedoch den inneren Zusammenhang zwischen Theomorphie des Menschen und Anthropomorphie Gottes bei Scheler nicht übersehen dürfen. – Ähnlich, jedoch ohne die genaue Akzentuierung, unterscheidet M. Dupuy (*La philosophie de Max Scheler.* T. II: *De l'éthique à la dernière philosophie;* Paris 1959, 716, 724). H. Noack bezeichnet Scheler für die Zeit von 1913–1922 als ,,Personalisten und katholischen Konvertiten", für die letzten Jahre als ,,Pantheisten" (*Die Philosophie Westeuropas;* Darmstadt 1962, 228).
Meist unter Verkennung der durchgehenden metaphysischen Ausrichtung teilen andere in Verknüpfung äußerer und innerer Kriterien Schelers Denkweg in drei Perioden ein: J. Hessen, der im Vorwort Scheler einen ,,durch und durch metaphysischen Denker" nennt, spricht dann doch wieder von einer ,,wertphilosophischen" bzw. ,,idealistischen", einer ,,realwissenschaftlichen" bzw. ,,realistischen" und einer ,,metaphysischen" Periode (*Max Scheler* 15f.). H. J. Schoeps teilt in eine idealistische, eine ,,katholisch-phänomenologische" und eine ,,heidnisch-metaphysische" Phase ein (*Was ist der Mensch? Philosophische Anthropologie als Geistesgeschichte der neuesten Zeit;* Göttingen-Berlin-Frankfurt 1960, 202); M. S. Frings unterscheidet ähnlich (*Max Scheler* 27f.).
Hinsichtlich der inneren Einheit von Schelers Denken meint D. v. Hildebrand, es liege ,,ein Bruch in seiner Philosophie vor, wie er radikaler nicht gedacht werden kann . . ." (,,Max Scheler als Ethiker"; in: *Die Menschheit am Scheideweg* 608). Dupuy spricht von ,,changement d'orientation", ,,transformation profonde", ,,rupture" und zusammenfassend von einer vorhandenen ,,unité matérielle relative" ohne ,,veritable unité formelle" (*La philosophie de Max Scheler;* T. I, 300, Anm. 2; T. II, 716, 724). H. Spiegelberg unterscheidet bei Scheler ,,changes in his estimate of the Catholic Church and more basic ones in his philosophic views" (*The Phenomenological Movement. A historical Introduction*, vol. I; The Hague ²1965, 237; hier gefällt vor allem, daß ausdrücklich auf die einseitige Ableitung der philosophischen Entwicklung aus Schelers bekannten Lebenskalamitäten verzichtet wird.)

gen.⁴⁶ Was in den letzten Jahren in überspitzter und verzerrter Form zum Ausbruch kam, war eben schon vielfach keimhaft in den Anfängen Schelers angelegt. ,,Was denen, die ihn auf ihr Dogma festgelegt, wie ein Bruch erscheinen mußte, war schlichte philosophische Folgerichtigkeit." ⁴⁷ Und die ,,tragische Altersgestalt ist doch nur die Ernüchterung von einer Jugendillusion." ⁴⁸

Angesichts der Wirkung, der Gefolgschaft und der Ansprüche Schelers wird man die Frage stellen müssen: Kann sein mit religiöser, ja prophetischer Emphase vorgetragener Appell zur Philosophie werden? Wir meinen, daß dies nur dann möglich ist, wenn die Ansätze und Intentionen freigelegt sind, und nur in dem Maße, wie philosophisch Tragfähiges und Verantwortbares von philosophisch oder theologisch Geglaubtem geschieden wird. Mit Ordnen und Systematisieren des vorliegenden Schelerschen Werkes allein ist es sicher nicht getan.⁴⁹

---

⁴⁶ Vgl. *Die Stellung d. Menschen im Kosmos* 5f.
⁴⁷ N. Hartmann, ,,Max Scheler †"; in: *Kant-Studien* XXXIII (1928), XIV.
⁴⁸ H. U. v. Balthasar, *Apokalypse d. deutschen Seele*, Bd. III, 174. – Diese Sicht entspricht auch am ehesten Schelers eigener, doch nicht ganz zu vernachlässigender kritischer Rückschau auf den inneren Zusammenhang von ,,Formalismus" und Spätphilosophie: ,,Es ist der Öffentlichkeit nicht unbekannt geblieben, daß der Verfasser in gewissen *obersten* Fragen der Metaphysik und der Philosophie der Religion seinen Standort seit dem Erscheinen der zweiten Auflage dieses Buches nicht nur erheblich weiterentwickelt, sondern auch in einer so wesentlichen Frage wie der Metaphysik des einen und absoluten Seins (das der Verfasser nach wie vor festhält) so tiefgehend *geändert* hat, daß er sich als einen ,Theisten' (im herkömmlichen Wortsinne) nicht mehr bezeichnen kann ... Um so *wichtiger* erscheint es dem Verfasser, an dieser Stelle scharf hervorzuheben, daß die im vorliegenden Werke niedergelegten Gedanken durch diese Umbildung der metaphysischen Grundansicht des Verfassers nicht nur nicht mitbetroffen wurden, sondern daß im Gegenteil *sie ihrerseits einige der Gründe und geistigen Motive darstellen, die diese Umbildung erst herbeigeführt haben.*" (Vorwort zur 3. Aufl. des ,,Formalismus": GW II, 17.) Hieraus erhellt auch, daß Scheler kein Atheist im Sinne eines radikalen Gottesleugners war, was gegen Hölzen, der in Scheler ,,une figure-clef de l'athéisme moderne" sieht, betont werden muß (vgl. M. F. Sciacca, *Les grands courants de la pensée mondiale contemporaine* III/2, 1351).

Die erwähnten Einschränkungen zugunsten einer inneren Einheit der Philosophie Schelers sind immer zu bedenken, wenn im folgenden von ,,Phasen" oder ,,Perioden" Schelers die Rede ist.

⁴⁹ Dies vergißt J. Ortega y Gasset, der in seinem Nachruf meint: ,,La muerte de Max Scheler deja a Europa sin la mente mejor que poseía, donde nuestro tiempo gozaba en reflejarse con pasmosa precisión. Ahora es preciso completar su esfuerzo añadiendo lo que le faltó: arquitectura, orden, sistema." (,,Max Scheler"; in: *Obras completas*, t. IV; Madrid 1947, 511.)

I. KAPITEL

DIE LIEBENDE WESENSSCHAU ALS WEG ZUR
PHILOSOPHISCHEN IDEE VOM MENSCHEN

,,In einem gewissen Verstande lassen sich alle zentralen Probleme der Philosophie auf die Frage zurückführen, was der Mensch sei und welche metaphysische Stelle und Lage er innerhalb des Ganzen des Seins, der Welt und Gott einnehme."[1] Diese Überzeugung von der grundlegenden Bedeutung der anthropologischen Problematik für das Philosophieren überhaupt hält sich bei aller sonstigen Wandlung durch das gesamte Werk Max Schelers, den man deshalb nicht mit Unrecht den Vater der philosophischen Anthropologie im strengen Sinn genannt hat. Über die speziell zur Ausarbeitung einer philosophischen Anthropologie erforderliche Methode findet sich in den bisher zugänglichen Schriften Schelers nicht viel. Bei der engen Verknüpfung von Philosophie und Anthropologie sind wir daher wohl berechtigt, die Aussagen Schelers über das Wesen der Philosophie überhaupt[2] auch auf die Voraussetzungen zur Gewinnung einer philosophischen Idee vom Menschen anzuwenden. Für unseren Zusammenhang, die Untersuchung der christlichen und theologischen Implikationen von Schelers Menschdeutung, ist von größter Wichtigkeit, daß erst der späte Scheler die Forderung nach einer echten SELBSTinterpretation des Menschen im Sinne modernen philosophischen Denkens aufstellt. Wenige Wochen vor seinem Tod preist Scheler den ,,neuen Mut der Wahrhaftigkeit", der den Menschen befähigt, die Frage nach seinem Wesen ,,ohne die bisher übliche ganz-, halb- oder viertelsbewußte Bindung an eine theologische, philosophische und naturwissenschaftliche Tradition in neuer Weise aufzuwerfen und ... eine neue Form seines Selbstbewußtseins und seiner Selbstan-

---

[1] ,,Zur Idee d. Menschen": GW III, 173.
[2] Vgl. dazu: ,,Vom Wesen d. Philosophie": GW V, 63–99.

schauung zu entwickeln."³ Die gleichfalls aus der Spätphase stammende Forderung nach völliger tabula rasa und „äußerster methodischer Entfremdung" in der Frage nach dem Menschen bei zugestandener Schwierigkeit solcher Ablösung⁴ läßt vermuten, daß die Überwindung vorgegebener außerphilosophischer Denkschemata für das Gesamtwerk Schelers nicht restlos gelungen ist. Dies hinsichtlich der auch für die Anthropologie bedeutsamen Auffassung Schelers vom Philosophieren überhaupt zu untersuchen, wird Aufgabe dieses ersten Kapitels sein.

§ 1. PHILOSOPHIEREN ALS TEILHABE UND TEILNAHME AN EINEM ÜBERWELTLICHEN „REICH"

In der Frage nach Möglichkeit und Notwendigkeit der Philosophie als strenger Wissenschaft meint Scheler, es gäbe zwischen ihm und HUSSERL „eine, was wenigstens den Kern der Sache betrifft, nur terminologische Differenz."⁵ Jenseits der noch nicht geklärten Interpretation des späten HUSSERL ist indes klar, daß sich HUSSERLS „Philosophie als strenge Wissenschaft", wie er sie in dem bekannten Logos-Aufsatz⁶ fordert und weithin auf der Basis der genau umgrenzbaren Subjektivität entwickelt, zumindest in einem Punkt wesentlich von Schelers Auffassung vom Wesen der Philosophie unterscheidet. HUSSERL vertritt „die Idee einer streng wissenschaftlichen Philosophie, einer ‚Philosophie von unten' ";⁷ sie meint methodische Strenge, radikalen Neubeginn ohne Rücksicht auf die vorgegebene philosophische Tradition, vor allem aber streng immanentes Ansetzen an und in der spezifischen Eigenart des jeweiligen Problems selbst gegen allen weltanschaulichen „Tiefsinn".⁸ Gerade dieser Tiefsinn, das ständige Überschreiten alles Gegebenen auf weite, übersinnliche, transzendente Räume ist für Schelers Philosophieren und seine Prägung durch platonisch-augustinisches Gedankengut bezeich-

---

³ *Die Stellung d. Menschen im Kosmos* 6f.
⁴ Vgl. „Mensch u. Geschichte": *Phil. Weltanschauung* 62.
⁵ „Vom Wesen d. Philosophie": GW V, 75.
⁶ Vgl. *Logos. Internationale Zeitschrift f. Philosophie d. Kultur* I (1910), 289–341.
⁷ *Logos* I (1910), 322.
⁸ In diesem Sinn schreibt Husserl programmatisch: „Nicht von den Philosophien, sondern von den Sachen und Problemen muß der Antrieb zur Forschung ausgehen." *(Logos* I [1910], 340.)

nend. Schelers Philosophie betrachtet die Dinge „von oben her" [9], entwurzelt sie immer wieder aus dem Mutterboden dieser Welt und bezieht sie auf das wesentlich von ihnen Verschiedene, das ganz Andere, das Absolute, das doch wieder in den Dingen aufleuchtet.

Philosophieren bedeutet in diesem Sinn nicht konstruktive, kontinuierlich fortschreitende Erkenntnisbemühung um genau abgrenzbare innerweltliche Probleme, sondern wesentlich Teilnahme an einem über allem Leben der Welt in sich ruhenden Sein. Die Terminologie schwankt zwischen Teilnahme (Teilnehmung) und Teilhabe, je nachdem ob der aktive oder passive Aspekt dieses „Verhältnisses" (nicht: Verhaltens!) betont werden soll. Grundlegend bleibt die Bestimmung des Philosophierens und seines Gegenstands vom Jenseits der Dinge, vom Außerhalb der Welt her. So ist bereits alles Wissen nach Scheler „ein SEINS-VERHÄLTNIS . . ., das Verhältnis des TEILHABENS eines Seienden am SOs ein eines anderen Seienden, durch das in diesem Soseienden keinerlei Veränderung mitgesetzt wird." Dies wird möglich durch eine „sich selbst und sein [des Geistes] eigenes Sein transzendierende TEIL-NAHME . . ."[10] Und Philosophieren wird definiert als „liebesbestimmter Aktus der Teilnahme am Wesenhaften aller möglichen Dinge."[11] Diese Bestimmtheit des Philosophierenden vom umgreifenden Anderen her bleibt bezeichnenderweise auch dort erhalten, wo der späte Scheler neben den „Wesenheiten" auch den „Strom der Triebe" als Zielrichtung des philosophischen Erkennens nennt: dazu bedarf es der „EINSFÜHLUNG und Einswerdung mit dem DRANGE, dessen Teil auch all UNSER Drängen, Wünschen und Treiben ist."[12]

Nun ist diese Bestimmung des Philosophierenden von einer außerhalb seiner selbst liegenden Sphäre her an sich noch weder rein christlichen noch theologischen Ursprungs. Scheler selbst verweist zunächst auf PLATON und ARISTOTELES als Quellen.[13] Um den nur von der augustinischen Verchristlichung der platonischen Ideenlehre aus verständlichen Kern der Lehre Schelers

---

[9] Vgl. „Probleme d. Religion: GW V, 115.
[10] „Erkenntnis u. Arbeit": GW VIII, 203 u. 204; ebenso: „Die Formen d. Wissens u. die Bildung": *Phil. Weltanschauung* 40.
[11] „Vom Wesen d. Philosophie": GW V, 68.
[12] „Erkenntnis u. Arbeit": GW VIII, 362.
[13] Vgl. „Vom Wesen d. Philosophie": GW V, 67f. u. 71.

freizulegen, müssen wir noch näher nach dem Woran der Teilnahme des philosophierenden Geistes fragen. Hier begegnet uns mit einiger Konstanz und wohl (neben der Anlehnung an PLATONS κόσμος νοητός) nicht ohne Einfluß der neutestamentlichen βασιλεία-Konzeption der Hinweis auf ein ewiges, absolutes „Reich", auf das der geistige Akt des Philosophierenden zielt, dessen er teilhaftig werden soll.[14] Sosehr es klar ist, daß dieses Reich bei Scheler allmählich vom Reich Gottes zum Reich der Wesenheiten wird, sosehr bleibt sein Charakter als eines allumfassenden Numinosums erhalten. Vor allem das Merkmal der Absolutheit – vom theistischen Scheler ausdrücklich als Grundbestimmung des Göttlichen angesehen[15] – hält sich konstant durch. Weil die Philosophie Teilnahme am Absoluten bedeutet, ist sie bzw. ihre wichtigste Disziplin, die Metaphysik, „reine", „absolute" Erkenntnis, die alle Erscheinungen auf ein absolut Seiendes bezieht.[16] Das eigentlich theologische Relief erhält diese Konzeption schließlich durch Schelers ausdrückliche Anlehnung an die augustinische Illuminationslehre. Während der Verstand nur ein Hilfsmittel zur praktischen Weltbeherrschung und somit „biologisch eine Krankheit" ist, stellt die Vernunft die philosophische Grundkraft des Menschen zu „adäquater Er-

[14] Immer wieder finden sich Umschreibungen wie „Reich des eigentlichen Seins" (GW V, 67), „Sachenreich" (GW V, 78), „an sich bestehendes Seinsreich" (GW V, 85), „Reich der geordneten Liebenswürdigkeiten aller Dinge" (GW X, 351), „Reich der Wertqualitäten" (GW II, 170), „absolutes Ideen- und Wertreich" (GW VIII, 26), Gott als „Spitze des ... Reiches der Liebenswürdigkeiten" (GW X, 359), „Reich Gottes" (GW II, 293; GW III, 89: hier auch der Verweis auf die neutestamentliche βασιλεία τοῦ θεοῦ), „Wesensreich" (GW V, 203), auch personifiziert zum „Urwesen aller Wesen" (GW V, 69), „Wesensreich, ... dessen personales Subjekt der geistige und personale Weltgrund selber ist" *(Wesen u. Formen d. Sympathie* 147) u.a.
   Selbstverständlich soll mit diesen Hinweisen keineswegs behauptet werden, Scheler habe die biblische Reich-Gottes-Idee (vgl. dazu R. Schnackenburg, „Basileia"; in: *Lexikon f. Theologie u. Kirche,* Bd. II; Freiburg ²1958, 25–31) adäquat und im vollen christlichen Sinn erfaßt. Seine Deutung des Reiches Gottes liegt vielmehr auf der Linie des für die neuzeitliche und vor allem idealistische Reich-Gottes-Spekulation charakteristischen Zuges zur „Entchristologisierung, Enteschatologisierung, Humanisierung und Immanentisierung, insofern das Reich Gottes nicht als Anbruch eines von Gott geschenkten Geschehens oder als durch Christus allein gewirkte Eröffnung einer den Menschen und seine Möglichkeiten übersteigenden Wirklichkeit verstanden wurde, sondern als eine menschliche und geschichtliche Aufgabe ..." (H. Fries, „Reich Gottes. Die Reich-Gottes-Idee in der Neuzeit"; in: *Lexikon f. Theologie u. Kirche,* Bd. VIII; Freiburg ²1963, 1115.)
[15] Vgl. „Probleme d. Religion": GW V, 159f.
[16] Vgl. dazu die zeitlich auseinanderliegenden Äußerungen in: „Vorbilder u. Führer" (1913/14): GW X, 288, „Vom Wesen d. Philosophie" (1917): GW V, 98, „Probleme einer Soziologie d. Wissens" (1924): GW VIII, 128, *Die Stellung d. Menschen im Kosmos* (1927) 51.

kenntnis" dar.[17] Als solche aber ist sie nichts anderes als das
,, ‚lumen naturale', das natürliche, in jede Seele einstrahlende
Gotteslicht."[18] Auch der späte Scheler hält, freilich unter Verwischung des personalen christlichen Gottesbegriffs, an der Rückführung aller Erkenntnis auf die Kraft Gottes fest: ,,Denn alles
Wissen ist in letzter Linie von der Gottheit und für die Gottheit."[19] Hier liegen die Wurzeln für die Betonung der strengen
Abhängigkeit des philosophierenden Geistes von Gott. Dieser
Rückbindung des Geistigen im Menschen an Gott ist es zuzuschreiben, daß Scheler trotz seiner Betonung der biologischen
Minderwertigkeit des Menschen nie eine Mängelanthropologie
im Sinne A. GEHLENS entwickelte. Auch in seiner letzten, zum
früheren Theismus scheinbar so kraß im Widerspruch stehenden
Phase der ,,Metanthropologie" sieht Scheler den Menschen noch
als Ort der Selbstverwirklichung eines werdenden Gottes, also
immer noch ,,von oben" her.

Der erkenntnistheoretischen These vom Philosophieren als
Teilnahme an einem welt- und menschjenseitigen ,,Reich" kommt
eine fundamentale Bedeutung für das Verständnis der anthropologischen Position Schelers überhaupt zu. Sosehr Scheler die
Wichtigkeit der anthropologischen Problematik betont – sein
Interesse gilt im Grunde doch nicht dem Menschen als eigenständiger, in sich geschlossener Wirklichkeit, über die auch ohne
Rekurs auf etwas von ihr Verschiedenes Gültiges auszusagen ist,
sondern jenem überweltlichen ,,Reich" und dem Menschen nur
insofern, als er der ausgezeichnete Ort des Durchbruchs jener
Überwelt ist, mit der es Philosophie recht eigentlich und einzig
zu tun hat. Die Wichtigkeit dieses Grundzugs, der nicht zum
mindesten auf die genannten immanentisierten christlichen Voraussetzungen zurückgeht und wodurch sich Scheler nachdrücklich von der modernen, vielfach an der Selbsterfahrung und am
Verhalten des Menschen orientierten philosophischen Anthrologie unterscheidet, kann kaum genug betont werden. Der
Mensch tritt in dem Maß in den Blickpunkt des philosophischen
Forschens, wie in ihm und an seinen Akten jenes absolute

---

[17] Vgl. ,,Zur Idee d. Menschen": GW III, 187 u. ,,Probleme d. Religion": GW V, 115.
[18] ,,Probleme d. Religion": GW V, 343; a.a.O. 164 mit ausdrücklicher Berufung auf Augustinus.
[19] ,,Erkenntnis u. Arbeit": GW VIII, 211.

,,Reich" ,,durchbricht", ,,auf- (hinein-, entgegen-)blitzt", ,,auftaucht".²⁰ Auch die ,,transzendentale Schlußweise" der späten ,,Metanthropologie" sieht den Menschen als den ,,einzigen Ort, in dem und durch den das Urseiende sich ... selbst erfaßt und erkennt ..." Mag sich die inhaltliche Seite dieser Abhängigkeit noch so sehr geändert haben, formal bleibt der Mensch auch in dieser späten Phase bestimmbar und bestimmt vom außerhalb seiner selbst liegenden ,,Grund aller Dinge" bzw. ,,UNMITTELBAR im ewigen Sein und Geiste verwurzelt."²¹ Bezeichnend ist, daß für Scheler trotz aller Betonung der anthropologischen Problematik der Mensch niemals Gegenstand der Philosophie oder Metaphysik wird. Dieser Gegenstand bleibt vielmehr der ,,Inbegriff alles Seins und Wertes", die ,,Erkenntnis des absolut seienden Seins."²²

Nach dieser Verdeutlichung der Natur des ,,Reiches", an dem teilzuhaben der Philosophierende berufen ist, wird es nicht verwundern, wenn Scheler die Notwendigkeit der passiv–annehmenden Hingabe gegenüber dieser Überwelt stark betont. Unmittelbarer Anlaß dazu ist die immer wiederkehrende und das Werk Schelers zeitweilig stark bestimmende Kritik an KANT. In unserem Zusammenhang tritt gegen KANTS Erkenntnistheorie vom formenden und gesetzgeberischen Verstand die Forderung nach liebend-passiver Hingabe an das reine Wesen der Dinge.²³ Die Wurzel dieser Hingabe, die in dieser Intensität nur einem Umfassenden gegenüber geleistet werden darf, ist das Vertrauen auf die in Gott gegründete gute Ordnung der Dinge. Vollends klar wird der Einfluß christlichen Gedankenguts in der

---

²⁰ Diese Ausdrucksweise ist charakteristisch und kehrt immer wieder; vgl. etwa GW II, 276, 293, 294, 298f.; GW III, 81; GW X, 384; *Wesen u. Formen d. Sympathie* 182 u.a.
²¹ *Phil. Weltanschauung* 15.
²² ,,Absolutsphäre u. Realsetzung d. Gottesidee": GW X, 213; *Die Stellung d. Menschen im Kosmos* 51.
²³ Vgl. z.B. ,,Die christliche Liebesidee u. die gegenwärtige Welt": ,,An die Stelle einer naiven, geistigen liebegeleiteten *Hingabe* an die objektive Welt im Anschauen und Denken, im steten Bewußtsein, der menschliche Geist, als aus Gott, dem Borne der Wahrheit stammend, sei auch fähig, das *Sein* der Dinge einsichtsvoll zu begreifen, trat die prinzipielle *Mißtrauensstellung* in die eigenen Geisteskräfte und das, was ich die tiefe ,Weltfeindschaft' des modernen Denkens nenne, d.h. ... eine Auffassung der Welt als eines heillosen materiellen Breies – aus dem der Mensch durch seine Verstandestat und Arbeit erst etwas Sinnvolles zu machen habe. Die *kantische* Philosophie ordnet sich z.B. dieser Formel als Spezialfall unter." (GW V, 389; vgl. GW II, 86.)

für den Akt des Philosophierens notwendigen Demut „gegenüber dem puren WAS der Welt",[24] wobei wieder das Objekt dieser Demut in bezeichnender Weise säkularisiert wird. Diese Demut als „ein stetiges inneres Pulsen von geistiger Dienstbereitschaft im Kerne unserer Existenz, von Dienstbereitschaft gegen alle Dinge"[25], ist aufzufassen als Mitvollzug der Kondeszendenz Christi, als ein „fortwährendes Sichsehen ‚in Gott' ", wodurch der Demütige „leise ... in den Himmel steigt" auf dem „Weg der Vermählung mit den Dingen und Gott."[26] Wir stehen damit an den frühen und wesentlich theologischen Quellen des späteren dionysisch-gnostischen Menschenbildes Schelers, vor dem eine richtige und umfassende Interpretation der Demut hätte bewahren können und das somit gar nicht so unerwartet hervorbricht, wie das bisweilen dargestellt wird: Die Demut des Philosophierenden wie auch das (später so lebhaft verworfene) sacrifizio dell'intelletto sind wie die Kenose des gottgleichen Christus ein freies Herabsteigen des ursprünglich und immer schon im und aus dem Vollen lebenden Menschen[27] — und nicht etwa zunächst die Anerkennung der wesensmäßigen Grenzen des endlichen Geschöpfs, worin der Anfang der wahren christlichen Demut liegt. Was Wunder, wenn aus diesem fast unmerklichen Ansatz zur Selbstvergöttlichung des Menschen die gnadenüberhobene Selbsterlösungsgnosis des späten Scheler wurde?

Wir brauchen indes gar nicht so lange zu warten. Bereits die genauere Betrachtung des von Anfang an greifbaren aktiven Moments der philosophierenden Teilnahme am Sein der Dinge weist in die angegebene Richtung. Sosehr die Bestimmung von oben her gültig ist, der Mensch kann im philosophischen „Auf-

---

[24] „Vom Wesen d. Philosophie": GW V, 91.
[25] „Zur Rehabilitierung d. Tugend": GW III, 17.
[26] Vgl. „Zur Rehabilitierung d. Tugend": GW III, 17, 21, 22.
[27] „Demut: das ist ja eben die Bewegung der Selbsterniedrigung, die Bewegung also des Herkommens von oben, des Kommens aus der Höhe, des Sichhinabgleitenlassens Gottes zum Menschen, des Heiligen zum Sünder – diese freie, kühne, angstlose Bewegung eines Geistes, dessen selbstverständliche Fülle ihm selbst noch den Begriff der Selbstverschwendung unfaßlich macht; der sich nicht ‚vergeben' kann, da er selbst nur quellendes Geben ist." („Zur Rehabilitierung d. Tugend": GW III, 25.)
Und das wahre sacrifizio dell'intelletto ist „eine nur bei kraftvollster Selbständigkeit der eigenen Vernunft und des eigenen Gewissens hinsichtlich aller nicht Heilsdinge berührenden Weltfragen mögliche ... freie ... Unterordnungs*bereitschaft* des Willens unter die *Autorität*..." („Probleme d. Religion": GW V, 344.)

schwung" in dieses überirdische Reich eindringen. Schon in der Abhandlung „Vom Wesen der Philosophie", also mitten in der „katholischen" Periode Schelers, ist deutlich die Rede vom Versuch der aktiven Selbsttranszendierung des Menschen hinauf zu Gott.[28] „Ob es ontisch möglich sei, daß dieser Versuch gelinge und wie weit er gelinge" – diese Frage läßt Scheler damals bezeichnenderweise noch offen.[29] Wenn aber der Mensch wie Christus frei aus ursprünglicher Fülle herabsteigt, dann liegt es nahe, daß er auch die aufsteigende Rückkehr zur angestammten Höhe mitvollziehen kann – wobei immer noch vergessen wird, daß auch im Falle Christi der Vater es ist, der den Menschen Jesus erhöht. Schelers tatsächliche Entwicklung bestätigt diese Erwartung. Schon in „Probleme der Religion", wo einerseits ausdrücklich gegen jede Selbsterlösung die Erlösungsbedürftigkeit des Menschen als metaphysische Wahrheit gesetzt wird,[30] ist anderseits in der religiösen Deutung des Erkenntnisakts die Rede vom Menschen, der durch seine Erkenntnis „sich erlöst" und „aktiv miterlösend" die Dinge „hinaufführt" zu Gott.[31] Und der späte Scheler urgiert sehr eindeutig gegen jede kirchlich und dogmatisch gebundene Gnadenreligiosität die spontane Selbsterlösung und Selbstdeifizierung des Menschen durch den philosophischen Akt der Metaphysik.[32]

Die Bedeutung dieses Schemas vom Abstieg und Aufstieg für das Menschenbild Schelers und seine Auswirkungen ist nicht zu

---

[28] „Indem das konkrete Aktzentrum des ganzen Menschen sich zur Teilhabe am Wesenhaften aufzuschwingen sucht, ist also sein Ziel eine *unmittelbare Einigung* zwischen seinem Sein und dem Sein des Wesenhaften; ... Das besagt ..., daß das Aktzentrum sich selbst ... durch diese Teilhabe zu verwesentlichen und zu verewigen habe ... Insofern aber ... die Idee eines (unendlichen) konkreten personalen Aktzentrums ... mit der Idee Gottes ... identisch ist, ist jener Versuch des Aufschwungs des ganzen geistigen Menschen immer zugleich ein Versuch des Menschen, sich selber als natürliches fertiges Sein zu *transzendieren*, sich selbst zu vergöttlichen oder Gott ähnlich zu werden (Platon). Zu ,versuchen', das Aktzentrum des eigenen Geistes aus seinem psychophysischen und biologisch-menschlichen Zusammenhang durch einen immer neuen Aktus dieses Zentrums faktisch ... herauszulösen und es in das der Gottesidee entsprechende universale Aktzentrum ,einzustellen', um aus diesem Aktzentrum heraus und gleichsam ,in' seiner Kraft einen Blick auf das Sein aller Dinge zu tun – das ist als immer erneuter Versuch ein Wesensmerkmal des untersuchten ,Aufschwungs'." („Vom Wesen d. Philosophie": GW V, 86f.)
[29] Vgl. „Vom Wesen d. Philosophie": GW V, 87.
[30] Vgl. GW V, 230; 240.
[31] Vgl. GW V, 298–300.
[32] Vgl. z.B. „Probleme einer Soziologie d. Wissens": GW VIII, 139f.; „Die Formen d. Wissens u. die Bildung": *Phil. Weltanschauung* 31f.; „Der Mensch im Weltalter d. Ausgleichs": *Phil. Weltanschauung* 110.

unterschätzen. Bei aller Anlehnung an PLATON und den augustinischen Neuplatonismus scheinen die letzten Wurzeln dieses Denkens doch auf neutestamentliche Vorstellungen zurückzugehen, deren mögliche Mitbedingtheit durch platonische Konzeptionen nichts an ihrer christlichen Umformung ändern. In Frage kommen hier die Kenose-Doxa-Spekulation des Paulus (Phil 2, 5–11), vor allem aber der Ausgang Christi vom Vater in die Welt und seine Rückkehr zu Gott bei Johannes (vgl. Jo 16, 28; 13, 3). Die Verschränkung von Passivität und Aktivität im philosophischen Akt bestätigt nochmals eindrucksvoll die Abhängigkeit des menschlichen Geistes: der Mensch bedarf der Eingliederung in den Bereich über ihm und kann nur von dorther verstanden werden, sei es daß er sich im demütigen sacrifizio dell'intelletto der göttlichen Einstrahlung überläßt, sei es daß er aus eigener Kraft in jenes Reich eindringt. Die sich in Schelers Demutslehre anbahnende und in der Forderung einer gezielten Seelentechnik der aktiven Selbsterlösung vollendende Überschätzung der Tragweite des philosophischen Akts sagt es nur nochmals: Der Raum des Menschen ist nicht diese Welt mit ihrer bunten Mannigfaltigkeit, sondern ein einheitliches Reich ursprünglicher Seinsfülle, aus dem der Mensch frei herabsteigt, wohin er aber jederzeit frei zurückkehren kann. Auch in dieser späten Phase liegt für Scheler alles ,,Menschenheil in Deo''.[33]

Wenn das Bisherige richtig gesehen ist, dann wird das Verhältnis der Philosophie zur positiven Wissenschaft ein anderes sein müssen als zur Religion. Was das Verhältnis der Philosophie zur Wissenschaft angeht, darf freilich nicht vergessen werden, daß Scheler ausdrücklich eine Zusammenarbeit beider fordert.[34] Philosophie und Wissenschaft müssen sogar ,,in dem Maße kontinuierlich ineinander übergehen, als beide VOLLKOMMEN sind.''[35] Auf dieser Einsicht beruht die weitgehende Verwendung einzelwissenschaftlicher Daten in der Anthropologie der ,,Stellung des Menschen im Kosmos'', vor allem in der Darstellung der Stufenordnung Pflanze – Tier – Mensch[36] oder im deutlich von FREUD

---

[33] ,,Die Formen d. Wissens u. die Bildung'': *Phil. Weltanschauung* 32.
[34] Vgl. ,,Erkenntnis u. Arbeit'': GW VIII, 207f.; *Die Stellung d. Menschen im Kosmos* 7.
[35] ,,Probleme d. Religion'': GW V, 327.
[36] Wie sehr Scheler hier empirisch vorgeht, zeigt ein Vergleich mit der gleichzeitig konzipierten, apriorisch erarbeiteten Stufenordnung des Organischen in H. Plessners

beeinflußten Geist-Drang-Antagonismus, der freilich auch bei FREUD philosophische Wurzeln hat. Doch ändert diese Verwendung der Wissenschaft nichts an der zeitweilig schroffen Gegenüberstellung von Philosophie und Einzelwissenschaften, wobei dem Erkenntnisziel der Philosophie der klare Vorzug gegeben wird. Sie ist es ja, die den Menschen ganz im Sinn der bisher festgestellten Verwiesenheit auf ein überirdisches Reich von der Verstrickung in seine Welt loslöst. Sie führt ihn zum ,,Sein, wie es an sich selbst und in sich selbst ist" als ,,reine, voraussetzungslose und absolute Erkenntnis", als ,,persönliches" ,,Bildungs-", ja ,,Erlösungswissen" – während Wissenschaft in ihrer Daseins- und Lebensrelativität als bloßes ,,Herrschaftswissen" die Beschränkung auf praktische Umweltveränderung niemals zu sprengen vermag.[37] Die Bindung des Menschen an ein überweltliches Reich, dessen Teil er ist, bleibt indes auch noch im praktischen Herrschaftswissen erhalten. Denn nicht einmal dieses ist relativ auf den Menschen und seine eigenständige Kraft, sondern nochmals bezogen auf ein Umfassendes, ,,auf Leben überhaupt."[38] Hier liegt unseres Erachtens der Grund, warum Scheler sich so weit mit den Einzelwissenschaften einlassen konnte, ohne sein Abhängigkeitsprinzip preisgeben zu müssen: Der Mensch ist auch in seiner biologischen Lebendigkeit Teil des umfassenden ,,Allebens" und so ,,eine originale Neumanifestation des universellen Lebens selbst."[39]

Für das Verhältnis von Philosophie und Religion ist von Bedeutung, daß Scheler meint, das uns schon bekannte ,,von der gesamten übrigen Erfahrungswelt grundverschiedene Seins- und Wertreich" sei ,,nur und ausschließlich zugänglich durch den religiösen Akt."[40] Man sollte diese Aussage nicht vorschnell als einfachen Widerspruch zur Lehre vom überweltlichen Seins- und Wertreich als Ziel des philosophischen Akts abtun. Die Bemer-

---

Die Stufen d. Organischen u. der Mensch. Einleitung in die philosophische Anthropologie; Berlin 1928, ²1965. Vgl. dazu F. Hammer, *Die exzentrische Position d. Menschen. Helmuth Plessners philosophische Anthropologie;* Bonn 1967, 134–140.
[37] Vgl. dazu u.a.: ,,Vom Wesen d. Philosophie": GW V, 89, 98; ,,Vorbilder u. Führer": GW X, 301–304: ,,Phänomenologie u. Erkenntnistheorie": GW X, 419; ,,Erkenntnis u. Arbeit": GW VIII, 205f., 207–209; ,,Die Formen d. Wissens u. die Bildung": *Phil. Weltanschauung* 41–48.
[38] Vgl. ,,Phänomenologie u. Erkenntnistheorie": GW X, 411, 428 u.a.
[39] *Wesen u. Formen d. Sympathie* 142.
[40] ,,Probleme d. Religion": GW V, 170.

kung zeigt vielmehr, worin die eigentliche Natur des philosophischen Akts nach Scheler liegt. Bei aller Betonung des Unterschiedes zwischen Religion und Metaphysik, der philosophischen Hauptdisziplin, sind doch Religion und Metaphysik nur zwei Wege zu dem einen Ziel: Welt und Mensch aus ihrer immanenten Verankerung zu reißen und sie auf das weltjenseitige Absolutum zu beziehen. Die gemeinsame Klammer für Religion und Metaphysik und zugleich das, worauf es in der Deutung von Welt und Mensch allein ankommt, ist das absolute Ens a se. Schelers ,,Konformitätssystem" der freien Handreichung von Religion und Metaphysik verteilt nur den passiven und aktiven Aspekt des philosophischen Akts jetzt auf den religiösen bzw. metaphysischen Akt: beide erreichen aber dasselbe, den einen, die Einheit des menschlichen Geistes fundierenden absoluten Weltgrund des für Gott stehenden Ens a se.[41] Konsequent zu dieser wesentlichen Gleichwertigkeit von Metaphysik und Religion läßt der späte Scheler den religiösen Akt der Bindung an positive Glaubensinhalte fallen als unnötige Reduplikation jener spontanen Kraft des menschlichen Geistes, die aus eigenem das Welt- und Gottesbild zu prägen imstande ist.[42] Abhängigkeit wie Reichweite des philosophischen Akts (und des Menschen, der ihn setzt) werden von dieser Annäherung an Ziel und Sinn des religiösen Akts nochmals bestätigt.

Die erhobenen Befunde erhellen den religiösen Charakter des Schelerschen Philosophierens. Schelers Hauptanliegen ist, einen philosophischen Weg zum ,,Heil" des Menschen zu finden. Erkenntnis des menschlichen Wesens steht letztlich im Dienst dieser Heilssorge, weil nach Scheler die Heils- und Erlösungsbedürftigkeit des Menschen eine metaphysische Wesenswahrheit ist. Dieses Heil wächst dem Menschen nur zu aus der Verbindung mit dem Absoluten, dem Göttlichen. Darauf wird noch zurückzukommen sein. Scheler wird damit in unserem Jahrhundert zum Prototyp einer theologisierenden Weltanschauungsphilosophie,

---

[41] ,,Das ‚Ens a se' ist also immer auch das letzte *logische* Subjekt aller metaphysischen und religiösen Prädizierungen. Die Art aber, wie es intentional gefaßt wird, und der Wesensaspekt, in dem es sich dem metaphysischen und religiösen Wissen darstellt, die Art auch, wie es in Beziehung und Zusammenhang gebracht wird mit allem Ens ab alio, bleibt in Metaphysik und Religion *verschieden*." (,,Probleme d. Religion": GW V, 160f.)
[42] Vgl. ,,Der Mensch im Weltalter d. Ausgleichs": *Phil. Weltanschauung* 117.

die den Menschen um so mehr in Abhängigkeit von einer umfassenden weltjenseitigen Größe bringt, je mehr sie sich von ihren genuin christlichen Quellen entfernt. Scheler hatte in stets steigendem Maß dem Menschen die Fähigkeit zur Erkenntnis des Weltgrundes und zur Anteilnahme daran zugeschrieben.[43] Die Entwicklung geht aber weiter. Bei HEIDEGGER erfährt die Abhängigkeit des Menschen in ausdrücklicher Abhebung von jedem christlichen oder theistischen Ansatz eine entscheidende Wende: Der Mensch wird zum geworfenen „Hirten des Seins". Nicht mehr Gott trägt ihn, aber auch nicht er sich selbst, sondern das Sein: „So kommt es denn bei der Bestimmung der Menschlichkeit des Menschen als der Ek-sistenz darauf an, daß nicht der Mensch das Wesentliche ist, sondern das Sein als die Dimension des Ekstatischen der Ek-sistenz." [44]

§ 2. DIE PHÄNOMENOLOGIE ALS METHODE DER ENTWELTLICHUNG ZUR REINEN ERKENNTNIS

1. Von der Phänomenologie als Methode zur phänomenologischen „Einstellung"

Ein Vergleich des phänomenologischen Anliegens bei HUSSERL und Scheler ergibt bei aller Annäherung des späten HUSSERL an weltanschauliche Problematik doch für die Zeit des unmittelbaren Einflusses HUSSERLS auf Scheler einen bedeutsamen Unterschied: War für HUSSERL Phänomenologie zunächst vorwiegend „Methode", Technik im eigentlichen Sinn, sicherer Weg zur strengen Wissenschaftlichkeit der Philosophie und damit Philosophie überhaupt, so ist bei Scheler von Anfang an der umfassende, allgemein weltanschauliche, ja religiöse Charakter seiner phänomenologischen „Haltung" und „Einstellung", die zugleich wahrer und einziger Zugang zum überweltlichen „Reich" ist, unverkennbar.[45] Die phänomenologische Einstellung wird bei

---

[43] Vgl. *Phil. Weltanschauung* 7.
[44] Vgl. M. Heidegger, *Über den Humanismus;* Frankfurt a.M. 1949, 19 u. 22.
[45] Vgl. „Phänomenologie u. Erkenntnistheorie": GW X, 380: „An erster Stelle ist Phänomenologie weder der Name für eine neue Wissenschaft noch ein Ersatzwort für Philosophie, sondern der Name für eine Einstellung des geistigen Schauens, in der man etwas zu er-schauen oder zu er-leben bekommt, was ohne sie verborgen bleibt: nämlich ein Reich von ‚Tatsachen' eigentümlicher Art."

Scheler früher und intensiver als bei HUSSERL zum eigentlichen Heilsweg, wodurch sich der Mensch aus der Verstrickung in seine Umwelt befreit und in die reine, göttliche Sphäre der Wesenheiten aufsteigt.[46] In diesem Sinn beschreibt Scheler die Phänomenologie als den ,,ersten Tritt eines jahrelang in einem dunklen Gefängnis Hausenden in einen blühenden Garten. ... Und jener Gefangene wird sein – der europäische Mensch von heute und gestern, der seufzend und stöhnend unter den Lasten seiner eigenen Mechanismen einherschreitet und, nur die Erde im Blick und Schwere in den Gliedern, seines Gottes und seiner Welt vergaß."[47] Für unseren Zusammenhang ist dabei bedeutsam, daß dieses Programm nicht nur einmal aufgestellt wird, sondern zu Merkmalen der Welt und Mensch bestimmenden phänomenologischen Wesensschau führt, die ohne Schelers eigenwilliges Schöpfen aus christlichen Quellen nicht zu verstehen sind.

Schelers phänomenologische Einstellung richtet sich zunächst deutlich gegen die wissenschaftliche Erfahrung ebenso wie gegen Erfahrung der natürlichen Weltanschauung.[48] Vor jeder möglichen Erfahrung – und dieses ,,vor" ist sehr zu betonen – liegen als ,,materiales Apriori" die nur phänomenologisch erschaubaren Wesenheiten. Sie sind nicht durch beobachtende, induzierende oder sonstige Tätigkeit des menschlichen Verstands zu erreichen, sondern nur als unmittelbar ,,einleuchtend" zu erschauen im Sinne einer letzten, über alle Kriterien erhabenen Evidenz.[49] Die Welt in ihrer bunten Mannigfaltigkeit hat für diese apriorische Wesensstruktur ,,nur exemplifikatorische Bedeutung"; der Welt gegenüber führt dieses Apriori zu einem ,,gemäß den zuvor erschauten Wesen und Wesenszusammenhängen bestimmt geregelten Negieren, Unterdrücken, Unbeachtetlassen alles zu-

---

[46] Auch M. Dupuy, der sonst die Eigenständigkeit von Schelers Phänomenologie gegenüber den ethisch-religiösen Grundanliegen zu hoch veranschlagt (vgl. *La philosophie de Max Scheler*, T.I. 101–108), gibt zu: ,, ... il n'est pas étonnant que Scheler puisse assigner à la nouvelle méthode une portée et une fécondité d'abord insoupçonnées et la présenter comme un moyen de renouvellement et de salut." (A.a.O. 204.)
[47] ,,Versuche einer Philosophie d. Lebens: GW III, 339.
[48] An zusammenhängenden Äußerungen zum Thema Phänomenologie vgl.: *Der Formalismus* ...: GW II, 67–72; ,,Phänomenologie u. Erkenntnistheorie": GW X, 377–430; ,,Lehre von den drei Tatsachen": GW X, 431–502; ,,Die deutsche Philosophie d. Gegenwart"; in: P. Witkop (Hrsgb.), *Deutsches Leben d. Gegenwart* 196–204.
[49] Vgl. etwa: *Der Formalismus* ...: GW II, 67–69; ,,Phänomenologie u. Erkenntnistheorie": GW X, 380–384; bedeutsam ist in diesem Sinne Schelers Definition der Evidenz als ,,*Einleuchten des Wesens*, in dem es sich im strengsten Sinne als *selbstgegeben* darstellt" (,,Probleme d. Religion": GW V, 298; ähnlich GW V, 17).

gänglichen Weltinhalts, der für die erschauten Wesen und Wesenszusammenhänge keine Erfüllungs- und Bestätigungsfunktion ausübt."[50] Die einzige in diesem Zusammenhang später als asketische Technik der phänomenologischen Reduktion ausgeführte aktive Funktion des menschlichen Geistes klingt hier deutlich an: Entwirklichung der Welt kraft der zuvor erschauten Wesenheiten. Freilich: ,,Die Gnade, staunend und beglückt im Ewigen zu ruhen und das sonstige Leben nur aufzufassen als einen verwickelten Pfad zu diesem hohen Ziele, wird nur wenigen zuteil."[51]

Die Erkenntnis dieser immer wieder mit den ,,zufälligen Tatsachen" in Gegensatz gebrachten ,,Wesenheiten" ist zunächst negativ streng asymbolisch, d.h. ohne Vermittlung eines außerhalb des wesenerfassenden Aktgehalts gelegenen Zeichens oder Mediums. Vermittlung, vor allem durch die Sprache, wird zwar gelegentlich als notwendig anerkannt, jedoch stets als einengende Verstofflichung einer ursprünglich grenzenlos weiten Wesensfülle empfunden.[52] Positiv wird dagegen die Selbstgegebenheit der Gehalte in unmittelbarer Anschauung betont. Diese Selbstgegebenheit ist das eigentliche Einheitsprinzip der Phänomenologie.[53] Sie liegt vor aller Annäherung der Sinne des erkennenden Subjekts an die Welt als reine, ungetrübte Erlebnisverbindung mit den Wesenheiten selbst. Für Scheler ist es eine fraglose Selbstverständlichkeit, ,,daß unser Geist mit den Dingen in einem Kontakt steht, der an sich UNVERMITTELT ist durch die Sinnesorganisation unseres Leibes, und der gegenüber der Vielheit der sinnlichen Funktionen ein ursprünglicher und EINHEITLICHER ist."[54] Was der Mensch zur Erkenntnis beitragen kann, ist nur Zerstörung dieser ursprünglichen Einheit. Daher tritt zur Entwirklichung der Welt eine Entsinnlichung, ja Entleiblichung des Erkennens; HUSSERL wird getadelt, weil er seine kategoriale Anschauung doch noch in sinnlichen Gehalten zumindest fundiert sein läßt.[55]

Sowohl nach ihrem Objekt (pure Wesenheiten) wie nach ihrer Weise (unmittelbarer Sachkontakt in spontaner Anschauungs-

---

[50] Vgl. GW X, 394; GW V, 208.
[51] GW V, 7.
[52] Vgl. z.B. GW X, 394 u. 412f.
[53] Vgl. GW X, 386.
[54] ,,Probleme d. Religion": GW V, 196.
[55] Vgl. GW X, 448f.

evidenz) nähert sich die beschriebene phänomenologische Wesensschau dem göttlichen Erkennen, wie es in der christlichen Philosophie und Theologie aufgefaßt wird. Danach erkennt Gott in absoluter Selbstidentität die Dinge in seiner Wesenheit, in reiner, unsinnlicher Intuition, ohne jede stoffliche Vermittlung und deshalb adäquat. Beides, die Wesenheit Gottes als primäres Erkenntnisobjekt wie die unsinnliche Unmittelbarkeit des rein geistigen Kontakts, findet sich in der Schelerschen Konzeption der phänomenologischen Wesensschau. Beim Menschen ist es freilich nicht das eigene Wesen, sondern die a priori erschauten puren Washeiten, in denen und durch die alles Zufällige, Faktische erkannt wird. Dies entspricht der strengen Abhängigkeit des menschlichen Geistes. Was jedoch die geistige Unmittelbarkeit des Erkennens anlangt, wird wirklich Göttliches vom Menschen gefordert, nämlich ,,pure unsinnliche Intuition'',[56] ,,reines und unmittelbares Erfahren'' gegen ,,durch Setzung einer Naturorganisation des realen Aktträgers bedingtes und hierdurch vermitteltes Erfahren.''[57] Bezeichnenderweise gilt für Scheler ,,die Gottesidee als Grenzbegriff für den Träger der adäquaten Erkenntnis aller absoluten Gegenstände.''[58] Die menschliche Er-

---

[56] GW X, 444.
[57] *Der Formalismus* . . .: GW II, 71. – Dagegen betont seit Thomas v. Aquin die scholastische Erkenntnislehre mit Recht die Notwendigkeit der Sinnlichkeit im Sinne der conversio ad phantasma. ,,Es gibt (demnach) für Thomas keine hinnehmende Erkenntnis . . ., die nicht wesentlich Sinnlichkeit einschließt . . . Wo eine Erkenntnis nicht hinnehmend ist, weil keine Sinnlichkeit gegeben ist, muß die Erkenntnis schöpferisch sein oder an einer schöpferischen Erkenntnis als solcher teilnehmen.'' (K. Rahner, *Geist in Welt. Zur Metaphysik d. endlichen Erkenntnis bei Thomas v. Aquin;* München ²1957, 252; zur conversio ad phantasma vgl. a.a.O. 268–294.)
[58] GW X, 399. – Zur Verdeutlichung des Gemeinten sei noch auf zwei Texte verwiesen, die auf dem Hintergrund des später zu behandelnden Theomorphieprinzips und seiner Umkehrung in der Metanthropologie des späten Scheler voll verständlich werden, jedoch bereits in sich folgendes anklingen lassen: Maßstab und heimliches Ideal des menschlichen Erkenntnis ist für Scheler das sinnen- und leiblose Erkennen Gottes, das sich im menschlichen Geist so sehr widerspiegelt, daß dieser – vorerst freilich noch unter Beachtung der nötigen Analogie – seinerseits zum Grenzbegriff für die Attribute des göttlichen Geistes werden kann.
,,Nicht erst vor dem Blicke Gottes, schon vor dem Blicke eines endlichen Erkenntnisträgers, dessen Leib wir voll reduziert denken, würde diese ganze ,Welt' verschwinden.'' (,,Phänomenologie u. Erkenntnistheorie'': GW X, 400.)
,,Die zweite Methode [der Auffindung der Attribute des göttlichen Geistes] geht von der Wesensstruktur des menschlichen Geistes . . . aus, indem sie Gottes Geistigkeit per analogiam *die* Wesenszüge zuweist (in absoluter und unendlicher Form) und *den* Wesensaufbau, d.i. die Fundierungsordnung der Aktarten des Geistes, die im Wesensstudium des menschlichen Geistes gefunden werden. Im letzteren Fall hat dies zu geschehen durch Grenzbegriffe hindurch, die wir uns von der Geistigkeit in der Seele des Menschen dadurch bilden können, daß wir prüfen, was am menschlichen Er-

kenntnis wird also wieder nicht am Menschen, dem erkennenden Subjekt selbst studiert, sondern von der vorgegebenen Erkenntnis Gottes auf den Menschen übertragen, unter dem einzigen Abstrich, daß ,,die Welt schlechthin, in ihrer absoluten Gegenständlichkeit und in ihrer Fülle'' dem endlichen Erkennen verschlossen bleibt.[59] Die Annäherung der phänomenologischen Erkenntnis an das göttliche Erkennen geht also mindestens so weit, daß in der Wesensschau dem Menschen ein Erkennen zugeschrieben wird, wie es ihm erst in der seligen Gottesschau zukommt: unmittelbar, ,,von Angesicht zu Angesicht'' (1 Kor 13, 12). Daß auch hier platonische und christliche Einflüsse – wie übrigens immer wieder auch in der Theologie selbst – nicht sauber voneinander zu trennen sind, versteht sich von selbst.

Ein für unseren Zusammenhang sehr bedeutsames Kennzeichen der phänomenologischen Wesensschau darf nicht unerwähnt bleiben. Die puren Washeiten sind nach Scheler grundsätzlich undefinierbar. Deshalb muß die phänomenologische Beschreibung wesentlich negativ vorgehen und immer wieder, wie die negative Theologie, betonen, was eine zu erschauende Wesenheit nicht ist.[60] Der ausdrückliche Hinweis auf die negative Theologie, der, obzwar am Beispiel der Wesenerschauung des Heiligen demonstriert, doch für die Phänomenologie überhaupt gilt, ist von großer Wichtigkeit. Die puren Wesenheiten sind ebenso oder wenigstens ähnlich unbegreiflich wie das Göttliche selbst; ihre Verwurzelung in Gott bahnt sich auch von dieser Seite an. Diesen Washeiten ist der Mensch unterworfen – sie erkennend vergöttlicht er sich selbst. Der passiv-aktive Weg, den wir schon kennen, wird so nochmals deutlich und in freier Anlehnung an Mt 16, 25 als Ausstrahlung der christlichen Demut in den Bereich des Erkennens gedeutet: ,,Dieser Weg, sich im vollen VERLIEREN seiner selbst neu ‚IN GOTT ZU GEWINNEN' – das ist im Sittlichen die Demut und im Intellektuellen die reine ‚Intuition'.''[61]

Geiste bleibt, wenn er in der Richtung der Grade abnehmender Abhängigkeit vom Leibe und seinen Modifikationen ... betrachtet wird. Wir gewinnen in dieser Betrachtungsart wenigstens die Richtungen der Linien, die, bis zum idealen Grenzpunkt einer absoluten Unabhängigkeit vom Leibe ausgezogen gedacht, uns die Grenzbegriffe eines leibfreien Geistes vermitteln, als welchen allein wir Gott (auch nur per analogiam) zuweisen dürfen.'' (,,Probleme d. Religion'': GW V, 210.)

[59] Vgl. GW X, 411.
[60] Vgl. *Der Formalismus* . . .: GW II, 69; ,,Phänomenologie u. Erkenntnistheorie'': GW X, 391f.; ,,Probleme d. Religion'': GW V, 167f.
[61] Zur Rehabilitierung d. Tugend: GW III, 23.

2. Schelers phänomenologische Reduktion

Auf beide Merkmale der phänomenologischen Wesensschau, die Entsinnlichung der Erkenntnis und die Erhebung der Wesenheiten zu Ideen Gottes, wirft schließlich Schelers Konzeption der phänomenologischen Reduktion, die sich von jener HUSSERLS wesentlich unterscheidet, ein bedeutsames Licht. Auch bei Scheler findet sich eine phänomenologische Reduktion, die an HUSSERL, allerdings an seine eidetische Reduktion der „Logischen Untersuchungen", erinnert: Vordringen zum Wesen der Akte und ihrer Gegenstände durch Absehen vom realen Aktvollzug und von der Wirklichkeitssetzung der den Akten entsprechenden Gegenstände.[62] Gerade aber diese Art der Reduktion führt, gekoppelt mit einem ausdrücklich als solches deklarierten religiösen Datum, zur Verlegung der Wesenheiten in das Wesen Gottes selbst: Erst die im religiösen Akt gewonnene (und nur so, nicht etwa durch Kausalschluß zu gewinnende) Erkenntnis von Wesen und Dasein Gottes berechtigt dazu, die auf Grund der Reduktion erschauten Wesenheiten nunmehr auch als Ideen eines realen göttlichen Subjekts anzusehen.[63] Wir meinen, daß neben PLATON und den nicht unbedeutenden östlichen Einflüssen (BUDDHA)[64] hier eine wesentliche, niemals ganz vergessene christliche Wurzel von Schelers Eingliederung der Wesenheiten in Gott und seiner Radikalisierung des Husserlschen Ansatzes zu gesteigerter Weltverneinung liegt. Dies um so mehr, als gerade auch der späte

---

[62] Vgl. *Der Formalismus* . . .: GW II, 84; 381; „Phänomenologie u. Erkenntnistheorie": GW X, 394 (hier wird – abweichend von der späteren Konzeption Schelers, vgl. „Die Stellung d. Menschen im Kosmos" 52, 54, wo allein von der „Aufhebung des Wirklichkeitscharakters der Dinge" bzw. des „Realitätsmoments selbst" die Rede ist – eigens darauf hingewiesen, daß die ausgeschalteten Realitätskoeffizienten ihrem Wesen nach Gegenstand der Untersuchung bleiben); „Probleme d. Religion": GW V, 296f.; *Wesen u. Formen d. Sympathie* 206.

[63] „Haben wir aber vermöge der inneren und selbständigen Evidenz der religiösen Akte eine Erkenntnis von Gottes Wesen gewonnen und sein Dasein . . . durch den (natürlichen) Glaubensakt bejaht, so *ändert* sich die Sache. Wir dürfen und sollen von diesem erreichten Stande unseres Glaubens aus nun auch den erschauten Wesenheiten und Wesenszusammenhängen den Sinn eines ideellen ewigen Modelles beilegen, *nach* dem Gott . . . die Welt schuf und erhält. Denn . . . sicher dürfen wir – *wenn uns Gottes Dasein und das Dasein* der Welt gegeben ist – den Schluß ziehen, Gott sei die Ursache und der personhafte *freie* Schöpfer der Welt. Und *unter diesem Gesichtspunkt* erst werden nun auch den erkannten Wesenheiten . . . *Ideen* Gottes, und die Wesenszusammenhänge die ‚veritates aeternae' . . ." („Probleme d. Religion": GW V, 297.)

[64] Vgl. dazu etwa: „Liebe u. Erkenntnis": GW VI, 78; *Die Stellung d. Menschen im Kosmos* 50, 52, 58.

Scheler, dem HUSSERLS transzendentale Reduktion zu wenig ist, an der Quasi-Vergöttlichung der Wesenheiten festhält.⁶⁵ Die auffällige, stark weltanschaulich gefärbte Zuspitzung der phänomenologischen Reduktion Schelers gegenüber HUSSERLS Auffassung in „Ideen I" scheint uns nur auf diesem religiös-asketischen Hintergrund voll verständlich zu werden. HUSSERLS transzendentale Reduktion zielt auf ein absolutes Bewußtsein, das bei allem weltjenseitigen Charakter immerhin durch Reduktion aus dem psychologischen Bewußtsein, also „von unten her" entstanden ist. Alle Einklammerung soll Welt und natürliche Einstellung nicht zerstören oder auch nur leugnen, sondern außer Kraft setzen, um so die Bezogenheit der Welt auf, ja ihre Konstitution durch ein allein sinngebendes Bewußtsein aufzuweisen.⁶⁶ Scheler hingegen zielt auf eine aktive Weltüberwindung, ja Entwirklichung der Welt zugunsten einer reinen, unsinnlichen Schau der Wesenheiten. Die ganze Tragweite dieser gewaltsamen Weltabstreifung erhellt erst auf dem Hintergrund von Schelers Lehre über die Art der Realitätsgegebenheit, seinem voluntativen Realismus. Vor aller Einzelwahrnehmung, ja vor allem reflexen Bewußtsein erlebt der Mensch unwillkürlich und überwältigend den undifferenzierten Gesamteindruck der Realität von Welt überhaupt als Widerstand gegen sein Triebstreben und Wollen, wobei unter Wollen nicht das bewußte Tunwollen, sondern die dranghaft-lebendige Urspontaneität als Quelle alles Intendierens gemeint ist. Das „Realitätsmoment" bzw. das, was dem erscheinenden Gegenstand den Charakter des Wirklichseins verleiht, ist somit „der Widerstand gegen unser stets regsames,

---

⁶⁵ Waren die Wesenheiten ursprünglich für Scheler „Ideen Gottes" und ihre Zusammenhänge „veritates aeternae" (s. Anm. 63), so bleiben sie auch in der Spätphase „ ‚Fenster ins Absolute', wie Hegel treffend und bildhaft sagt", und sind „nur ... dem einen übersingulären Geiste als dem Attribut des übersingulären seienden Ens a se" zuzuschreiben. *(Die Stellung d. Menschen im Kosmos 51.)*

⁶⁶ Vgl. z.B.: *Ideen zu einer reinen Phänomenologie u. phänomenologischen Philosophie.* I. Buch: *Allgemeine Einführung in die reine Phänomenologie (Husserliana,* Bd. III); Den Haag 1950, 63–74; 118f.; 174–177; 225f.

„Der phänomenologische Idealismus leugnet nicht die wirkliche Existenz der realen Welt..., als ob er meinte, daß sie ein Schein wäre ... Seine einzige Aufgabe und Leistung ist es, den Sinn dieser Welt, genau den Sinn, in welchem sie jedermann als wirklich seiend gilt und mit wirklichem Recht gilt, aufzuklären ... Das Ergebnis der phänomenologischen Sinneserklärung der Seinsweise der realen Welt und einer erdenklichen realen Welt überhaupt ist, daß nur die transzendentale Subjektivität ... ‚irrelativ' ist (d.i. nur auf sich selbst relativ), während die reale Welt zwar ist, aber eine wesensmäßige Relativität hat ... als intentionales Sinngebilde der transzendentalen Subjektivität." (Nachwort zu den „Ideen"; *Husserliana,* Bd. V; Den Haag 1952, 152f.)

spontanes, aber dabei gänzlich UNwillkürliches TRIEBLEBEN."⁶⁷ Die Verankerung des Realitätserlebnisses als triebhaft-vorbewußte Urgegebenheit ist also wesentlich fester als HUSSERLS bloß im logisch-doxischen Bereich beheimatete „Generalthesis der natürlichen Einstellung" – und dies gerade auch, wenn wir die zentrale Bedeutung der vorlogisch-emotionalen Sphäre bei Scheler bedenken. Gerade diese feste Verklammerung von Mensch und Weltwirklichkeit muß aber gelöst werden, soll der Geist zu den reinen Washeiten aufsteigen. In ausdrücklicher kritischer Distanzierung von HUSSERL, wiewohl in konsequenter Fortführung seiner epoché, betont daher Scheler, daß in der phänomenologischen Reduktion, die über ein bloß logisches Denkverfahren hinaus eine echte asketische, den ganzen Menschen formende Techne ist, nicht das Existenzurteil zurückzuhalten sei, sondern das Realitätsmoment selbst aufgehoben werden müsse. Dies bedeutet eine gewaltsame, immer neu zu leistende Unterdrückung des ursprünglichen Lebensdranges selbst; der Mensch ist so zum Unterschied vom Tier „der NEINSAGENKÖNNER der ‚ASKET DES LEBENS', der ewige Protestant gegen alle bloße Wirklichkeit."⁶⁸ Ziel dieser gezielten Askese, die Scheler in seiner

---

⁶⁷ „Idealismus – Realismus"; in: *Philosophischer Anzeiger* 2 (1927), 291. Zur voluntativen Realitätslehre Schelers vgl.: „Probleme d. Religion": GW V, 215–218; „Erkenntnis u. Arbeit": GW VIII, 362–373; „Idealismus – Realismus": *Phil. Anzeiger* 2 (1927), 284–293; *Die Stellung d. Menschen im Kosmos* 53f.
Auch hier ist es für unseren Zusammenhang wichtig darauf hinzuweisen, daß hinter Schelers voluntativem Realismus bei aller Rückführung hauptsächlich auf Dilthey, Schopenhauer und Schelling auch die Vorstellung vom allschöpferischen göttlichen Willen steht. Der nur angedeutete Gedankengang ist folgender: Wenn bei Gott die Realsetzung durch den Willen geschieht, dann muß für den Menschen wenigstens die Realitätserfahrung an das Wollen gebunden sein. Auch beim Menschen gibt es deshalb einen Übergang vom bloßen „Arbeiten" zum willensmächtigen „Schaffen"; der wirkende Mensch ist der „einzige Ort", an dem, defizient und abbildhaft freilich, die im Schöpfergott rein verwirklichte Willensgebundenheit aller Wirklichkeit offenbar wird. In der absteigenden Linie vom göttlichen „Er-schaffen" zum menschlichen „Schaffen" und „Arbeiten" liegt ein weiteres Beispiel für Schelers Eigenart der Deutung menschlicher Wirklichkeit von oben her. (Vgl. *Probleme d. Religion:* GW V, 215–217 u. 269).
⁶⁸ *Die Stellung d. Menschen im Kosmos* 55. – Zur phänomenologischen Reduktion im Sinne Schelers vgl. GW V, 86; GW VIII, 138, 218f.; *Phil. Anzeiger* 2 (1927), 281–284; *Die Stellung d. Menschen im Kosmos* 52–56.
Den Unterschied zwischen Scheler und Husserl in der Frage nach Inhalt und Bedeutung der phänomenologischen Reduktion schätzt H. Spiegelberg hoch ein, wenn er schreibt: Scheler „found a new and more significant function for it [the phenomenological reduction] in the context of his metaphysical enterprises, namely as part of the spiritual act by which man can free himself from the immersion in the world of factual reality and even break the power of reality over himself. For his deliberate ‚no' can inhibit the vital urge to which the phenomenon of resistance, and with it

katholischen Zeit christlich zu denken versucht,[69] ist die Überwindung alles zufälligen Soseins und seiner raumzeitlichen Verfassung, um ,,durch einen AKT DER AUSSCHALTUNG der das Realitätsmoment der Gegenstände ... gebenden Akte und Triebimpulse REINE Contemplatio der echten Ideen und Urphänomene und – in der Deckung beider – daseinsfreies ,Wesen' herzustellen.''[70] Weg dazu ist eine strikte Entleiblichung, ja Entweltlichung des Menschen: dieser muß in der phänomenologischen Reduktion aus seiner leib-seelischen Verfassung dauernd ausbrechen; er muß das Ungeheuerliche versuchen, ,,das Aktzentrum des eigenen Geistes aus seinem psycho-physischen und biologisch-menschlichen Zusammenhang ... faktisch ... herauszulösen und es in das der Gottesidee entsprechende universale Aktzentrum ,einzustellen' ...[71] Der hier schon abgeschwächte Bezug auf Gott wird beim späten Scheler zwar noch weiter verflacht und der Mensch jetzt angehalten, ,,aus der Sphäre der Essenzen ... immer wieder zurück zur Wirklichkeit und ihrem Jetzt-Hier-Sosein zu kehren, um sie besser zu machen ...''[72] Der letzte Zusatz zeigt aber deutlich, daß immer noch das weltüberhobene Wesensreich als die eigentliche Heimat des Menschen angesehen wird, von der aus die sichtbare Wirklichkeit veredelt werden muß.

Die phänomenologische Wesensschau wird nach dem Gesagten, übrigens in Entsprechung zum Gedanken des späten HUSSERL einer Phänomenologie als ,,menschlicher Selbstbesinnung''[73], zu einem ganzmenschlichen Akt von unverkennbar religiöser Eindringlichkeit. Die typisch Schelersche Konzeption von der Phänemenologie als Abkehr von der Welt, Einkehr des Menschen bei sich selbst und vor allem Hinkehr zu den ewigen Wesenheiten

---

reality itself, is relative. On the other hand this reduction is also an expression of the positive love of essences, which are revealed by it in their pristine purity. It hardly needs repeating that both the nature and the function of such a metaphysical act have little if any connection with Husserl's conception.'' *(The Phenomenological Movement*, vol. I, 245f.)

[69] Für den Christen ist gerade das Leben ,,ein Gut nur, sofern es ... einen *Schauplatz* bildet für das Hervorbrechen und Erscheinen des ,Reiches Gottes'.'' Christliche Askese stellt sich daher ,,in den Dienst der *Befreiung* der geistigen Persönlichkeit'' (vgl. ,,Das Ressentiment im Aufbau d. Moralen'': GW III, 90, 113).

[70] ,,Probleme einer Soziologie d. Wissens'': GW VIII, 138.

[71] ,,Vom Wesen d. Philosophie'': GW V, 86f., vgl. auch Anm. 2 a.a.O. 86.

[72] *Die Stellung d. Menschen im Kosmos* 55f.

[73] Vgl. dazu A. Diemer, *Edmund Husserl. Versuch einer systematischen Darstellung seiner Phänomenologie;* Meisenheim am Glan ²1965, 52f., 324–327.

stützt sich auf die durch AUGUSTINUS verchristlichte platonische Ideenlehre, wonach die Wesenheiten Ideen Gottes sind. So darf Schelers Denken wenigstens dem heteronomistischen Grundkonzept nach mit Recht ein „phänomenologisch erneuerter Augustinismus" genannt werden.[74] Man wird diesen Hintergrund nicht vergessen dürfen, wenn Scheler für die philosophische Anthropologie programmatisch gerade eine „Idee" vom Menschen fordert. Pädagogisches Ziel des phänomenologischen Weges ist die Überwindung der herrschaftlichen Erkenntnishaltung in die teilnehmende Liebe, der wir uns im folgenden zuwenden.

§ 3. DIE REINE LIEBE ALS URAKT DER TEILNAHME AM WESENREICH

Konnte die vorhergehende Betrachtung der phänomenologischen Haltung der Entweltlichung den Eindruck erwecken, als ginge es Scheler ausschließlich um eine negierende Weltausschaltung, so muß nun ergänzend darauf hingewiesen werden, daß alles phänomenologische Reduzieren einem eminent positiven Ziel dient, der Erweckung der reinen Liebe zum Sein und zu den Werten. Nach Scheler fordert die Technik der Wesenerkenntnis „nicht nur AUSSCHALTUNG der das Realitätsmoment gebenden Akte, sie fordert zugleich EINSCHALTUNG jener begierdefreien LIEBE zu dem Sein und Wertsein aller Dinge, die das Herrschaftsverhältnis durch ein neues, GEISTIGES Grundverhältnis zu der Welt ersetzt (amor intellectualis)."[75]

1. Der Primat der Liebe vor dem Erkennen

Die Lehre vom Primat der Liebe vor dem Erkennen bzw. vom Apriorismus des Emotionalen ist für die gesamte philosophische und anthropologische Konzeption Schelers von größter Bedeutung. „Obwohl in den drei Perioden Schelerschen Denkens ... manche Abweichungen von je früheren Schriften zu verzeichnen sind, so blieb doch seine anthropologische Philosophie stets von seiner Grundstellung getragen, wonach der Mensch nicht primär ein erkennendes oder wollendes Wesen, sondern ein ENS AMANS

---

[74] H. Kuhn, „Scheler"; in: *Lexikon f. Theologie u. Kirche*, Bd. IX, ²1964, 383.
[75] „Erkenntnis u. Arbeit": GW VIII, 282.

ist."[76] Zugleich läßt sich unschwer zeigen, daß diese Konzeption von allen Thesen der Anthropologie Schelers wohl am deutlichsten auf biblisch-theologische Einflüsse zurückgeht.

Vorwegnehmend kann Schelers Lehre vom Primat der Liebe gekennzeichnet werden als geschickte Kombination der platonisch-aristotelischen Auffassung vom Philosophieren als Teilnahme am Wesenhaften mit dem stillschweigend als philosophische Wesensdefinition Gottes angesehenen Satz der christlichen Offenbarung „Gott ist die Liebe" (1 Jo 4, 8.16). Die Vorrangstellung der Liebe für das philosophierende Subjekt folgt also zunächst aus dem Wesen Gottes.[77] Von Wichtigkeit für Schelers aktualistische Auffassung der Person ist die bereits hier auftretende Gegenüberstellung von vergegenständlichender Erkenntnis und gegenstandsunfähigem, reinem Aktussein des göttlichen Urwesens. Aus dem platonischen Obersatz, die Art der philosophischen Teilnahme am Urwesen richte sich nach dem Gehalt desselben, und dem johanneisch-christlichen Untersatz, der Gehalt eben dieses Urwesens sei All-Liebe, zieht Scheler den Schluß vom Primat des Liebens vor dem Erkennen für den philosophierenden Menschen. Teilnahme am Wesenhaften ist dem Philosophierenden dann nur noch möglich als heteronomer Mitvollzug des einen göttlichen Liebesaktes.[78] Die ursprünglich daraus abgeleitete Unterordnung der Philosophie unter den Glauben hat Scheler freilich später umgemünzt in die Forderung philosophischer Selbsterlösung in reiner, liebender Wesensschau. Der Vorrang der Liebe blieb davon unangetastet. Schelers Betonung der göttlichen Schöpfungs-, vor allem aber Erlösungstat

---

[76] M. S. Frings, „Der Ordo Amoris bei Max Scheler"; in: *Zeitschrift f. phil. Forschung* 20 (1966), 57.

[77] Vgl. dazu: „Vom Wesen d. Philosophie": GW V, 68–73.

[78] „Völlig anders ... mußte es werden, wenn ... zu Beginn der christlichen Epoche der Gehalt des Urwesens als ein unendlicher Aktus schöpferischer und barmherziger *Liebe* angesehen und erlebt wurde. Denn unter derselben Voraussetzung, es sei Philosophie ihrem Ziele nach 1. eine Teilnahme am Sein des Urwesens, 2. sie sei wesenhaft Erkenntnis, konnte bei diesem materialen Ergebnis Philosophie ... aus der Natur der *Sache* heraus ihr autonom gesetztes Ziel nicht mehr erreichen. Denn Teilnahme des Menschen an einem Sein, das nicht Gegenstandsein, sondern *Aktussein* ist, kann auch nur *Mitvollzug* dieses Aktus sein und schon darum nicht Erkenntnis von Gegenständen; und es muß zweitens diese Teilnahme sich in einem Hineinstellen des persönlichen Aktzentrums des Menschen ... in jenes wesenhafte Ursein als eines unendlichen Liebesaktes ... schon *vollendet* haben, wenn Philosophie *ihre* Wesensart der Teilnehmung, eben die durch Erkenntnis, auch erreichen, ja dem Urwesen gegenüber sogar allererst *beginnen* will." („Vom Wesen d. Philosophie": GW V, 71f.)

aus Liebe, ja ,,des göttlichen Erlösungswillens vor der Lehrmitteilung'', [79] führt zur weiteren theologischen Fundierung des Primats der Liebe durch die Gestalt Christi. Was schon das Wesen Gottes als ewig strömender Liebesaktus erwarten läßt, wird in Christus heilsgeschichtliche Wirklichkeit: die Priorität der göttlichen Erlösungstat vor jeder Erkenntnisvermittlung, Erkenntnisvermittlung im Sinne einer satzfähigen Offenbarung nur im und am Heilshandeln Gottes in Christus: ,,aller neue Erkenntnisgehalt über Gott ist durch die LIEBESTAT seines Selbsterscheinens in Christo als von ihrem schöpferischen Grund getragen.'' [80] Wiederum wird die Bedeutung der liebenden und zu liebenden Person Christi gegenüber einer sachhaften, vergegenständlichenden ,,Idee'' betont gemäß dem Johanneswort: ,,Ich bin der Weg, die Wahrheit und das Leben'' (Jo 14, 6) – ein weiterer Hinweis auf die letzten Wurzeln des Schelerschen Personalismus. Die ,,Bewegungsumkehr'' der christlichen Liebe bringt es mit sich, daß Liebe nicht mehr Aufstreben des Niederen zum Höheren nach stattgehabter Erkenntnis, sondern Kondeszendenz aus der ursprünglichen, reinen und ungeteilten Fülle ist.[81]

Diese (mit Ausnahme der Erhebung des johanneischen Satzes von Gott, der Liebe ist, zur förmlichen philosophischen Definition Gottes) an sich richtigen theologischen Daten bilden den eigentlichen Hintergrund der Lehre Schelers vom Primat der Liebe vor der Erkenntnis. Der biblischen Fundierung aus Johannes gegenüber ist auch die Berufung auf theologische bzw. theologisch orientierte Schriftsteller, vor allem auf AUGUSTINUS und PASCAL, von zweitrangiger, bloß bestätigender Bedeutung.[82] Und

---

[79] ,,Probleme. Religion'': GW V, 340; vgl. ,,Liebe u. Erkenntnis'': GW VI, 92f., 95.
[80] ,,Liebe u. Erkenntnis'': GW V, 89.
[81] Vgl. ,,Das Ressentiment im Aufbau d. Moralen'': GW III, 72–74; ,,Liebe u. Erkenntnis'': GW VI, 88–90. – Wie sehr auch hier bei aller Ablehnung der Selbsterlösung, ähnlich wie schon bei der Darstellung der Demut, die aktiv aufsteigende Seite des Kondeszendenzschemas auf den Menschen übertragen wird, zeigt folgende Stelle: ,,Vielmehr hebt sich auch im Menschen die Person in der Gottesliebe immer reiner aus den trüben Vermengungen mit dem ... sinnlich-triebhaften Bewußtsein und aus allen Abhängigkeiten der Natur- und Gesellschaftsgebundenheit ... heraus – und festigt sich und ,heiligt' sich. Die Person gewinnt sich, indem sie sich in Gott verliert.'' (,,Liebe u. Erkenntnis'': GW VI, 90.)
[82] Zu Augustinus vgl. ,,Liebe u. Erkenntnis'': GW VI, 93–97, zu Pascal etwa: *Der Formalismus ...*: GW II, 260f.
Wie wenig sich Scheler mit seiner Lehre, der letzte Wesenskern Gottes sei die Liebe, auf Augustinus berufen kann, zeigt dessen klassisch gewordene ,,psychologische'' Trinitätslehre, welche die Zeugung des Sohnes durch das göttliche Erkennen nicht weniger kennt als die Hauchung des Geistes durch die göttliche Liebe. Und gegen

ebenso ist Schelers Primat der Wertgegebenheit vor der Seinsgegebenheit mit seinen Folgen für die Trennung von Wert und Sein[83] keine philosophische Begründung des Liebesprimats, sondern eine Anwendung und Rationalisierung des ursprünglich theologischen Datums im Sinne jenes von Scheler gelobten Versuchs, „das christliche Grunderlebnis über die Beziehung von Liebe und Erkenntnis auch im Zusammenhang mit außerreligiösen Problemen begrifflich zu fassen."[84] Die aufgezeigte theologische Wurzel der Lehre vom Liebesprimat bringt es mit sich, daß die Liebe als philosophischer Urakt des Menschen nicht nur letztlich immer Liebe zu Gott ist, sondern auch deutliche Züge der göttlichen Liebe selbst trägt, womit bereits vom Methodischen her der letzte Grund für die heteronome, von Gott bzw. später vom „Grund der Dinge" her fragende Anthropologie Schelers gelegt ist. Fremdliebe wie Selbstliebe, ja „alle mögliche Weltliebe" sind „im letzten Grund fundiert auf Gottesliebe, die immer zugleich ein Mitlieben aller endlichen Personen ‚mit' der Liebe Gottes als der Person der Personen ist."[85] Die Bedeutung dieses Fundierungsverhältnisses für die konkrete Natur der menschlichen Liebe ist noch näher zu beleuchten.

2. *Liebe als Liebe zu Gott und unsinnlicher Mitvollzug des göttlichen Liebesakts*

Einleitend sei etwas ausführlicher zitiert, weil die folgende fundamentale Stelle nicht nur alle in unserem Zusammenhang bedeutsamen Elemente von Schelers Konzeption der Liebe wenigstens angedeutet enthält, sondern auch weil hier der Mensch die für Scheler bezeichnende untergeordnete Stellung einnimmt. „Es ist also die erbauende und AUFBAUENDE Aktion in und über

---

einen einseitigen Primat der Liebe vor dem Erkennen vgl. De Trinitate VIII, 4; X, 1 u. 2 (PL 42, 951, 971–975). Für die richtige Zuordnung von Liebe und Erkennen ist zu bedenken, daß Augustinus gerade in der Interpretation johanneischen Gedankenguts schreibt: „Non enim diligitur quod penitus ignoratur. Sed cum diligitur quod ex quantulacumque parte cognoscitur, ipsa efficitur dilectione ut melius et plenius cognoscatur." (In Ioann. evang., tract. 96, 4; PL 35, 1876).
    Zur nur eingeschränkten Berechtigung der Berufung auf Pascal vgl. J. Malik, „Wesen u. Bedeutung d. Liebe im Personalismus Max Schelers"; in: *Phil. Jahrbuch* 71 (1963/64), 114, Anm. 67.
    [83] Vgl. etwa: „Vom Wesen d. Philosophie": GW V, 80–83.
    [84] „Liebe u. Erkenntnis": GW VI, 94.
    [85] Vgl. *Der Formalismus* . . .: GW II, 489 u. 583, Anm. 3.

der Welt, die wir als Wesen der Liebe bestimmten ... Die Liebe des Menschen ist nur eine besondere Abart, ja eine Teilfunktion dieser universalen ... Kraft. Immer war uns dabei die Liebe dynamisch ein Werden, Wachsen, Aufquellen der Dinge in die Richtung des Urbildes, das in Gott von ihnen gesetzt ist ... Jede Liebe ist eine noch unvollendete ... Liebe zu Gott. Liebt der Mensch ein Ding, einen Wert, ... die Natur, ... den Menschen als Freund ... –: Immer heißt dies, daß er in seinem Personzentrum aus sich als Leibeinheit heraustrete, ... Darum war uns Liebe immer zugleich der Urakt, durch den ein Seiendes ... sich selbst verläßt, um an einem anderen Seienden ... teilzuhaben und teilzunehmen ... Dieses Eine aber, ... durch das hindurch alle Dinge aneinander irgendwie (geistig) teilhaben ... – das Eine, das sie schuf und zu dem sie miteinander emporstreben ...: dieses Eine ist als das Alliebende ... GOTT – das Personenzentrum der Welt als eines Kosmos und Ganzen. Die Ziele und Wesensideen aller Dinge sind ewig in ihm vorgeliebt ... Also ist der ordo amoris der Kern der Weltordnung als einer Gottesordnung. In dieser Weltordnung steht auch der Mensch. Er steht darin als dienstwürdigster und freiester Diener Gottes, und nur als solcher darf er auch Herr der Schöpfung heißen."[86]

Scheler hat nirgends später mit solcher Deutlichkeit ausgesprochen, daß das eigentliche und primäre Objekt der menschlichen Liebe Gott ist. Auch hier zeigt sich, ähnlich wie bei der Vergöttlichung der Wesenheiten, mit dem Zurücktreten der theistischen Voraussetzung ein Übergang vom persönlichen Gott des Christentums zum ideenhaft Göttlichen und „Grund der Dinge". Erhalten bleibt jedoch der wichtige formale Grundzug, daß die Liebe primär nicht auf Einzeldinge und konkrete Individuen geht, sondern auf übersinnliche, hinter allem Konkreten stehende Wesenszusammenhänge. So geht die Liebe nur „durch Werte auf Gegenstände"; sie ist „ursprünglich auf Wertgegenstände gerichtet und auch auf den Menschen nur, soweit und insofern er Träger von Werten ist."[87] Und die gerade wegen ihrer Zuwendung zur kleinsten Einzelheit so liebenswürdige Naturverbundenheit eines Franz von Assisi wird gelobt, weil sie im Grunde auf Gott geht, auf das eine, gotthafte Leben (Alleben!),

---

[86] „Ordo Amoris": GW X, 355.
[87] *Wesen u. Formen d. Sympathie* 178, 179.

das sich in den einzelnen Naturdingen nur verleiblicht, weshalb denn auch Franziskus, wäre er Theologe und Philosoph gewesen, Panentheist hätte werden müssen.[88] Wenn schließlich die Rede ist von der Liebe zu den „Urphänomenen und Ideen der Welt",[89] dann braucht nicht erst an Schelers Identifizierung von Ideen- und Gottesreich erinnert zu werden, um auch hier im erweiterten, aber formal gleichen Sinn die frühe Beschreibung der Liebe als „Symbol und Zeichen einer übernatürlichen Ordnung", als „mystisches Band" und „Kraftstrom" des Gottesreiches wirksam zu sehen.[90]

Noch deutlicher erscheint die heteronome Bestimmung menschlichen Liebens in Schelers Auffassung von der Liebe als Akt des liebenden Subjekts. Die Lehre von der Liebe zu Gott, der Welt, den Menschen als aktiver Mit- und Nachvollzug des göttlichen, zumindest aber eines übermenschlichen Aktzentrums durchzieht das ganze Werk Schelers und endet konsequent in der Möglichkeit der Selbstvergottung des Menschen. Der Bezug auf Gott bleibt hier länger erhalten durch die bis in die „Philosophische Weltanschauung" immer wiederkehrende Formulierung „amare (Deum, mundum) IN Deo", wofür Scheler neben AUGUSTINUS und der paulinischen Christusmystik auch die Scholastik und LUTHER als Quellen anführt.[91] Gegen den Panentheismus besteht Scheler in etwas undurchsichtiger Weise einerseits auf realer Trennung von göttlichem und menschlichem Akt bei anderseits inhaltlichem und unmittelbar erlebbarem (!) Zusammenfallen beider, weshalb es auch durch solchen liebenden Mitvollzug zwar nicht zur pantheistischen „Daseinsvergottung" des Menschen komme, wohl aber zu seiner „Soseins- und ‚Gestalt'-vergottung."[92] Immer wieder geht es dabei gegen jede Vergegenständlichung um den erlebbaren Mitvollzug des göttlichen Liebesakts, um „das sich deckende Aufeinandertreffen des göttlichen und des menschlichen Aktes", um „die aktive Hineinstellung des geistigen PersonZENTRUMS in den Kern der göttlichen Allperson und das Mitlieben aller Dinge mit der Liebe Gottes."[93] Der enge

---

[88] Vgl. *Wesen u. Formen d. Sympathie* 106–109.
[89] *Phil. Weltanschauung* 9.
[90] Vgl. „Das Ressentiment im Aufbau d. Moralen": GW III, 99 u. 90f.
[91] Vgl. z.B. GW III, 21; *Wesen u. Formen d. Sympathie* 36, 101f., 189; *Phil. Weltanschauung* 14, 32.
[92] Vgl. *Der Formalismus ...*: GW II, 220, 230 u. *Wesen u. Formen d. Sympathie* 36.
[93] „Ordo Amoris": GW X, 347; „Probleme d. Religion": GW V, 220.

Anschluß an das überpersönliche Aktzentrum und die Unselbständigkeit des menschlichen Akts bleiben auch und gerade dort erhalten, wo die Überwindung jeder objektivierenden (und dadurch Distanz wahrenden) Gottesbeziehung in Gebet und Kontemplation zugunsten einer „tätigen Identifizierung" mit der Gottheit im Sinne einer „undinglichen Aktdeificatio" gefordert wird.[94]

Wenn der Mensch sich „,wie' durch Gottes Auge selbst" lieben soll und die Dinge „möglichst so, wie Gott sie liebt",[95] dann ist nicht zu verwundern, daß Scheler wie schon bei der Erkenntnis auch bei der Beschreibung der alles Erkennen tragenden menschlichen Liebe unverkennbar Züge des göttlichen Liebens auf den Akt des Menschen überträgt. Gegenüber der platonischen Eros-Lehre fällt zunächst auf, daß die Liebe bei Scheler nicht in der strebenden Spannung zwischen ($\mu\varepsilon\tau\alpha\xi\acute{\upsilon}$) Tod und Unsterblichkeit, Torheit und vollendeter Weisheit besteht. Liebe ist für Scheler überhaupt kein Streben, sondern ruhender Besitz im Sinne des Mitvollzugs der alles besitzenden, unbedürftigen göttlichen Liebe.[96] Wie die Liebe Christi ist auch die menschliche Liebe ein freies Herabsteigen aus der Fülle des Besitzes, nicht etwa eine Tendenz des Unvollkommenen zum Vollkommenen; motivierende Kraft ist dabei „ein mächtiges Gefühl der eigenen Geborgenheit, des Feststehens, des innersten Gerettetseins und der unbesieglichen Fülle des eigenen Daseins und Lebens ... Hier ist Liebe ... ein spontanes Überfließen der Kräfte, begleitet von Seligkeit und innerster Ruhe."[97] Man wird dabei nicht nur fragen müssen, ob hier nicht PLATON doch den Phänomenen wesentlich näher stand, sondern auch ob diese strebelose Liebe, die Gott allein möglich ist, noch christlich genannt werden kann.

---

[94] Vgl. *Die Stellung d. Menschen im Kosmos* 93; „Die Formen d. Wissens u. die Bildung": *Phil. Weltanschauung* 32.
Wie wenig die Fundierungsordnung Gottesliebe – Welt- und Menschenliebe auch im gegenüber dem Ressentiment-Aufsatz korrigierenden Abschnitt des Sympathie-Buches (vgl. a.a.O. 116–120) zurückgenommen wird, zeigt der Hinweis, daß allgemeine Menschenliebe nur dann Wesensbedingung für die Gottesliebe ist, „sofern sie ... ,amare in Deo' und ... durch eine zuvorkommende Liebe Gottes zum Menschen als bedingt erlebt und gedacht ist." *(Wesen u. Formen d. Sympathie* 120; vgl. auch 220.)
[95] Vgl. „Ordo Amoris": GW X, 354, 347.
[96] Vgl. „Liebe u. Erkenntnis": GW VI, 84; „Das Ressentiment im Aufbau d. Moralen": GW III, 73f., Anm. 3; *Wesen u. Formen d. Sympathie* 164f.
[97] „Das Ressentiment im Aufbau d. Moralen": GW III, 75.

Die „begierdefreie Liebe", die auch der späte Scheler als Grundzug menschlicher Geistigkeit ansieht, [98] steht im Widerspruch mit der Erfahrung des inquietum cor, die zwar das Heil in Christus niemals postulieren, wohl aber den Menschen dafür empfänglich machen kann.

Mit der eben nachgezeichneten Auffassung scheint im Widerspruch zu stehen, daß Scheler die Liebe nachdrücklich als Bewegung kennzeichnet. Näheres Hinsehen enthüllt jedoch die Natur dieser Bewegung. Sie ist nicht die natürliche Tendenz des Bedürftigen, der sich nach einem vorgestellten Wert ausstreckt, sie ist überhaupt keine antwortende „Reaktion", sondern der schöpferische Wertentwurf, kraft dessen die empirischen Wertträger zu ihrer höchsten Wertintensität gelangen; „die Liebe selber ist es, die im Gegenstande nun den je höheren Wert ganz kontinuierlich, und zwar im Laufe ihrer Bewegung zum Auftauchen bringt ..." [99] Höchst bedeutsam ist, daß es dabei auf die reale Existenz und den faktischen Grad der Werte der geliebten Person gar nicht so sehr ankommt. Sie wird, weil sie vom aus der Fülle apriorisch erschauter Werthaftigkeit auf sie treffenden Akt der Liebe umfaßt wird, in den Rahmen eines vorentworfenen „idealen Wertbildes" gleichsam eingespannt und so erst zum Anlaß des „Aufblitzens" möglicher Wertfülle überhaupt.[100] Liebe besitzt also in apriorischer Wertverbundenheit immer schon, was sie sucht und zwar im höchsten Maß; sie ist „ein Akt, in dem wir in einem Werte befriedigt ruhen, gleichgültig, ob er realisiert ist oder in einem Streben als zu realisierend gegeben ist."[101] Es ist somit einseitig der oder das Geliebte und nicht auch der Liebende, was im Lieben zu höherer Wertintensität gelangt.

Auf diesem Hintergrund muß auch die nicht immer klare Rede vom schöpferischen Charakter der Liebe verstanden werden. „Liebe ist immer und überall wertschöpferische, nicht wertereproduzierende Bewegung."[102] Dieser Satz will in keiner Weise die objektive Bewußtseinsunabhängigkeit der Werte in Zweifel ziehen. Das würde der von Scheler gegen KANT so oft betonten

---

[98] Vgl. „Die Formen d. Wissens u. die Bildung": *Phil. Weltanschauung* 30.
[99] *Wesen u. Formen d. Sympathie* 182.
[100] Vgl. *Wesen u. Formen d. Sympathie* 176–187.
[101] „Das Ressentiment im Aufbau d. Moralen": GW III, 73, Anm. 3.
[102] *Wesen u. Formen d. Sympathie* 133.

liebenden Hingabe an den bewußtseinsunabhängigen Seins- und Wertgehalt widersprechen. Aber ebenso bestimmt richtet sich diese Lehre gegen die Auffassung, Liebe sei wesentlich strebende Antwort auf die anderweitig erkannten Werte. Die Analogie wird wieder vom göttlichen Liebesakt her genommen: Wie in Gott die Liebe als Wesensvollzug alle anderen Akte, besonders auch den Willensakt der Schöpfung fundiert und daher die Welt „nur die momentane Erstarrtheit einer unendlich weiterquellenden Liebesgeste ist",[103] so gründet alles Einzelwertnehmen des Menschen in der das Wertreich apriorisch erfassenden Bewegung der Liebe, in welcher für mich die im konkreten Gegenstand verwirklichten Werte als solche und zugleich in höchstmöglicher Vollendung aufgehen. Der schöpferische Charakter der Liebe besteht demnach darin, daß Werte an empirischen Gegenständen überhaupt aufleuchten und damit zugleich über die empirische Beschränkung auf einen Gegenstand in Richtung auf ihr mögliches Vollmaß und ideales Wertwesen überhöht werden.[104] Liebe ist somit als aktive Kraft der Transzendierung endlich-innerweltlicher Begrenztheit zum idealen Wesen letztlich unabhängig von den empirischen Wertträgern, den konkreten „Gütern", die an sich, d.h. ohne die wertoffenbarende Überformung durch die Liebe, eher wertverschleiernd wirken. Erst die „Liebe ist die Bewegung, in der jeder konkret individuelle Gegenstand, der Werte trägt, zu den für ihn und nach seiner idealen Bestimmung möglichen höchsten Werten gelangt; oder in der er sein ideales Wertwesen, das ihm eigentümlich ist, erreicht."[105] Die Angleichung an den reinen, unendlichen Liebesakt Gottes läßt sich kaum übersehen.

Die erwähnten Einzelzüge finden ihre Zusammenfassung in

---

[103] „Das Ressentiment im Aufbau d. Moralen": GW III, 81; vgl. ferner: „Liebe u. Erkenntnis": GW VI, 92.

[104] „Aber ich meine, daß dem Akt der Liebe nicht das wesenhaft ist, daß er nach gefühltem Wert ... sich auf diesen Wert ‚antwortend' richte, sondern daß dieser Akt vielmehr die eigentlich *entdeckerische* Rolle in unserem Werterfassen spielt – und daß nur er sie spielt –, daß er gleichsam eine *Bewegung* darstellt, in deren Verlauf jeweilig *neue* und *höhere*, d.h. dem betreffenden Wesen noch völlig unbekannte Werte aufleuchten und aufblitzen. Er folgt also nicht dem Wertfühlen und Vorziehen, sondern schreitet ihm als sein *Pionier* und Führer voran. Insofern kommt ihm zwar nicht für die an sich bestehenden Werte überhaupt, aber doch für den Kreis und Inbegriff der jeweilig durch ein Wesen fühlbaren und vorziehbaren Werte eine ‚schöpferische' Leistung zu." (*Der Formalismus...*: GW II, 266f.; vgl. auch *Wesen u. Formen d. Sympathie* 178; „Probleme d. Religion": GW V, 307.)

[105] *Wesen u. Formen d. Sympathie* 187.

Schelers These von der rein geistigen Natur des menschlichen Liebesaktes. Wenn menschliches Lieben wesentlich Mitvollzug des actus purus der göttlichen Liebe ist, dann ist es nur konsequent, daß Scheler schreibt: ,,Nach der christlichen Vorstellung ist Liebe ein unsinnlicher Akt des GEISTES ..., aber gleichwohl kein Streben und Begehren, und noch weniger ein Bedürfen."[106] Der Akt des Liebens ist ebenso ,,rein" wie der als selbstverständlich angenommene reine Vollzug des Denkens. Unter ,,rein" wird hier die völlige Unabhängigkeit des Aktes von der leiblich-sinnlichen Konstitution des Menschen verstanden, die, wenn schon nicht immer gegeben, doch als erreichbares Ziel angesehen wird: Die ,,Liebe zum Wesenhaften als Antworts- und Gegenliebe zu der Alliebe Gottes" erlöst die geistige Person ,,aus der Enge und Partikularität ihrer psychophysischen Organisation."[107] Diese Entsinnlichung und Entleiblichung der Liebe bringt es mit sich, daß es auf den Wert des Liebeszieles gar nicht mehr ankommt, sofern nur der in sich vollkommene Akt des Liebens gegeben ist. Scheler sieht es als ,,Folge der neuen christlichen Idee, daß der Liebesakt als solcher ... – unabhängig von seinem Objekt und Objektwert – selbst das summum bonum ist."[108] Die Selbstgenügsamkeit des Liebesakts, die allein der heiligen Liebe Gottes und ihrer Unmöglichkeit, sich auf wertwidrige Objekte zu richten, zukommt, steht nicht nur hinter dem betonten Personaktualismus Schelers; sie hat auch sehr seltsame Folgen für die Interpretation der christlichen Nächstenliebe. Weil diese im Sinne einer ,,akosmistischen Personliebe" den konkreten, raum-zeitlichen, leiblich verfaßten Menschen überspringt, um in den Bereich aller, auch der leiblosen Geistpersonen und beim Menschen zum idealen Personkern vorzudringen,[109] ist es z.B. möglich, daß Krieg und Streit toben, sofern nur ,,in den Tiefen der Personen ... Friede, Liebe, Verzeihung herrsche" und der Feind" ,im Gottesreiche Bruder' " bleibe; unter den genannten Voraussetzungen findet Scheler sogar noch in den mittelalterlichen Inquisitionsmethoden eine ,,Intention der Liebe auf den

---

[106] ,,Das Ressentiment im Aufbau d. Moralen": GW III, 73.
[107] ,,Probleme d. Religion": GW V, 299. Vgl. ,,Das Ressentiment im Aufbau d. Moralen": GW III, 74, Anm. 3; 97; *Der Formalismus* ...: GW II, 259.
[108] ,,Das Ressentiment im Aufbau d. Moralen": GW III, 86.
[109] Vgl. *Wesen u. Formen d. Sympathie* 152; ,,Das Ressentiment im Aufbau d. Moralen": GW III, 96f.; ,,Probleme d. Religion": GW V, 192.

Ketzer selbst, dessen Seele durch seine leibliche Verbrennung gerade im besonderen Maße der göttlichen Gnade empfohlen werden sollte."[110] Man überlege die eben zitierten Sätze einmal ruhig, gerade auf dem Hintergrund der unser Jahrhundert erschütternden Kriege, und man wird finden: eine radikalere, zynischere – und unchristlichere – Trennung von „Himmel" und „Erde", „Leib" und „Seele" läßt sich kaum denken.

Hinsichtlich der theologisch fundierten Entsinnlichung der Liebe bei Scheler hat H. U. v. BALTHASAR mit Recht darauf hingewiesen, daß die zweite Auflage des Sympathie-Buches gegenüber der ersten das triebhaft-sinnliche Element als gleichberechtigt neben die geistige Liebe stellt. Aber ebenso berechtigt ist die Einschränkung: „Dennoch wird hier das Schema der ersten Auflage nicht offen verworfen. Im schillernden Zwielicht dieser zweiten Bearbeitung heben sich blitzhaft auf Augenblicke die Umrisse einer wahren, beruhigten Synthesis dessen heraus, was Scheler zuletzt den ‚Allmenschen' nennt."[111] Die Synthese gelingt wirklich nur auf Augenblicke und andeutungsweise. Denn selbst dort, wo Scheler dem Trieb eine echte Bedeutung für die Realisierung des Liebesakts zugesteht, hält er im Grunde an seiner früheren Ansicht fest, die Triebe seien eine leibbedingte, letztlich bedauerliche Einschränkung und Hemmung des umfassenden reinen Liebesakts auf konkrete, daseinsrelative Wertträger.[112] Die entsinnlichende und heteronomisierende Tendenz in Richtung auf eine „reine", „heilige" Liebe, die ohne jede Eigengesetzlichkeit nur aus dem göttlichen Liebesakt lebt, zeigt sich in der sehr bezeichnenden Bewertung der Geschlechtsliebe im Sympathie-Buch. Mit Nachdruck muß hier auf eines hingewiesen werden: Scheler übersieht die Bedeutung der geschlechtlichen Begegnung als leib-hafte (und damit ganzmenschliche) Gegenwärtigsetzung und Verdichtung der schenkenden Liebe zwischen

---

[110] „Das Ressentiment im Aufbau d. Moralen": GW III, 92 u. 100f. Zu Schelers peinlicher Kriegsverherrlichung vgl.: *Der Genius d. Krieges u. der deutsche Krieg;* Leipzig 1915.
[111] H. U. v. Balthasar, *Apokalypse d. deutschen Seele*, Bd. III, 149.
[112] Vgl. *Wesen u. Formen d. Sympathie* 214f., 182 u. „Das Ressentiment im Aufbau d. Moralen": GW III, 74, Anm. 3, wo die genannte Auffassung als „prinzipiell auch die in der christlichen Liebesidee liegende Überzeugung" bezeichnet wird.
Wenn der späte Scheler den Trieben erhöhte Bedeutung beimißt, wovon noch zu sprechen sein wird, dann nicht im Sinne einer Synthese, sondern einer letzten Hypostasierung zum Urgegensatz Drang – Geist.

zwei sich frei und überlegt einander zuordnenden Liebenden (oder zumindest als Möglichkeit dazu) fast völlig. Zwar wird für möglich gehalten, daß ,,sich auch Freundschaft, selbst metaphysische individuelle Personliebe zuweilen" mit der Geschlechtsliebe verbinde und diese ,,für die Entfaltung der in einer geistigen Person eingeschlossenen geistigen Möglichkeit ... auslösende Bedeutung" haben könne. Doch liegt die eigentliche ,,metaphysisch-daimonische", nicht aber ,, ‚göttliche', ‚geistige' Bedeutung" der Geschlechtsliebe wieder eindeutig in jenem transindividuellen und entleiblichten Raum einer übersinnlichen, divinisierten Allwirklichkeit, der uns schon so oft begegnete. Scheler kombiniert hier NIETZSCHES biologistisches Hinaufpflanzungsideal mit PLATONS kosmischer Erosmystik und der christlichen Lehre von der Erschaffung der Einzelseele durch Gott in ihrer synergistischsten Form vom Zeugungsakt als bloßer causa occasionalis. Unter diesen Voraussetzungen führt die Interpretation der Geschlechtsliebe bei Scheler schon im Ansatz von der individuellen Person weg auf ihre ,,objektive Teleologie", auf die Erzeugung höheren menschlichen Lebens. Damit scheint uns Scheler im Endeffekt unvermerkt noch hinter die von ihm bekämpfte ,,altjüdische Zweckmoral" zurückzufallen. Hatte diese durch die Einschärfung der Fortpflanzung als zu intendierenden Zweckes wenigstens implizit zugegeben, daß die geheime Triebfeder der edlen Geschlechtsliebe eine ganz andere, nämlich die personale Begegnung in höchstmöglicher Konzentration ist, so überspringt Scheler diesen Bereich von vornherein in Richtung auf das ,,objektive Naturziel (nicht ‚Zweck') des Geschlechtsaktes", dem alle Liebe zu dienen habe und das umso besser zu erreichen sei, je weniger man daran denke. Geschlechtsliebe ist in diesem Sinn ,,emotionale Werterfassung (in Form einer Antizipation) der günstigsten Chancen für die qualitative Erhöhung des Menschentums. Sie ist gleichsam emotionaler Vorentwurf von möglichen Menschen, die als Vitalwesen ‚besser' sind als jene, die nur ‚waren' ... Auch da, wo die Liebe tatsächlich unfruchtbar bleibt ..., ist sie wenigstens die schöne und edle Anstrengung gewesen nach dem besseren vitalen Menschen" – also bloßer Versuch, ein außerhalb ihrer selbst und ihrer Macht liegendes Ziel zu erreichen, nicht Realisierung ihres immanenten Ausdrucksgehalts der Begegnung. Indes geht die Entindividualisierung noch wesentlich weiter. Auch und gerade im Geschlechtsakt, der doch in seiner konkreten Phänomenalität so unverwechselbar die Prägung runder Geschlossenheit trägt, die den Augenblick zur Dauer erheben will und alle „Welt" daneben und außerhalb ausklammert, auch dort wird nach Scheler die Bindung an das Hier und Jetzt, des Einen an die Andere zugunsten eines vagen Akosmismus durchbrochen. Denn die eigentliche, angeblich auch erfahrbare metaphysische Bedeutung der Geschlechtsliebe liegt in der Teilnahme des Menschen am schöpferischen Alleben. Der Partner wird hier zum Ausdruck und Element, zum Funken des Allebens, was seiner individuellen Würde kaum weniger widersprechen dürfte als die Herabsetzung zum bloßen Lustobjekt. Scheler stellt in diesem Zusammenhang ein Schema auf, das die grundsätzliche Entsinnlichung und Entindividualisierung der Geschlechtsliebe ebensosehr zeigt wie die langsam abnehmende Beziehung auf den persönlichen Gott zugunsten des überpersönlichen Allebens: Gott – Alleben – GeschlechtsLIEBE – Geschlechtstrieb.[113] Das Schwergewicht liegt deutlich beim Alleben, dem Gott nicht mehr richtig übergeordnet, der liebende Mensch und seine Leiblichkeit aber als Vollzugsinstrumentar geradezu unterworfen wird. Entsprechend der sich langsam zersetzenden theistischen Einstellung Schelers finden wir hier für die Geschlechtsliebe formal dasselbe ausgesprochen, was früher für die Liebe überhaupt galt, jetzt nur ins Kosmo-Mystische gewendet: Die Liebe der Geschlechter zueinander ist unselbständiger Nachvollzug des schöpferischen

---

[113] „Durch das ‚Willensartige' in Gott ins Dasein gesetzt wird aber diese ewige Idee [einer individuellen geistigen Seele] ... nur unter einer Bedingung: Sie besteht konstant in der stetig vorhandenen Tendenz des Allebens, sich in allen seinen qualitativen Grundrichtungen zu manifestieren als schöpferischer Eros ... Nicht also der Zeugungsakt der Menschen, sondern die Aktuierung dieser ... Tendenzen ... des Allebens ist es, die selbst schon erste ‚causa occasionalis' ist für den schaffenden Akt des geistigen Weltgrundes, diese und keine andere Geistseele ... ins Dasein zu setzen. Die zweite causa occasionalis aber für die beginnende Aktuierung der Potenzen des Allebens selbst ... ist ... von der Regung der echten Geschlechtsliebe bestimmt ... Der Triebimpuls zum Geschlechtsakt ... ist im Gegensatz zur Geschlechtsliebe ... nur physischer Natur. Der Geschlechtstrieb und alle seine zugehörigen Triebe ... stellen daher ... nur die bei irdischen, zweigeschlechtlichen Tieren ‚zufällig' gegebene Technik dar, durch die sich die Geschlechtsliebe ... betätigt und tatsächlich ‚zufällig' auswirkt. Dahingegen haben wir ‚Eros' überhaupt als Mitzeugungsdrang ... ‚mit' dem Alleben ... als innere dynamische Seite des objektiven Vorgangs der Fortpflanzung ... anzunehmen ... (Wesen u. Formen d. Sympathie 147f.)

Drangs des Allebens. Von dorther erhält sie ihre Bedeutung und Berechtigung, alles andere ist „zufällig".[114]

3. Zusammenfassende Bewertung

Eine nüchterne Betrachtung von Schelers Philosophie der Liebe zeigt, daß weder der Primat des Liebens vor dem Erkennen noch die Charakterisierung der Liebe als begierdefreier, unbedürftiger und rein geistiger Nachvollzug des göttlichen Liebesakts am konkreten Verhalten des Menschen im Sinne einer phänomenologischen Anthropologie abgelesen werden. Die Schelers Liebesphilosophie zugrundeliegende These ist vielmehr theologischer Natur und ließe sich schematisch etwa folgendermaßen formulieren: Gott als der reine Akt des Liebens schlechthin ist auch objektiver und subjektiver Wurzelgrund alles menschlichen Liebens. Der formale Zug der Abhängigkeit aller menschlichen Liebe vom göttlichen Liebesakt hält sich auch in der Spätphase Schelers durch, wenngleich dort die Beziehung auf einen persönlichen Gott entsprechend der Preisgabe des Theismus durch den späten Scheler zugunsten eines unpersönlichen „Allebens" bzw. „Grundes aller Dinge" zurücktritt. Die Fundierung menschlicher Selbst-, Fremd- und Weltliebe durch die Liebe zu einem weltjenseitigen Numinosum ist wegen der Kennzeichnung des Menschen als Ens amans von entscheidender Bedeutung für die philosophische Anthropologie Schelers.[115] Eine phänomenologische Stützung dieser Konzeption wird nicht gegeben; sie ist nicht phänomenologische Wesensbeschreibung, sondern „Phänomenologisierung der Liebe Gottes."[116]

---

[114] Vgl. zum Ganzen: *Wesen u. Formen d. Sympathie* 120–154; die angeführten Zitate finden sich a.a.O. 135, 140, 148, 129, 131, 133. Vgl. ferner unseren Beitrag: „Individuale Partnerschaft. Zur anthropologischen Bedeutung d. Geschlechtlichkeit"; in: *Salzburger Jahrbuch f. Philosophie* XII/XIII (1968/69), 307–321.

[115] J. Malik scheint in seinem sonst wertvollen Artikel „Wesen und Bedeutung der Liebe im Personalismus Max Schelers" diese Fundierungsordnung, wenn schon nicht umzukehren, so doch nicht deutlich genug zu sehen; vgl. *Phil. Jahrbuch* 71 (1963/64), 121f., 123.
Richtiger sieht hier M. Dupuy, *La philosophie de Max Scheler*, T. II, 719–722; doch können wir ihm in seinem Resultat: „il existe une unité matérielle relative, non pas une veritable unité formelle, de la pensée de Scheler considerée dans son ensemble" (a.a.O. 724) wegen des bis in die Spätphase Schelers reichenden Grundzugs der nachvollziehenden Heteronomie des Menschen nicht folgen.

[116] H. U. v. Balthasar, *Apokalypse d. deutschen Seele*, Bd. II, 168. – Dies übersieht J. H. Nota, dessen Beitrag „De rol van de liefde in Max Scheler s ethica" den Eindruck

Die weittragende Bedeutung der theologisch fundierten Liebesmetaphysik Schelers für seine philosophische Anthropologie zeigt sich in den Wesensbestimmungen des Menschen, in dem, was Scheler die ,,Idee" des Menschen nennt. Die strenge Heteronomie des Menschen, der ohne Auffüllung aus weltjenseitigen Räumen auch vom späten Scheler als Tier angesehen wird, die stete Selbsttranszendierung und die damit verbundene Entweltlichung sowie die Lehre von der kosmischen Gesamtperson – alle diese Bestimmungen wurzeln in Schelers Grundkonzeption vom Menschen als Funktion des göttlichen Aktes der Alliebe. Der ständige Rückzug auf ,,reine", ,,absolute" ,,Wesenskerne" und ,,Personzentren", die hinter allem zufälligen Sosein stehen und der Rede von der ,,Idee" des Menschen den für Scheler typischen Beiklang geben, hat darin seinen eigentlichen Ursprung.

Bezeichnend genug für Schelers im Grunde theologisch orientierte Methode ist, daß er das Fehlen einer ,,christlichen Philosophie" gerade im Zusammenhang mit der neuen Verhältnisbestimmung von Erkenntnis und Liebe beklagt. Das Schillernde dieser Methode, die Scheler in der Verbindung von theologischem Apriori und scheinbar selbständiger phänomenologischer Wesensschau unter zunehmender Verschleierung der eigentlichen Quellen so geschickt einzusetzen verstand, ist mit Schelers eigenen Worten am besten wiedergegeben: Die gesuchte ,,christliche Philosophie" ist nicht ,,eine griechische Philosophie mit christlichen Ornamenten, sondern ein aus der WURZEL und dem WESEN des christlichen Grunderlebnisses durch selbstdenkerische Betrachtung und Erforschung der Welt entsprungenes Gedankensystem."[117] Mag das Anliegen, mit dieser an Stelle der alten ,, ,ars demonstrandi' " gesetzten ,, ,ars investigandi et inveniendi' " ,,einer ganz und gar in das Weltliche und Materielle versunkenen weltanschaulich tiefpartikularisierten Gesellschaft Gott und die göttlichen Dinge wieder geistig nahezubringen",[118] von bester Absicht getragen sein – mit dem Blick auf den Ausgang des Unternehmens dürfen wir jetzt schon sagen: Der Weg einer Kryptotheologie, die sich zusehends weiter vom Christen-

---

erweckt, als wäre Schelers Liebesphilosophie ein organisches Ergebnis seiner phänomenologischen Methode (vgl. *Bijdragen* 27 [1966], 245–253).

[117] ,,Liebe u. Erkenntnis": GW VI, 87.
[118] ,,Die deutsche Philosophie d. Gegenwart"; in: Ph. Witkop (Hrsgb.), *Deutsches Leben d. Gegenwart* 213.

tum wie vom denkerischen Selbstvollzug des Menschen entfernt, ist für die philosophische Anthropologie nicht gangbar. Denn diese Methode ist weder Theologie noch Philosophie, sondern „intellektuelle Ideenmystik."[119]

---

[119] Vgl. „Probleme einer Soziologie d. Wissens": GW VIII, 64.
Diese (vorwegnehmende) Bewertung der Philosophie Schelers, der E. Przywaras einige Zeit vor Abschluß der Entwicklung Schelers erschienenes Werk *Religionsbegründung. Max Scheler – J. H. Newman;* Freiburg 1923, nicht in dieser Schärfe entspricht, ist freilich erst möglich unter Einbeziehung des Spätwerkes Schelers.

II. KAPITEL

PHILOSOPHISCHE ANTHROPOLOGIE:
DER THEOMORPHISMUS DES MENSCHEN

Das vorhergehende Kapitel zeigte, daß der Grundakt des menschlichen Geistes, die liebende Wesensschau, nach Scheler für den Menschen nur in strenger Abhängigkeit vom göttlichen Liebesakt möglich ist. Die Beschäftigung mit den Hauptinhalten dieser philosophischen Anthropologie, denen wir uns jetzt zuwenden, bestätigt und vertieft den bisherigen Befund: Der Mensch ist aus sich selbst nicht zu deuten, sondern nur verstehbar als Mitvollzieher des göttlichen Aktes der Alliebe, als Abbild Gottes, von der Idee Gottes her. Scheler hält von Anfang an diesen der christlichen Offenbarung entlehnten und dort in einem spezifischen Sinn zu Recht gültigen formalen Grundzug seiner philosophischen Menschdeutung durch den Rückzug auf die ,,Idee" Gottes (im Gegensatz zur Realität eines ganz bestimmt verfaßten göttlichen Wesens) offen für die verschiedenen materialen Auffüllungen, die bei ihm bekanntlich vom persönlichen Erlösergott des Christentums bis zum selbst erlösungsbedürftigen, weil in Drang und Geist gespaltenen ,,Grund aller Dinge" reichen. Dies darf jedoch nicht darüber hinwegtäuschen, daß die leitende Grundkonzeption von der heteronomen, ja theonomen Interpretation des menschlichen Wesens bis in Schelers Spätphase erhalten bleibt.

Den folgenden Untersuchungen sei eine Stelle aus dem ,,Formalismus" vorangestellt, die wir für fundamental halten, weil sie alle wichtigen Grundzüge der Schelerschen Anthropologie enthält bzw. andeutet: die Wesensbestimmung des Menschen als eines Übergangs vom Tier zum Göttlichen, die grundlegende Kategorie der Personalität, die untergeordnete Bedeutung der Leiblichkeit und die Idee einer umfassenden Gesamtperson: ,,Nur unter der Voraussetzung des von biologischen Werten unabhängigen und ihm übergeordneten Wertes des Heiligen und der geistigen Werte ist also der Mensch auch das werthöchste Wesen. Das Neue, das in ihm ... hervorbricht, besteht gerade in einem – biologisch gemessen – ÜBERFLUSS AN GEISTIGER BETÄTIGUNG, so daß es ist, als würde in ihm ... eine Spalte geöffnet, in der eine ALLEM Leben überlegene Ordnung von Akten und Inhalten (Werten) zur Erscheinung kommt, und zugleich eine neue EINHEITSFORM dieser Ordnung, als die wir die ‚PERSONALE' ... anzusehen haben, und deren Band LIEBE ... ist. Die Idee dieser Einheitsform ... aber ist die IDEE GOTTES und das Reich der ihm zugehörigen Gliedpersonen und ihrer Ordnung, das ‚Gottesreich.' Damit aber kommen wir zu einem merkwürdigen Ergebnis. Der ‚Mensch' ... wird selbst faßbar und phänomenologisch erschaubar erst unter Voraussetzung und ‚UNTER DEM LICHTE' der Idee Gottes! ... Er IST richtig gesehen nur die Bewegung, die TENDENZ, der ÜBERGANG zum GÖTTLICHEN. Er ist das leibliche Wesen, das Gott intendiert und das Durchbruchspunkt des Reiches Gottes ist, in dessen zugehörigen Akten sich erst das Sein und der Wert der Welt konstituiert. Wie unsinnig also, die Idee Gottes als einen ‚ANTHROPOMORPHISMUS' anzusehen, wo doch umgekehrt in dem THEOMORPHISMUS seiner edelsten Exemplare der einzige Wert auch seiner ‚Menschlichkeit' beruht!"[1]

§ 1. DIE THEOMORPHE WESENSBESTIMMUNG DES MENSCHEN

„Sic enim scriptum est: ‚et finxit Deus adhuc de terra omnes bestias' (Gen. 1, 15). Si ergo et hominem de terra et bestias de terra ipse formavit, quid habet homo excellentius in hac re, nisi quod ipse ad imaginem Dei creatus est? Nec tamen hoc secundum corpus, sed secundum intellectum mentis de quo post loquemur." Mit diesem Augustinus-Zitat aus De Gen. ad litt. IV, 12, das Scheler als Motto über seinen anthropologischen Aufsatz „Zur Idee des Menschen" stellt,[2] tritt an entscheidender Stelle die biblische Imago-Dei-Lehre auf. Es muß betont werden, daß die Gottebenbildlichkeit bei Scheler von grundlegender Bedeutung für das Wesen, eben für die „Idee" des Menschen überhaupt ist,

---

[1] *Der Formalismus* ...: GW II, 293.
[2] Vgl. GW III, 173.

nicht etwa nur für die Phänomenologie des religiösen Aktes.³ Schon die Stellung des eingangs genannten Zitates zeigt, daß es sich dabei nicht um eine am konkreten Erscheinungsbild des Menschen abgelesene Bestimmung, sondern um eine apriorische Wesenskategorie handelt.

Die empirische Erfahrung ergibt nach Scheler keine einheitliche Idee vom Menschen. Die erfahrbare biologische Wirklichkeit bestätigt den Befund NIETZSCHES, daß der Mensch das ,,kranke Tier" ist. Scheler bleibt bis in die Spätphase dabei, daß der Mensch, rein biologisch betrachtet, ein faux pas, eine Sackgasse des Lebens ist.⁴ Die biologische Betrachtung kann nichts spezifisch Menschliches erheben, die empirisch-biologische Struktur des Menschen könnte auch wesentlich anders aussehen; Scheler spricht in diesem Zusammenhang von ,,biologischer Undefinierbarkeit des Menschen"⁵ – eine These, die nach den Studien von A. PORTMANN nicht mehr zu halten ist. Bezeichnend für die Beurteilung weittragender Philosopheme ist freilich, daß die Reaktion gegen die Sicht vom Menschen als krankes Tier in der modernen Anthropologie erst dann vehement auftrat, als A. GEHLEN in konsequenter Nichts-Als-Philosophie daraus alle höheren menschlichen Leistungen als notwendige ,,Entlastungen" ableitete.⁶ Bei Scheler ist indes die Geistnatur des Menschen gewahrt und betont, freilich nicht auf Grund erfahrbarer menschlicher Verhaltensweisen. Denn auch psychologisch ist nichts für die Sonderstellung des Menschen zu gewinnen. Scheler betont schon früh, daß auch psychologisch keine einheitliche Idee vom Menschen, die ihn vom Tier unterscheidet, zu gewinnen sei.⁷ Damit steht im Einklang, daß nicht einmal die Verhaltensformen von Wahl und Intelligenz den Menschen vom Tier unterscheiden. Scheler schreibt prägnant und zugespitzt: ,,Zwischen

---

³ Dies übersehen zu haben, ist ein Mangel des Aufsatzes von A. M. Rohner, der Schelers Gottebenbildlichkeitslehre ausschließlich aus dem religionsphänomenologischen Werk ,,Probleme der Religion" belegt; vgl. ,,Thomas von Aquin oder Max Scheler. Das Ebenbild Gottes"; in: *Divus Thomas* 1 (1923), 329-355.
⁴ Vgl. *Der Formalismus...*: GW II, 289-292; *Zur Idee d. Menschen*: GW III, 185; ,,Die Formen d. Wissens u. die Bildung": *Phil. Weltanschauung* 25f., 27.
⁵ *Der Formalismus...*: GW II, 294.
⁶ Vgl. A. Gehlen, *Der Mensch. Seine Natur u. seine Stellung in der Welt*; Frankfurt a.M. ²1962; ferner unseren Beitrag: ,,Der Mensch – Geist- oder Mängelwesen? Zur philosophischen Anthropologie Arnold Gehlens"; in: *Zeitschrift f. kath. Theologie* 88 (1966), 423-434.
⁷ Vgl. *Der Formalismus...*: GW II, 296.

einem klugen Schimpansen und Edison, dieser nur als Techniker genommen, besteht nur ein – allerdings sehr großer – GRADUELLER Unterschied."⁸ Der empirische Blick auf den Menschen im Sinne „ernster Naturforschung" zeigt nach Scheler nur das eine: „Der Mensch = homo naturalis IST ein Tier... Er hat sich also gar nicht aus der Tierwelt heraus ‚entwickelt', sondern er WAR Tier, IST Tier und WIRD ewig Tier bleiben."⁹ Ebenso bedeutsam wie verwunderlich für das Anliegen einer philosophischen Anthropologie ist Schelers Überzeugung, daß die gesuchte Einheit des Menschen nicht am in sich geschlossenen Phänomen Mensch abzulesen, ja überhaupt nicht im „natürlichen" Bereich im Sinne biologischer Merkmale oder psychologischer Verhaltensweisen, auch nicht andeutungsweise, zu finden ist: „Tier und Mensch bilden in der Sache ein strenges Kontinuum, und eine auf bloße Natureigenschaften gegründete Scheidung von Mensch und Tier ist nur ein willkürlicher Einschnitt, den unser Verstand macht. Oder kürzer: ‚Es GIBT KEINE NATÜRLICHE EINHEIT DES MENSCHEN.' "¹⁰

Das Fehlen einer „natürlichen Einheit" des Menschen bedeutet indes nicht nur, daß die gesuchte Einheit in keiner Weise der Erfahrung zugänglich ist. Der Zusammenhang an der eben angeführten Stelle stellt dem „homo naturalis" den „gottbezogenen ‚historischen' Menschen" gegenüber. Die theologische Relevanz dieser Gegenüberstellung ist aus der Diskussion um die „natura pura" hinlänglich bekannt. Von da her erhellt der letzte Sinn der Rede vom „homo naturalis" bei Scheler. Die schroffe Absetzung des „Wiedergeborenen" vom „homo naturalis" beruht auf der ebenfalls theologischen Notwendigkeit, die Ungeschuldetheit der erhebenden Gnade zu betonen, was man lange Zeit hindurch nur durch Bestreitung jeder inneren Beziehung zwischen Natur und Gnade tun zu können glaubte. Scheler verknüpft von Anfang an diese theologischen Hintergründe mit empirischen Daten: der homo naturalis, den es im Sinne der Theologie niemals gab, ist ihm das biologisch-psychologisch faßbare Menschentier, das als solches ebenfalls nicht existiert. Diese Phänomenologisierung

---

⁸ *Die Stellung d. Menschen im Kosmos* 37, Anm. 1. Vgl. dagegen H. Plessners Ausführungen über die Wesensschranke der tierischen Intelligenz auf Grund des Fehlens des Sinnes für das Negative: *Die Stufen d. Organischen u. der Mensch* 272–277.
⁹ „Zur Idee d. Menschen": GW III, 190f.
¹⁰ A.a.O. 194.

leistet der späteren Verflachung des ursprünglich theologischen Gegensatzes von erlöstem und unerlöstem Menschen zur Geist-Drang-Spannung Vorschub, wobei freilich die Schroffheit der Gegenüberstellung erhalten bleibt.

Unter den genannten Voraussetzungen ist Schelers Lehre von der ideellen Einheit des Menschen, die über eine philosophische Gottebenbildlichkeit im Sinne einer Exemplarursächlichkeit erheblich hinausgeht, zu verstehen: Der Wesensunterschied von Tier und Mensch liegt in keiner wie immer gearteten Verhaltensform, sondern allein in der ,,Wiedergeburt'', in der Erhebung des Menschen zur Teilnahme am übernatürlichen Gottesreich. Die gesuchte Einheit wächst dem Menschen als völlig unverdientes Geschenk Gottes nach Art eines echten, wörtlich verstandenen ,,Einfalles'' Gottes in die Welt zu. Mensch wird das Menschentier erst durch den Einbruch der göttlichen Gnade. Darin besteht der ,,Theo-morphismus'' des Menschen, daß er erst von der gnadenhaften Erhöhung zum vergöttlichten Menschen her als Mensch überhaupt konstituiert wird: ,,Erst in der Rückschau vom ‚Gottmenschen' ... wird das, was so etwas werden KANN, zum Menschen.''[11] Die neue Einheitsform dieses theologisch fundierten Übermenschentums aber ist die Person, womit eine weitere theologische Wurzel von Schelers Personalismus angedeutet ist.[12] Die Verflüchtigung der ,,Idee Gottes im Sinne einer existierenden positiv bestimmten Realität'' zur bloßen ,,QUALITÄT des Göttlichen oder ... Heiligen''[13] bedeutet zwar gegenüber der christlich durchgehaltenen Imago-Dei-Lehre eine echte Verarmung, tut jedoch der heteronomen, theomorphen Wesensbestimmung des Menschen keinen Abbruch.

Gegen unsere bisherige Darstellung ließe sich einwenden, daß bei Scheler doch eine der Erfahrung zugängliche Verhaltensweise des Menschen, welche die These vom Theomorphismus trägt, mit einiger Deutlichkeit gegeben ist. In der Tat spricht Scheler vom überbiologischen, geistigen Verhalten, das den Menschen über seine raum-zeitliche Organisation, ja über die Bedürfnisse der bloßen Lebendigkeit hinausführt: ,,Er [der Mensch] ist ein Ding, das SICH SELBST UND SEIN LEBEN UND ALLES LEBEN TRAN-

---

[11] A.a.O. 190; vgl. weiters GW III, 108f.; 187.
[12] Vgl. ,,Zur Idee d. Menschen'': GW III, 189, 190.
[13] Vgl. *Der Formalismus* ...: GW II, 296.

SZENDIERT. Sein Wesenskern ... ist eben jene Bewegung, jener geistige Akt des Sichtranszendierens."[14] Nun wäre diese Beobachtung tatsächlich ein geeigneter Ansatz zu einer an der Erfahrung orientierten Verhaltensanthropologie. Bei Scheler aber dient der genannte Befund wieder nur zur nachträglichen Rationalisierung des theologischen Aprioris der Gottebenbildlichkeit des Menschen. Denn der Akt des Selbsttranszendierens wird sogleich ohne den geringsten Versuch einer Begründung auf den Akt des betenden Gottsuchens eingeschränkt und zum religiösen Akt im Sinne des augustinischen inquietum cor deklariert.[15] Dem entspricht, daß Scheler die Kultur, eine grundlegende und gegenüber der Religion eigenständige Verwirklichung der geistigen Selbstüberbietung des Menschen, als pädagogische Vorstufe des religiösen Akts ansieht. Es ist die Religion, die „auch den Kulturwerten erst letzten Sinn und letztes Ziel gibt und die Produktion der Kulturgüter reflexiv als Stufen im Aufstieg zu Gott gewahren läßt."[16] Die eigenständige Bedeutung der geistigen Kultur im Sinne einer metaphysischen Weltanschauung tritt erst dort hervor, wo beim späten Scheler die Metaphysik als „Religion der Denker" die Heilsfunktion der Religion, deren Bedeutung uneingeschränkt aufrecht bleibt, zu übernehmen hat.[17] Und schließlich ist gerade auch der religiöse Akt, auf den nach Scheler alles Selbsttranszendieren hinausläuft, keine eigenständige Tätigkeit des Menschen im Sinne einer echten Verhaltensform. Auch hier wird der Mensch vielmehr gesehen als der mehr oder weniger zufällige Ort, an dem sich ein ewiger, göttlicher, außerhalb des Menschen flutender Urakt verlautbart und zur Erscheinung bringt, „als die Weltsphäre, in der der Aktus des Gottsuchens auf einer gewissen Stufe zum Durchbruch kam."[18] Dies ist umso bedeutsamer, als sich hier bereits die im Grunde ebenso heteronome Deutung des Menschen als Medium der Erlösung des werdenden Gottes in der späten „Metanthropologie" Schelers anbahnt. Auf diesem Hintergrund der falsch verstandenen, die Eigentätigkeit des Menschen erdrückenden Gottebenbildlichkeit

[14] *Der Formalismus...*: GW II, 293; vgl. „Zur Idee d. Menschen": GW III, 186.
[15] Vgl. *Der Formalismus...*: GW II, 296; „Zur Idee d. Menschen": GW III, 186; „Probleme d. Religion": GW V, 245.
[16] „Probleme d. Religion": GW V, 328; vgl. „Zur Idee d. Menschen": GW III, 186.
[17] Vgl. „Der Mensch im Weltalter d. Ausgleichs": *Phil. Weltanschauung* 116–118.
[18] „Zur Idee d. Menschen": GW III. 101.

ist es zu verstehen, wenn die Dynamik des religiösen Akts in einen statisch anmutenden Wesenszug, der nur als Teilmoment eines umgreifenden Allprozesses lebendig bleibt, umgemünzt wird: ,,Nicht ‚der Mensch betet' – er IST das Gebet des Lebens über sich hinaus, ‚er sucht nicht Gott' – er ist das lebendige X, das Gott sucht!''[19] Es bleibt also auch unter dem Schein einer verhaltensmäßigen Fundierung das extreme Gottesgnadentum des Schelerschen Menschenbildes erhalten. Und die gesuchte Einheit, die eine ,,Idee'' vom Menschen, nach der sich die Einzelindividuen zu richten haben, erst ermöglicht, ist für Mensch und Welt nur eine Abspiegelung der transphänomenalen Einheit Gottes. ,,Genau wie die Einheit der Menschennatur in letzter Linie nicht ruht in aufweisbaren Naturmerkmalen des Menschen, sondern in seiner Gottebenbildlichkeit, ... so ist auch die Welt nur um GOTTES Einheit willen EINE Welt.''[20]

Die theomorphe, von der übermächtigen Gnade her geprägte Menschdeutung Schelers löst konsequent eine philosophisch begreifbare ,,Natur'', ein definierbares Wesen des Menschen auf. Das Anliegen und die Aufgabe jeder philosophischen Anthropologie, eine formale, die Vielfalt menschlicher Äußerungsweisen umspannende, den Menschen vom Tier wie von Gott absetzende Wesensbeschreibung des Menschlichen zu versuchen, ist nach Scheler der eigentliche, endgültig zu überwindende Irrtum. Und dies nicht wegen der Vieldimensionalität und relativen Unausschöpfbarkeit des Menschlichen, sondern weil der Mensch gar keinen wesenhaften Eigenstand besitzt. Er ist vielmehr von sich aus weder zu begreifen noch zu definieren; er ist nur die zwischen zwei Polen, die er selbst nicht ist, ausgespannte, schillernde Manifestation dessen, was über ihm – in ihm ist, des ,,Ewigen'', Gottes. Und deshalb schon, nicht erst wegen seines mannigfachen Versagens, muß er sich schämen.[21]

---

[19] A.a.O. 186.
[20] ,,Probleme d. Religion'': GW V, 107f.
[21] ,,Der Irrtum der bisherigen Lehren vom Menschen besteht darin, daß man zwischen ‚Leben' und ‚Gott' noch eine feste Station einschieben wollte, etwas als *Wesen* Definierbares: den ‚Menschen'. Aber diese Station existiert nicht und gerade die *Undefinierbarkeit* gehört zum Wesen des Menschen. Er ist nur ein ‚Zwischen', eine ‚Grenze', ein ‚Übergang', ein ‚Gotterscheinen' im Strome des Lebens und ein ewiges ‚Hinaus' des Lebens über sich selbst.'' (,,Zur Idee d. Menschen'': GW III, 186.)
,,Kein Gott und kein Tier vermag sich zu schämen. Aber der Mensch muß es ... als dieser in fortwährender Bewegung begriffene *Übergang selbst*. Er schämt sich in letzter Linie seiner selbst und ‚vor' dem Gott in ihm.'' (Über Scham u. Schamgefühl: GW X, 69.)

Wichtig ist, daß sich das dargestellte, letztlich von der biblischen Gottebenbildlichkeitslehre getragene Schema bei aller Wandlung des Gottesbegriffs auch im Spätwerk Schelers als formales Grundgerüst durchhält. Im Gegensatz zu den modernen Formen der phänomenologisch orientierten Anthropologie, die Wesenszüge aus dem Verhalten ableitet und apriorisch-formale Kategorien beständig mit den mannigfachen Weisen menschlichen Selbstvollzugs konfrontiert, hat auch der Mensch der ,,Metanthropologie" kein eigenes Wesen; seine Wesensbestimmung ist das Göttliche, seine geistigen Akte sind im Grunde nur Erscheinungsweisen des einen göttlichen Geistes. Daß hier idealistisches Gedankengut hereinspielt, schließt das Weiterwirken theologischer Inspirationen aus der katholischen Zeit Schelers nicht aus. In bemerkenswerter Anlehnung an den scholastischen Sprachgebrauch ist in Verschärfung des Bildes vom Menschen als ,,Übergang" zu Gott jetzt die Rede von ,,Gott, der, soweit wir in Geist und Leben sein Wesen erfassen, ja nichts ist als die Essentia des Menschen – nur eben in unendlicher Form und Fülle."[22] Die individuelle Person verliert ihren Selbststand und ist als ,,Funktion des göttlichen Geistes" sogar ,,UNMITTELBAR im ewigen Sein und Geiste verwurzelt."[23] Wie früher die ungeschuldete Gnade so fällt jetzt der Geist als Einbruch des transzendenten Weltgrunds völlig unverbunden mit dem Leben auf den Menschen, ,,eine echte neue Wesenstatsache, die als solche ..., wenn auf etwas, nur auf den obersten einen Grund der Dinge selbst zurückfällt: auf denselben Grund, dessen EINE große Manifestation das ‚Leben' ist."[24] Die Abhängigkeit des Menschen geht so weit, daß er nach Scheler ,,als solcher sowohl als Geist- wie als Lebewesen nur je ein Teilzentrum des Geistes und Dranges des ‚Durch-sich-Seienden' ist."[25] Dies bleibt nicht ohne Folgen für die Verwurzelung der geistigen Akte des Menschen; sie gehen streng genommen gar nicht mehr vom individuellen Menschen aus: ihr Zentrum ,,kann nur im OBERSTEN SEINSGRUNDE selbst gelegen sein"; sie sind eine ,,empirisch und biologisch unableitbare Wesensmanifestation des obersten Urgrundes der Dinge

---

[22] ,,Der Mensch im Weltalter d. Ausgleichs": *Phil. Weltanschauung* 96.
[23] Vgl. ,,Erkenntnis u. Arbeit": GW VIII, 233 u. *Phil. Weltanschauung* 15.
[24] *Die Stellung d. Menschen im Kosmos* 38.
[25] A.a.O. 91.

SELBST."²⁶ Kultur und Bildung bedeuten dann nicht mehr Selbstvollzug des Menschen, sondern Gottmitverwirklichung durch den Menschen, worin allein ihre Heilsbedeutung liegt.²⁷

Mit dem Gesagten soll keineswegs der Eindruck erweckt werden, als wäre Schelers Rückbeziehung des Menschen und seiner Akte auf den obersten Seinsgrund die legitime Konsequenz der christlichen Lehre von der Gottebenbildlichkeit. Diese beläßt ja gerade in ihrer höchsten Vollendung, der biblischen Kategorie der Einwohnung der Trinität im begnadeten Menschen, dem Subjekt die freie Eigenständigkeit. Es scheint, daß die Imago-Dei-Lehre ihre tiefe und zugleich den Menschen in seinem Eigenwert nicht erstickende Bedeutung nur auf dem Hintergrund der gesamten biblischen Offenbarung erhält, weil nur dort faktisch, wenn auch unthematisch und unerklärt, weil unerklärbar, Freiheit und Selbststand des Menschen trotz, ja wegen des umfassenden Getragenseins durch Gott gewahrt bleiben. Man denke in diesem Zusammenhang an den „Gnadenstreit" innerhalb der katholischen Theologie, dessen wesentliche Einsicht wohl dahingehend zusammengefaßt werden darf: Die überkategoriale Größe Gottes erhellt gerade daraus, daß er freie, geistige, gottebenbildliche Geschöpfe von sich abzusetzen vermag, ohne dadurch an Verfügung über sie zu verlieren. Wird dieser Zusammenhang vergessen und die Gottebenbildlichkeit des Menschen in Schöpfung und Begnadigung zum rationalen Ausgangspunkt (nicht zur möglichen Spitze) einer philosophisch sich gebenden Anthropologie, dann leiden auf die Dauer entweder Gott oder der Mensch oder – wie bei Scheler – letztlich beide. Der Weg von der „edlen" „akosmistischen", an SPINOZA und am Deutschen Idealismus orientierten Form des Pantheismus, mit dem Scheler bereits in seinem „christlichsten" Werk sympathisierte,²⁸ zum „gemeinen" „atheistischen" Pantheismus scheint dann nicht mehr so unmöglich.

---

²⁶ *Die Stellung d. Menschen im Kosmos* 47; „Die Formen d. Wissens u. die Bildung": *Phil. Weltanschauung* 26.
²⁷ Vgl. dazu unten § 2, 5 (106ff.).
²⁸ „Probleme d. Religion": GW V, 108f.

§ 2. DIE ANTHROPOLOGISCHE GRUNDKATEGORIE DER PERSONALITÄT

Max Schelers umfangreichstes und bekanntestes Werk „Der Formalismus in der Ethik und die materiale Wertethik" trägt den bezeichnenden Untertitel „Neuer Versuch der Grundlegung eines ethischen Personalismus". Indes bedeutet die Kategorie der Personalität für das Werk Schelers wesentlich mehr als ein Mittel zur Erneuerung der Ethik. Sie ist die formale Grundkategorie der philosophischen Anthropologie Schelers, die sich vom Aufsatz „Zur Idee des Menschen" bis in die Spätphase von „Die Stellung des Menschen im Kosmos" durchhält. Immer dann, wenn Letztes, Eigentliches und zugleich mit religiöser Eindringlichkeit Betontes vom Menschen ausgesagt werden soll, taucht der Begriff der Person auf. Der Personalismus ist somit „Schelers innerstes, heimlichstes und wichtigstes Anliegen, das Heiligtum seines Denkens",[29] das sich bereits im „Formalismus" deutlich zu einem selbständigen Thema von zentraler Bedeutung erhebt. Das leitende Prinzip vom Vorrang der Personwerte vor den Sachwerten sprengt so sehr die Grenzen der Ethik, daß Scheler mit Recht im Vorwort der zweiten Auflage des „Formalismus" den genannten Untertitel ohne den Zusatz „ethisch" erwähnt und nur noch vom „‚neuen Versuch eines PERSONALISMUS'" spricht.[30]

Vor aller Einzelerörterung über den Personalismus Schelers möchten wir darauf hinweisen, daß gerade die Kategorie der Personalität keine ursprünglich philosophische ist. „Der Begriff der Person hat nun geschichtlich aber seinen ersten Ursprung nicht im Begriffswillen der Philosophie oder einer säkularen Wissenschaft; sein Herkunftsort ist die christliche Theologie . . ."[31] Dieser Umstand war Scheler bei seiner Kenntnis der christlichen Trinitäts- und Inkarnationslehre, welche den Personbegriff in die abendländische Philosophie brachten, sicher vertraut. Schon von der Wahl dieser Kategorie her fällt somit ein erstes Licht auf die Bedeutung des Personalismus in Schelers Anthropologie. Wenn für Scheler „nicht eine ‚isolierte' Person, sondern nur die ursprünglich sich mit Gott verknüpft wissende . . . die

---

[29] H. U. v. Balthasar, *Apokalypse d. deutschen Seele*, Bd. III, 152.
[30] Vgl. *Der Formalismus . . .*: GW II, 14.
[31] M. Müller, „Person u. Funktion"; in: *Phil. Jahrbuch* 69 (1961/62), 377.

sittlich wertvolle" ist,³² so wird im folgenden gezeigt werden können, daß auch diese Beziehung der menschlichen Person zu Gott über den ethischen Raum hinaus als seinsmäßiges Wesensverhältnis gemeint ist.

1. Die Idee Gottes als Ur-Person

Wer den Abschnitt „Zur theoretischen Auffassung der Person überhaupt" im „Formalismus" liest – dem Umfang nach zweifellos die wichtigste Quelle für Schelers Personlehre –, wird wohl zunächst den Eindruck eines anthropologisch orientierten Personalismus gewinnen. Wichtige Thesen, etwa der Aktualismus im Personbegriff, bleiben dann freilich ohne Hintergrund, wenn man sie nicht als einfach evident aufgestellte Wesensaussagen hinnehmen will. Zum vollen Verständnis ist es auch hier notwendig, den Wurzeln und letzten Motiven der Persontheorie nachzuspüren; diese finden sich allerdings, wie so oft bei Scheler, nicht immer dort, wo ausdrücklich und umfangreich vom Thema gesprochen wird.

Das erste und ursprüngliche Anwendungsgebiet des Personbegriffs ist nun bezeichnenderweise nicht etwa der Mensch, sondern Gott. Die Person ist einfach die „Seinsform" Gottes, Gott ist „DIE (,einzige', nicht zahlenmäßig ,eine') unendliche Person schlechthin."³³ Schon diese über die Personalität Gottes gemachten Feststellungen sind so formuliert, daß der Eindruck entsteht, Gott und nur er sei im Vollsinn Person, vor allem dann, wenn gesagt wird, Gott sei „seinem Wesen nach ausschließlich Person."³⁴ Dies gilt um so mehr, wenn Gott im Sinne der Lehre von den idealen Wesenheiten als letzter idealer Grund der Personkategorie, dieser „neuen Einheitsform", angesehen wird: „Die Idee dieser Einheitsform ... ist die IDEE GOTTES und das Reich der ihm zugehörigen Gliedpersonen und ihrer Ordnung, das ,Gottesreich'."³⁵ Die Personalität kommt Gott indes nicht nur faktisch, sondern notwendig zu, so daß Gott, wäre er nicht Person, gar nicht Gott wäre – eine Notwendigkeitsaussage, die in dieser

---

[32] Vgl. *Der Formalismus* ...: GW II, 15.
[33] „Absolutsphäre u. Realsetzung d. Gottesidee": GW X, 183; *Der Formalismus* ...: GW II, 514.
[34] „Absolutsphäre u. Realsetzung d. Gottesidee": GW X, 186.
[35] *Der Formalismus* ...: GW II, 293.

Schärfe über den Menschen nicht gemacht wird: ,,Selbst ein geistiger Weltgrund verdient – was er auch sonst sein möchte – ,Gott' nur zu heißen, wenn und soweit er ‚PERSÖNLICH' ist."[36] Schon hier ist durch den Einschub Spielraum gelassen für die ,,tausendfältigen buntesten Ausfüllungen", die Scheler in seiner Spätphase der Gottesidee zubilligt. Aber auch dort bleibt Gott ,,ein mit dem Prädikat ,heilig' versehenes ,Sein durch sich selbst' ",[37] was in Anbetracht der früheren Wesensdefinition Gottes als ,,einer unendlichen heiligen Person"[38] und der nicht widerrufenen Lehre vom Heiligen als höchstem und wesentlich personalem Wert[39] nahelegt, Scheler habe auch in seiner Spätphase am personalen Charakter Gottes festgehalten trotz der Leugnung eines ,,geistigen, in seiner Geistigkeit allmächtigen persönlichen Gottes."[40] Andere personalistische Wesensdefinitionen Gottes zeigen auch, daß der Zusammenhang zwischen Liebe und Person letztlich christlichen Ursprungs ist.[41]

Zeigen die bisher erhobenen Befunde, daß nicht nur Schelers Übernahme des von der christlichen Theologie geprägten Personbegriffs als anthropologische Kategorie, sondern auch seine ursprüngliche Anwendung auf Gott theologische Einflüsse erwarten läßt, so ist gerade auf Grund ausdrücklicher Texte noch ein Schritt weiterzugehen. Scheler nennt Gott immer wieder die ,,Person der Personen" bzw. das ,,Personenzentrum der Welt."[42] Diese Ausdrucksweise legt nahe, daß die Personkategorie nicht von der Wirklichkeit des Menschen auf Gott übertragen wird, sondern ihrem eigentlichen Gehalt nach allein in Gott erfüllt ist. Scheler wehrt sich ausdrücklich gegen den Vorwurf des Anthro-

---

[36] *Der Formalismus* ...: GW II, 16.
[37] *Die Stellung d. Menschen im Kosmos* 88.
[38] ,,Absolutsphäre u. Realsetzung d. Gottesidee": GW X, 181.
[39] Vgl. *Der Formalismus* ...: GW II, 125f.
[40] *Die Stellung d. Menschen im Kosmos* 91. – Bemerkenswert ist, wie Scheler bereits im ,,Formalismus" den späteren weiten, rein formalen Personbegriff andeutet, wenn er gerade vom Akt der Erfassung des Heiligen schreibt, es gehöre zu seinem Wesen, ,,auf Personen, d.h. auf etwas von *personaler Seinsform* zu gehen, *gleichgültig, was* das für ein Inhalt ist, und welcher ‚Begriff' von Person dabei vorhanden ist." (GW II, 126.)
[41] So etwa die Umschreibung Gottes als ,,einer alliebenden und im Actus dieser Liebe allherrlichen und absolut souveränen Person" bzw. als ,,einer unendlich guten Person." (,,Absolutsphäre u. Realsetzung d. Gottesidee": GW X, 187, 196.)
[42] Vgl. z.B.: *Der Formalismus* ...: GW II, 396, 495, 522; *Wesen u. Formen d. Sympathie* 88, 265; ,,Ordo Amoris": GW X, 356; ,,Absolutsphäre u. Realsetzung d. Gottesidee'': GW X, 190; ,,Vom Wesen d. Philosophie": GW V, 86.

pomorphismus in seiner Personlehre. Die einschlägige Stelle ist von größter Bedeutung, weil sie klar ausspricht, was bisher immer nur angedeutet wurde: Person im eigentlichen Sinn ist nur Gott; der Mensch verwirklicht diese Kategorie nur in abgeleiteter Weise und in der im Grunde nicht integrierbaren Dualität von homo naturalis (Menschentier) und geistigem, gottsuchendem ,,Kind Gottes": ,,Erst wo die Gottbegier alles Sein und allen Geist allgewaltig zur Reveille trommelt, zur Reveille gegen alle bloße ,Welt', da wird der homo bestia naturalis zum HOMO SELBST – und das heißt immer zugleich: zu einem Wesen, das es müde ist, ein bloßer Mensch zu sein. Erst in der Rückschau vom ,Gottmenschen' und ,Übermenschen' . . . wird das, was so etwas werden KANN, zum Menschen. Nicht also die Idee ,Person' auf Gott angewandt, ist ein Anthropomorphismus! Gott – das ist vielmehr die einzige VOLLKOMMENE und PURE Person. Und das ist nur eine unvollkommene, eine gleichnisweise ,Person', was unter Menschen so heißen darf."[43] Hier wird eine primär göttliche Kategorie auf den Menschen übertragen, ja dieser überhaupt erst zum Menschen durch die, wenn auch defiziente Teilnahme am personalen Wesen Gottes. Was, gerade auch in der scholastischen Personlehre, den Selbststand des Menschen bezeichnen soll, wird zur Kategorie seiner seinsmäßigen Abhängigkeit; so gesehen ist der Mensch nur noch ,,Durchbruchspunkt einer allem sonstigen Natur-Dasein überlegenen Sinn-, Wert- und Wirkform, der ,Person' . . ."[44] Ebenso deutlich zeigt sich die andere Tendenz von Schelers ,,christlicher Philosophie", die Umgießung biblischer Redeweise in die Form philosophischer Begrifflichkeit: ,,Person" ist im genannten Zusammenhang nur die philosophische Etikette für die übernatürliche Gotteskindschaft, wobei ausdrücklich auf den biblischen Gegensatz (vgl. Lk 16, 8) ,,Kinder der Welt" (philosophisch: homo naturalis) – ,,Kinder des Lichts" (philosophisch: Person) Bezug genommen wird. ,,Person" bedeutet dazu noch die philosophische Fassung der für Schelers Anthropologie so bedeutsamen Rede von der Gottebenbildlichkeit des Menschen, wieder im Zusammenhang der Polarität von homo naturalis und Person: Bei der Offenbarung Gottes an den Menschen bleibt ,,wesensnotwendiger Zielpunkt der möglichen

[43] ,,Zur Idee d. Menschen": GW III, 190.
[44] A.a.O. 189.

Selbstmitteilung ausschließlich die endliche Person überhaupt – nicht der Mensch als Naturgattung, d.h. als Menschentier ... Denn nur der Mensch als Person hat die identische Daseinsform mit Gott, die ‚Gebildetheit nach seinem Angesichte' (wie es in der Bibel heißt)."[45] Diese Prägung des Schelerschen Personbegriffs als philosophischer Ausdruck der Offenbarungswahrheiten der übernatürlichen Erhebung bzw. der Gottebenbildlichkeit des Menschen macht es verständlich, daß auch nach Wegfall der Offenbarungsgrundlagen beim späten Scheler die menschliche Person immer noch ,,eine FUNKTION DES GÖTTLICHEN GEISTES", ja ,,eine INDIVIDUELLE EINMALIGE SELBSTKONZENTRATION des göttlichen Geistes" ist bzw. daß in der abgeschwächtesten Form der Geist immer noch bleibt ,,ein Attribut des Seienden selbst, das im Menschen manifest wird IN der Konzentrationseinheit der sich zu sich ‚sammelnden' Person."[46]

Es ist indes von nicht zu unterschätzender Bedeutung, daß gerade die Kategorie der Abbildlichkeit für das Verhältnis der menschlichen Person zur göttlichen Ur-Person nach Scheler zu schwach ist. Abbildlichkeit bedeutet immer auch echte Differenzierung in Urbild und Gegenbild, deren jedes seine Eigenständigkeit bewahrt; Abbildlichkeit bedeutet dazu noch Entäußerung des Urbildes im Sinne einer neidlosen, aus echter Fülle fließenden Freigabe eigener Züge an das Abbild. Scheler hingegen lehrt eine Hereinnahme des menschlichen Abbildes in das göttliche Urbild nach Art einer ,,unio mystica" der individuellen menschlichen Person mit der Allperson Gottes. Die Verwahrung gegen einen Emanationspantheismus erscheint dabei mit der Unterscheidung zwischen Dasein und Sosein (Wesen) nicht überzeugend begründet. Jedenfalls ist die Richtung der biblischen Abbildtheologie von Gott zum Geschöpf bei Scheler zugunsten einer Rückverlagerung des menschlichen Individuums wenigstens seinem Wesen nach in die Tiefen Gottes umgepolt und die enge seinshafte wie erkenntnismäßige Abhängigkeit des Menschen vom göttlichen Weltgrund in gesuchter Anlehnung an AUGUSTINUS nachdrücklich ausgesprochen.[47]

---

[45] ,,Absolutsphäre u. Realsetzung d. Gottesidee": GW X, 233, Anm. 2.
[46] Vgl. ,,Erkenntnis u. Arbeit": GW VIII, 233; ,,Die Formen d. Wissens u. die Bildung": *Phil. Weltanschauung* 34; *Die Stellung d. Menschen im Kosmos* 57.
[47] ,,Da wir aber jedem echten Wesen eine Stelle im Wesensreiche geben müssen,

Bevor nun die Hauptthemen von Schelers Personalismus untersucht werden, ist noch zu zeigen, wie sich die Übertragung der Personkategorie von Gott auf den Menschen als Person auswirkt. Unter der Voraussetzung, daß Gott allein Person ist, der Mensch aber nur in abgeleiteter Form an dieser Seinsform teilhat, ergibt sich für den Menschen, daß er ein zwar erfahrbares, aber wesentlich zufälliges und vor allem defizientes Beispiel ist für das, was unter ,,Person" an sich und eigentlich gemeint ist. Die reine, unendlich vollkommene Person Gottes ist nicht mehr fernes Ziel, auf welches das anthropologische Denken gerade noch verweist, sondern Ausgangspunkt und Maß der menschlichen Person. Dieses Schema wird auch in Schelers Spätphase durchgehalten, freilich mit der bedeutsamen Einschränkung, daß nunmehr auch der Mensch für die Selbstentwicklung des werdenden Gottes belangvoll wird. Die Sicht des Menschen als Ausfluß und unvollkommene Nachbildung der göttlichen Ur-Person hat zur Folge, daß der menschlichen Person vor allem jene Wesenszüge zugeschrieben werden, die für die Personalität Gottes charakteristisch sind: lebendige, nicht gegenstandsfähige **Aktualität**, **Leibüberhobenheit**, spontane **Geistigkeit**. Die genannten Attribute müssen einzeln dargestellt werden. Zunächst sei jedoch hingewiesen auf ihren Zusammenhang mit der Personalität Gottes und ihre, von Scheler im Grunde bedauerte, anfänglich durch Erlösung von außen, später durch Selbstvergöttlichung von innen her zu überwindende Einschränkung durch die Unvollkommenheit der menschlichen Person.

Für die Bestimmung der menschlichen Personen als reiner **Aktvollzug** verweist Scheler im Vorwort zur 3. Auflage des ,,Formalismus" auf ,,die lebendigen Substanzen des Christen-

---

dessen personales Subjekt der geistige personale Weltgrund selber ist, so stellt auch jede geistige Seele ihrem Was und Wesen nach eine ewige Idee Gottes dar. Ja, sie ist ihrem Was ... nach nur der Gehalt eben dieser göttlichen Idee selber, keineswegs ein bloßes ‚Abbild' von ihm. Sie ‚ruht' – nicht ihrem Dasein nach, aber ihrem ewigen Wesen nach – ewig in Gott." *(Wesen u. Formen d. Sympathie* 147; vgl. *Vom Ewigen im Menschen*, Vorrede zur 2. Aufl.: GW V, 19.)

,,Mit unserer ‚unio mystica' des Wesens der geistigen Person im Menschen und ‚desselben' Wesens in Gott als der Idee dieser Geistseele ist gleichwohl keinerlei Pantheismus gesetzt und gelehrt..., sondern nur eine Wesensidentität der Geistseele mit dem Wesen Gottes, **sofern und soweit** ... das Wesen dieser geschaffenen Welt in seinem Ideenreich vorgebildet ist. Von diesem Wesen ist allerdings auch das Wesen jeder endlichen Geistesperson ein echter Teil." *(Wesen u. Formen d. Sympathie* 151, 152.)

tums ... und SEINE prinzipielle Entdeckung des ewigen Rechtes der lebendigen, NICHT gegenstandsfähigen und NUR ‚aktual' seienden Subjektivität in Gott UND Mensch."[48] Die Betonung des aktuellen, ungegenständlichen Seins der Person auf dem Hintergrund der Polarität von vollziehbarem Akt und erkennbarem Gegenstand durchzieht das ganze Werk Schelers mit einem bis in die Spätphase reichenden Irrationalismus, der beständig den verstehenden „Mitvollzug" gegen die objektivierende „Erkenntnis" ausspielt. Dahinter steht die Actus-purus-Spekulation der christlichen Philosophie und der Wegfall der Subjekt-Objekt-Spannung im göttlichen Erkennen. Schelers unverkennbare Tendenz, den Menschen möglichst dem reinen Akt Gottes anzugleichen, führt zur immer stärkeren Betonung des menschlichen Mitvollzugs am Wesen der Gottheit, die ihrerseits schließlich in den am Menschen beobachteten Drang-Geist-Dualismus hineingezogen wird. In dem absoluten Vorrang der göttlichen Aktualität wurzelt auch der stets betonte Vorzug aller Personwerte vor den Sachwerten. Dieses Axiom wird entgegen der Behauptung Schelers in „Probleme der Religion"[49] im „Formalismus" nicht begründet, wohl aber als „strahlend klare Evidenz" immer wieder thesenhaft behauptet und letztlich in Gott, der „Person der Personen", verankert.[50] Auch die Unerkennbarkeit der Personalität Gottes als Folge ihrer aus reiner Aktualität erwachsenden Ungegenständlichkeit wird auf die menschliche Person übertragen. Hier aber muß Scheler Abstriche machen. Während das Personsein Gottes gerade auch seiner Existenz nach unerkennbar ist im Sinne einer „evidenten EINSICHT IN DIE UNBEWEISBARKEIT GOTTES ALS DASEIENDE PERSON",[51] ist die Personalität des Menschen wegen ihrer Leiblichkeit ihrem Dasein nach nicht zu verbergen, wohl aber ihrem Sosein nach. „Der Mensch, da er nicht NUR geistige Person ist, sondern auch beseeltes Lebewesen, da er ferner nicht vollkommene Person ist, sondern nur unvollkommene, d.h. eine Person ist, deren Akte, ja deren stetiger Selbstvollzug ihres Daseins in Akten, an die Organe und Lebensvorgänge eines Leibes gebunden ist, vermag ... sein bloßes

---

[48] *Der Formalismus ...*: GW II, 21f.
[49] GW V, 285, Anm. 1.
[50] Vgl. GW II, 15; 117, 259, 331, 350, 370 u.a.; 495.
[51] „Probleme d. Religion": GW V, 331; vgl. GW V, 19–21.

DASEIN als Person NICHT zu verbergen."⁵² Der Leib also ist es, der das Arcanum der Personalität durchbricht; und dies bestätigt indirekt wieder den schon bekannten Befund: Was die menschliche Person an Vollkommenheit, ja an geschlossener, unerkennbarer Personalität überhaupt hat, besitzt sie nur auf Grund der Teilhabe an der reinen, ungegenständlichen, frei strömenden Aktualität der göttlichen Person.

Damit gelangen wir zur Leibüberlegenheit der menschlichen Person als solcher. Wiederum ist die Personalität Gottes ontologisches Vorbild. Gott ist die „LEIBLOSE, UNSICHTBARE, VOLLKOMMENE, UNENDLICHE UND ABSOLUT FREIE", die „leiblose und ichlose PERSON."⁵³ Ihr Niederschlag im menschlichen Bereich wird uns als „psychophysische Indifferenz der Person" noch eingehend beschäftigen. Hier sei schon darauf hingewiesen, daß diese psychophysische Indifferenz mehr die Überweltlichkeit der menschlichen Person als deren aller Spaltung in Leib und Seele vorausliegende phänomenale Einheit ausdrücken will. Jetzt soll nur auf die Bedeutung der Leib- und Weltlosigkeit für die Rangordnung der Werte hingewiesen werden: Ein Wert ist umso höher, je dauerhafter, d.h. je mehr der zeitlichen Sukzession überhaupt entrückt er ist, je unteilbarer und damit der Ausdehnung überhaupt enthoben er ist, je weniger fundiert er ist – gar nicht fundiert, aber alles fundierend ist der „Wert eines unendlichen persönlichen Geistes" –, je mehr von strebefreier Erfüllung begleitet und vor allem je „absoluter", d.h. je mehr für ein „reines" Fühlen zugänglich er ist; Träger des absoluten Wertes aber ist Gott und nur er.⁵⁴ Auch die Werte werden also nicht auf ihr jeweiliges selbständiges Realisierungsfeld, sondern auf die absolute Wertdichte Gottes bezogen und von dorther bemessen. Doch bleibt auch hier der Mensch nur defizientes Nachbild der göttlichen Leib- und Weltlosigkeit. Seelentechnischer Weg zur Befreiung der Person ist die Gottesliebe; in ihrer Kraft „hebt sich auch im Menschen die Person ... immer reiner aus den trüben Vermengungen mit dem ihre Einheit in eine zeitliche Vorgangsreihe zersetzenden sinnlich-triebhaften Bewußtsein und aus allen Abhängigkeiten der Natur- und Gesellschaftsgebundenheit, die

---

⁵² „Probleme d. Religion": GW V, 331f.
⁵³ A.a.O. 332; „Absolutsphäre u. Realsetzung d. Gottesidee": GW X, 200.
⁵⁴ Vgl. *Der Formalismus* . . .: GW II, 107–117.

sie in den Gang der Gesetzmäßigkeiten bloßer Sachen hineinreißen wollen, heraus – und festigt sich und ‚heiligt' sich. Die Person gewinnt sich, indem sie sich in Gott verliert."[55] Die Stelle bestätigt eindrucksvoll alle bisherigen Daten über die allein in Gottes ungegenständlicher Personalität gegründete und durch Zeit und Raum der Welt gefährdete Personeinheit des Menschen und weist zugleich in unverkennbarem Anschluß an Mt 10, 39 bzw. 16, 25 einen christlich orientierten Weg der Weltüberwindung.

Auch die Geistigkeit als Wesenszug der menschlichen Person führt Scheler auf den personalen Geist Gottes zurück. „Das grundlegendste ... Attribut Gottes ist das Attribut der GEISTIGKEIT" im Sinne eines „personalen Gottes, der Geist ist ...; d.h. eine konkrete Einheit aller Wesenrichtungen des Geistes (also auch Liebe, Wertbewußtsein usw.)."[56] Dem bloß „zufälligen", „daseienden" menschlichen Geist steht „das EWIGE WESEN EINES GEISTES überhaupt" gegenüber.[57] Die seinsmäßige Abhängigkeit des Menschengeistes bleibt gewahrt, auch wenn wir erkenntnismäßig die Geistigkeit von dem am Menschen gefundenen Geist analogisch auf Gott übertragen. „Diese WÜRDE UND ERHABENHEIT des Geistes qua GEIST, vermöge der er – ist gleich der menschliche wirkliche Geist nur ein Stück und Teil der Welt – doch seinem Wesen nach ... ZUGLEICH sein muß ... das Etwas, in dem aller Dinge Vielheit zur Einheit sich je zusammenfassen kann ... – diese EWIGE WÜRDE UND ERHABENHEIT des Geistes lebendig zu empfinden ... IN UND MIT der unsagbaren Gebrechlichkeit, Hinfälligkeit, Labilität des menschlichen DASEIENDEN Geistes als des uns allein bekannten unmittelbar gegebenen Beispiels einer Sache vom Wesen des Geistes überhaupt: das ist der ZWEITE Akt jenes geheimnisvollen Dramas, in dem sich die religiöse Erkenntnis GOTTES ALS GEIST vollzieht."[58] Wieder fungiert der personale göttliche Geist als Einheitsform der Welt; der menschliche Geist ist jener ausgezeichnete Ort, an dem beispielhaft, aber defizient die Geistigkeit Gottes erfahrbar wird, und nichts weiter. Die Ohnmacht und Armseligkeit des Menschen-

---

[55] „Liebe u. Erkenntnis": GW VI, 90.
[56] „Probleme d. Religion": GW V, 178 u. 193.
[57] A.a.O. 181.
[58] A.a.O. 184.

geistes, nur zusammen mit der unendlichen Spannweite desselben Geistes ein legitimer Ansatzpunkt für die philosophische Gottesproblematik, wird hier in einseitiger Weise urgiert, als könnte Gott Gott sein und bleiben gleichsam nur auf Kosten des Geschöpfs.

Die Folgen der Herleitung der menschlichen Personalität von der Person Gottes sollen in den nächsten Abschnitten über die Hauptmerkmale des Personbegriffs bei Scheler aufgezeigt werden. Doch hat diese Fundierungsordnung auch Bedeutung für die Gotteslehre, vor allem für die Möglichkeit der Gotteserkenntnis, worauf abschließend eingegangen werden muß.

Entsprechend der engen ontischen Bindung der menschlichen Person an die göttliche ergibt sich für Scheler auch ein enger erkenntnismäßiger Kontakt zwischen Mensch und Gott ganz eigener Art. Die e r l e b t e – nicht erschlossene oder bloß geglaubte – Gottebenbildlichkeit des Menschen führt dazu, daß der Mensch im religiösen Akt eine über alles diskursive Erkennen hinausreichende und dieses fundierende Gewißheit von Dasein und Wesen Gottes hat. Scheler spricht immer wieder von einem mystischen Erfahrungskontakt der sich zu sich selbst sammelnden Person zu Gott bzw. später zum Seienden selbst.[59] In der christlichen Phase wird in deutlicher Anlehnung an AUGUSTINUS von einem ,,erlebten Hereinleuchten der unendlichen Vernunft in die endliche Vernunft" gesprochen; doch bleibt der Grundgedanke von der Notwendigkeit des Mitvollzugs der göttlichen Akte und der Selbstidentifizierung mit der Aktrichtung des Weltgrundes bis in das Spätwerk erhalten.[60] Nun trüge die Behauptung eines mystischen Kontakts allein noch nicht viel für die theonome Prägung des erkennenden Subjekts aus, würde Scheler nicht immer wieder die Möglichkeit einer Gotteserkenntnis ,,von unten her" zumindest stark bezweifeln. Schelers beständiger Kampf gegen den ,,gemeinen rationalen Kausalschlußtheismus"[61] ist nur der gnoseologische Ausdruck der seinsmäßigen Unselbständigkeit des Menschen: Gotteserkenntnis gibt es nur, weil der Mensch immer schon IN Deo ruht, nicht etwa weil er im Einsatz seiner

---

[59] Vgl. z.B.: Vorrede zur 2. Aufl. v. ,,Probleme d. Religion": GW V, 23 u. *Die Stellung d. Menschen im Kosmos* 57.
[60] Vgl. ,,Probleme d. Religion": GW V, 164, 333 u. *Die Stellung d. Menschen im Kosmos* 93.
[61] ,,Vom Sinn d. Leides": GW VI, 43.

„natürlichen" Erkenntniskraft AD Deum unterwegs ist. Das Aufsteigen von der in ihrer relativen Eigenständigkeit erfahrbaren Wirklichkeit von Welt und Mensch, das zur tragenden und doch die Geschöpflichkeit in ihren eigenen Bereich freigebenden Ursache führt, läßt bei aller Verbindung von Ursache und Wirkung den Selbststand beider unangetastet. Deshalb muß Scheler, der den Menschen gerade seiner personalen Geistigkeit nach als „getrübtes Miniaturbild des göttlichen Geistes"[62] ansieht, die Erkenntnis von „Idee und Dasein Gottes erst aus einem Kausalschluß von der Beschaffenheit und dem Dasein der Welt" ablehnen zugunsten einer Gotteserkenntnis „aus einem ursprünglichen Person- und Erfahrungskontakt meines Personkernes mit einer heiligen Güte und Weisheit."[63]

In dieser erkenntnistheoretischen Wendung der theonomen Personlehre liegt aber auch die Wurzel, das „dialektische Moment"[64] für Schelers spätere Anthropomorphisierung Gottes. Wenn der Mensch als Person Spiegelbild der göttlichen Ur-Person ist und so in der Sammlung zu sich selbst den Akt der Gottheit mitvollzieht, dann hindert nach Wegfall der Korrekturen aus der christlichen Offenbarung nichts mehr, alle am menschlichen Aktvollzug entdeckten Züge auf Gott zu übertragen. War die menschliche Person in der christlichen Periode Schelers auf Grund der Offenbarung Gottes Ebenbild und damit Geist, so ist sie in der Spätphase auf Grund der Erfahrung und von Einflüssen der Lehre FREUDS ebensosehr auch Drang; der göttliche Weltgrund aber muß dann beides, Geist und Drang, in ewiger Urspannung in sich vereinen. Geblieben ist in dieser späten Zeit die enge Bindung der menschlichen Person an die Person Gottes, eine Lehre, die aus christlichen Quellen stammt, letztlich nur auf dem Hintergrund der gnadenhaften Erhöhung des Menschen verständlich und richtig ist, gerade aber in dieser Verwurzelung für den Aufbau einer philosophischen Anthropologie nicht in Frage kommt, weil die Bereicherung des Menschen mit der ungeschaffenen Gnade nicht notwendig in den Raum menschlicher Selbsterfahrung fällt. Die Übernahme der engen Abhängigkeit Mensch –

---

[62] „Probleme d. Religion": GW V, 190.
[63] Vgl. „Vom Sinn d. Leides": GW VI, 41.
[64] Vgl. J. Grooten, L'augustinisme de M. Max Scheler; in: Augustinus Magister II, 1120.

Gott mußte aber nach Vernachlässigung ihrer theologischen Wurzeln und Korrekturen dazu führen, daß Scheler in seiner Spätphase das Verhältnis auch für umkehrbar ansah, zumal er bereits früher die den Abstand Gott – Mensch nach beiden Seiten hin wahrende Kausalmetaphysik zugunsten einer engeren, „symbolischen" Beziehung ablehnt.[65]

Es dürfte hinreichend klar geworden sein, daß der Mensch als Person bei Scheler nicht primär der im geistigen Aktvollzug zu sich selbst Kommende ist, sondern das abhängige Spiegelbild Gottes, der allein im Vollsinn Person heißen darf. „Die ‚Person' ist also selbst natürliche Offenbarung Gottes und die höchste natürliche Offenbarung."[66] Entgegen der Ansicht von DUPUY[67] halten wir dafür, daß der Grundzug dieses Verhältnisses, die aus theologischen Wurzeln stammende heteronome Bestimmung der menschlichen Person, auch im Spätwerk Schelers erhalten bleibt. Ohne diese letzte Triebfeder wird Schelers Personlehre uneinheitlich und zusammenhanglos.[68]

---

[65] Sehr aufschlußreich für die spätere unzulässige Ausweitung des Abbild-Verhältnisses Gott – Welt nach Wegfall der Glaubensvoraussetzungen ist eine kausalmetaphysikfeindliche Stelle aus dem „christlichsten" Werk Schelers:
„Nachdem wir bereits das Glaubenswissen besitzen, es *sei* Gott, es *sei* die Welt, und sie sei ihrem Soseinsgehalt nach eine Offenbarung Gottes und sie sei ihrer Realität nach sein Geschöpf, geht nun der Weg der weiteren attributiven Bestimmung Gottes von dem Wesens*gehalt* der Welt auf diese Attribute. . . . Nicht das ‚Daß' der Kausalität Gottes im Verhältnis zur Welt und nicht das ‚Daß' seines Offenbarwerdens, sondern nur das wird auf diese Weise gefunden, was Gott sein müsse, damit derjenige Gehalt seiner natürlichen Offenbarung und seines Allwirkens möglich sei, der sich an der Welt enthüllt. Nicht weil Gott die Ursache der Welt ist . . ., ist es notwendig, die Wesenheiten der Welt auf Gott (in absoluter und unendlicher Form) zu übertragen. Denn dieser vermeintliche Kausalsatz ist an sich durchaus nicht sicher . . . . Darum vielmehr, weil Gott in der Welt und ihrem Wesensaufbau *offenbar* wird, weil er sich symbolisch in ihr spiegelt, weil ihre Wesenseinheiten ‚Spuren' und Bedeutungen, d.i. Hindeutungen auf sein Wesen enthalten, ist die Übertragung notwendig. . . . Es ist also die *symbolische* Beziehung, nicht die kausale Beziehung zwischen Gott und Welt, die zu dieser Übertragung führt." („Probleme d. Religion": GW V, 172.)
Beides, die symbolische Beziehung unter theologischen wie die kausale Beziehung unter philosophischen Voraussetzungen, könnte die panentheistische Anthropomorphisierung Gottes sicher verhindern. Der Gefahr aber, die in einer aus vernachlässigten theologischen Quellen auf rein philosophische Ebene transponierten symbolischen Abbild-Beziehung Gott – Welt – Mensch liegt, war Scheler nicht gewachsen.
[66] „Probleme d. Religion": GW V, 190, Anm. 1.
[67] Vgl. La philosophie de Max Scheler, T. I, 362.
[68] Selbstverständlich finden sich ganz ähnliche Gedankengänge im Deutschen Idealismus, der ja ebenso aus den Quellen der christlichen Theologie schöpfte. Gegen den Versuch Haskamps, Scheler immer wieder auf materiale Aussagen des Idealismus (vor allem Fichtes) festzulegen und als letzten Hintergrund seiner Personlehre „Wesensidealismus und Wesenspantheismus" zu sehen *(Spekulativer u. phänomenologischer Personalismus* 176), möchten wir das ursprüngliche und eigenständige Ansetzen

2. Der Aktcharakter der menschlichen Person

Wir sahen bereits, wie Scheler den absoluten Vorrang der Personwerte vor den gegenständlichen Sachwerten betont. Die Gegensätzlichkeit von personalem Akt und Gegenstand durchzieht Schelers Personlehre. ,,Niemals aber ist ein Akt auch ein Gegenstand; denn es gehört zum Wesen des Seins von Akten, nur im Vollzug selbst erlebt und in Reflexion gegeben zu sein." Dieser für Schelers Personaktualismus bedeutsame Satz klingt sehr philosophisch und könnte, als phänomenologische Wesensevidenz ausgegeben, für die Basis der aktualistischen Personlehre angesehen werden. Scheler selbst weist jedoch darauf hin, daß der Begriff der Person nicht zu gewinnen ist ,,von den Zusammenhängen, die ZWISCHEN AKT UND GEGENSTAND, Aktformen, -richtungen und -arten und den zugehörigen Gegenstandsbereichen bestehen . . ." Bestimmend für das Auftauchen des Personproblems ist vielmehr die Frage nach dem ,,einheitlichen Vollzieher" von wesenhaft verschiedenen Aktarten.[69] Auch diese Problemstellung mutet sehr philosophisch an; J. MALIK meint in diesem Zusammenhang: ,,Ausgangspunkt für die Gewinnung des Personbegriffs ist bei Scheler . . . . wie schon bei Husserl für die Bestimmung des Ichbegriffs die metaphysische Einsicht, daß die Einheit der Erlebnisse nur bei Annahme eines einheitlichen Bewußtseinszentrums gewährleistet ist."[70] MALIK übersieht, daß es Scheler ausdrücklich nicht um das Einheitssubstrat aller empirischen Akte oder Erlebnisse, sondern um eine letzte, transphänomenale Einheitsform aller Aktwesen geht.[71] Diese Frage-

---

Schelers an theologischen Daten betonen. Dies zeigt sich an einem sehr wesentlichen Unterschied in der für Idealismus und für Scheler charakteristischen Heteronomie der Person: Die idealistische Logonomie der Person ist bei Scheler Theonomie; d.h. wird in konsequenter Weiterentwicklung des kantischen Personbegriffs ,,schon bei J. G. Fichte und noch mehr bei Hegel . . . die Person schließlich nur die gleichgültige Durchgangsstelle für eine unpersönliche Vernunfttätigkeit" *(Der Formalismus* . . .: GW II, 372), so ist bei Scheler, wenigstens in seiner mittleren, mehr ausdrücklich am Christentum orientierten Phase, die menschliche Person abhängig vom persönlichen Gott des liebenden Heilshandelns.

[69] *Der Formalismus* . . .: GW II, 374, 379f.

[70] ,,Wesen u. Bedeutung d. Liebe im Personalismus Max Schelers"; in: *Phil. Jahrbuch* 71 (1963 64), 106.

[71] ,,Haben wir nämlich alle *Aktarten, Aktformen, Aktrichtungen,* unter strengster Absehung von den realen Trägern dieser Akte und ihrer Natur*organisation,* gesondert, ihre Wesenheiten und ihre Fundierungsgesetze aufgewiesen, so entsteht als eine letzte Frage, was es denn sei, was . . . diese *verschiedenen* Aktwesen selbst –

stellung aber ist nicht zu verstehen ohne den Rückgriff auf jenen Ort der Einheit, wo der Akt-Gegenstand-Gegensatz endgültig zugunsten einer reinen, alles fundierenden Aktualität überwunden ist.

Jenes absolut ungegenständliche Zentrum der reinen Aktualität ist nun für Scheler das göttliche Urwesen. Seine nähere Beschreibung wird nicht nur die letzte Wurzel der Akt-Gegenstand-Polarität deutlich machen, sondern auch den Grund für die schon aufgewiesene Bedeutung der Liebe in der Philosophie Schelers freilegen. Das umwälzend Neue des christlichen Gottesbildes gegenüber dem griechischen Gottesbegriff liegt nach Scheler darin, daß in der christlichen Epoche dem göttlichen Urwesen sowohl ein neuer Gehalt wie auch eine neue Seinsweise zugeschrieben wird. Der neue Gehalt ist die Liebe, die, wie wir schon sahen, vor allem Erkennen den absoluten Primat hat; die neue Seinsweise ist das Aktussein, welches in Gott jedes Gegenstandsein und jede Vergegenständlichung (durch Erkenntnis) ausschließt. Der enge Zusammenhang zwischen Liebe und Akt, der für Schelers Personaktualismus bestimmend ist, wurzelt somit im johanneisch verstandenen Wesen Gottes als unendlich strömender Alliebe.[72] Die Natur des göttlichen Liebesaktes erscheint vor allem in der göttlichen Liebestat der Inkarnation Christi. Hier handelt es sich also nicht mehr um Sätze einer philosophischen Gotteslehre – das christliche Gottesbild wird der griechischen Gottesvorstellung ausdrücklich gegenübergestellt –, sondern um zentrale Inhalte der christlichen Offenbarung und Theologie. Erst die Beschreibung dieses göttlichen Liebens macht die Wesenszüge des Personbegriffs Schelers verständlich. Der Akt der göttlichen Liebe ist zunächst unendlich.[73] Er ist ferner der alles fundierende göttliche Urakt, Gottes „WESEN selbst wird Liebe und Dienen und daraus folgend erst Schaffen, Wollen, Wirken." Die göttliche Liebe läßt jeden Bezug auf das Gegenständliche dadurch hinter sich, daß sie als unendlich vollkommener Akt keine messende Norm mehr über sich duldet; sie – und sie als göttliche völlig zu Recht – ist ungegenständlich.

nicht etwa die faktisch vollzogenen Akte eines bestimmten realen Individuums ... – zur *Einheit* zusammenbinde." *(Der Formalismus ...:* GW II, 380).
[72] Vgl. *Vom Wesen d. Philosophie:* GW V, 71f.
[73] Vgl. a.a.O. 71, 72.

Seit Christi Menschwerdung gibt es „keine Idee eines ‚höchsten Gutes' mehr, die einen Inhalt hätte jenseits und unabhängig vom AKTE der Liebe SELBST und ihrer Bewegung! Von allen guten Dingen ist das beste die Liebe selbst! Nicht ein Sachwert, sondern ein Aktwert, der Wert der Liebe selbst als Liebe – nicht als das, was sie wirkt und leistet, sondern so, daß alle Leistungen nur als Symbole und Erkenntnisgründe ihres SEINS IN DER PERSON gelten – ist nun das ‚summum bonum'." Hier liegt die Wurzel für das Axiom vom Vorrang der Personwerte vor den Sachwerten. Seine Begründung ist nicht anthropologisch, sondern theologisch im Sinne einer Übertragung des göttlichen actus purus auf die menschliche Person. Die göttliche Liebe ist ferner ein **strebefreier**, frei aus der Fülle herabsteigender „unsinnlicher Akt des GEISTES." [74] Schließlich wird der so bestimmte Akt des Liebens als sich verströmendes Tun für Gott **personkonstitutiv**: „Und so wird Gott von selbst zur ‚Person' ... – als Folge seiner Liebestat"; Gott ist geradezu definierbar als „alliebende und im Actus dieser Liebe allherrliche und absolut souveräne Person." [75] Die enge Bindung von Liebe und Akt als eigentliche Kennzeichen des Personalen leitet sich bei Scheler eindeutig aus theologischen Quellen ab: aus der Natur des in Christus als Heilshandeln offenbar werdenden personalen Wesens Gottes: „Christus ‚hat' nicht die Wahrheit, er ‚ist' sie, und zwar in seiner vollen Konkretheit ... Und wie die PERSON Christi – nicht aber eine ‚Idee', an der diese Person erst zu messen wäre – der erste religiöse Liebesgegenstand ist, so ist auch der Ausgangspunkt der Liebesemotion eine ontisch reale Person: die Person Gottes." [76]

Die Natur des göttlichen Liebesakts als ungegenständliches Strömen, womit die Personhaftigkeit Gottes gegeben ist, bedingt nun auch die Art der menschlichen Annäherung an Gott. Jede vergegenständlichende, absetzende und aufsteigende, damit aber auch alle panentheistische Grenzverwischung zwischen Gott und Mensch vermeidende Erkenntnis ist zum Scheitern verurteilt, weil die Art der Teilnahme des Menschen am Urwesen sich nach dessen Gehalt richtet, der Gehalt Gottes aber nicht Erkennen,

---

[74] Vgl. zu den letzten Bestimmungen: „Das Ressentiment im Aufbau d. Moralen": GW III, 73.
[75] „Das Ressentiment im Aufbau d. Moralen": GW III, 73; „Absolutsphäre u. Realsetzung d. Gottesidee": GW X, 187.
[76] „Liebe u. Erkenntnis": GW VI, 89.

sondern eben Liebe ist. Darüber hinaus könnte Gott als Person schweigen, sich selbst verschweigen – hier scheint Scheler das enge Band zwischen Liebe und Personalität für einen Augenblick zu lockern, jedoch nur, um es alsbald umso fester zu knüpfen. Denn die Möglichkeit eines sich nach Dasein und Wesen verbergenden Gottes ist schon ihrer Idee nach ein Widersinn. Gerade weil Gott höchste aktuale Liebe ist, muß er sich erschließen, sich ,,offenbaren.'' ,,Nur weil LIEBE ALS HÖCHSTER Aktwert ebenso wesensnotwendig zur Idee Gottes gehört als die Personalität; ja weil Liebe es ist, die ... in Gott ... Schöpfung und Weisheit gleichzeitig fundiert, enthüllt sich uns die Idee eines sich selbst verbergenden ... Gottes als ... Idee eines furchtbaren Gespenstes, das Dasein nicht haben KANN, da Widersinniges auch nicht da sein kann.'' [77] Dieser Struktur auf seiten Gottes entspricht beim um Gotteserkenntnis bemühten Menschen die Notwendigkeit der Liebe; mit ihr ,,ist das letzte heimlichste Triebrad gesetzt, das alle gedankenmäßige Gotteserkenntnis als Person allererst in Bewegung setzt.'' [78] Von hier aus wird sich die Liebe als einziges Erkenntnismedium im Bereich des Personalen überhaupt etablieren. Es ist jedoch nicht die Liebe als selbständige Grundkraft des Menschen, sondern ein ,,Hineinstellen des persönlichen Aktzentrums des Menschen ... in jenes wesenhafte Ursein als eines endlichen Liebesaktus ...'' [79] Gott ist dabei, streng genommen, gar nicht erkennbar, nur vollziehbar, mitvollziehbar. Der Mensch aber als Mitvollzieher Gottes verliert immer mehr seine Potentialität und seine Eigenständigkeit; der Weg vom Menschen, der anfänglich noch ,,im Unterschiede zum actus purus immer auch AKTPOTENZZENTRUM'' ist, zur ,,tätigen Identifizierung'' des Menschen mit der Gottheit [80] beginnt dort, wo Scheler den Menschen zum Mitläufer des göttlichen All-Aktes macht.

Wir nähern uns damit dem aktualistischen Personbegriff Schelers, der nur auf dem Hintergrund des göttlichen Liebesaktes zu verstehen ist. Zuvor aber muß noch der Angelpunkt der Übertragung von der göttlichen Aktualität auf die aktuale Einheits-

---

[77] ,,Probleme d. Religion'': GW V, 333.
[78] A.a.O. 333.
[79] ,,Vom Wesen d. Philosophie'': GW V, 72.
[80] Vgl. ,,Probleme d. Religion'': GW V, 191 u. *Die Stellung d. Menschen im Kosmos* 93.

form der Person aufgezeigt werden. Er liegt in der eben erwähnten erkenntnistheoretischen Bedeutung der Liebe. Hatte Scheler vom Wesen Gottes, das Liebe und Akt ist, Gottes Unerkennbarkeit und die Notwendigkeit aktualen Mitvollziehens abgeleitet, so führt der umgekehrte Weg von der behaupteten Unerkennbarkeit der Person außer im liebenden Akt-Mitvollzug zu deren Wesensbestimmung als Akteinheit. Daß die Person als solche nur in der Liebe zu erkennen ist, wird von Scheler als ziemlich selbstverständlich vorausgesetzt. Der einzige Rekurs auf die Erfahrung ist hier negativ: Auch die menschliche Person kann trotz ihrer Bindung an den Leib über ihr Wesen schweigen, es verbergen, ,,ohne daß damit ein automatisch sich einstellender Ausdruck und dessen Erscheinung am Leibe notwendig verknüpft zu sein braucht."[81] Wie viel allerdings gerade die absichtlich sich verschweigende und verstellende Person im unwillkürlichen Ausdruck preisgeben muß, wird der Kenner menschlicher Mimik und Motorik, aber auch jeder erfahrene ,,Menschenkenner" bestätigen können. Wichtiger erscheint uns in diesem Zusammenhang ein biblisch fundierter, beiläufiger Hinweis auf die Notwendigkeit der Liebe zur Erfassung der Heilsperson Christi: ,,Nicht ,alle' sahen ihn, als er auferstehend mit Magdalena sprach. Magdalenas Liebe sah ihn zuerst. Einige aber sahen ihn nicht, da ,Gott ihnen die Augen verhüllt hatte.' Nur den Liebenden waren die Augen aufgeschlossen – in dem Maße als sie liebten."[82] Auch hier ist die Interpretation Schelers anfechtbar; aber sie zeigt doch nochmals den theologischen Hintergrund der selektiven Liebe als Mittel zur Erfassung der Person. Jedenfalls gilt nach Scheler unumstößlich ,,für die individuelle Person, daß sie uns überhaupt nur durch und im Akte der Liebe, d.h. also auch ihr Wert als Individuum nur in diesem Aktverlauf zur Gegebenheit kommt."[83] Dies führt zur Einsicht der Ungegenständlichkeit der Person, wonach ,,(geistige) Person qua Person überhaupt nicht objizierbares Sein ist",[84] und so zur Kennzeichnung der Person als Akt. Daneben findet sich freilich auch der umgekehrte Gedankengang, der, wie im Falle Gottes, aus dem angenommenen Aktwesen

---

[81] *Wesen u. Formen d. Sympathie* 259.
[82] ,,Liebe u. Erkenntnis": GW VI, 89.
[83] *Wesen u. Formen d. Sympathie* 192.
[84] A.a.O. 258.

der Person deren Erkennbarkeit nur durch liebenden Mitvollzug deduziert.[85] Beide Wege zeigen indes – worauf es hier allein ankommt –, wie sehr Scheler die menschliche Person als Verlängerung des göttlichen Aktes auffaßt.

Dies wird noch deutlicher, wenn wir uns den eigentlichen Aussagen über den Aktcharakter der menschlichen Person zuwenden. Wie sehr es sich dabei um ein zentrales Stück von Schelers Personlehre handelt, erhellt daraus, daß sich die aktualistische Kennzeichnung der Person unverändert und deutlich bis ins Spätwerk durchhält.[86] Schelers ständige Betonung der Tatsache, daß die Person nur im Vollzug ihrer Akte existiert, darf nicht dazu verleiten, seinen Aktualismus empiristisch mißzuverstehen. Person als Akt ist alles andere als „ein leerer ‚Ausgangspunkt' von Akten", ein „Aktmosaik" oder „nur ein Kollektivum ihrer einzelnen Akte."[87] Sie ist vielmehr wie der ihr zum Vorbild dienende, alle anderen Akte in Gott fundierende göttliche Liebesakt konkrete Formeinheit aller möglichen und faktischen Aktwesen. Person ist in diesem Sinn der undifferenzierte und undifferenzierbare Urakt, der allen Aktdifferenzierungen vorausliegt. Daher ist es völlig gleichgültig, ob viele oder wenige Akte vollzogen werden, weil die Person ganz in jedem Akt steckt, während sie doch anderseits niemals in ihren Akten aufgehen kann, „so daß ihr wesenhaft eine unendliche Reihe von Akten zugehört."[88] Diese Kennzeichnung der Person erinnert stark an die unendliche und einheitliche Vollkommenheit des göttlichen actus purus, der in absoluter Einfachheit dennoch dem diskursiven menschlichen Verstand einen Anhaltspunkt für die Annahme verschie-

---

[85] Vgl. *Wesen u. Formen d. Sympathie* 193: „Niemals aber können wir so [gegenständlich] ihren [der Person] rein sittlichen Wert erfassen, da dieser ja selbst ursprünglich nur getragen ist vom Akte ihrer Liebe: dieser allerletzte sittliche Personwert ist uns daher nur im Mitvollzug ihres eigenen Liebesaktes gegeben."

[86] Dies möge ein Überblick über die (auffällig vielen) Persondefinitionen veranschaulichen:
Person ist: „Die konkrete Einheit aller nur möglichen Akte ... Sie existiert nur im Vollzug ihrer Akte", „die konkrete, selbst wesenhafte Seinseinheit von Akten verschiedenartigen Wesens" *(Der Formalismus ...: GW II, 50, 51, 382)*; „zeit- und raumfreie Aufbauordnung von Akten" *(Wesen u. Formen d. Sympathie 258)*; „das Aktzentrum, in dem Geist innerhalb endlicher Seinssphären erscheint", „ein stetig selbst sich vollziehendes ... Ordnungsgefüge von Akten" *(Die Stellung d. Menschen im Kosmos 38, 48)*; „ein monarchisch angeordnetes Gefüge von geistigen Akten" *(Phil. Weltanschauung 14)*.

[87] *Der Formalismus ...: GW II, 383, 384, Anm. 1*; „Tod u. Fortleben": GW X, 58.
[88] „Tod u. Fortleben": GW X, 58.

dener Eigenschaften bietet.⁸⁹ In diesem Sinn ist die Person ebenso wie das Wesen Gottes streng ungegenständlich, eben weil sie Akt ist. Scheler wendet sich gegen jeden Personsubstanzialismus, letztlich darum, weil sonst die Person unter die Gegenstände dieser Welt eingereiht würde, während sie doch streng aktuale, unverfügbare „Einheitsform" ist. „ZUM WESEN DER PERSON GEHÖRT, daß sie nur existiert und lebt IM VOLLZUG INTENTIONALER AKTE. Sie ist also wesenhaft kein ‚Gegenstand'. Umgekehrt macht jede gegenständliche Einstellung ... das Sein der Person sofort transzendent." ⁹⁰ Scheler möchte in steter Ablehnung des kantischen Gegenstandsbegriffs die Person ein für allemal jedem innerweltlichen Zugriff entziehen und sie in die Nähe göttlicher Intangibilität rücken. Gerade im Zusammenhang mit der Ungegenständlichkeit der Person fehlt auch im Spätwerk nicht der Hinweis auf den göttlichen Weltgrund. Die Person „ist KEINE substantielle Einheit, so sie auf den Weltgrund bezogen wird – also auch kein ‚Geschöpf' ", sondern „einmalige individuelle Selbstkonzentration des EINEN und selben unendlichen GEISTES."⁹¹ Bereits der katholische Scheler hatte den selbstschöpferischen Charakter der Person betont. „Ihr Sein ist ein immer neues Sichselbsthervorbringen. In ihr ist mithin SEIN, LEBEN UND WERK eines und dasselbe." ⁹² Diese schöpferische Freiheit des Personaktes erstreckt sich auf Seele und Natur, Leib und Umwelt, kurz „auf Welt überhaupt"; einzig gegenüber Gott und seiner Selbstmitteilung ist die Person „reines Rezeptionszentrum" und „ohne jede Freiheit und Spontaneität", was unter der Voraussetzung der Existenz Gottes „den Eintritt der Gnade notwendig macht (darum nicht auch verdient)."⁹³

Dieser positiven, ganz am göttlichen actus purus orientierten Charakterisierung der Person – wir müssen sie nach Scheler „als einen fließenden dynamischen Übergang zwischen zwei Seins-

---

⁸⁹ Vgl. die „Wesensdefinition" der Person: „*Person ist die konkrete, selbst wesenhafte Seinseinheit von Akten verschiedenartigen Wesens*, die an sich (nicht also πρὸς ἡμᾶς) allen wesenhaften Aktdifferenzen (insbesondere auch der Differenz äußerer und innerer Wahrnehmung, äußeren und inneren Wollens, äußeren und inneren Fühlens und Liebens, Hassens usw.) vorhergeht. *Das Sein der Person ‚fundiert' alle wesenhaft verschiedenen Akte.*" (*Der Formalismus ...*: GW II, 382f.)
⁹⁰ *Der Formalismus ...*: GW II, 389f.
⁹¹ *Phil. Weltanschauung* 126, Anm. 19 u. 14.
⁹² „Vorbilder u. Führer": GW X, 282.
⁹³ Vgl. „Absolutsphäre u. Realsetzung d. Gottesidee": GW X, 236.

kreisen ansehen: Gott und Welt"⁹⁴ – entspricht auf der anderen Seite eine radikale Entweltlichung der personalen Einheitsform. Die Person ist als reiner Akt jeder echten Veränderung in Raum und Zeit enthoben. Scheler betont vor allem die Zeitlosigkeit der Person. Nicht als ob die Person in keiner Beziehung zur Zeit stünde; aber sie ist ihr nicht unterworfen. Die Beschreibung erinnert hier stark an die theologische Konzeption des Wirkens Gottes nach außen, das zwar wirklich Neues hervorbringt, ohne jedoch in Gott selbst die geringste Veränderung zu bedingen. Ähnlich ändert sich auch die Person nur gleichsam am anderen ihrer selbst und behält so gerade ihre Identität, ohne daß ein den Akten zugrundeliegendes substanziales Sein postuliert werden müßte. ,,Die Identität liegt hier allein in der qualitativen Richtung dieses puren Anderswerdens selbst ... Die Person lebt wohl in die Zeit hinein; nicht aber lebt sie innerhalb der phänomenalen Zeit ... oder gar in der objektiven Zeit der Physik ..."⁹⁵ Dies alles kommt der Person (konsequent) auf Grund ihres reinen Aktseins zu, sie ist ,,zeit- und raumfreie Aufbauordnung von Akten", Personen sind gerade ,,als pure Aktzentren über Raum und Zeit erhaben."⁹⁶ Die Person ist schließlich mit Welt überhaupt inkommensurabel, schon gar nicht unter ,,Welt" zu subsumieren. Denn Welt ist ja nichts anderes als die gegenständliche Einheitsform aller Gegenstandsbereiche. Darum kann die ungegenständliche Person niemals unter Welt fallen. Welt als Welteinheit ist vielmehr das ,,Korrelat" der Ureinheitsform der Person. Trägt also die Welt ihre Einheit gleichsam zu Lehen von der Einheit der Person, so wurzelt doch beider Einheit (die der Welt über die Einheit der Person) im personalen göttlichen Weltgrund, was gerade der späte Scheler nochmals betont.⁹⁷

Sucht man nach einer phänomenalen Deckung für Schelers

⁹⁴ A.a.O. 236.
⁹⁵ *Der Formalismus* ...: GW II, 385.
⁹⁶ *Wesen u. Formen d. Sympathie* 258, 76.
⁹⁷ ,,Die Person ist ein monarchisch angeordnetes Gefüge von geistigen Akten, das je eine einmalige individuelle Selbstkonzentration des *einen* und selben unendlichen *Geistes* darstellt, in dem auch die Wesensstruktur der *objektiven* Welt wurzelt." (*Phil. Weltanschauung* 14.)
Diese bedeutsame Stelle ist trotz Schelers Hinweis auf seine im Spätwerk geänderten Ansichten hinsichtlich Theismus (Vorwort zur 3. Auflage des ,,Formalismus": GW II, 17, vgl. unten 18, Anm. 48) im Grunde nichts anderes als eine geraffte Zusammenfassung des im ,,Formalismus" (GW II, 380f., 392–396) aufgezeigten Zusammenhangs von Welt – Person – Gott.

Personaktualismus, dann läßt sich am ehesten noch das Phänomen der Sammlung heranziehen, das gleichfalls bis in die Spätschriften erwähnt wird. Vor allem die Person in ihrer Grundbestimmung als aktuale Einheitsform soll im Zustand der Sammlung erlebbar werden. Es scheint der eine, strömende, alles fundierende Akt zu sein, der uns hier gegenwärtig wird. „Hier ist es, als sei unser ganzes seelisches Leben ... in EINS zusammengefaßt und als EINES wirksam; ... Wir ‚überschauen' unser GANZES Ich in all seiner Mannigfaltigkeit oder erleben es als Ganzes eingehen in EINEN Akt, eine Handlung, eine Tat, ein Werk."[98] Aber auch die Weltüberlegenheit in der speziellen Form der Leibüberhobenheit wird in der aktiven Sammlung der Person zu sich selbst erfahren. „Die eigene Leiblichkeit ist dabei gegeben als ein Etwas, das jener konzentrierten Totalität ‚gehört' und worüber sie ‚MACHT' und Herrschaft ausüben kann. Sie ist gleichzeitig gegeben als ‚nur gegenwärtig' und als ein Momentsein, das in eine als ‚dauernd' gegebene Existenz als Teilmoment eingeschlossen ist."[99] Beides aber, das Erlebnis der einheitlichen Persontiefe und das Erlebnis der Weltlosigkeit, führt nach Scheler ohne weiteres zum „mystischen" Kontakt mit Gott und zur Erfahrung dessen, was den gesamten Personaktualismus trägt: zur Erfahrung der Verankerung der Person in Gott. „Der Kern unserer Meinung ist also, daß, wenn ... die Person überhaupt in sich selbst im Fortgang der Sammlung ihre eigene Substanz gewinnt, sich also nicht mehr von der Vitalseele bewegen läßt und bewegt weiß – sie in einem UNTEILBAREN UND UNZERREISSBAREN EINHEITSERLEBNIS im selben Augenblicke und notwendig auch in GOTT ihre Substanz und Gott in ihr selbst spürbare Realität und Aktion als Person gewinne – und NOTWENDIG gewinne."[100] Weit entfernt also von einer selbständigen Begründung des Personaktualismus dient das Phänomen der Sammlung letztlich dazu, die theologische Basis der Personlehre in den Bereich der Erfahrung zu rücken. Gerade davon erhält sich, wenn auch unter den üblichen Abschwächungen, eine deutliche Spur bis ins Spätwerk, wenn es heißt, der Geist als „ATTRI-

---

[98] *Der Formalismus ...*: GW II, 417.
[99] A.a.O. 417.
[100] *Vom Ewigen im Menschen*, Vorrede zur 2. Aufl.: GW V, 23.

BUT des Seienden selbst" werde „IN der Konzentrationseinheit der sich zu sich ‚sammelnden' Person" manifest.[101]

Die Rückführung dieses Personaktualismus auf idealistisches Gedankengut, wie sie HASKAMP versucht, scheint uns die letzten Quellen der Personlehre Schelers nicht aufzudecken. Man darf nämlich nicht bei der Kennzeichnung der Person als Mitvollzug des göttlichen Aktes stehenbleiben, sondern muß das dahinter stehende Theologoumenon freilegen. Dieses aber ist für Scheler im Anschluß an die johanneische Theologie das Ausgehen von der das Wesen Gottes ausmachenden und im Erlösungswerk Christi erscheinenden göttlichen Liebe. Sie wird unter Zuhilfenahme der Actus-purus-Spekulation in der für Scheler typischen Art der Phänomenologisierung eines theologischen Datums zum reinen Aktvollzug formalisiert. Dieser formale Grundzug wird dann von Gott auf die menschliche Person übertragen, deren Wesen es ist, strömendes Aktzentrum zu sein. Die Liebe als vornehmster Akt der Person und einziger Weg zur Personerfassung bleibt dabei in ihrer inhaltlichen Bedeutung erhalten. Diese Herkunft des Schelerschen Personbegriffs bringt es mit sich, daß sehr bald nicht mehr vom Menschen in seiner leibseelischen Konkretion gesprochen wird, sondern vorwiegend von der Person und ihrem aller welthaften Substanzialität entrückten Geheimnis.[102]

3. Die psychophysische Indifferenz als Ausdruck der Ich- und Leiblosigkeit der Person

Schelers Entdeckung von der psychophysischen Indifferenz gehört zu jenen Inhalten seiner Anthropologie, die aus der neuzeitlichen philosophischen Menschdeutung nicht mehr wegzudenken sind. Das bleibende Verdienst dieser Errungenschaft, die

---

[101] *Die Stellung d. Menschen im Kosmos* 57.
[102] Wenn Haskamp meint, Scheler nähere sich bisweilen „der scholastischen Substanzauffassung, die den Akt vom Träger in der Person unterscheidet" *(Spekulativer u. phänomenologischer Personalismus* 178), so können wir ihm darin nicht folgen. Die zitierte Stelle aus dem Sympathie-Buch kommt gegen Schelers stete Polemik gegen allen Personsubstanzialismus und gegen den Sinn von „Substanz" im selben Werk nicht auf. „Substanz" bedeutet dort die daseinsmäßige Geschlossenheit der Person (ihrem Wesen nach bleibt sie Spiegelung Gottes) sowie die aktuale Einheitsform im Sinne von „Einheitssubstanz" bzw. „‚Akt-substanz' " (vgl. *Wesen u. Formen d. Sympathie* 76, 192f., 158).

von H. PLESSNER aufgegriffen und in ihrer Anwendung auf das menschliche Verhalten verdeutlicht wurde,[103] besteht darin, daß sie die Schicht des lebendigen Leibes gegen alle kartesianisierenden Versuche einer Leib-Seele-Spaltung als das der Erfahrung zugängliche, vor aller Leib-Seele-Aspektdivergenz liegende ganzmenschliche Einheitsphänomen freilegt. Wenn Scheler hier das Verdienst des Initiators und Entdeckers zukommt, dann gilt dies von seiner psychophysischen Indifferenz des Leibes. Diese Lehre setzt wirklich am Phänomen und seiner ursprünglichen Erfahrung an. Danach ist die Erfahrungswirklichkeit des lebendigen, ausdrucksmächtigen Leibes „keine assoziative Zuordnung innerer und äußerer sog. Empfindungen ..., sondern eine psychophysisch indifferente phänomenale Gegebenheit, ohne die der Begriff der Empfindung eine Absurdität ist."[104]

Nun findet sich aber bei Scheler neben dieser auf Einheitserfahrung beruhenden und darum für die Anthropologie fruchtbaren Auffassung noch eine andere Sicht der psychophysischen Indifferenz. Sie betont die Erfahrungsentzogenheit gewisser Grundkategorien im Sinne der schon bekannten Wesensschau. Auch diese Anwendung der psychophysischen Indifferenz zunächst auf das Urphänomen des Lebens setzt bei der kartesianischen Fehldeutung des Lebens als psycho-physischer Maschinerie an. Aber die ursprüngliche Einheit des Lebens wird hier nicht mehr in einer der Spaltung in innere und äußere Wahrnehmung vorausliegenden Einheitserfahrung erfaßt, sondern ist zum apriorischen Datum des Lebens geworden, das nunmehr als ein erfahrungstranszendentes „Urphänomen", als „Wesenheit", als „Idee des Lebens" angesehen wird, „die in keiner Weise auf induktiver Erfahrung beruht und die ... ,das' Lebendige als noch völlig PSYCHOPHYSISCH INDIFFERENT erfaßt."[105] Hatte die ursprüngliche Erfahrung der Einheitsschicht des lebendigen Leibes diesen selbst als echte, innerweltliche Wirklichkeit in das

---

[103] Vgl. dazu H. Plessner, „Die Deutung d. mimischen Ausdrucks"; in: *Zwischen Philosophie u. Gesellschaft;* Bern 1953, 137–147; ferner F. Hammer, *Die exzentrische Position d. Menschen;* Bonn 1967, 103–110.
[104] „Tod u. Fortleben": GW X, 48f. Vgl. zur psychophysischen Indifferenz des Leibes bei Scheler B. Lorscheid, *Das Leibphänomen. Schelers Wesensontologie d. Leiblichen;* Bonn 1962, 26–35.
[105] Vgl. „Das Ressentiment im Aufbau d. Moralen": GW III, 135; *Der Formalismus ...:* GW II, 280; „Phänomenologie u. Erkenntnistheorie": GW X, 400; „Erkenntnis u. Arbeit": GW VIII, 335.

Blickfeld gerückt, so führt das Zurücktreten der an der kartesianischen Doppelgeleisigkeit orientierten erkenntnistheoretischen Problematik zu einer Hypostasierung der psychophysisch indifferenten Wesenheiten in einem weltjenseitigen Raum, dem eine „reine" Anschauung entspricht.

Deutlich zeigt sich diese Tendenz in der Bestimmung der psychophysischen Indifferenz der Person. Ausgangspunkt ist auch hier die Verschiedenheit von innerer und äußerer Wahrnehmung. Diese beiden Wahrnehmungsformen sind nur nachträgliche, „abstrakte" Ausformungen des einen, „konkreten", formlosen und „reinen" Urakts der Person. „Wie also IM WESEN der Person ‚selbst' der Gegensatz von innerer und äußerer Wahrnehmung verschwindet, d.h. das WESEN DER PERSON PSYCHOPHYSISCH INDIFFERENT IST – wie auch das Wesen des reinen Personaktes –, so ist auch das SEIN DER WELT ... PSYCHOPHYSISCH INDIFFERENT."[106] Eine so konzipierte Person ist natürlich weder in innerer noch in äußerer Wahrnehmung erkennbar, also in einem echten Sinn erfahrungsentzogen; nur im intuitiven Mit- und Nachvollzug ihrer Akte gelingt eine Annäherung an die Person und auch dann nur, wenn sie selbst es will. Davon war schon die Rede. Dem entspricht, daß die einzelnen, erfahrbaren Akte der Person oder ihre Inhalte keinerlei Aufschluß über das Wesen der Person und ihre je eigene Art zu lieben, zu hassen etc. geben; der Weg geht vielmehr gerade umgekehrt, nicht von den Akten zur Person, sondern vom im Aktmitvollzug erfaßten Personwesen zur eigentümlichen Struktur der Einzelakte.[107] Diese an der Personerkenntnis ansetzende Charakteristik führt zu einer Seinsbestimmung der Person, die bereits deutlich jeden Weltbezug der Person durchbricht und die psychophysische Indifferenz nicht mehr als einheitliche Ganzheitsform, sondern als Freisein von Leiblichkeit und Ichhaftigkeit sieht. Natürlich bleibt auch hier der erkenntnistheoretische Aspekt gewahrt und die Leib- und Ichlosigkeit der Person ist nur der seinsmäßige Niederschlag

---

[106] *Der Formalismus ...*: GW II, 381.

[107] „Keine Erkenntnis vom Wesen z.B. der Liebe oder des Urteils bringt uns der Erkenntnis, wie die Person A oder B liebt und urteilt, um eine Spur näher – und natürlich ebensowenig der Hinblick auf die Inhalte ..., die ihr in jenen Akten gegeben sind. Dagegen läßt der Blick auf die Person selbst und ihr Wesen sofort jedem Akte, den wir sie vollziehend wissen, ein Eigentümliches an Gehalt zuwachsen ..." (*Der Formalismus ...*: GW II, 385f.).

ihrer Ungegenständlichkeit und Unerkennbarkeit. Der Weg zur Person besteht dann vor allem Mitvollzug in der vergegenständlichenden Überwindung aller leib- und ichhaften Schranken, die in ihrer wesenhaften Relativität auf Welt das absolute Sein der Person verdecken. Person ist nicht „zufällige leibliche oder ichartige Begrenztheit einer ‚transzendentalen Vernunft' ", sondern „im ABSOLUTEN Sein gegründet, ja absolutes Sein ... darstellend", niemals „bloßer Bestandteil der empirischen Welt, oder einer Welt überhaupt"; daher hat man, „um zum Sein selbst zu kommen .... faktisch nur sein Ich, seine Leiblichkeit und vor allem seine Gattungsvorurteile, Rassenvorurteile und andere ‚Vorurteile' ... zu ‚überwinden ...', damit vor seiner reinen Personalität die ihr wesenhaft zugehörige absolute Welt aus dem nichtigen Gewebe bloßer ‚Weltbeziehungen' allmählich sich heraushebe."[108] Die strikte Weltentzogenheit der Person im Sinne einer allen innerweltlichen Seinsunterschieden überlegenen Indifferenz klingt nicht nur im traditionellen Sinn von „absolut" an, sondern erscheint auch deutlich dort, wo Scheler darlegt, was er unter „absolut" versteht.[109]

Die psychophysisch indifferente Person in ihrer Ich- und Leiblosigkeit ist nun jenes überweltliche Zentrum, von dem aus der Mensch alles, gerade auch Leib und Ich, vergegenständlichen kann. Hier aber geht Scheler einen entscheidenden Schritt weiter: Die weltlose Person ist nicht das Letzte und Unüberholbare, sondern gerade als weltentrückte nochmals geborgen in dem, was über aller Welt liegt. Wie sehr auch in ihrer psychophysischen Indifferenz die Person ein Abbild der göttlichen Ur-Person ist und nur in der seinsmäßigen Angleichung an sie Bestand hat, zeigt eine bezeichnende, die gesamte erkenntnistheoretische und ontologische Problematik der psychophysischen Indifferenz der Person zusammenfassende Stelle aus dem Spät-

---

[108] Vgl. *Der Formalismus* ...: GW II, 394.
[109] Vgl. dazu „Absolutsphäre u. Realsetzung d. Gottesidee": GW X, 251: „Unter *Absolutsphäre* (im objektiven Sinn) verstehe ich das schlechthin formlose, weder nach Akt und Gegenstand (resp. Widerstand), weder nach Wert und Dasein, weder nach Gegenstandsein und Widerstandsein, weder nach realem und idealem Sein, weder nach Sosein und Existenz, weder nach Natur und psychischem Sein [psychophysische Indifferenz!], ja weder nach Etwas und Nichtetwas (= Nichts) etc. *gesonderte* Sein überhaupt, jenes schlechthin indifferente Sein also, das zuerst Plotin als ‚*reines Sein*' herauszuarbeiten suchte." Auch hier erscheint als erkenntnistheoretische Folge die Unerkennbarkeit dieses Seins, „seine Nichtdenkbarkeit als das reine Sein."

werk: ,,Der Mensch allein – sofern er Person ist – vermag sich über sich – als Lebewesen – EMPORZUSCHWINGEN und von einem Zentrum gleichsam JENSEITS der raumzeitlichen Welt aus ALLES ... zum Gegenstande seiner Erkenntnis zu machen ... Das Zentrum aber, von dem aus der Mensch die Akte vollzieht, durch welche er seinen Leib und seine Psyche vergegenständlicht, ... – es kann nicht selbst ein ‚Teil' eben dieser Welt sein ...: es kann nur im OBERSTEN SEINSGRUNDE selbst gelegen sein."[110] Wenn LORSCHEID meint, hier werde nur ausgesagt, daß die Person ,,sich selbst der Vergegenständlichung entzieht", dann nur deshalb, weil er die Stelle nicht vollständig zitiert.[111] Die Ungegenständlichkeit der Person ist aber ohne ihren Bezug auf Gott nicht zu verstehen.

Die eben angeführte Stelle ist der deutliche Nachklang der theonomen Personlehre. Die philosophische Rede vom ,,obersten Seinsgrund" kann darüber nicht hinwegtäuschen. In der ,,katholischen" Phase hatte Scheler freilich viel deutlicher gesprochen. Gerade in der die psychophysische Indifferenz der Person eng berührenden Frage nach dem Verhältnis der menschlichen Person zu Leib und Seele zeigt sich klar, was wir schon sahen: Scheler mißt die menschliche Personalität an der göttlichen Ur-Person und erklärt sie nach diesem Maßstab für defizient – und dies ausdrücklich, weil sie im Gegensatz zur ,,leiblosen, unsichtbaren, vollkommenen, unendlichen und absolut freien Person" Gottes an Leib und Seele gebunden ist: ,,Freilich: der Mensch, da er nicht NUR geistige Person ist, sondern auch beseeltes Lebewesen, da er ferner nicht vollkommene Person ist, sondern nur unvollkommene Person, d.h. eine Person ist, deren Akte, ja deren stetiger Selbstvollzug ihres Daseins in Akten, an die Organe und Lebensvorgänge eines Leibes gebunden ist, vermag ... sein

---

[110] *Die Stellung d. Menschen im Kosmos* 47.
[111] *Das Leibphänomen* 112. – Vollends verfehlt ist Lorscheids Versuch, zwischen Scheler und Plessner Parallelen zu ziehen (a.a.O. 112, Anm. 43). Der Unterschied zwischen Schelers (letztlich theozentrischer) Denkform und Plessner den Menschen betont auf sich selbst stellender Anthropologie könnte größer gar nicht gedacht werden, auch und gerade an der von Lorscheid angeführten Stelle, die das Exzentrum des Menschen in seine Innerlichkeit und nicht in einen transzendenten Weltgrund verlegt. Ein Individuum personaler Struktur ist nach Plessner größtmögliche Selbsthabe: ,,Es ist das Subjekt seines Erlebens, seiner Wahrnehmungen und seiner Aktionen, seiner Initiative. Es weiß und es will. Seine Existenz ist wahrhaft auf Nichts gestellt." *(Die Stufen d. Organischen u. der Mensch* 293.)

bloßes DASEIN als Person NICHT zu verbergen."¹¹² Im Leibbesitz – nein, in der Leib- und Seelegebundenheit(!) besteht der Abfall der menschlichen Person vom göttlichen Vorbild, das, gleichsam die Urform psychophysischer Indifferenz, ausdrücklich als „leiblose und ichlose PERSON" definiert wird.¹¹³ Wieder zeigt sich, wie sehr die Problematik der psychophysischen Indifferenz der Person letztlich aus theologischen Quellen gespeist wird. Daß es sich dabei um echte Anleihen bei der christlichen Theologie und ihren uralten aszetischen Ratschlägen handelt, legen jene Stellen nahe, welche die psychophysische Indifferenz im Sinne einer Leib-Seele-Welt-Überwindung als notwendige Bedingung für die Erkenntnis Gottes als Geist dartun. Person erscheint dabei immer als göttlicher Funke, als über Leib und Seele frei schwebendes, weltjenseitiges „Ewiges im Menschen". So ist Bedingung für die Erfassung Gottes als Geist, „daß der Mensch ... seinen Kern – seine Ichstelle – selbst im Aktzentrum seiner GEISTIGEN Akte erlebe, nicht also primär in seinem Leibe, nicht in seinen wahrnehmbaren seelischen Zuständen ... Nur sofern der Mensch und im Maße, als er selbst im GEISTE und nicht im Bauche (wie der Apostel sagt) LEBT, vermag er im religiösen Akt GOTT ALS GEIST zu erkennen." Ausgangspunkt ist hier durchaus der Mensch, jedoch nicht seine erfahrbare Wirklichkeit, sondern das Wesen seiner transempirischen Person, wobei bezeichnenderweise geprüft werden muß, „was am menschlichen Geiste bleibt, wenn er in der Richtung der Grade abnehmender Abhängigkeit vom Leibe und seinen Modifikationen ... betrachtet wird."¹¹⁴ Die beständige Abtrennung der Person vom leib-seelischen Leben des Menschen und ihre Verankerung in der göttlichen Sphäre erklärt auch die sehr richtige Beobachtung STRASSERS, daß Scheler zwar bemüht ist, „den Zusammenhang zwischen dem rein Psychischen und dem Psychophysischen zu erhellen. Was aber die Beziehung zwischen Person und beseelter Leiblichkeit betrifft, so kann man keine analogen Bemühungen feststellen."¹¹⁵ Scheler schreibt, bei seinen metaphysischen Ambitionen doppelt befremdlich: „Kein substanziales, ein nur dynamisch kau-

---

[112] „Probleme d. Religion": GW V, 332 u. 331f.
[113] Vgl. „Absolutsphäre u. Realsetzung d. Gottesidee": GW X, 200.
[114] „Probleme d. Religion": GW V, 179, 180, 210.
[115] S. Strasser, *Seele u. Beseeltes. Phänomenologische Untersuchungen über das Problem d. Seele in der metaphysischen u. empirischen Psychologie;* Wien 1955, 43f.

sales Einheitsband besteht uns zwischen Geist und Leben, Person und Lebenszentrum."[116] Damit ist im Grunde eine echte, sich im, am und aus dem Menschen erfüllende Einheitsfunktion der Person hinfällig geworden. Einheit kann dem Menschen dann nur noch von außen und ,,oben" her zuwachsen; die leib-seelische Konstitution der Welt hingegen zerstört diese Einheit. Daher ist sie im Akt der Gottesliebe radikal bis zum Selbstverlust der Person in Gott zu verlassen: Es ,,hebt sich auch im Menschen die Person in der Gottesliebe immer reiner aus den trüben Vermengungen mit dem ihre Einheit in eine zeitliche Vorgangsreihe zersetzenden sinnlich-triebhaften Bewußtsein ... heraus ... Die Person gewinnt sich, indem sie sich in Gott verliert."[117] Hier erscheinen in seltener Konzentration und ohne die üblichen, ihren eigentlichen Hintergrund verdeckenden Phänomenologisierungen alle Elemente in Schelers theologisch-mystischer Personlehre: überzeitliche Einheit, Weltüberwindung im amor Dei, Auflösung des personalen Selbststandes in Gott hinein.

Erst auf diesem Hintergrund erhalten die Einzelaussagen über die psychophysische Indifferenz der Person Relief und Bedeutung. Die menschliche Person ist zunächst frei von psychischer Kausalität; sie ist, weil ungegenständlich, an kein Ich gebunden und somit jeder psychologischen Beobachtung, ja jeder Psychologie überhaupt entzogen. ,,Das ,Ich' ... ist in jedem Sinne des Wortes noch ein Gegenstand formloser Anschauung, das individuelle Ich ein Gegenstand innerer Wahrnehmung ... Ist aber schon ein Akt niemals Gegenstand, so ist erst recht niemals Gegenstand die in ihrem Aktvollzug lebende PERSON ... Versteht man daher ... unter PSYCHOLOGIE eine Wissenschaft von – einer Beobachtung, Beschreibung und Erklärung zugänglichen – ‚Geschehnissen', und zwar Geschehnissen, wie sie in innerer Wahrnehmung vorliegen, so ist sowohl alles, was den Namen AKT verdient, sowie die PERSON der Psychologie schon aus diesem Grunde völlig TRANSZENDENT."[118] Bezeichnend ist die hier zugrundeliegende strikte Trennung von Empirie und personaler

---

[116] *Wesen u. Formen d. Sympathie* 89.
[117] ,,Liebe u. Erkenntnis": GW VI, 90.
[118] *Der Formalismus* ...: GW II, 386. Vgl. ferner: *Wesen u. Formen d. Sympathie* 257: ,,Alles, was experimentell zugänglich sein kann, liegt ausschließlich in den Grenzen des vitalpsychischen, zielmäßig automatischen Seins und Geschehens, d.h. unterhalb des Reiches der ‚freien' geistigen Personakte."

Sphäre und der damit zusammenhängende enge Psychologiebegriff: Psychologie erscheint, im Gegensatz zur inzwischen doch wenigstens erkannten Forderung DILTHEYS nach ,,verstehender Psychologie", als am Äußeren hängenbleibende, kausal verknüpfende und reduzierende Seelenphysik[119] – eine mechanistische Zielsetzung, die heute nicht einmal mehr von der Physik selbst anerkannt wird. – Die Ichlosigkeit der Person hat indes ihren letzten Grund in ihrer bedürfnislosen, in sich geschlossenen Absolutheit. Und hier wird ausdrücklich wieder auf den Wurzelgrund aller Personalität, auf Gott, verwiesen. Dabei steht ein Gottesbegriff im Hintergrund, wie er der mittelalterlichen Theologie eignete, die den größten Wert darauf legte, Gottes absolute Transzendenz und Selbstgenügsamkeit zu wahren. Die Einheit in Gott trat dabei zuungunsten der dynamischen, die zu jeder Person gehörige Du-Offenheit auf höherer Ebene realisierenden Dreifaltigkeit Gottes in den Vordergrund.[120] Sosehr Scheler in seiner Auffassung von der christlichen Erlösung die herabsteigende Liebe Christi betont, sowenig gelingt es ihm, diesen Zug des Sich-verströmens in den seiner Personlehre zugrundeliegenden Gottesbegriff aufzunehmen. Hier bleibt Gott gleichsam der du- und weltverschlossene Einsame; und ebenso muß, soweit möglich, die nach seinem Bild geformte, unpsychische menschliche Person strukturiert sein. ,,PERSON ist ... ein ABSOLUTER NAME. Mit dem Wort ,Ich' ist ein Hinweis auf ein ,Du' einerseits, auf eine ,Aussenwelt' andererseits, immer verbunden. Nicht so mit dem Namen Person. Gott z.B. kann Person, aber kein ,Ich' sein, da es weder ,Du' noch ,Außenwelt' für ihn gibt. Das mit Person Gemeinte hat dem Ich gegenüber etwas von einer TOTALITÄT, die sich selbst

---

[119] ,,Psychologie kann es weder je mit dem (abstrakten) Wesen des Erinnerns, des Erwartens, des Liebens usw. zu tun haben, noch mit diesen Akten als abstrakten Teilen eines konkreten Personaktes; sie kann es ebensowenig zu tun haben mit den apriorischen Aufbauverhältnissen dieser Akte. Was sie angeht, ist das, was sich bei Gelegenheit des Vollzugs solcher Akte in der Sphäre innerer Wahrnehmung ereignet, und wie dies unter sich und mit dem Leibe (auf kausale Weise) zusammenhängt." (*Der Formalismus* ...: GW II, 390.)
Unter diesen Gesichtspunkten entwickelt Scheler beachtenswerte Beiträge zu einer Phänomenologie des Psychischen; vgl. dazu B. Lorscheid, *Max Schelers Phänomenologie d. Psychischen;* Bonn 1957.

[120] Als besonders instruktives Beispiel dieser starren Einheitsspekulation darf der Gottesbegriff gelten, den Anselm v. Canterbury (1033/34–1109) in seinem Monologion entwickelt; vgl. dazu unsere Studie: *Genugtuung u. Heil. Absicht, Sinn u. Grenzen d. Erlösungslehre Anselms v. Canterbury;* Wien 1967, 72–78.

genügt."[121] Deutlich kommt wieder die theonome, von einem vorgefaßten Gottesbegriff ausgehende Bestimmung der menschlichen Person zum Ausdruck: Nicht Gott ist die alle menschliche Personalität und ihre Ichgebundenheit sprengende Überperson, sondern der Mensch ist möglichstes Nachbild der ichlosen göttlichen Person, denn – so verläuft der eigentliche Gang der Ableitung – es „zeigt schon die sinnvolle Idee einer Person Gottes, daß die Idee der Person nicht auf das ‚Ich' fundiert ist."[122]

Die eben zitierte Stelle hilft auch zum Verständnis des Verhältnisses der Person zu ihrem Leib. „Zu allem ‚Ich' gehört wesensnotwendig sowohl eine ‚Außenwelt' als ein ‚Du' und ein ‚Leib', lauter Dinge, die von Gott zu prädizieren a priori widersinnig ist."[123] Die Ich-, Außenwelt- und Leiblosigkeit Gottes – untereinander eng zusammenhängende Bestimmungen – wird zum Leitbild für die geistige Person, woraus sich ergibt, daß der Leib nicht zur Personsphäre gehört, daß mit Person an sich noch kein Leib gesetzt ist.[124] Mit diesem Befund scheint Schelers lapidare Aussage in „Tod und Fortleben" in Widerspruch zu stehen. Dort heißt es von der menschlichen Person: „Aber, DASS WIR LEIB BESITZEN, lernen wir nicht induktiv oder durch Assoziation. Wir müssen nicht erst lernen, daß wir keine ‚Engel' sind ... Und darum ist es sogar eine Wesenseinsicht, daß ZU EINER PERSON EIN LEIB GEHÖRT."[125] Genaueres Hinsehen zeigt aber, daß Scheler die Leibverwiesenheit der menschlichen Person nicht als Wesensverbindung, sondern nur als „de facto-Verknüpfung" ansieht. Der ausdrückliche theologische Hintergrund ist dabei die Lehre vom Fortleben der geistigen Person, die Scheler immer wieder als Glaubensdatum, für das es keine Beweise gibt, bezeichnet. Dabei ist überaus bedeutsam für Schelers Stellung zur menschlichen Leiblichkeit, daß immer nur die Rede ist vom Fortleben der geistigen Person und nie von der Auferstehung des Fleisches, die mit LEIBNIZ nicht von ungefähr als „bild-

---

[121] *Der Formalismus...*: GW II, 389. – Dazu schreibt unmißverständlich N. Hartmann: „Ein solches Argument verrät seine Unhaltbarkeit schon darin, daß es sich am denkbar Unbekanntesten und Undurchdringlichsten orientiert ... und das an ihm angeblich Erschaute auf das Bekannte, allein Gegebene überträgt." *(Ethik;* Berlin ³1949, 234.)
[122] *Der Formalismus...*: GW II, 396.
[123] A.a.O. 396.
[124] Vgl. a.a.O. 397; 387.
[125] GW X, 49.

hafte Idee der christlichen Kirche" bezeichnet wird.[126] Von da her fällt das richtige Licht auf die Rede von der de facto-Verknüpfung und ähnliche Ausdrücke. Der Leib erscheint in dieser Auffassung nicht als echtes Ausdrucksmedium der Person, sondern als eingegrenzter Bezirk der vollen, ,,direkten" Herrschaft der geistigen Person über Materie überhaupt. Wesentlich ist somit der Person nicht die Verbindung mit einem konkreten, raum-zeitlich begrenzten Leib, sondern die Hinordnung auf Stofflichkeit überhaupt, immer aber im Modus der Stoffbeherrschung und -unterwerfung.[127] Wir meinen nicht fehlzugehen, wenn wir hinter dieser kosmisch und universal anmutenden Leiblichkeit die vom paulinischen σῶμα πνευματικόν (vgl. 1 Kor 15, 44) genährte Problematik des Auferstehungsleibes vermuten. Nun soll die Möglichkeit von Spekulationen über eine erweiterte, ,,gesprengte" Leiblichkeit nicht bestritten werden. Scheler aber geht wieder den umgekehrten Weg: von der theologischen Problematik des Fortlebens der Person wird das Verhältnis der irdischen Person zu ihrem konkreten Leib entworfen. Dieser ist dann nur noch ,,zeitweiliger Schauplatz" des personalen Ausdrucks, ,,Träger und ,Tempel' " der geistigen Person – man beachte die deutliche Anspielung auf das (mißverstandene) Pauluswort vom Leib als Tempel des hl. Geistes (1 Kor 6, 19) –, wobei die Person so sehr vom Leib trennbar und getrennt ist, daß der Mann, das eigentliche ,,Genie des Geistes", seinen Leib so distanziert mit sich führt, ,,wie wenn es ein Hündchen an der Leine wäre."[128] Diese sehr lockere Bindung zwischen Person und Leib, die sich für den späten Scheler zum Urgegensatz Geist – Drang erweitert, wodurch bezeichnenderweise das Leib-Seele-Problem ,,seinen metaphysischen Rang verloren hat",[129] ist das Fundament für die Möglichkeit des Fortlebens der Person nach dem physischen Tod des Individuums. Ihr phänomenales Korrelat sind die über die konkrete Leiblichkeit hinausschwingenden Akte etwa des Erinnerns oder Erwartens u.a. Wie diese Akte sich während des Lebens der Person über deren Leib hinausschwangen, so ist im Tode

---

[126] ,,Tod u. Fortleben": GW X, 49.
[127] Vgl. a.a.O. 59–61.
[128] Vgl. a.a.O. 60; ,,Das Ressentiment im Aufbau d. Moralen": GW III, 105; ,,Über Scham u. Schamgefühl": GW X, 147 u. ,,Zum Sinn d. Frauenbewegung": GW III, 206.
[129] Vgl. *Die Stellung d. Menschen im Kosmos* 80, Anm. 1.

gleichsam als Konzentration des geistigen Lebens erfordert, daß sich die Person selbst ,,auch hinausschwinge über ihres Leibes Zerfall."[130] Der kühne Sprung von der relativen Leibunabhängigkeit der geistigen Akte zur Preisgabe der leiblichen Existenz überhaupt bereitet Scheler keine Schwierigkeiten.

Die Entweltlichung der geistigen Person kommt in letzter Deutlichkeit in Schelers Individuationslehre zum Ausdruck. Schroff und eindeutig wird jede Individuation des Menschen durch sein leibliches Sein im Sinn des so häufig im modernen Personalismus mißverstandenen scholastischen Individuationsprinzips der materia quantitate signata abgelehnt. Der Bezug der Person auf ihr göttliches Urbild ist auch hier gewahrt, ja die raum-zeitlose und damit weltentrückte göttliche Selbstgenügsamkeit der Person findet in Schelers Individuationslehre ihren Abschluß. ,,Gerade die Sphäre der geistigen Aktualität aber ist streng personal, substantiell und in sich selbst individuiert gegliedert bis hinauf zu Gott als der Person aller Personen."[131] Damit wird die eigentliche Existenzweise menschlichen Geistes zerstört. Denn dieser lebt in der Welt, im Raum und in der Zeit und kommt nur am Anderen seiner selbst zu sich, indem er dieses Andere zu seinem Eigenen macht. Leib ist dann nicht die fertige, in sich geschlossene Materialität, die zum Geist dazukommt, damit sich dieser in einer Welt der Dinge verlautbaren kann,[132] sondern die vom Geist erwirkte und getragene, geprägte und ,,geformte", daher den Geist auch gegenwärtig setzende und ,,ausdrückende" ,,Wirklichkeit des einen Menschen selbst ..., insofern diese ekstatischen Charakter hat, also im andern von sich real sich selbst bestimmt."[133] Gegen LORSCHEID[134] muß betont werden, daß wieder nicht die von Scheler genannten ,,phäno-

---

[130] ,,Tod u. Fortleben": GW X, 46f.

[131] *Wesen u. Formen d. Sympathie* 88. Hier erhellt auch gut der Sinn des sonst von Scheler für die Person verpönten Terminus Substanz; vgl. noch a.a.O. 76: Personen ,,sind die einzigen Fälle ‚selbständigen Daseins' (Substanzen), die ausschließlich in sich selbst individuiert sind."

[132] So faßt Scheler das Verhältnis auf, wenn er schreibt: ,,Also ist die Person ‚erhoben' und in ihrer Reinheit ‚erhaben' über ihren Leib und über ihr und jedes andere ‚Leben', das nur irdische Daseinsbedingung und zugleich Materie ihrer Gestaltung ist." (*Wesen u. Formen d. Sympathie* 89.)

[133] J. B. Metz, *Christliche Anthropozentrik. Über die Denkform des Thomas v. Aquin;* München 1962, 72 (Anm. 56 v. 71). Vgl. auch G. Siewerth, *Der Mensch u. sein Leib;* Einsiedeln 1953, 45–48.

[133] *Das Leibphänomen* 114f.

menalen Tatbestände"¹³⁵ eigentlicher Grund seiner Individuationslehre sind, sondern die metaphysische Vorentscheidung der Übertragung der raum-zeitlosen Aktualität Gottes auf die menschliche Person. ,,Gerade weil sie [die Personen] nicht durch Raum und Zeit, Zahl und Menge (bei sonstiger Identität des Soseins) noch individuiert sein können . . ., sondern als pure Aktzentren über Raum und Zeit erhaben sind . . ., müssen sie und können sie nur durch ihr pures Sosein selbst (ihr personales ‚Wesen') verschieden sein."¹³⁶

Scheler hat an der gottähnlichen Selbstgenügsamkeit der Person gerade in der Form der Selbstindividuation bis in sein Spätwerk hinein festgehalten: ,,Die Einheit der ‚Person' . . . ist KEINE substantielle Einheit, so sie auf den Weltgrund bezogen wird – also auch kein ‚Geschöpf'. Aber ihrem individuellen Wesen nach ist die Person individuiert nicht durch den Leib und seine Erbanlagen, auch nicht durch die Erfahrung, die sie durch die Vermittlung der psychischen Vitalfunktionen macht, sondern individuiert DURCH SICH SELBST UND IN SICH SELBST."¹³⁷ Fürs erste scheint damit der Person eine besondere Würde zugeschrieben zu sein. Jedoch der Preis dafür ist hoch: Herauslösung der menschlichen Person aus ihrem natürlichen Lebensmedium, der psychophysischen Welt; vor allem aber Preisgabe jedes echten Selbststandes, ja jeder Freiheit der Person gegenüber dem sie tragenden göttlichen Grund. Gott gegenüber ist die Person nur ,,reines Rezeptionszentrum" und ,,ohne jede Freiheit und Spontaneität"; sie ist gar kein in sich bestimmtes und aus sich lebendes Wesen, keine Substanz – in der Auflösung des personalen Selbststandes vermuten wir das letzte Motiv für Schelers Ablehnung jedes Personsubstanzialismus –; die menschliche Person muß man vielmehr ,,als einen fließenden, dynamischen Übergang zwischen zwei Seinskreisen ansehen: Gott und Welt." Bei einer solchen Verwurzelung der menschlichen Person in Gott ist es nur

---

¹³⁵ Vgl. *Wesen u. Formen d. Sympathie* 144–146.
¹³⁶ *Wesen u. Formen d. Sympathie* 76. Und kurz vor Nennung der erwähnten ,,phänomenalen Tatbestände" heißt es: ,,Schon da bei ‚geistigem' (d.h. außerräumlichem und -zeitlichem) Realen nur noch die Soseinsverschiedenheit den möglichen Grund zur Daseinsverschiedenheit und damit zur Vielheit überhaupt bilden kann, haben wir uns vorher schon für das erstere [die ursprüngliche Individuiertheit der Person als solcher unabhängig vom Leib] entschieden." (A.a.O. 144.)
¹³⁷ *Phil. Weltanschauung* 126 (Anm. 19).

konsequent, daß zur Erhaltung ihrer Subsistenz die Gnade notwendig eintreten muß.[138]

4. *Person und Geist*

Einer der Gründe für die große Durchschlagskraft der Philosophie Schelers vor allem auch in akademischen Kreisen des Katholizismus seiner Zeit war die gegen allen biologischen Reduktionismus betonte Geistigkeit des Menschen. Schelers Geistbegriff hängt eng mit der bisher skizzierten Personlehre zusammen, so daß auf weite Strecken Geist synonym für Person verwendet wird und umgekehrt. Wie die Person ist auch der Geist im Menschen ,,als Inbegriff der Akte, Funktionen und Kräfte''[139] eigentliche Einheitsform der mannigfachen Einzelvollzüge. Näherhin erscheint die individuelle Person als Konkretisierung des einen, im Grunde göttlich verstandenen Geistes, als seine ,,Seinsform'', seine ,,Existenzform'', als ,,das Aktzentrum, in dem Geist innerhalb endlicher Seinssphären erscheint.''[140] Schon daraus erhellt, daß letztlich bei Scheler das Verhältnis Geist – individuelle Person identisch ist mit dem Verhältnis zwischen göttlicher Ur-Person und menschlicher Einzelperson.

Damit stimmt überein, daß bei Scheler Geist primär ein Attribut Gottes bzw. Gott selbst und erst im abgeleiteten Sinn eine Wesensbestimmung des Menschen ist. So erfaßt die Phänomenologie – und darin besteht ihre eigentliche Aufgabe – ,,die Strukturzusammenhänge eines GEISTES, der zu jeder möglichen Welt gehört und der – obzwar wir ihn am Menschen studieren ... – doch von der menschlichen Organisation ganz unabhängig ist; der uns z.B. auch befähigt, uns eine Idee ‚Gottes' zu bilden.''[141] Geist ist ein Attribut des absolut Seienden, dem gegenüber der Mensch zum unselbständigen Teilhaber wird.[142] Gemäß seiner Struktur als ,,Selbstkonzentration des EINEN göttlichen Geistes'' vollzieht sich alles geistig-personale Leben des Menschen nur als liebender, teilnehmender Mitvollzug an den Akten des einen,

---

[138] Vgl. ,,Absolutsphäre u. Realsetzung d. Gottesidee'': GW X, 236.
[139] Vgl. ,,Probleme d. Religion'': GW V, 203.
[140] Vgl. ,,Über Scham u. Schamgefühl: GW X, 67; *Der Formalismus* ...: GW II, 388f.; *Die Stellung d. Menschen im Kosmos* 38.
[141] ,,Phänomenologie u. Erkenntnistheorie'': GW X, 395.
[142] Vgl. ,,Erkenntnis u. Arbeit'': GW VIII, 359f., 203f.

„übersingulären" Geistes, also „in lumine Dei".[143] Wir wiederholen damit nur bereits Bekanntes, das auch für Schelers Geistlehre theologische Hintergründe erwarten läßt.

Weil der menschliche Geist nur Abbild und defiziente Erscheinungsform des einen göttlichen Geistes ist, kann Scheler von einer „dem Geiste als solchem zukommenden ursprünglichen Richtung aufs Ewige und Göttliche" sprechen.[144] Der Mensch, besonders als Einzelindividuum, ist aber nicht imstande, die vornehmste Aufgabe seines gottgerichteten Geistes, die Erkenntnis der (göttlichen) Wesenheiten, zu erfüllen ohne die korporative Zusammenarbeit des ganzen Menschengeschlechts in Geschichte und Tradition. Im Hintergrund steht die Überzeugung vom unausschöpfbaren Reichtum des göttlichen Geistes, dem, wenn überhaupt etwas, nur die Menschheit als neue, überindividuelle und vom Individuum irgendwie unabhängige Größe gegenübergestellt werden kann. „Also liegt es selber im Wesen des Wesensreiches und der Art des menschlichen Zugangs zu ihm, daß Philosophie auf alle Fälle ... nur durch die EINTRACHT der VÖLKER UND ZEITEN in dem philosophischen Geschäfte überhaupt möglich ist ..."[145] Und erst recht die Gotteserkenntnis, auch die natürliche, ist nur möglich im Rahmen einer Erkenntnisgemeinschaft, einer Kirche.[146] Der menschliche Geist zeigt hier seine Abhängigkeit vom einen göttlichen Geist darin, daß er nur im quasi-kirchlichen bzw. kirchlichen und damit irgendwie als vergöttlicht angenommenen Kollektiv zu erkennen imstande ist – eine Lehre, die zu Schelers Betonung des individuellen Genius nicht unbedingt in Widerspruch steht, weil hier die Menschheit nicht Summe aller Einzelnen bedeutet, sondern neues mystisches Über-Individuum im Sinne einer „Gesamtperson", deren sichtbarer Repräsentant sehr wohl der begnadete Einzelne sein kann.

Entsprechend der Abhängigkeit des menschlichen vom göttlichen Geist ist es klar, daß die eigentliche und letzte Einheitsform im Menschen nicht dessen Geist, sondern die Idee Gottes ist. „Von der Gottesidee aus gesehen aber erhält jener noch rein sach-

---

[143] Vgl. *Phil. Weltanschauung* 126, Anm. 19; 14; *Die Stellung d. Menschen im Kosmos* 48f. Vgl. auch oben 72f.
[144] „Probleme d. Religion: GW V, 199.
[145] A.a.O. 204.
[146] Vgl. a.a.O. 205f.

liche Logos ein personhaftes lebendiges Subjekt, ein Subjekt, das nach diesen Wesenheiten anschaut und denkt – so, daß die im leibbehafteten Geiste getrennt funktionierenden Vermögen von Anschauung und Denken eine lebendige, sich restlos durchdringende Einheit bilden."[147] Aber auch der in Schelers „Konformitätssystem" behauptete Gleichklang von Metaphysik und Religion basiert auf der im göttlichen Geist gegründeten Einheit des menschlichen Geistes, deren phänomenaler Niederschlag jene Handreichung zwischen Metaphysik und Religion ist. Scheler bezeichnet hier die Abhängigkeit des Menschengeistes vom Geist Gottes mit der biblischen Formel ἐκ πνεύματος (ἁγίου), wenn er versichert, daß jene das Konformitätssystem tragende Einheit sich dann „von selber durchsetzt und darlegt ..., wenn allem, was wahrhaft in uns ‚vom Geiste' ist, freier und eigengesetzlicher Spielraum seiner Entwicklung gewährt wird."[148]

Nur auf dem bisher angedeuteten theonomen Hintergrund der seinsmäßigen Abhängigkeit des menschlichen vom göttlichen Geist zu verstehen ist die für Scheler charakteristische Lehre der strikten Trennung von Geist und Leben (Natur, Welt), die sich nach Schelers eigenem Hinweis von seiner Habilitationsschrift „Die transzendentale und die psychologische Methode" an über den „Formalismus" bis in sein Spätwerk mit zunehmender Radikalisierung durchhält.[149] Nach allem Bisherigen ist nichts anderes zu erwarten: Wenn aller Geist nur Geist vom Geist Gottes und damit letztlich göttlich ist, dann kann es kein echtes Bündnis zwischen Geist und Natur geben. Zum tieferen Verständnis von Schelers Geist-Leben(Drang)-Dualismus muß jedoch auf ein weiteres Theologoumenon verwiesen werden, auf die christliche Erbsündenlehre, und zwar in jener charakteristischen Form, wie sie Scheler annimmt.[150] Zweierlei ist dabei höchst bedeutsam. Zunächst ist nach Scheler durch den „Fall" der Welt diese als angestammter und erfahrbarer Lebensraum des lebendigen Menschen wesentlich, im Innersten und ebenfalls jederzeit erfahrbar verschlechtert worden; sie ist „nach ihrer Schöpfung in eine grundlegend andere Verfassung geraten, als

---

[147] A.a.O. 212.
[148] A.a.O. 143.
[149] Vgl. *Die Stellung d. Menschen im Kosmos* 84, Anm. 1.
[150] Vgl. dazu: „Probleme d. Religion": GW V, 225–240 u. „Reue u. Wiedergeburt": GW V, 56f.

diejenige war, in der sie sich unmittelbar befand, als sie aus den Schöpferhänden hervorging. Die wirkliche uns bekannte Welt ist weit schlechter, als es ihrem Grunde entspricht."[151] Das eigentlich Weltprägende ist also nicht die Gnade, die auch den Fall noch umfängt und im Sinne von Röm 5, 20 dort überfließt, wo die Schuld ganz groß wird; weltbestimmend ist vielmehr das Böse, dem gegenüber Gnade und Erlösung immer nachhinken und der konkreten Welt äußerlich bleiben. Dieser Erfahrung entsprechend ist ferner die Tatsache der Urverschuldung eine notwendig sich aus den Übeln dieser Welt ergebende Vernunft-, ja Wesenswahrheit: ,,Der ‚Fall' ist eine Wahrheit metaphysischer Ordnung oder doch: Er ist AUCH eine solche Wahrheit. Darum ist er nicht nur ein historisches Ereignis, ... sondern eine immer und überall vorhandene Tendenz im Weltsein und Weltgeschehen"; das Tragische als unabwendbares letztliches Scheitern alles Edlen und Heiligen ist ,,ein wesentliches Element im Universum selbst", ein ,,Wesensmerkmal", ein ,,universales Phänomen."[152] Wieder beobachten wir die hier besonders verführerische und dem Pessimismus aller Zeiten leicht eingängige Phänomenologisierung eines theologischen Datums zur philosophisch-anthropologischen Wesenswahrheit: Erst nach dem metaphysischen Vernunftschluß aus dem Übel in der Welt wird der Erfahrungsbeweis für den ,,Fall" aus der Endlichkeit der Welt, aus psysikalischen, biologischen und soziologischen Gesetzlichkeiten versucht.[153]

Diese konstitutiv schlechte Welt ist aus sich heraus nicht lebensfähig. ,,Eine sich selbst überlassene Welt würde in dem Maße, als sie sich selbst überlassen ist, an positivem Gesamtwert stetig abnehmen. Die uns gegebene Welt qua Welt ‚fällt' immer."[154] Um die so verfaßte Welt und das Leben in ihr zu erhalten, nicht nur, um sie in Christus zum Raum und ,,Milieu" Gottes zu

---

[151] ,,Probleme d. Religion": GW V, 225 (Sperrung von uns).
[152] ,,Probleme d. Religion": GW V, 231; ,,Zum Phänomen d. Tragischen": GW III, 151, 159, 169. – Bezeichnend für die Intensität des Erbübels einerseits wie für die im Grunde geleugnete Freiheit des Menschen gegenüber Gott (s. oben 96) anderseits ist, daß Scheler den Ursprung des Bösen in eine ,,metaphysische Zwischensphäre" zwischen Gott und Mensch verlegt; denn ,,der ‚Fall' ... ist für den *gottgeschaffenen* gottebenbildlichen Menschen undenkbar, auch wenn ihm die echte Person- und Wahlfreiheit beigelegt wird." (,,Probleme d. Religion": GW V, 230, 228.)
[153] Vgl. ,,Probleme d. Religion": GW V, 232–240.
[154] A.a.O. 231.

machen, bedarf es der Erlösung. Parallel zur inneren Korruption der Welt und des Menschen wird auch die Lehre von der Erlösungsbedürftigkeit beider zur notwendigen Vernunftwahrheit; sie ist „eine metaphysische Wahrheit. Der Mensch kann nicht zu seinem Heile kommen, es sei denn DURCH ERLÖSUNG. Nur die TATSACHE DER ERLÖSUNG IST THEOLOGISCH POSITIV in einem freien Willensakte Gottes wurzelnd, nicht diese hypothetische Notwendigkeit."[155] Der Charakter dieser Erlösung ist nun ein freier, in keiner Weise an der irgendwie in sich geschlossen zu denkenden Welt ansetzender Akt Gottes, der alle innerweltliche Kraft übersteigt und sich von oben her auf die Welt herabsenkt, um sie aus ihrer sündhaften Eigenständigkeit zu Gott emporzuheben.[156]

So weit das eigentlich theologische Fundament. Von größter Bedeutung für Schelers späteren Geist-Drang-Dualismus ist nun, daß sich bereits in den „Problemen der Religion" eine deutliche Phänomenologisierung dieser (ad hoc zurechtgebogenen) theologischen Daten anbahnt. Dem theologischen Gegensatz erbsündige Welt – gnadenhafte Erlösung steht schon hier als philosophisch faßbares Wesenskorrelat der Gegensatz von Geist und Leben gegenüber. In halber Anlehnung an SCHOPENHAUER von schillernder Ambivalenz lehrt Scheler, daß der Lebensdrang zwar nicht böse, aber auch nicht sittlich gut, sondern „dämonisch" ist; erst seine bewußte Anerkennung, „die geistige Bejahung seiner Richtungen, soweit sie im bewußt gewordenen Gegensatz zu einem erkannten und geliebten Guten stehen, ist böse."[157] Das Leben, das von sich aus und sich selbst überlassen nur dem Tod verfallen ist, erhält positiven Sinn erst als „Verwirklichungsbedingung" oder „Bindungsbedingung GEISTIGER Kräfte des VERNÜNFTIGEN Bewußtseins an vitale Daseinsformen"; jedoch bleibt im sich selbst überlassenen Menschengeist das Leben der Feind seiner Vergeistigung, die auf die Dauer gegen seinen Andrang und damit gegen die im geistfremden Leben gleichsam nur getarnten Zerstörungskräfte des Toten nicht durchzusetzen ist: „am Ende würde es das Leben sein, das über den Geist ,siegt', und alle Tätigkeit des Geistes würde ein Versuch mit UNTAUG-

---

[155] A.a.O. 230.
[156] Vgl. a.a.O. 231, 232, 240.
[157] A.a.O. 227.

LICHEN MITTELN sein, das Leben in seinem geistigen Kosmos vor den Fangarmen der toten Natur zu bergen."[158] Dieser schon deutlich polaren Spannung zwischen Geist und Leben entspricht die Beschreibung des Geistes als des vom Leben unabhängigen, überbiologischen Prinzips, das als gnadenhaftes, unproduzierbares, ja kaum zu suchendes Geschenk in der Gestalt des seltenen Genius in die Welt einbricht, so daß die eigentliche Wesens- und Wertgrenze nicht zwischen Mensch und Tier liegt, sondern ,,zwischen PERSON und ORGANISMUS, zwischen GEISTWESEN und LEBEWESEN."[159] Zugleich aber ist dieser Geist ohnmächtig, angewiesen auf das Leben und die ,,Zuwendung seiner Kraftfaktoren an die an sich kräftelosen ,Akte' des Geistes"; Äußerungen dieser letztlich im Urfall der Welt gründenden An-sich-Ohnmacht des Geistes, die keineswegs erst beim späten Scheler auftaucht, sind z.B. die Fortschrittslosigkeit der Metaphysik oder die stete ,,Wertabnahme in den höheren Wertgebieten."[160] Spannung zwischen Geist und Leben und Angewiesensein des einen auf das andere, typische Kennzeichen von Schelers Spätphilosophie, zeichnen sich somit schon in der von der Erbsünde-Erlösungsdialektik beeinflußten mittleren Phase der ,,Probleme der Religion" ab. Bestimmend ist dabei die Polarität zwischen Geist und Leben. Denn was beide einander näher bringt – von einer echten Einheit im Sinne eines ,,Geistes in Welt" kann schon hier nicht die Rede sein – ist nicht die eigenständige Formkraft des Geistes, sondern die über beiden, Geist und Leben, schwebende Kraft Gottes. Nur eine weltjenseitige Macht vermag die endgültige Vergeistigung des Lebens zu bewirken. Scheler schwankt hier bereits höchst bezeichnend zwischen Erlösung und Selbsterlösung, die auch später keine echte Eigenleistung des Menschen, sondern nur Mitvollzug der göttlichen Urspannung sein wird: ,,Ist dieser ,Weg' [der Vergeistigung des Lebens] aus den Kräften des menschlichen Geistes selbst heraus möglich? Wohl ist er möglich; aber er allein kann ebensowenig zu einem endgültigen Erfolge führen wie der Weg der Verlebendigung des Toten. Unmöglich wäre es dem sich überlassenen Menschengeist,

---

[158] Vgl. ,,Probleme d. Religion": GW V, 236, 234f.
[159] Vgl. *Der Formalismus* ...: GW II, 293f.; ,,Probleme d. Religion": GW V, 237.
[160] Vgl. ,,Probleme d. Religion": GW V, 234, 231.

den Weg mit Erfolg zu gehen ... Immer wird – auch bei optimaler Verwendung der menschlichen Freiheit zur Vergeistigung des Lebens – der zu vergeistigende Teil aller Lebenskräfte kleiner sein als der nicht zu vergeistigende ... Nur wenn der Geist des Menschen aus Gott immer neue Kraftströme erhielte, könnte sich diese Bewegung umkehren."¹⁶¹ Gefallene Welt – Erlösung – frei einbrechende Gnade unter Beibehaltung der theologischen Grundlinie phänomenologisiert zu Leben – Geist – Gott: das ist der Rahmen, über den auch Schelers Spätphilosophie des Geistes nicht hinauskommen wird. Diese Spätphase ist die konsequente Frucht der eben dargestellten Phänomenologisierung des Erbsünden- und Erlösungsdogmas. Bezeichnend ist, daß der schroffe Geist-Drang-Dualismus, nunmehr losgelöst von seinen theologischen Wurzeln, ohne den Versuch eines Beweises als harte und unumstößliche These eingeführt wird: ,,Ich behaupte" heißt es zu Beginn des einschlägigen Abschnitts. Und dann folgen jene berühmten Sätze, die den Menschen hoch über alle Natur, ja über Welt überhaupt erheben wollen, um ihn, getreu dem bisher dargestellten Abhängigkeitsschema, im Weltgrund selbst zu verankern: Nicht die Verhaltensformen der Intelligenz und Wahlfähigkeit machen den Menschen zum Menschen, sondern – vor aller verhaltensphänomenologischen Untersuchung – ein völlig neues ,,Prinzip". ,,Das neue Prinzip steht AUSSERHALB alles dessen, was wir ,Leben' im weitesten Sinne nennen können. Das, was den Menschen allein zum ,Menschen' macht, ... ist ein allem und JEDEM LEBEN ÜBERHAUPT, AUCH DEM LEBEN IM MENSCHEN ENTGEGENGESETZTES PRINZIP: eine echte neue Wesenstatsache, die ..., wenn auf etwas, nur auf den obersten einen Grund der Dinge selbst zurückfällt: auf denselben Grund, dessen EINE große Manifestation das ,Leben' ist."¹⁶² Hier ist viel mehr geleistet als die Ablehnung jedes biologistischen Evolutionismus; hier ist jede metaphysische Einheit des Menschen auf Grund eines lebenformenden und -überformenden geistigen Prinzips zerstört. Denn Geist wird nicht nur dem untermenschlichen Leben, sondern ,, ,Leben' im weitesten Sinn", ,,allem und jedem Leben überhaupt, auch dem Leben im Menschen" entgegengesetzt. Weshalb denn auch der Mensch nicht auch naturgewachsen ist, sondern

---

¹⁶¹ ,,Probleme d. Religion": GW V, 234f.
¹⁶² *Die Stellung d. Menschen im Kosmos* 37f.

grundsätzlich „auf alle Natur herabzulächeln vermag."[163] Der ihn prägende Gegensatz ist tiefer als die Leib-Seele-Polarität, „es ist der GEGENSATZ VON GEIST UND LEBEN."[164] Dieser Gegensatz, nicht etwa die Geist-Leben-Einheit im Menschen, ist das Primäre; ja bei Scheler gibt es überhaupt keine Einheit, sondern nur ein von höherer Kraft gelenktes Zusammenwirken beider. Deshalb wird auch KLAGES im Grunde nicht wegen seiner Lehre vom Geist als Widersacher des Lebens getadelt, sondern weil er Geist (und damit den genannten Gegensatz) zu eng faßt, ihm die Wesensschau abspricht und ihn so zur bloßen, wenn auch hochentwickelten technischen Intelligenz degradiert.[165]

Entsprechend seiner souveränen Unabhängigkeit vom Leben erscheint der Geist auch in der Spätphase als freies, willentlich nicht intendierbares Geschenk, wobei in sehr freier Kombination von 1 Petr 5, 8 und Röm 7, 7f. auf die Konkupiszenzlehre des Paulus angespielt wird.[166] Ebenso ist auch Bildung als „Aktdeificatio" nicht dem gestaltenden Willen unterworfen, sondern Sache eines Sich-Verlierens; nur so kann der Mensch „sein echtes Selbst GEWINNEN ... aus der Gottheit selbst heraus und der Kraft und der Reine ihres Atems."[167] Gerade aber in seiner göttlichen Provenienz, als „Attribut des Seienden selbst", „in seiner ‚reinen' Form" ist der Geist „URSPRÜNGLICH SCHLECHTHIN OHNE ALLE ‚Macht', ‚Kraft', ‚TÄTIGKEIT'."[168] Im Hintergrund der bekannten These von der Ohnmacht des Geistes steht die dunkle Vision einer erbsündlich im Kern infizierten Welt, daran sich die Kraft der Erlösung immer wieder bricht. Noch der späte Scheler verweist auf die (erbsündlich bedingte) Machtlosigkeit des sittlich Guten, um daraus die Hinfälligkeit alles Schönen und die Ohnmacht des Geistes als Wesensgesetz zu folgern.[169]

---

[163] „Die Formen d. Wissens u. die Bildung": *Phil. Weltanschauung* 27, vgl. auch 31.
[164] *Die Stellung d. Menschen im Kosmos* 80.
[165] Vgl. *Die Stellung d. Menschen im Kosmos* 84, 87; „Mensch u. Geschichte": *Phil. Weltanschauung* 84.
[166] Vgl. *Die Stellung d. Menschen im Kosmos* 69.
[167] Vgl. „Die Formen d. Wissens u. die Bildung: *Phil. Weltanschauung* 32f.
[168] *Die Stellung d. Menschen im Kosmos* 57.
[169] Vgl. *Die Stellung d. Menschen im Kosmos* 66: „Welch seltener Glücksfall, wenn in dieser Welt der sittlich Gutwillige und Gutgesinnte auch Erfolg hat – das erreicht, was wir ‚historische' Größe nennen, d.h. erhebliche Wirkmacht auf die Geschichte! Kurz und selten sind die Blüteperioden der Kultur in der menschlichen Geschichte. *Kurz und selten ist das Schöne in seiner Zartheit und Verletzlichkeit.*

Das ursprünglich aller Macht, aller Wirksamkeit Bare ist gerade der Geist, je reiner er Geist ist."

Bei aller Gegensätzlichkeit bleibt jedoch auch in Schelers Spätphilosophie eine Zuordnung von Geist und Leben erhalten. Dabei kommt keine echte Einheit zustande, sondern ein dynamisches Zusammenwirken gleichsam im Sinne einer Arbeitsteilung: Es sind „beide Prinzipien im Menschen aufeinander angewiesen: DER GEIST IDEIERT DAS LEBEN – DEN GEIST aber ... IN TÄTIGKEIT ZU SETZEN UND ZU VERWIRKLICHEN VERMAG DAS LEBEN ALLEIN."[170] Letzten Endes ist dieses Zusammenwirken aber nur möglich, weil jetzt in Anlehnung an E.v. HARTMANN und den späten SCHELLING, die früher deswegen getadelt wurden,[171] der Drang-Geist-Gegensatz in den göttlichen Seinsgrund selbst verlegt wird. Formal ergibt sich dieselbe Konstellation wie in der christlichen Phase, wenn auch liberalisiert und inhaltlich im Sinne eines selbst noch unfertigen und werdenden Gottes abgeschwächt: Die Geist-Leben-Spannung im Menschen ist nur möglich, weil Geist und Drang Attribute des göttlichen Seins sind, weil auch darin der Mensch noch Abbild Gottes ist. Der Mensch ist „als solcher sowohl als Geist- wie als Lebewesen nur ein Teilzentrum des Geistes und Dranges des ‚Durch-sich-Seienden'."[172] Schelers Rede von der Selbsterlösung wird von da her ambivalent: Es ist nicht die eigene, vom göttlichen Grund abgesetzte Kraft, die den Menschen vergeistigt, sondern der Mitvollzug der in Drang und Geist zerfallenden Gottheit, die ihrerseits erst durch den Vollzug des Ausgleichs von Drang und Geist in der Geschichte der Menschheit zu sich selbst kommt. Der Mensch erlöst sich selbst, aber durch die Gottheit, er erlöst die Gottheit an und in sich selbst. „So wenig der Mensch zu seiner Bestimmung gelangen kann, ohne sich als Glied jener beiden Attribute des obersten Seins und dieses Seins sich selbst einwohnend zu wissen, so wenig das Ens a se ohne Mitwirkung des Menschen."[173] Der Widerspruch dieser Spätphilosophie wurzelt darin, daß Gott nicht mehr Gott sein soll und doch der Mensch nicht an den frei gewordenen Platz rückt, sondern abhängig bleibt. Schelers düstere Erbsündenlehre verhindert und verdächtigt bis zum Schluß jede echte innerweltliche Selbständigkeit.

---

[170] *Die Stellung d. Menschen im Kosmos* 81.
[171] Vgl. „Probleme d. Religion": GW V, 227f.
[172] *Die Stellung d. Menschen im Kosmos* 91.
[173] A.a.O. 92.

Die Verlegung des Drang-Geist-Dualismus in den obersten Seinsgrund ist ein letzter Versuch, Welt und Mensch als Reflex eines nunmehr unruhig flackernden göttlichen Lichtes zu deuten.

5. Das „Heil" als überweltliches Sinnziel der Person

Schon die drei Schwerpunkte der Philosophie Max Schelers, philosophische Anthropologie, Ethik, Religionsphilosophie, zeigen, daß sein Denken aus dem erkannten Wesen des Menschen verbindliche Richtlinien zur Erreichung der menschlichen Daseinsbestimmung ableiten möchte. Nichts lag Scheler ferner als eine unverbindliche Wesensschau, die Welt und Leben ablaufen läßt, ohne zumindest den Versuch zu unternehmen, sie nach den erschauten Wesenheiten umzuformen, sie danach auszurichten. Ein weltentrücktes Verweilen im Wesenreich war gerade auch dem späten Scheler, der sich so nachhaltig an der östlichen kontemplativen Weltabkehr orientierte, fremd und unvollziehbar; er hielt es für recht, wenn „man aus der Sphäre der Essenzen ... immer wieder zurück zur Wirklichkeit und ihrem Jetzt-Hier-Sosein zu kehren sucht, um sie besser zu machen ..."[174] Dieses weltanschauliche, ja praktische Engagement legt die Frage nahe, was denn das Lebensziel der geistigen Person des Menschen sei.

Scheler bleibt hier seiner theoretischen Auffassung vom Wesen des Menschen und seiner geistigen Person ganz und gar treu. Nicht ein innerweltliches Paradies, auch nicht der möglichst intensive Vollzug von Freiheit, Geistigkeit und Erlebnisfähigkeit des Menschen – sosehr Schelers eigenes Leben gerade dies erwarten ließe – gibt dem Leben des Menschen Sinn, sondern der Mit- und Nachvollzug, die Verwirklichung der „Idee" Gottes, die der Mensch wesenhaft ist und doch im Medium seiner Raum-Zeitlichkeit immer auch werden muß. Diese praktische Bestimmung steht in voller Übereinstimmung mit Schelers theonom orientiertem Wesensmodell des Menschen: Wenn der Mensch als geistige Person nach dem Bilde Gottes geschaffen ist (Imago-Dei-Theologie), als Weltwesen aber immer in der Möglichkeit und Tatsächlichkeit des Abfalls steht (Erbsündenlehre), dann kann die Aufgabe seines Lebens nur die Rückkehr zu seinem göttlichen

---
[174] *Die Stellung d. Menschen im Kosmos* 55f.

Ursprung sein (Erlösungsgedanke). Welt und Leben sind dabei als gottwiderständige Medien umzuläutern, jedoch nur so weit zu bejahen, wie sie Weg zu dem einen überweltlichen Ziel der Vergottung des Menschen, seinem „Heil", werden können. Jede geschlossene Selbständigkeit innerweltlicher Bereiche ist aufgehoben; dem höchsten Wert des Heiligen ordnen sich alle anderen Werte unter. Weltliebe ist nur zulässig und gegründet „darauf, daß sie [die Welt] ‚Gottes Welt' ist" – „amare mundum in Deo", wie Scheler in ähnlichen Formulierungen bis in die Spätphase lehrt.[175] Ging es in der christlichen Zeit darum, „staunend und beglückt im Ewigen zu ruhen und das sonstige Leben nur aufzufassen als einen verwickelten Pfad zu diesem hohen Ziele", so ist in der pantheisierenden Redeweise der Spätphase im Grunde dasselbe Sinn und Ziel dessen, „was wir die ‚Welt' nennen", nämlich „der vollkommene Leib der ewigen Substanz" zu werden.[176]

Diese Generallinie wird durch die vielen und deshalb nur in Auswahl wiederzugebenden Einzelbefunde der Schelerschen Weltanschauung eindrucksvoll bestätigt. Besonders deutlich wird der theologische Einfluß bei der Bewertung der menschlichen **Arbeit**. Unter ausdrücklicher Berufung auf die sehr optimistisch gefaßte (in dieser Form heute kritisch diskutierte[177]) christliche Urstandslehre sieht Scheler in der menschlichen Arbeit primär eine Strafe für die sündige Grundsituation des Menschen. Der positive Wert der Arbeit liegt nicht in dem ihr immanenten Sinn des freien, wenn auch immer notwendigen Einsatzes der mannigfaltigen menschlichen Fähigkeiten, sondern darin, daß sie Mittel zu einem ihr äußerlichen Zweck wird, „ ‚HEILMITTEL' und ‚LÄUTERUNGSMITTEL' für den gefallenen Menschen." Als Opfer und Schule der Demut kann so die Arbeit den Menschen zur Annahme der Erlösung disponieren. Vom Handwerkerleben Christi, das den Vollzug der Arbeit selbst adelt, und nicht nur im synergistischen Sinn vom „ ‚Segen der Arbeit' ", den „Gott zum Regen unserer Hände und unseres Geistes mit seiner Gnade

---

[175] Vgl. „Das Ressentiment im Aufbau d. Moralen": GW III, 103, Anm. 2; 21; *Phil. Weltanschauung* 14 u. 32f.
[176] Vgl. Vorrede zur 1. Aufl. von *Vom Ewigem im Menschen:* GW V, 7 u. *Die Stellung d. Menschen im Kosmos* 71.
[177] Vgl. dazu B. Van Onna, „Urstandsfragen im Lichte d. Evolutionsproblems"; in: *Concilium, Internat. Zeitschrift f. Theologie* 3 (1967), 495–499.

HINZUTUT", von dieser inneren Aufwertung der Arbeit, die mit zu den ,,Mysterien des Lebens Jesu" gehört, ist in diesem Zusammenhang bei Scheler nicht die Rede.[178] Im gleichen Sinn kann auch Kultur und Zivilisation niemals legitimer Selbstzweck sein. Der schroffe Riß zwischen dem Menschen als ,,Werkzeugtier" und ,,Pionier der Gnade" kann nur dadurch überbrückt, nicht eigentlich geheilt werden, daß die gesamte kulturelle Tätigkeit des Menschen immer mehr Kraft freisetzt für Kontemplation und Gottesliebe.[179] In derselben überspitzten Erbsündenauffassung, die weltzugewandtes Tun nur als, freilich defizientes, Mittel zum jenseitigen Heil gelten läßt, wurzeln auch die bekannten, das ganze Werk Schelers prägenden Spannungen zwischen ewigen Wesenheiten und zufälligem Dasein, praktischem Verstand und wesenschauender Vernunft, sammelnder Induktion und intuitiver Wesensschau, Herrschaftswissen und Bildungs- bzw. Heilswissen. Im Dienste der Überwindung aller Erdhaftigkeit steht auch jedes Bemühen um echte Bildung. Hier wird die ursprünglich in der christlichen Erlösung gesuchte Vergöttlichung als Ziel eines ewigen Prozesses der Menschwerdung gesehen, freilich mit der schon erwähnten Einschränkung, daß auch und gerade der Gebildete letztlich nicht aus sich selbst, sondern nur im Mitvollzug des göttlichen Urakts lebt. Nicht was Mensch ist, soll immer mehr Mensch werden, sondern was Mensch ist, soll und muß Gott werden; wiederum nicht Selbstvollzug, sondern ,,Selbstdeificatio".[180] Auch die Philosophie, besonders in ihrer Vollform, der Metaphysik, dient nicht eigentlich der vertieften und grundsätzlichen Erkenntnis der gesamten Seinswirklichkeit, sondern vor allem dem reflexen Rückbezug alles Seins auf den es tragenden göttlichen Grund. In diesem Sinn ist Philosophie für den Scheler der katholischen Zeit unter ausdrücklicher Berufung auf die biblische Seligpreisung der Armen im Geist zwar ,,KÖNIGIN der Wissenschaften" nach unten, von oben aus gesehen jedoch ,,freiwillige Dienerin und (sachlich) VORSTUFE des Glaubens (praeambula fidei)"; und in dieser freiwilligen Selbst-

[178] Vgl. zum Ganzen: ,,Arbeit u. Weltanschauung": GW VI, 273–289, bes. 276–282, 284; ferner den philosophischen Niederschlag dieser Arbeitsauffassung gegen den Pragmatismus in: ,,Erkenntnis u. Arbeit": GW VIII, 191–382.
[179] Vgl. ,,Zur Idee d. Menschen": GW III, 185–187.
[180] Vgl. ,,Die Formen d. Wissens u. die Bildung": *Phil. Weltanschauung* 22f., 26f., 31f.

begrenzung liegt ihre wahre Autonomie.¹⁸¹ Und für den späten Scheler ist auch nach Abstreifung der Unterwerfung unter den „derben Dogmenglauben der Kirchen" Philosophie als Metaphysik immer noch im Sinne einer „philosophischen Weltanschauung" der Weg zur teilnehmenden Erkenntnis des Grundes der Dinge und die Möglichkeit, „das Absolute ZU ERFASSEN und SICH IN ES EINZUGLIEDERN."¹⁸² Auch alle Naturphilosophie ordnet sich diesem Rahmen ein, denn ihr letztes Ziel ist „die ideale KOOPERATION des Habens, Wissens, Bewußtseins, Erkennens, Begreifens, Wesensschauens und Ideendenkens, Erklärens, des Kennens und der verstehenden Sympathie mit ihr [der Natur] als panphysiognomischem Ausdrucksfeld des ewigen Dranges und seiner charakterhaften Grundrichtungen."¹⁸³ – Pädagogischer Ausdruck dieser jede menschliche Tätigkeit sub specie aeterni betrachtenden Weltanschauung ist die Betonung des Persönlichkeitsideals gegen das bloße Leistungsideal. In der Stufung von religiösem, geistigem, politischem und ökonomischem Subjekt und in der gehorsamen Eingliederung alles irdischen Tuns in den einen großen Erlösungsprozeß vollzieht sich Kultur, die wieder bedeuten muß: „Alle Dinge zu ihrem je besonderen Sinne und Ziele führen helfen durch Erkenntnis, Liebe und Schaffen: zu dem Sinne und Ziele, der ihnen vorgezeichnet ist in den IDEEN, die Gott von ihnen hat ... Nur indem die Person alle Dinge miterlöst zu Gott und zu ihrem Ziele, vermag sie selbst mit Hilfe der Gnade sich zu ihrem Ziele zu führen, d.h. werden, wie Gott sie will."¹⁸⁴ Der Ausgleich jener diese ganze Weltanschauung durchziehenden Welt – Weltgrund-Spannung, der oben und unten gleichzeitig und gleich tief verwurzelte Allmensch, ist bezeichnenderweise kein erreichbares Produkt dieser Welt und Geschichte, sondern göttlich, ja das Endstadium des werdenden Gottes selbst.¹⁸⁵

Die Klammer um alle Einzeltätigkeiten der menschlichen Person, das zentrale Sinnziel, auf welches hin sie konvergieren, ist das „Heil". Nach den bisherigen Betrachtungen kann es nicht

---

¹⁸¹ Vgl. „Vom Wesen d. Philosophie": GW V, 73.
¹⁸² Vgl. *Phil. Weltanschauung* 110 u. 7; *Die Stellung d. Menschen im Kosmos* 90.
¹⁸³ „Erkenntnis u. Arbeit": GW VIII, 274.
¹⁸⁴ Vgl. „Vom kulturellen Wiederaufbau Europas": GW V, 445–447.
¹⁸⁵ Vgl. „Der Mensch im Weltalter d. Ausgleichs"; *Phil. Weltanschauung* 96, 104f.

mehr verwundern, daß Scheler gerade diesen biblischen Begriff zum Angelpunkt seiner Weltanschauung macht. Denn das Heil im christlichen Sinn ist jene freie Tat Gottes am Menschen, die durch keine Leistung zu verdienen ist, selbst aber jede Leistung in ihren Dienst nimmt. Mag sich der erste Gesichtspunkt mit zunehmender Entfremdung Schelers vom kirchlichen Christentum zugunsten einer relativen Selbsterlösung verdunkeln, der andere Aspekt, der Mittelcharakter aller innerweltlichen Tätigkeit zur Heilsvergöttlichung des Menschen, bleibt bis in die Spätphase hinein erhalten. Der katholische Scheler formuliert es unter Verweis auf die radikalen Forderungen Christi negativ: ,, ,Verlasse Vater und Mutter und folge mir nach' heißt darum hier die Weisung – ich füge hier hinzu: Verlasse Heimat, Volk, Vaterland, Staat, Nation, Kulturkreis – gegebenenfalls – für das Gesamtheil der endlichen Personwelt."[186] Die positive Erweiterung und Ergänzung im Sinne einer Hinordnung aller menschlichen Lebensbezüge auf die Gottverähnlichung bringt der um Fragen der rechten Menschenbildung immer mehr besorgte Scheler der Spätzeit: ,,Nicht in Waren, nicht in Kunstleistungen, auch nicht im unendlichen Erkenntnisprozeß der positiven Wissenschaften, sondern in diesem wohl- und edelgeformten SEIN des Menschen, in der GOTTMITVERWIRKLICHUNG durch den Menschen, endet jede geschichtliche Tätigkeit. Um des Menschenheiles in Deo willen ist nicht nur der Sabbat da, sondern auch alle Zivilisation, alle Kultur und alle Geschichte, aller Staat, alle Kirche und Gesellschaft: Salus animarum suprema lex."[187] Die für die Spätphase überraschende, geradezu ,,pastoraltheologische" Formulierung verrrät deutlich die wahren Wurzeln dieses so philosophisch sich gebenden Heilsimperativs.

§ 3. DIE GESAMTPERSON UND DAS PRINZIP DER SITTLICHEN SOLIDARITÄT

Es mag an der ungeheuren Ausweitung der beiden großen Kriege unseres Jahrhunderts zu echten ,,Welt"-Kriegen ebenso-

---

[186] *Der Formalismus* . . . : GW II, 535.
[187] ,,Die Formen d. Wissens u. die Bildung": *Phil. Weltanschauung* 32. Vgl. dazu die an wichtiger Stelle als fundamentales Programm von Schelers Ethik genannte Polarität von Sein und Leistung im Vorwort zur 2. Aufl. des ,,*Formalismus*": GW II, 16.

sehr liegen wie am positiven Erlebnis einer immer mehr zu einer globalen Einheit zusammenwachsenden Menschheit, daß jedesmal nach den beiden Weltkriegen der Vorwurf einer in der sittlichen Einheit aller Menschen wurzelnden Gesamt- oder Kollektivschuld am Kriegsgeschehen auftaucht. Bisweilen entsteht der Eindruck, als handle es sich bei dieser solidarischen Schuld der Menschheit als eines die Einzelindividuen überfordernden Ganzen um den höchsten und eigentlichsten Grad von Schuld, der dem Menschen überhaupt möglich ist. So etwa, wenn K. JASPERS in seiner ,,Psychologie der Weltanschauungen'' (1919) zwischen ,,eigenem Schuldbewußtsein'' und ,,Schuld in der Menschheit überhaupt'' unterscheidet und in ,,Die Schuldfrage'' (1946) – die beiden Erscheinungsjahre 1919 und 1946 sind bezeichnend genug – diese Mitschuld aller an allem Unrecht als ,,metaphysische Schuld'' bezeichnet, deren Instanz Gott allein ist.[188] Die Unmöglichkeit, einen oder mehrere individuelle Schuldträger für die Kriege zu finden, fördert die in jenen Strömungen auftretende Tendenz, die Menschheit als überindividuelle, vom Einzelnen unabhängige, ihn absorbierende Ganzheit anzusehen.

1. Gesamtperson und sittliche Solidarität im Rahmen des Imago-Dei-Schemas der allgemeinen Personlehre

Bezeichnend für die bis zur Widersprüchlichkeit gehende Spannweite Schelerschen Denkens ist, wenn gerade der Verherrlicher des ,,Genius des Krieges'' bereits in ,,Probleme der Religion'' ebenfalls von einer ,,GEMEINSCHULD Europas, ja der ganzen Welt an diesem Kriege'', gemeint ist der erste Weltkrieg, spricht.[189] Dieser auch bei Scheler unverkennbare Einfluß des Kriegsgeschehens auf seine Theorie von der Gesamtperson und der sittlichen Solidarität, die indessen noch aus anderen Quellen gespeist wird, darf wohl als psychologischer Anlaß für zwei Kennzeichen der Schelerschen Solidaritätslehre gewertet werden: Zunächst trägt diese Theorie bei Scheler einen negativen Akzent im Sinne eines Überwiegens der Gesamtschuld über das Gesamt-

---

[188] *Psychologie d. Weltanschauungen;* Berlin-Göttingen-Heidelberg, ⁵1960, 175f.; ,,Die Schuldfrage'', aufgenommen in: K. Jaspers, *Hoffnung u. Sorge. Schriften zur deutschen Politik;* München 1965, 77f. u. 108f.
[189] Vgl. GW V, 120.

verdienst, wie denn überhaupt in der auch hier bald zu erkennenden theologischen Fundierung die Erbsündenlehre in der schon bekannten zugespitzten Form dominiert und nicht etwa die universale Begnadigung der Welt in Christus.[190] Vor allem aber trägt der nach dem Krieg neu erwachte „mystische Gefühlsdemokratismus", jenes „bald mehr christlich, bald mehr dämonisch gefärbte mystisch-zerflossene Allgefühl" dazu bei, die Individualität und Selbstverantwortung des konkreten, empirischen Einzelmenschen zu überspringen zugunsten der Mitverantwortung in einem über(einzel)persönlichen Welt-Menschheits-Ganzen, der Gesamtperson; es ist die „Einsicht in die GESAMTSCHULD dieses Krieges", welche daran erinnert, „daß die ganze Welt in jeder Stunde nur als EIN unteilbares Ganzes, als eine moralisch kompakte Masse je steigt zu Gott hinan und fällt von Gott hinab ..."; und von der daran orientierten Kunst gilt: „ ‚Der' Mensch ist ihr Gegenstand! ‚Die' Menschen, das Individuum, sind uninteressant geworden."[191]

Die Theorie von der Gesamtschuld auf Grund einer ursprünglichen sittlichen Solidarität ist bei allem Anknüpfen an der Nachkriegssituation jedoch nicht verständlich ohne Rückgriff auf die vor allem im „Formalismus" dargelegte Lehre von der „Gesamtperson", die von Anfang an deutlich von der individuellen „Einzelperson" abgesetzt wird.[192] Der Gedankengang gliedert sich dabei in drei Schritte, an denen der Sprung von der Gemeinschaftsverwiesenheit des Menschen zu einem mit dem Einzelindividuum gleichursprünglichen überindividuellen Personenreich, der Gesamtperson, auffällt. Die drei Schritte lassen sich kurz zusammenfassen: 1. Der Mensch ist seiner Natur nach Gemeinschaftswesen im Sinne des aristotelischen ζῷον πολιτικόν. 2. Keine der faktischen Sozialeinheiten kann dem Menschen Erfüllung bringen; sie alle sind zu transzendieren in Richtung auf eine unermeßliche, universale, in Gott gegründete Gesamtperson. 3. Der Mensch ist als Individuum selbstverantwortlich, gleich-

---

[190] Scheler meint, „es ließe sich vielleicht der alte christliche Grundsatz auch philosophisch rechtfertigen, daß ceteris paribus *das Gute unbekannter bleibt als das Böse*, dieses stiller blüht und jenes mehr Geräusch in der Welt macht." *(Der Formalismus ...:* GW II, 506.)

[191] Vgl. „Probleme d. Religion": GW V, 122, 121.

[192] Vgl. *Der Formalismus ...:* GW II, 509–548; ferner: „Der allgemeine Begriff von ‚Nation' und die konkreten Nationalideen": GW VI, 336f. u. „Die christliche Liebesidee u. die gegenwärtige Welt": GW V, 371–377.

ursprünglich dazu ist er aber auch als Glied jener umfassenden Gesamtperson mitverantwortlich im Sinne einer Gesamtschuld und eines Gesamtverdienstes. – Der erkenntnistheoretische Hintergrund für diese These ist doppelt: Einerseits beruft sich Scheler im Sinne seiner phänomenologischen Wesensschau auf eine apriorische, von jeder faktischen Gemeinschaftserfahrung unabhängige und evidente Wesenseinsicht, der zufolge die Gesamtperson und das Gliedsein des Einzelnen in ihr „im Selbsterleben gegeben" sind als „erlebte Realität"; auch die Gottgegründetheit aller irdischen Gemeinschaft ergibt sich bereits aus dem „natürlichen Licht des Geistes."[193] Der Verweis auf die natürliche Vernunft hindert Scheler anderseits nicht daran, zwischendurch immer wieder aus dem Neuen Testament zu argumentieren. Mehr noch: Das corpus christianum der in übernatürlicher Heilssolidarität geschlossenen Kirche ist das erste und einzige (!) konkrete Beispiel der Verwirklichung jener apriorischen Wesensidee der Gesamtperson. „DIE EINHEIT SELBSTÄNDIGER, GEISTIGER, INDIVIDUELLER EINZELPERSONEN ‚IN' EINER SELBSTÄNDIGEN, GEISTIGEN, INDIVIDUELLEN GESAMTPERSON ... ist zugleich diejenige, von der wir behaupten, daß sie und sie allein den KERN und das ganz Neue des echten altchristlichen Gemeinschaftsgedankens ausmache und hier gleichsam zuerst zur historischen Entdeckung kam ..."[194] Und hinsichtlich der sittlichen Solidarität steht fest, daß „auch die zentralsten Grundgedanken des christlichen Glaubens" dieses an sich „der natürlichen Vernunft angehörige Prinzip" voraussetzen.[195] Diese enge Verbindung von phänomenologischer Wesensschau und christlicher Offenbarung, wie sie uns nicht mehr unbekannt ist, läßt erwarten, daß die Idee der solidarischen Gesamtperson, wenn schon nicht ihrer Herkunft nach, so doch

---

[193] Vgl. GW II, 509, 512; GW V, 374; ferner GW II, 510, 522, 524; GW V, 371, 376. Das Solidaritätsprinzip ist nach Scheler das Einheitsprinzip alles natürlichen Lebens überhaupt, dem gegenüber das darwinistische Kampf- und Ausleseprinzip sekundär und äußerlich bleibt: GW II, 286f.
Zum möglichen positiven Sinn von Gesamtperson und sittlicher Solidarität vgl. unsere Auswertung unten 259–262.
[194] *Der Formalismus...*: GW II, 522 (Sperrung von uns). Ferner eröffnete erst die Spannung zwischen christlichem Individualismus und christlicher Gemeinschaftsidee einerseits und dem antiken Korporationsgedanken anderseits nach Scheler die wahre Dimension des Verhältnisses von Einzel- und Gesamtperson: GW II, 514, Anm. 1.
[195] „Die christliche Liebesidee u. die gegenwärtige Welt": GW V, 376.

zumindest in ihrem Inhalt stark von theologischem Gedankengut beeinflußt ist.

Hinsichtlich der sozialen Natur des Menschen, des auf den ersten Blick so erfahrungsgebundenen Fundaments der Gesamtpersontheorie, legt Scheler großen Wert auf die Betonung der Eigenständigkeit und Unableitbarkeit dieses Wesenszuges aus der psychophysischen Raum-Zeit-Verwurzelung des Menschen. Weder auf die Existenz einer Körperwelt noch auf die Setzung einer psychischen Innenwelt kann Gemeinschaft als Möglichkeit und Tatsache bezogen werden. Deshalb ist die faktische Erfahrung oder Nicht-Erfahrung von Gemeinschaft nicht ausschlaggebend, sondern allein der Umstand, daß alle geistigen Grundakte des das Wesen des Menschen ausmachenden Liebens unerfüllt blieben ohne wenigstens intentionalen Bezug auf eine mögliche, wenngleich faktisch vielleicht nie erreichbare oder freiwillig aufgegebene Gemeinschaft. Auch in diesem Zusammenhang begegnet uns die psychophysische Indifferenz in dem bereits bekannten Sinn einer souveränen Unabhängigkeit von aller raumzeitlichen Konkretion des reinen Wesens. ,,Gemeinschaft und Geschichte sind mithin psychophysisch INDIFFERENTE Begriffe'', schreibt Scheler.[196] Die Unabhängigkeit der sozialen Natur des Menschen von seiner leiblich-biologischen Verwiesenheit auf die Eltern und das andere Geschlecht meint Scheler wieder nur durch Rückzug auf sein theonomes Grundprinzip wahren zu können. So ist die soziale Natur des Menschen nicht nur unabhängig von aller Vitalgemeinschaft und gleichursprünglich dazu, sondern in einem Atemzug ,,eigenen und höheren Rechts'', ja nicht nur ,,höheren'', sondern ,,göttlich geistigen Ursprungs wie göttlich sanktionierten Rechtes.''[197]

Diese Ausrichtung auf Gott im Sinne der stets im Hintergrund stehenden Imago-Dei-Lehre wird auch bestimmend für die eigentliche Theorie von der Gesamtperson, die im wesentlichen eine Rekapitulation und Anwendung der bereits bekannten Personlehre ist. Schon von da her steht zu erwarten, daß die Grundcharakteristik der Einzelperson als Abbild und Nachvollzug der göttlichen Ur-Person auch in der Lehre von der Gesamtperson eine Rolle spielt. Von großer Bedeutung für die Natur dieser

---

[196] *Der Formalismus* . . .: GW II, 510.
[197] ,,Die christliche Liebesidee u. die gegenwärtige Welt'': GW V, 373.

Gesamtperson ist dabei der Weg, der zur Annahme dieser überindividuellen Realität führt. Er besteht darin, daß in ausdrücklicher Anlehnung an AUGUSTINUS und sein bekanntes Wort vom inquietum cor das uns bereits bekannte Prinzip der Selbsttranszendierung auch auf alle menschliche Gemeinschaft angewandt wird. Wie der Mensch ohne die seine empirische Existenz beständig in den Raum der Gnade und des göttlichen Geistes transzendierenden geistigen Akte nur ,,Menschentier" ist, so ist es auch eine für Vernunft und Herz gleichevidente Tatsache, daß keine der faktischen irdischen Gemeinschaften das umfassende Liebesverlangen des Menschen zu befriedigen vermag. Der Mensch ist daher gezwungen, beständig die ihn tragenden Gemeinschaften, mögen sie auch noch so weitreichend sein, zu übersteigen. Das Ziel dieses Überstiegs kann nur die überirdische Gemeinschaft mit einer unendlichen Person, mit Gott sein, so sehr, daß Scheler aus dem nur im Unendlichen erfüllbaren sozialen Streben des Menschen sogar einen neuen Gottesbeweis, den ,,soziologischen", ableitet. Die diesmal als erfahrbare Wirklichkeit eines unstillbaren Strebens ,,postulatorisch" ausgewertete Imago-Dei-Lehre führt nun zu einer Wesensbestimmung der Gesamtperson, die nur noch den Worten nach die Individualität der Einzelperson wahrt, während sie inhaltlich in Hypostasierung des bereits bekannten biblischen ,,Reich"-Gedankens eine neue, überirdische, überindividuelle, in Gott gegründete Gesamtwirklichkeit aufrichtet: Das Wesen der Gesamtperson besteht in der ,,Idee eines solidarischen Liebesreiches von individuellen selbständigen geistigen Einzelpersonen in einer Vielheit von ebensolchen Gesamtpersonen (der Gesamtpersonen untereinander sowie der Einzelperson und Gesamtperson überhaupt aber allein in Gott)."[198] Die so umschriebene und in Gott gegründete Gesamtperson wirft aber auch in konsequenter Umkehr der Imago-Dei-Lehre erst das rechte Licht auf die irdischen Formen menschlicher Gemeinschaft: sie sind nur zu verstehen und richtig zu deuten in lumine Dei, weil sie auch seinsmäßig nur möglich sind in und durch Gott, wofür auf eine wichtige theologische Wurzel, auf die neutestamentliche Verwurzelung von Selbst- und Näch-

---

[198] *Der Formalismus* . . .: GW II, 527; vgl. ,,Die christliche Liebesidee u. die gegenwärtige Welt": GW V, 373, wo die Gesamtperson mit ähnlichen Worten und im bisher dargestellten theologischen Zusammenhang umschrieben wird (vgl. folgende Anm.).

stenliebe in der Gottesliebe verwiesen wird.[199] Gegenüber der göttlichen Gesamtperson – auch in diesem Sinn ist Schelers Rede von Gott als ,,Person der Personen" zu verstehen – ist jede irdische Gesamtperson – als einzige im Vollsinn wird sich die Kirche erweisen – abgeleitet und sekundär und erst recht jede konkrete Einzelperson. Die Überweltlichkeit und Überindividualität der Gesamtperson ist noch im einzelnen zu zeigen.

Besonders in der negativen Charakteristik der Gesamtperson ergibt sich eine deutliche Ähnlichkeit mit bereits bekannten Merkmalen der Person überhaupt. Auch die Gesamtperson ist unabhängig von jeder welthaften Konkretisierung, wohl aber

[199] Zur Veranschaulichung des dargestellten Gedankengangs und als Musterbeispiel der von Scheler geübten Phänomenologisierung theologischer Daten sei ausführlicher und gegenüberstellend zitiert:

,,Es ist nichts unserer Vernunft, nichts unserem Herzen klarer und gewisser, als daß uns keine *einzige* dieser faktischen irdischen Gemeinschaften ... je ganz befriedigen würde. Und da nun alle Gemeinschaften dieser Art nicht nur geistige Gemeinschaften sind, sondern auch *Person*gemeinschaften, so findet dieses im Prinzip unendliche Drängen und diese Vernunftforderung nach immer reicherer, umfassenderer und höherer Gemeinschaft nur in *einer* Idee ihren möglichen Abschluß und ihr vollkommenes Genügen: In der Idee einer Liebes- und Geistesgemeinschaft mit einer unendlichen geistigen Person, die zugleich der Ursprung, der Stifter und der Oberherr aller möglichen geistigen Gemeinschaften, wie auch aller irdischen und faktischen ist."

,,Unser Herz und unsere Vernunft sind sich gleich klar und gewiß, ... daß wir die Gemeinschaften, in die wir uns einbezogen wissen, erst dann im rechten und wahren Lichte zu schauen und zu denken vermögen, wenn wir sie gewahren gleichsam auf dem *göttlichen Hintergrunde* dieser höchsten und abschließenden Gemeinschaft aller geistigen Naturen; ... hier erst ruht ... das unendliche Drängen ... : ,inquietum cor nostrum, donec requiescat in te.' In Ihm und durch Ihn sind wir wahrhaftig *geistig* auch erst *unter uns* verbunden. Dies eben meint das ,vornehmste' und ,größte' Gebot (Markus 12, 30–31), Selbstheiligung und Nächstenliebe in die gemeinsame Wurzel der Gottesliebe einsenkend." (Die christliche Liebesidee u. die gegenwärtige Welt: GW V, 373, 374).

Dasselbe findet sich im ,,Formalismus" so sehr in Ausdrücken der Aktphänomenologie, daß nicht einmal die ,,Idee" Gottes genannt wird: ,,Wie es also im Wesen einer endlichen Person liegt, Glied einer Sozialeinheit überhaupt zu sein, wie es weiter im Wesen aller Sozialeinheit liegt, eine partiale Ausprägung auch einer konkreten Gesamtperson zu sein – so liegt es auch im Wesen jeder gegebenen Sozialeinheit, ein *Glied* einer sie umfassenden Sozialeinheit zu sein, und im Wesen jeder Art von gegebener Gesamtperson, auch oder gleichzeitig *Glied* einer sie umfassenden *Gesamtperson* zu sein. All dies sind streng apriorische Sätze, die uns eben vermöge ihrer Apriorität auch zwingen, jede gegebene, faktische und irdische Gemeinschaft im Geiste zu transzendieren, d.h. als Glied einer sie umfassenden Gemeinschaft aufzufassen. Ob dieser transzendierende Akt auch ,Erfüllung' finde in einer faktischen Erfahrung oder nicht, ist für Sinn und Wesen dieses ,Bewußtseins von' gleichgültig ... Der jeweilige *Gesamt*gehalt alles Erlebens von der Art des ,Miteinandererlebens' ... ist die *Welt* einer Gemeinschaft, eine sog. *Gesamtwelt*, und ihr konkretes Subjekt auf der Aktseite ist eine *Gesamtperson* ... Die Gesamtperson und ihre Welt ist in keiner der zu ihr gehörigen Gliedpersonen *ganz*, in jeder und von jeder erlebt, aber als ein sie an Dauer, Gehalt und Wirkensspielraum Überragendes gegeben." (GW II, 510f., 513.)

deren apriorische Bedingung. Wie die Einzelperson eine ihren Akten gegenüber neue und transzendente Wirklichkeit ist, so kann auch die Gesamtperson keinesfalls auf einen vertragsmäßigen Zusammenschluß von Einzelpersonen zurückgeführt werden. Sosehr Einzelpersonen als Glieder zu einer Gesamtperson gehören, so unabhängig davon ist diese doch ihrem Wesen und ihrer Entstehung nach. ,,Die Gesamtperson oder Verbandsperson ist nicht aus Einzelpersonen zusammengesetzt in dem Sinne, daß sie erst durch solche Zusammensetzung entspringe; ... ihre Existenz und deren strenge Kontinuität als Gesamtperson ist nicht an die Existenz derselben Einzelpersonindividuen geknüpft."[200] Noch viel weniger ist die Gesamtperson an die Annahme oder Existenz von Leibern gebunden. Von der psychophysischen Indifferenz von Gemeinschaft überhaupt im Sinne der Leib-Seele- und damit Weltüberhobenheit war schon die Rede. Gemeinschaft ist ,,nicht ein je historisch zufälliges irdisches, etwa auf bloßen klugen, willkürlichen, von Menschen gemachten Verträgen beruhendes Zusammenwirken einer Gruppe verständiger Leiber", sondern geht notwendig hervor ,,aus dem ENTWURFE UND DEM GÖTTLICHEN WESENSBILDWERKE EINES VERNÜNFTIGEN GEISTES UND HERZENS selbst."[201] Diese Gottgegründetheit ist wie im Fall der Einzelperson auch für die Gesamtperson der Grund ihrer wesenhaften Unterschiedenheit von aller leiblichen Konkretion. Die geistige Gesamtperson ist ,,nicht mehr ein natürliches, gewachsenes organisch-leibliches, sondern ein konkretes GEISTIGES AKTIONS- und WILLENSZENTRUM"; sie hat ,,etwas Ungreifbares, Unsinnliches gegenüber Familie, Stamm, Volk." Wohl bleibt sie auf diese Lebensgemeinschaften als Fundament angewiesen. ,,Aber sie besteht nicht in ihnen, sondern unterscheidet sich von ihnen wie die geistige Person von ihrem Leibe."[202] Gerade das letzte Zitat zeigt, daß alles über die Leibunabhängigkeit der nach dem göttlichen Geist gebildeten Einzelperson Gesagte auch auf die Gesamtperson anwendbar ist. Diese seinsmäßige Unabhängigkeit der Gesamtperson von aller sinnlich-leibhaften Ausformung hat selbstver-

---

[200] *Der Formalismus* ...: GW II, 512, 513.
[201] ,,Die christliche Liebesidee u. die gegenwärtige Welt": GW V, 375.
[202] Vgl. ,,Der allgemeine Begriff von ,Nation' u. die konkreten Nationalideen": GW VI. 337.

ständlich auch hier ihr erkenntnistheoretisches Korrelat. Erfahrung echter Gemeinschaft hat für deren Erkenntnis als Wesensmerkmal des Menschen keinerlei Bedeutung. Auch ein „erkenntnistheoretischer Robinson" würde auf Grund des intentionalen Wesens der auch an ihm auftretenden Akte des Miteinandererlebens die überindividuelle Realität einer Gesamtperson erfassen[203] – eine These, deren empirische Überprüfung ebenso reizvoll wie schwierig ist. Wie für die Einzelperson ist auch für die Gesamtperson vor aller räumlichen, zeitlichen, biologischen und psychologischen Fundierung die souveräne, göttliche Geistigkeit einheitstiftend. Auch die Gesamtperson ist „primär Einheit eines GEISTIGEN Aktzentrums - nicht eine solche primär des Ortes (Territorium), oder der Zeit (Tradition), oder der Abstammung (Blut); nicht auch eine solche eines GesamtZWECKES . . ."[204]

Damit ergibt sich die positive Umschreibung der Gesamtperson als neue, ursprüngliche und vor allem eindeutig überindividuelle, wenngleich wie die Einzelperson leiblos aus sich selbst individuierte Gesamtwirklichkeit. In diesem Sinne ist Gesamtperson ein durchaus eigenständiges „Zentrum des Erlebens", ein „geistiges INDIVIDUUM wie die Einzelperson", die „Einheit eines geistigen Aktzentrums" und „selbst ein konkretes geistiges Aktzentrum."[205] Als solches hat die Gesamtperson echte, von den Akten der Einzelperson verschiedene geistige Eigenakte und deshalb auch eine über die Einzelnen hinausgehende „Eigenrealität"; sie ist eine „Gesamtrealität" mit „Gesamtgeist" und „Gesamtwillen", mit einem „von dem ‚Bewußtsein von' der EINZELPERSONEN verschiedenen selbständigen ‚Bewußtsein von'." Das Verhältnis der Einzelpersonen zu diesem neuen, überindividuellen Aktzentrum wird im schon bekannten Sinn als Teilhabe bezeichnet.[206]

Dieser neue, einheitliche Geistes-, Willens-, Bewußtseins-Gesamtakt der Gesamtperson ist für das Verständnis des sittlichen Solidaritätsprinzips unentbehrlich. Dieses „große moralische und religiöse Prinzip" ist für Scheler „ein ewiger

---

[203] Vgl. *Der Formalismus* . . .: GW II, 511 u. „Die christliche Liebesidee u. die gegenwärtige Welt:" GW V, 372; ferner: *Wesen u. Formen d. Sympathie* 269–272.
[204] *Der Formalismus* . . .: GW II, 531.
[205] A.a.O. 510, 514, 531, 532.
[206] Vgl. „Der allgemeine Begriff v. ‚Nation' u. die konkreten Nationalideen": GW VI, 336f.; *Der Formalismus* . . .: GW II, 512.

Bestandteil und gleichsam ein GRUNDARTIKEL EINES KOSMOS
ENDLICHER SITTLICHER PERSONEN", ja ,,das oberste Axiom aller
Sozialphilosophie und Sozialethik."²⁰⁷ Auch hier steht eine
phänomenologische, an Aktqualitäten orientierte Beschreibung
neben dem theologisch ausgerichteten Rückbezug alles sittlichen
Handelns auf Gott, den umfassenden Grund aller Solidarität.
In phänomenologischen Termini besagt das Prinzip der sittlichen Solidarität, ,,es gäbe neben und unabhängig von der verschuldeten Schuld eines jeden Individuums resp. den ‚selbstverdienten' Verdiensten noch eine GESAMTschuld und ein
GESAMTverdienst, die nicht in die Summe jener erstgenannten
aufzurechnen seien und an denen jedes Individuum ... teilhabe;
es sei ebendaher jedes persönliche Individuum nicht nur für
seine eigenen individuellen Akte, sondern auch für die aller
anderen ursprünglich ‚MITVERANTWORTLICH'."²⁰⁸ Die Gleichursprünglichkeit dieser Mitverantwortung mit der Selbstverantwortung wird betont in dem Sinne, daß jedes Individuum vor
aller freien und bewußten Zustimmung zur jeweiligen Gemeinschaft und unabhängig von Amt, Rang oder Würde in der Gemeinschaft für das Ganze der Gesamtperson mitverantwortlich
ist. Bewußte Mitwirkung der Einzelpersonen am sittlichen Gesamtwert der Verbandsperson macht diese Mitverantwortung nur
an einer bestimmten Raum-Zeit-Stelle sichtbar, ,,lokalisiert" sie,
schafft sie aber keineswegs. Worauf es also bei dieser Mitverantwortlichkeit ankommt, ist nicht die frei verantwortliche Einzelperson, sondern ihr Wesen als zufällige und kontingente Ausformung des einen personalen Aktes, den sie mit allen anderen
Personen in der Gesamtperson gemeinsam hat. ,,Es ist ja die in
allen identische Personhaftigkeit jedes Individuums einer Gemeinschaft, nicht die Individualität der Person, die mit der Autonomie auch die Verantwortlichkeit überhaupt begründet."²⁰⁹
Auch Scheler sieht, daß die wesensmäßige Gegenseitigkeit aller
sittlichen Akte zur Begründung seines umfassenden, ins Unendliche reichenden Solidaritätsprinzips nicht ausreicht. Dazu bedarf
es vielmehr der bereits bekannten These, daß Person nicht Sub-

---

²⁰⁷ Vgl. ,,Die christliche Liebesidee u. die gegenwärtige Welt": GW V, 375; *Der Formalismus* ...: GW II, 523; *Wesen u. Formen d. Sympathie* 245.
²⁰⁸ *Der Formalismus* ...: GW II, 488.
²⁰⁹ A.a.O. 498, vgl. 522f.

stanz mit Akten ist, sondern Teilnahme an einem strömenden Urakt, davon die Einzelakte nur zufällige, „abstrakte", gegeneinander vertretbare Manifestationen des einen Konkretums sind, wobei „die ganze Person in JEDEM ihrer Akte ist und lebt." Dieser (nicht sehr deutliche) Hinweis auf den einen Personakt, an dem Einzel- wie Gesamtperson auf im Grunde belanglos verschiedene Weise teilhaben, ist die eigentliche Basis des sittlichen Solidaritätsprinzips. Nur so wird einigermaßen verständlich, wieso ein bestimmter Akt das Ganze endlicher Personen affizieren kann: Jeder Akt wirkt als Ausdruck des einen Urakts sowohl auf die ganze Einzelperson wie auch auf die Gesamtheit aller „MÖGLICHEN ,anderen'."[210]

Für die theologisch orientierte Verwurzelung des Solidaritätsprinzips und damit der Gesamtperson könnten diese Reminiszenzen aus der Personlehre genügen. Scheler wird indes wesentlich deutlicher. Mitten in der phänomenologischen Beschreibung des Solidaritätsprinzips findet sich ein bezeichnender Hinweis auf den alles tragenden einen Akt Gottes. Scheler benützt dazu die biblische Vorstellung vom Weltgericht. Im Hintergrund steht dabei die uns schon bekannte Übertragung von der simultanen intuitiven göttlichen Erkenntnis auf den Bereich der menschlichen Person. Wie Gott alle Menschen in einem Akt richtet, so entspricht diesem Richten auf Seite der Menschen ein einziger Akt der Verantwortung, in dem alle zu einem werden und jeder das Ganze vertritt analog zum Verhältnis der Einzelakte zur Person in der individuellen Person. Entscheidend ist dabei, daß von der Einheit und Ungespaltenheit des göttlichen Uraktes her die raumzeitliche Vielfalt und Differenzierung der empirischen Einzelpersonen unterdrückt wird. „Stellen wir uns etwas vor wie ein Weltgericht, so würde vor dem höchsten Richter keiner allein gehört werden: Alle zusammen müßten sie dem höchsten Richter in der Einheit EINES Aktes Rede stehen und alle zusammen müßte das Ohr des höchsten Richters in EINEM Akte sie vernehmen. Keinen würde er richten, bevor er nicht ALLE MITvernommen hat, MITverstanden, MITgewürdigt; und in JEDEM würde er das GANZE ebensowohl wie das Ganze in jedem mitrichten."[211]

[210] *Der Formalismus* ... GW II, 523–526.
[211] A.a.O. 523.

Der gleiche Bezug auf die umfassende Erkenntnis Gottes taucht dort auf, wo das sittliche Solidaritätsprinzip theonom als Ausdruck und Folge der in Gott gegründeten Einheit der Welt umschrieben wird. Von der bewußten Eigenverantwortung der Einzelpersonen wird dabei ausdrücklich abgesehen. Die Tatsache der sittlichen Einheit der Welt (als Folge ihrer in Gott ruhenden seinsmäßigen Einheit) im Sinne eines „moralischen Universums" das „ins Unendliche geht, bleibt uns nur deshalb verborgen, weil wir nicht die umfassende Erkenntnis des allwissenden Gottes besitzen. Dennoch sind wir nach Scheler auch ohne Einsicht in die Auswirkungen unseres sittlichen Handelns auf das sittliche Gesamt dafür mitverantwortlich. In diesem vollen Umfang besagt das Prinzip der sittlichen Solidarität, „daß wir uns wahrhaftig bei ALLER Schuld mitschuldig fühlen sollen. Es besagt also, daß wir ganz URSPRÜNGLICH und von Hause aus – auch da, wo uns Maß und Größe unserer faktischen Mitwirkung nicht sichtlich vor Augen stehen – vor dem lebendigen Gott ALLES Steigen und Sinken des moralischen und religiösen Zustandes der GESAMTHEIT der sittlichen Welt als einer in sich solidarischen Einheit mitzuverantworten haben ... Es gibt keine noch so kleine moralische Regung, die nicht wie der Stein, der ins Wasser fällt, unendliche Kreise um sich zöge – und auch diese Kreise werden nur für das rohe, unbewaffnete Auge schließlich unsichtbar. Schon der Physiker kann sie viel weiter verfolgen – und wie weit erst vermag es der allwissende Gott."[212] Die bewußte Einzelverantwortung auf Grund der Übersehbarkeit der eigenen Taten kommt als Fundament des sittlichen Solidaritätsprinzips nicht in Frage. Auch hier zeigt sich deutlich jene Entwertung alles Empirischen, raum-zeitlich Faßbaren, Einzelnen zugunsten eines gerade noch erahnbaren, mystischen und ideenhaften Ganzen, die schon bekannt ist und in Schelers Spätphase zum konsequenten Ausbau gelangt. Scheler betont klar die Mitverantwortlichkeit trotz Unmöglichkeit der persönlichen Einsicht in die sittliche Gesamtperson: „Jeder von uns war bei einer unermeßlichen Fülle von guten wie schlimmen Dingen mittätig, von denen er keine Ahnung hat, ja haben KANN und für die er gleichwohl vor Gott die Mitverantwortung trägt."[213] Was das Prinzip der sitt-

---

[212] „Die christliche Liebesidee u. die gegenwärtige Welt": GW V, 375f.
[213] Für dieses philosophisch (aber auch theologisch) keineswegs einsichtige Prinzip

lichen Solidarität trägt, ist also nicht Verhalten, Tätigkeit und Einsicht lebendiger Menschen, die sich frei und bewußt zur Gemeinschaft zusammenschließen, sondern der Einzel- wie Gesamtperson fundierende göttliche Urakt. Wie dieser eine göttliche Akt bewirkt, daß die Person nicht Summe ihrer Akte, sondern einheitliches Aktzentrum ist, so formt er auch die neue, alle Einzelindividuen überhöhende Akteinheit der Gesamtperson. In dieser Rückbindung der Gesamtperson an Gott, die Gemeinschaft und soziale Akte erst ermöglicht, jedoch im vollen Umfang nur dem allwissenden Gott zugänglich ist, liegt die seinsmäßige Grundlage für das Prinzip der Mitverantwortlichkeit.[214] Erst von da her ist die Auffassung der Gesamtperson als eines überweltlichen, überindividuellen Einheitszentrums voll verständlich. Diese Rückbindung von Einzel- und Gesamtperson an Gott im Sinne der Schelers Persontheorie zugrundeliegenden Imago-Dei-Lehre macht auch begreiflich, daß in solcher Sicht Gott die letzte und eigentliche Bedingung der Möglichkeit aller faktischen Gemeinschaften ist.[215] Die ontische Solidarität als ethische Aufgabe des Menschen und ihre Verwurzelung im übersinnlichen Raum bleibt, modifiziert durch die charakteristische Geist-Leben-Spaltung und die Ausdehnung des innerweltlichen Werdeprozesses auf den Weltgrund, auch beim späten Scheler erhalten: ,,Der Mensch muß wieder neu lernen, die große unsicht-

---

verweist Scheler bezeichnenderweise auf 1 Kor 4, 3f.; vgl. ,,Die christliche Liebesidee u. die gegenwärtige Welt'': GW V, 376.

[214] ,,Denn wenn Gemeinschaft nicht ein je historisch zufälliges irdisches, etwa auf bloßen klugen, willkürlichen, von Menschen gemachten Verträgen beruhendes Zusammenwirken einer Gruppe verständiger Leiber ist, sondern wenn Gemeinschaft notwendig hervorgeht aus dem *Entwurfe und dem göttlichen Wesensbildwerke eines vernünftigen Geistes und Herzens* selbst, wenn sie in der ganzen Spannweite ihrer höchsten Idee das Übersinnliche, ja sogar dessen höchsten Herrn und das Zentrum aller Dinge *von Hause aus* mitumfaßt, und wenn durch dieses göttliche Zentrum erst die Möglichkeit und wahre Verbindlichkeit gegenseitiger Versprechungen und Verträge gewährleistet ist – so müssen wir auch von Hause aus gegenseitig für einander ... verantwortlich sein. Es ist also jeglicher auch für die Gesamtschuld und das Gesamtverdienst mitverantwortlich, die seiner Gemeinschaft als einer Einheit und Ganzheit und nicht als einer ‚Summe' derjenigen Individuen zukommen, die ihre ‚Glieder' heißen.'' (,,Die christliche Liebesidee u. die gegenwärtige Welt'': GW V, 375.)

[215] Vgl. *Der Formalismus* . . .: GW II, 15, 527. ,,. . . als grundlegende und oberste Bedingung für die ideale Möglichkeit des Stattfindens aller anderen [Gemeinschaftsarten] läßt sich die Gemeinschaft jeder Person mit Gott als der Person der Personen herausstellen . . .; . . . unserer These gemäß, wonach Person und das Ganze selbständig und füreinander da sind, aber niemals n u r füreinander, sondern beide zugleich für Gott als Person und erst ‚in' Gott auch ihrerseits füreinander.'' *(Wesen u. Formen d. Sympathie* 265; 267.)

bare SOLIDARITÄT ALLER LEBEWESEN untereinander im Alleben, aller Geister aber im ewigen Geiste, zugleich die SOLIDARITÄT DES WELTPROZESSES MIT DEM WERDESCHICKSAL IHRES OBERSTEN GRUNDES und dessen Solidarität mit dem Weltprozeß zu erfassen."[216]

2. Weitere theologische Modelle

Neben der auf der Linie der allgemeinen Persontheorie liegenden Rückführung der sittlichen Gesamtperson auf den einen göttlichen Urakt sind es noch andere biblische bzw. patristische Theologoumena, welche die Lehre von der sittlichen Solidarität fundieren und ihren überindividuellen Einheitscharakter bestimmen. Deutlich zeichnen sich folgende untereinander zusammenhängende Themenkreise ab: Schelers eigenwillige Auslegung der biblischen Lehre vom ,,größten" Gebot der Gottes- und Nächstenliebe, die paulinisch-patristische Leib-Christi-Theologie mit ihrer Anwendung auf die universale Heilsgemeinschaft der Kirche und für die Annahme einer Gesamtschuld das Erbsündendogma in seiner exegetisch unhaltbaren Interpretation als eines Falles aller ,,in" Adam.

Grundlegend für die Fundierung aller Gemeinschaft und Solidarität in Gott ist die schon bekannte These von der Gottesliebe als Wurzel aller anderen Liebe. Scheler stützt sich dabei auf das ,,größte" Gebot Christi (vgl. Mk 12, 30f.), wobei übersehen wird, daß zwar eine Gleichwertigkeit von Gottes- und Nächstenliebe ausgesprochen ist, jedoch beide als durchaus verschiedene Aktvollzüge erscheinen und das Maß der Nächstenliebe an der Selbst-, nicht an der Gottesliebe genommen wird. Scheler hingegen sieht hier das theologische Fundament seiner Einheits- und Solidaritätsspekulation. Allem zugrunde liegt der eine göttliche Liebesakt, der Gott und die Geschöpfe gleichermaßen umfaßt und, wie wir schon sahen, das Wesen Gottes ausmacht. Menschliches Lieben ist aber nichts anderes als Nach- und Mitvollzug des göttlichen Liebesaktes und nur als solcher möglich. Daraus folgt, daß der liebende Mensch ebenso wie Gott im liebenden Erfassen

---

[216] ,,Der Mensch im Weltalter d. Ausgleichs": *Phil. Weltanschauung* 108; vgl. a.a.O. 124, Anm. 16. Schon der katholische Scheler hatte Gott in die endlich-unendliche Personengemeinschaft solidarisch einbezogen, vgl. Anm. 214.

des göttlichen Wesens gleichzeitig auch die Menschen mitliebt, „so daß wir Menschen uns zur Kreatur neben uns analog verhalten wie Gott zu uns Menschen."²¹⁷ Wieder ist jene schon bekannte Übertragung der göttlichen Akstruktur auf den Menschen zu beobachten, wonach Gott alles von sich Verschiedene in dem einen Akt, der er selbst ist, erfaßt und nur so. Das Wesen Gottes, die Einheitsform des göttlichen Liebesaktes, wird so auch zur einzigen Einheitsform alles menschlichen Liebens. Dies hat zur Folge, daß einerseits jede menschliche „Liebe ‚zu Gott' immer gleichzeitig ein MITLIEBEN DER MENSCHEN, JA ALLER KREATUREN MIT GOTT – ein amare mundum in Deo – in sich einschliessen muß", daß aber anderseits jede Verbundenheit und Solidarität nur gleichsam auf dem „Umweg" über Gott zu erreichen ist: „In Ihm und durch Ihn sind wir wahrhaftig GEISTIG auch erst unter UNS verbunden."²¹⁸ Damit aber ist der theologische Grund gelegt für die neue, streng überindividuelle und von aller persönlichen Zuneigung ihrer Glieder völlig unabhängige sittliche Gesamtperson.

Eine konkrete Inhaltlichkeit erhält diese neue Gesamtwirklichkeit in dem „auf die christliche Liebesidee gegründeten Gedanken der Heilssolidarität Aller im corpus christianum."²¹⁹ Diese bei Paulus, vor allem im Epheserbrief, deutlich greifbare Leib-Christi-Theologie (Christus als „Haupt" und „Retter" des einen Leibes, der Kirche) wird im Anschluß an die Kirchenväter von Scheler mit der Eucharistie und vor allem mit der universalen Heilsanstalt der Kirche in Verbindung gebracht. Bedeutsam für die Idee der Gesamtperson ist dabei wieder das neue Einheitsband, welches die Glieder des Leibes Christi mit dem Haupt und dadurch untereinander verbindet. Hatten die Kirchenväter vielfach diesen Leib Christi als „mystische", d.h. sakramental-zeichenhafte, die physische Individualität der Glieder nicht auslöschende Einheit verstanden, so findet sich dieser geläufige, wenngleich in der Theologie nicht immer im ursprünglichen Sinn verstandene Terminus bei Scheler bezeichnenderweise nur in Verbindung mit Christus. Der neue Leib hingegen heißt

---

[217] „Probleme d. Religion": GW V, 220.
[218] „Liebe u. Erkenntnis": GW VI, 90 u. „Die christliche Liebesidee u. die gegenwärtige Welt": GW V, 374.
[219] *Der Formalismus* ...: GW II, 522.

„Gesamtleib", der sich zur Gesamtperson so verhält wie der empirische Leib zur Einzelperson, also eine Art neue, physische Überwirklichkeit bildet. In diesem Sinne nun ist der Leib Christi Realvorbild für alle menschliche Gemeinschaft.[220] Aus der Haupt-Funktion Christi wird in phänomenologisierender Sprache die „Souveränität" der Gesamtperson über den Gesamtleib, dessen einfachste Einheit bezeichnenderweise immer noch eine Lebensgemeinschaft (etwa der Familie oder Ehe), niemals aber die Einzelperson ist.[221] Die Phänomenologisierung eines streng

---

[220] Die christliche Gemeinschaftsidee beinhaltet „die solidarische Gliedschaft und wahre Mitverantwortlichkeit aller Seelen vor Gott in *einem* wahrhaft sie umfassenden, dem Ursprung und der Ganzheit nach unsichtbaren und gleichwohl in die Sichtbarkeit kraftvoll hineinragenden und hineinwirkenden Körper. Diesen umfassenden Gesamtleib, dessen ‚Glieder' alle Kinder Adams sind, lehrt uns die göttliche Offenbarung kennen als Corpus Christi, als die alle Menschen (Lebendige wie Tote) und alle Engel *umfassende Kirche* mit ihrem unsichtbaren mystischen Haupte Christus und ihrem sichtbaren Haupte, dem Nachfolger Petri. Im rechten Genusse des heiligen Abendmahles werden wir gewiß . . . dieser heiligen, höchsten Gliedschaft in Liebe, Leiden und Dienstschaft im Leibe Christi. Ein wenn auch noch so schwaches *Nachbild* dieser *höchsten Korporation*, der wir angehören, muß aber auch jede außerkirchliche, weltliche Korporation und Verbandsform sein." („Die christliche Liebesidee u. die gegenwärtige Welt": GW V, 381; vgl. auch: „Prophetischer oder marxistischer Sozialismus?": GW VI, 264f.)

[221] Vgl. *Der Formalismus* . . .: GW II, 531f. „Wie immer solcher Leib einer Gesamtperson in sich gegliedert sei, – niemals gelangen wir im Vorgehen zu seiner einfachsten Einheit auf den Einzelnen. Der Einzelne, und irgendwelche Gruppeneinheiten von Einzelnen, sind vielmehr stets *Elemente* der *Gesellschaft*, der das Merkmal einer Gesamtrealität überhaupt fehlt." (A.a.O. 532.)

Eine höchst aufschlußreiche Reperkussion des hier freigelegten theologischen Hintergrundes der Schelerschen Gesamtpersonlehre stellen die Ausführungen des Scheler-Schülers D. v. Hildebrand dar. Hildebrand betont, daß keine natürliche Gemeinschaft wegen der individuellen Eigenständigkeit ihrer Glieder als Organismus bezeichnet werden kann. „Nur die Idee der übernatürlichen Gemeinschaft des Corpus Christi mysticum stellt uns einen Typus von Gemeinschaft vor Augen, der mit einem Organismus in ontischer Hinsicht *verglichen* werden kann. Denn das übernatürliche Leben der Gotteskindschaft im einzelnen Menschen repräsentiert ja eine Realität, die sogar noch eigentlichere und höhere Realität ist als die Realität der natürlichen geistigen Person, und dieses übernatürliche Leben des einzelnen ist durchaus getragen von der Gemeinschaft. Nur durch die Gliedschaft kommt es zustande, und es stirbt, sobald der Betreffende aufhört, ein Glied des Corpus Christi mysticum zu sein. Hier können die Glieder nicht selbständig existieren als ‚Tempel' des Heiligen Geistes, wenn sie auch als natürliche geistige Personen noch existieren."

Im Unterschied zu Scheler, der diese Daten zu phänomenologisieren und für die Wesensbestimmung der natürlichen Gemeinschaften nutzbar zu machen sucht, fährt jedoch Hildebrand wenige Zeilen später fort: „Aber diese Gemeinschaft ist in ihrer übernatürlichen Struktur für uns nicht natürlich erkennbar. Bei allen Gemeinschaften, die wir natürlich erkennen können, ist hingegen die Beziehung der Einzelpersonen zu dem Ganzen der Gemeinschaft ontisch die umgekehrte gegenüber der Beziehung der Glieder des Organismus zu dem Ganzen des Organismus." *(Metaphysik d. Gemeinschaft;* Regensburg 1955, 142f.)

Daß hier die Gesamtpersonlehre Schelers im Hintergrund steht, obwohl sein Name nicht genannt wird, zeigt die nochmalige Erwähnung des Unterschieds zwischen Cor-

theologischen, überkategorialen Datums führt wieder zur Annahme einer neuen Wirklichkeit (der Gesamtperson), die, weil ihr die letzte Erfahrungsdeckung fehlt, doch im Grunde als antagonistisch oder zumindest konkurrierend mit dem lebendigen Selbstvollzug des Menschen (als Einzelperson, die sich frei mit anderen vergesellschaftet) empfunden werden muß. Wie sehr die ganze Spekulation der solidarischen Gesamtperson in ihrer Überindividualität und Überweltlichkeit aus theologischen Quellen gespeist ist, zeigt die im Anschluß an die Leib-Christi-Lehre entwickelte Kirchenkonzeption Schelers. Zwar ist zunächst die Rede von zwei verschiedenen Arten der Gesamtperson, der ,,Kulturgesamtperson" (Nation und Kulturkreis) und der ,,Kirche". Doch zeigt sich sehr bald, daß im Sinne Schelers gerade auf Grund ihrer schwer zu bestimmenden Stellung zwischen Sichtbarkeit und Unsichtbarkeit die Kirche allein als reine Verwirklichung der Idee einer Gesamtperson zu gelten hat. Diese Zwischenstellung sichert der Kirche gegenüber der Kulturgesamtperson in ausgezeichnetem Maß Überindividualität, Überräumlichkeit und Überzeitlichkeit. Zunächst Überindividualität: Die Kirche richtet sich auf den höchstmöglichen Grundwert des ,,Gesamtheiles". Dieses ist entsprechend dem schon bekannten Sinnziel der Person die rein geistige Vollendung der personalen Sphäre, wobei es in keiner Weise auf das Heil möglichst vieler oder gar aller ankommt, also vom Heil des Einzelnen abgesehen wird. ,,An diesem von dem Heil Aller wohl unterschiedenen GESAMTHEIL in einem Liebesreich ALLER endlichen Personen überhaupt nimmt der Mensch ... teil ... als REIN GEISTIGE INDIVIDUALPERSON schlechthin, die dann noch Einzelperson UND Gesamtperson sein kann." Der sichtbare Ausdruck dieser Richtung auf ein überindividuelles Gesamtheil ist die Einheit der Kirche, wodurch sie sich von allen anderen ,,unvollkommenen" Gesamtpersonen unterscheidet. Wegen dieser Ausrichtung auf das Gesamtheil endlicher Personen überhaupt ist die Kirche auch überräumlich, an kein bestimmtes Territorium gebunden und räumlich nur insofern, als sie jede Umwelt einer endlichen Person zu heiligen vermag. Wegen ihrer Überräumlichkeit darf die

---

pus Christi mysticum und natürlicher Gemeinschaft dort, wo Hildebrand, wieder ohne ausdrückliche Nennung Schelers, die Charakterisierung der Gemeinschaftsgebilde als ,,Gesamtpersonen" ablehnt (a.a.O. 146, 147).

Kirche gar nicht versuchen, alle Menschen zu erfassen, wohl aber „alles Menschliche ... zu ERHEBEN in die Sphäre der Liebessolidarität aller endlichen Personen." Und schließlich zeigt sich die Überzeitlichkeit der Kirche darin, daß sie allein einen Wesensanspruch hat „auf ‚ewige' Dauer." Somit ist nur die Kirche rein geistige Gesamtperson, von der alle anderen Formen der Gesamtperson als bloß „geistig-vital gemischte personartige Realität" abfallen. Von da her erklärt sich der bereits aufgewiesene Grundzug der weltjenseitigen Übersingularität, den Scheler der Gesamtperson zuschreibt.[222]

Es war schon die Rede davon, daß bei Scheler die neue sittliche Gesamtwirklichkeit vielfach unter negativem Vorzeichen als Gesamtschuld gesehen wird. Wie sehr dabei über das allgemeine Lebensgefühl nach dem ersten Weltkrieg hinaus die christliche Erbsündenlehre im Hintergrund der im „Formalismus" gegebenen philosophischen Theorie der sittlichen Solidarität steht, mag eine Stelle aus der Zeit des „Formalismus" veranschaulichen: „Die christliche Gedankenwelt enthält die wichtigen Begriffe einer Gesamt- und Erbschuld, und eine tiefere Philosophie vermag sie zu bestätigen."[223] In unserem Zusammenhang interessieren vor allem zwei Züge von Schelers Erbsündenvorstellung, die letztlich auf AUGUSTINUS zurückgehen und untereinander zusammenhängen. Es ist eine unverkennbar pessimistisch zugespitzte Form der Erbsündenlehre einerseits, die zur Annahme einer neuen, überindividuellen Gesamtschuld im Sinne der augustinischen „massa damnationis" führt, wofür dennoch der Einzelne wie für seine persönlichen Fehler mithaftet. Scheler macht sich die patristische, heute allgemein aufgegebene Exegese vom Röm 5, 12 zueigen, wonach alle „ ‚in' Adam" gesündigt haben; die Folge ist die Annahme eines „moralischen GESAMTdaseins", einer „moralisch kompakten Masse" und eines „GESAMTZUSTANDS einer moralischen Fäulnis". Christus erscheint in dieser Sicht nur als Wiederhersteller eines früheren Zustands, nicht als Quelle einer allem Fall vorgängigen Begnadigung.[224]

---

[222] Vgl. zum Ganzen: *Der Formalismus* ...: GW II, 533–548, zu den Zitaten a.a.O. 533, 535, 546, 547, 535.

[223] „Die christliche Liebesidee u. die gegenwärtige Welt": GW V, 359. Die Anmerkung 1 verweist hinsichtlich der philosophischen Bestätigung auf den „Formalismus".

[224] Vgl. „Das Ressentiment im Aufbau d. Moralen": GW III, 119; „Die christliche

Die Übersteigerung des Erbschuldgedankens zu einem zwar überindividuellen, dennoch aber dem Einzelnen voll anrechenbaren Gesamtmangel findet ihren Abschluß in Schelers Forderung einer echten „Gesamtreue" über die Gesamtschuld, die, obwohl endlichen Akten entsprungen, doch als unendliches Ganzes von Gott angenommen wird.[225]

Die Rückschau auf Schelers Theorie von der Gesamtperson und der sittlichen Solidarität bestätigt, besonders unter Berücksichtigung der dieser Lehre zugrundeliegenden Theologoumena, was im Lauf der Darstellung immer betont wurde: Die Gesamtperson ist eine neue, von den physischen Einzelpersonen und ihren Vollzügen unabhängige, ihnen übergeordnete und damit überindividuelle Realität. Die vielfache theologische Verflechtung wird hier besonders deutlich und läßt sich wie folgt zusammenfassen: Dem einen göttlichen Urakt der alle Wesenheiten zu einem Wesenreich umschließenden Liebe entspricht auf Seite der Menschheit positiv die Liebesgemeinschaft der Kirche als einzige reine Form der Gesamtperson im alle irdischen Personen umfassenden „Gottesreich"; negativ und im Abfall davon, der jedoch die überindividuelle Einheit wahrt, zeichnet sich die in Mitverantwortung und Erlösung von Gesamtschuld zu Gesamtverdienst führende Masse der „in Adam" gefallenen Menschheit ab.

3. Gesamtperson und Einzelperson

Im Anschluß an die Erbsündenspekulation, die nach Scheler entwickelt wird gegen den ethischen Individualismus, der „den

---

Liebesidee u. die gegenwärtige Welt": GW V, 376; „Prophetischer oder marxistischer Sozialismus?": GW VI, 264; „Reue u. Wiedergeburt": GW V, 52; „Probleme d. Religion": GW V, 121; „Die christliche Liebesidee u. die gegenwärtige Welt": GW V, 359.

Für beides, den Pessimismus und die überindividuelle Gesamtverderbnis, mag eine von vielen möglichen Augustinus-Stellen stehen: „Iacebat in malis, vel etiam volvebatur et de malis in mala praecipitabatur totius humani generis massa damnata." (*Enchiridion* 27; PL 40, 245.)

[225] Vgl. „Reue u. Wiedergeburt": GW V, 51-53. „Die pure *Form* der Mitverantwortlichkeit aber: das stete Bewußtsein, daß auch die *gesamte* moralische Welt .... ganz radikal anders sein könnte, wenn ‚ich' nur ‚anders' wäre; das tiefe Gefühl dafür, daß die geheimen Gesetze des Echos von Liebe und Haß und die Gesetze ihrer Fortpflanzung durch die Unendlichkeit alle Regungen aller endlichen Herzen zu einem jeweilig anders gearteten Zusammenklang oder zu einer jedesmal andersgearteten Disharmonie gestalten, die von dem Ohre Gottes nur als ungeteiltes Ganzes vernommen und gerichtet werden – diese *ursprüngliche* Mitverantwortlichkeit ist für den Bestand eines moralischen Subjekts genau so wesentlich, wie es die Selbstverantwortlichkeit ist." („Reue u. Wiedergeburt": GW V, 51.)

sittlichen Wert ... des Lebens aus allen inneren Zusammenhängen mit dem Universum ... und endlich mit Gott herausreißt und es nur auf die eigene, einsame und begrenzte Kraft des Individuums stellen will",[226] im Anschluß an diese Gefahr ist abschließend zu fragen: Wie verhält sich das Individuum, der konkrete Mensch, zur sittlich solidarischen Gesamtperson?

Die Antwort auf diese Frage könnte es sich leicht machen mit dem Hinweis auf die neue personale Wirklichkeit des einen sittlichen Ganzen, in welches der Einzelne ohne sein Zutun eingegliedert ist. Wenn Scheler, wie wir sahen, auf Grund dieser Eingliederung eine Mitverantwortlichkeit der Einzelperson auch für jene Zustände der Gesamtperson lehrt, von deren Zusammenhang mit dem Einzelnen dieser gar nichts wissen kann, dann ist damit in der Tat die Existenz des sittlichen, frei für seine Vollzüge und ihre absehbaren Folgen (und für nichts weiter) verantwortlichen Individuums in Frage gestellt. Doch bedarf es in dieser Frage noch zusätzlich einer Reflexion auf Schelers Einschätzung des Individuums.

Zunächst ist Scheler der Meinung, daß gerade die der Annahme einer sittlichen Gesamtperson zugrundeliegende christliche Korporationslehre den rechten Ausgleich zwischen Individualismus und Solidarität findet.[227] Leitende Vorstellung für die Kategorie der personalen Individualität ist dabei nicht die mit der Leiblichkeit zusammenhängende raum-zeitliche Vereinzelung zum konkreten Einzelmenschen der mitmenschlichen Begegnung, sondern das ,,Einmalige", das der Person auf Grund ihrer Geistigkeit zukommt, weshalb auch die kollektive Realität der Gesamtperson Individualität hat und es neben ,,Einzelindividuen" auch ,,geistige Kollektivindividuen" gibt.[228] Individualität ist also nicht etwas, was Einzelperson von Gesamtperson unterscheidet. Im Gegenteil: Was die Gesamtperson zum Raum der sittlichen Solidarität macht, nämlich ihre Unendlichkeit im Sinne eines ,,moralischen Universums" – dasselbe macht auch das Wesen der Individualität aus, die ,,wesenhaft ... UNENDLICH an Dauer

---

[226] Vgl. ,,Das Ressentiment im Aufbau d. Moralen": GW III, 116.
[227] Vgl. *Der Formalismus* ...: GW II, 522; ,,Die christliche Liebesidee u. die gegenwärtige Welt": GW V, 381; ,,Prophetischer oder marxistischer Sozialismus?": GW VI, 264.
[228] Vgl. *Der Formalismus* ...: GW II, 504f., 484.

und Wirken ist."²²⁹ Gesamtperson und Einzelperson treffen einander gleichsam im gemeinsamen Wurzelgrund einer überweltlichen Unendlichkeit. Schelers „christlicher Individualismus" bekämpft nur die Unterwerfung der Einzelperson unter eine innerweltliche Totalität (vor allem des Staates.)²³⁰ Eine mögliche Annäherung oder gar Verschmelzung von Einzel- und Gesamtperson in Gott, ihrem gemeinsamen Grund, ist damit nicht ausgeschlossen.

Eine solche Annäherung findet sich nun bei Scheler auch unmißverständlich angedeutet, gerade dort, wo von der letzten, einsamen Vereinzelung der „absolut intimen" Einzelperson die Rede ist. Zunächst ist bedeutsam, daß auch die Kategorie der Intimität, wonach jeder hinter allem Gesamterleben „noch ein EIGENTÜMLICHES SELBSTSEIN über dieses Ganze hinaus ragen" spürt, ebenso wie die Individualität auch der Gesamtperson zukommt, also wieder kein echtes Kriterium des Einzelnen als solchen darstellt.²³¹ Aber auch diese letzte, einsame Intimität schließt die Verbindung mit Gott und darin die Verschmelzung von Einzel- und Gesamtperson nicht aus, womit das Verhältnis von Einzel- und Gesamtperson am göttlichen Idealfall des Zusammenfalls beider gemessen wird und die Tendenz zur Auflösung der Einzelperson ihren theonomen Hintergrund erhält. „Nur eine einzige Gemeinschaftsbeziehung schließt die Einsamkeit NICHT aus: das ist die Beziehung auf GOTT, der seiner Idee nach weder Einzel- noch Gesamtperson ist und in dem Einzel- und Gesamtperson selbst noch solidarisch sind. In Gott und in ihm allein mag sich daher die intime Person noch ebensowohl gerichtet als geborgen wissen. Auch dieses aber vermag sie nicht, ohne gleichzeitig (zum mindesten ‚in Gott') ihrer Solidarität mit der Gesamtperson ÜBERHAUPT und an erster Stelle mit der Kirche indirekt inne zu werden..."²³² Wieder ist es der Rückbezug auf Gott, der das ideale Verhältnis von Einzel- und Gesamtperson im Sinne eines Aufgehens der einen in der anderen bestimmt. Der irdische Optimalfall der Verwirklichung dieses Vorbilds ist allein die Kirche, in der am meisten persönliche Intimität absorbiert

---

²²⁹ „Die christliche Liebesidee u. die gegenwärtige Welt": GW V, 376; 383.
²³⁰ Vgl. „Die christliche Liebesidee u. die gegenwärtige Welt": GW V, 382f. u. „Prophetischer oder marxistischer Sozialismus?": GW VI, 262.
²³¹ Vgl. *Der Formalismus* . . .: GW II, 548f.
²³² Vgl. a.a.O. 550.

werden kann: „Es kann also in ihr eine der absolut intimen Person noch ‚näher' gelegene Erlebnisschicht frei und mitteilbar werden (auch der Kritik unterliegen) als in anderen Gesamtpersonen..."[233] Mit diesem Verweis auf Gott und die Kirche als irdische Konkretion der göttlichen Einheit ist nicht nur die oben abschließend gestellte Frage im Sinne einer Verkürzung der Einzelperson beantwortet, sondern zugleich nochmals der bereits bekannte theologische Hintergrund für diese Tendenz bestätigt.

---

[233] A.a.O. 552.

III. KAPITEL

METANTHROPOLOGIE:
DER ANTHROPOMORPHISMUS GOTTES

Die bisherige Darstellung von Max Schelers anthropologischer Grundkonzeption bot immer wieder Gelegenheit zu einem Ausblick auf seine Spätphilosophie.[1] Dabei ergab sich trotz methodischer und inhaltlicher Verschiedenheit eine nicht zu übersehende formale Kontinuität in den Grundlinien – ein Befund, den das Folgende nur bestätigen wird.

Auffällig für die methodische Verschiebung ist, daß bei Schelers durchgehendem anthropologischen Interesse die Forderung nach einer ,,philosophischen Anthropologie'' und ihre Gleichberechtigung mit der bisher geübten ,,Wesenserkenntnis'' erst in der Spätphase ausgesprochen wird.[2] Diese anthropologische Wende führt zu einer bemerkenswerten Definition der philosophischen Anthropologie, die Altes und Neues im Sinne des für den späten Scheler typischen ,,Ausgleichs'' verbindet. Philosophische Anthropologie ist danach ,,eine Grundwissenschaft vom WESEN und vom WESENSAUFBAU DES MENSCHEN; von seinem Verhältnis zu den Reichen der Natur ... wie zum Grunde aller Dinge; von seinem metaphysischen Wesensursprung wie seinem physischen, psychischen und geistigen Anfang in der Welt; von den Kräften und Mächten, die ihn bewegen und die er bewegt; von den Grundrichtungen und -gesetzen seiner biologischen, psychischen, geistesgeschichtlichen und sozialen Ent-

---

[1] Die wichtigsten Schriften dieser Zeit (in der Reihenfolge ihrer erstmaligen Veröffentlichung), *Die Wissensformen und die Gesellschaft* (1926), *Die Stellung des Menschen im Kosmos* (1928), *Philosophische Weltanschauung* (1929), sind sämtlich Vorarbeiten zu zwei geplanten, jedoch nicht mehr vollendeten systematischen Werken über ,,Metaphysik'' und ,,Philosophische Anthropologie''. Vgl. dazu Schelers Hinweise im Vorwort zu den *Wissensformen:* GW VIII, 11, in *Philosophische Weltanschauung* 120, Anm. 4 u. 5, 123, Anm. 13, 129, Anm. 29 sowie in der Vorrede zur *Stellung des Menschen im Kosmos* 6 u.a.
[2] Vgl. *Phil. Weltanschauung* 12f.

wicklung, sowohl ihrer essentiellen Möglichkeiten als ihrer Wirklichkeiten."³ Diese Umschreibung enthält bereits die drei für Schelers ,,Metanthropologie" kennzeichnenden Elemente, die uns für die folgenden Abschnitte als Einteilungsprinzip dienen sollen: methodisch die Erweiterung der Wesensschau zur konkreten, einzelwissenschaftlich untermauerten anthropologischen Erfahrung bei erhaltener Rückbeziehung des Menschen auf einen transphänomenalen metaphysischen ,,Grund"; und inhaltlich die Zuspitzung des anthropologischen Dualismus wie die Rückwirkung dieses Menschenbildes auf die wohl auffälligste neue These vom in Drang und Geist gespaltenen, zeitlos werdenden Gott.

§ 1. DIE ANTHROPOLOGISCHE WENDE

Wenn wir von einer ,,anthropologischen Wende" im Denken des späten Scheler sprechen, dann ist damit der (freilich nicht ausschließlich auf die Spätphase beschränkte) Versuch einer echten, am Phänomen orientierten Selbstinterpretation des Menschen einerseits wie die neue, anthropomorphe Inhaltsbestimmung des Göttlichen anderseits gemeint. Doch bleibt auch jetzt noch das alte Imago-Dei-Schema wirksam: der Mensch ist immer noch Manifestation des übersingulären, göttlichen Geistes und nur von dorther zu verstehen. Und die Anthropomorphisierung Gottes ist nur die konsequente Gegenprobe auf die uneingeschränkte Imago-Dei-Lehre, wonach der Mensch, wenn er wirklich nur der Abdruck Gottes in der Welt ist, auch der einzige Zugang zum konkreten Wesen des Göttlichen sein muß.

Die Wurzel der anthropologischen Wende liegt dabei sicher primär im methodischen Bereich. Erst daraus, besonders aus der Hinwendung Schelers zu den anthropologischen Einzelwissenschaften, die allerdings auch schon früher eine gewisse Bedeutung hatten, ergeben sich die neuen Inhalte, die indes vor allem das Gottesbild betreffen. Der Primat des Methodischen zeigt sich bereits im negativen Ansatz zur Neubesinnung der Spätphase, in Schelers Abkehr von jeder kirchlich verfaßten Religiosität, insonderheit vom Katholizismus. Mag man auch immer wieder geneigt sein, in Schelers Kritik an der Kirche nur eine Ratio-

³ ,,Mensch u. Geschichte": *Phil. Weltanschauung* 62.

nalisierung seiner persönlichen Lebenskonflikte zu sehen – seine Vorwürfe liegen doch zumindest ebensosehr auf der Linie einer für den kirchlich verfaßten Christen aller Zeiten fühlbaren Schwierigkeit der Vereinbarung von Glaubensgehorsam und kultureller wie philosophischer Selbstdarstellung des Menschlichen. Schelers stereotype Angriffe auf Dogmen und ex opere operato wirkende Heilsmechanismen als Folge einer ,,dinglichen''(!) Vergottung Christi, auf Vermassung und Institutionalisierung laufen alle auf denselben Tadel hinaus: Die Kirche als Massenheilsanstalt mit größtmöglicher Sicherheit für den Einzelnen entschärfe nicht nur das ganz auf personaler Begegnung beruhende Christusereignis, sie untergrabe auch jede freie, aktive metaphysische Selbstinterpretation des Menschen und seiner Stellung in der Welt und zu Gott.[4] Trotz gelegentlicher Angriffe auf die christlichen Grundlehren[5] bleibt Schelers Anliegen ein methodisches: bei weitgehender inhaltlicher Gleichheit von christlicher Religion und philosophischer Weltanschauung (ganz im Sinne des früheren ,,Konformitätssystems'') ist, was früher geglaubt wurde, jetzt in freier, selbstverantwortlicher metaphysischer Spekulation zu erarbeiten. Schon von da her kann das unterschwellige Weiterwirken des christlich-theonom geprägten Menschenbildes auch in der Spätphase Schelers nicht verwundern. Denn die neue, kirchenfrei auf eigene Kraft und Einsicht gestellte Elite wird dennoch wissen müssen, ,,daß in der Sphäre des Sinnes und des geistigen Wertes bildhafte Symbole und Geschichtserzählungen, wie sie aller positiven Religion eignen, sich weitgehend mit rationalen Anschauungen und Begriffen und bestimmten sittlichen Lebenseinstellungen begegnen können.''[6]

Positiv steht die neue Methode ganz im Zeichen der ,,philosophischen'', ,,metaphysischen Weltanschauung'' als ,,Seelentechnik''. Sie ist nicht mehr ein möglicher Weg neben dem religiösen Glauben, sondern der einzige, ohne Rekurs auf eine ,,Übernatur'', allein aus der Kraft menschlicher Einsicht geborene ,,SPONTANE Heilsweg.''[7] Diese betonte methodische Ei-

---

[4] Vgl. ,,Probleme einer Soziologie d. Wissens'': GW VIII, 69–84.
[5] Vgl. z.B. ,,Mensch u. Geschichte'': *Phil. Weltanschauung* 66f.; auch hier bedeutsam das Eingeständnis von der Schwierigkeit der Überwindung des christlichen ,,Mythos''.
[6] ,,Der Mensch im Weltalter d. Ausgleichs'': *Phil. Weltanschauung* 118.
[7] Vgl. ,,Probleme einer Soziologie d. Wissens'': GW VIII, 87.

genständigkeit ließe wohl einen Ansatz am geistigen Selbstvollzug des Menschen erwarten. Hier aber zeigt sich, wie sehr die heteronome Verwurzelung von Welt und Mensch nachwirkt. Auch für den späten Scheler ist der eigentliche Gegenstand der metaphysischen Weltanschauungsformung das Absolute, welches ,,als das Seiende, das nur durch sich ist (Ens per se) und von dem alles andere Seiende abhängt, dem Menschen selbst und der Welt zugrunde liegt."[8] Auch für den späten Scheler ist es im Nachklang des früher gelehrten unmittelbaren Erlebniskontakts mit Gott eine fraglose Selbstverständlichkeit, daß die Absolutsphäre allen anderen Seinssphären vorgegeben ist und der Mensch gleichursprünglich mit seinem Welt- und Selbstbewußtsein ein formales Gottesbewußtsein entwickelt.[9] Deshalb ist vornehmste Aufgabe der Metaphysik die Erfassung des Grundes aller Dinge, die Verwirklichung der Anteilnahme des Menschen am Weltgrund bzw. die Eingliederung desselben Menschen in das Absolute.[10] Nicht der Mensch, die Welt, das Sein als solche interessieren, sondern was ,,darüber", ,,dahinter" liegt; der Ton liegt durchaus auf dem μετά: Metaphysik, ,,Metanthropologie", ,,metascientifischer" Bezug aller endlichen Erscheinungen auf letzte, allein reale ,,Zentren."[11]

Neben dieser uns schon bekannten Ausrichtung auf den transempirischen Raum und damit trotz aller Ausgleichsbestrebungen doch nicht in innerer Einheit kennzeichnet die Methode der Spätphase eine deutliche und verstärkte Hinwendung zu den positiven Einzelwissenschaften. Scheler sieht dabei immer noch das naturwissenschaftliche Erkennen als eigenständige, in keiner Weise auf das umfassende philosophische Fragen rückführbare, ja dazu in striktem Gegensatz stehende Erkenntnisweise an. Der Mensch ist nun einmal auch erkenntnismäßig in Drang und Geist, in praktische Weltbeherrschung und liebendkontemplative Wesensschau gespalten. Das Neue dieser späten Phase ist, daß die beiden Erkenntnishaltungen entgegen der früheren einseitigen Betonung der Wesensschau vielfach als

---

[8] *Phil. Weltanschauung* 6.
[9] Vgl. ,,Probleme einer Soziologie d. Wissens": *Erkenntnis u. Arbeit:* GW VIII, 56f., 374f.; *Die Stellung d. Menschen im Kosmos* 88; ,,Probleme einer Soziologie d. Wissens": GW VIII, 155, Anm. 1.
[10] Vgl. *Phil. Weltanschauung* 7; *Die Stellung d. Menschen im Kosmos* 90.
[11] Vgl. *Phil. Weltanschauung* 14; ,,Erkenntnis u. Arbeit": GW VIII, 359.

gleich ursprünglich und gleich notwendig betrachtet werden. So bedarf es zwischen Philosophie, Metaphysik, Anthropologie einerseits und den empirischen Spezialwissenschaften anderseits einer „innigen Kooperation", einer „geordneten Ergänzung", eines „Zusammenhangs", eines „Vereins", wobei das Einzelwissen für die Anthropologie sogar „Grundlage" sein kann; Lieben und Herrschen sind jetzt „dem menschlichen Geiste gleich wesentlich und gleich notwendig"; erst die wechselweise Ein- bzw. Ausschaltung dieser beiden entgegengesetzten Bewußtseinshaltungen ergibt die „GANZE ERKENNTNISMÖGLICHKEIT, ... die metaphysische UND die positiv-wissenschaftliche zugleich."[12] Haben die positiven Wissenschaften einerseits nur die Aufgabe der Problemabgrenzung und damit der Freisetzung der Metaphysik, so ist anderseits am Beispiel der theoretischen Physik ersichtlich, „wie mit innerer Notwendigkeit heute die positive Wissenschaft selbst auf zweifellos metaphysische Probleme hindrängt."[13] Die geforderte „Unterordnung des positiven Leistungs- und Fachwissens, andererseits des Bildungswissens unter das metaphysische Heilswissen"[14] möchte in konsequenter Heilssorge jeder Verabsolutierung der Naturbeherrschung steuern.

Unter den zur Ergänzung des philosophischen Wesenswissens herangezogenen Einzelwissenschaften sind es vor allem die anthropologischen Disziplinen der Biologie, Psychologie, Psychoanalyse und Soziologie, denen der späte Scheler in erhöhtem Maß sein Augenmerk zuwendet. Typisch für das Schwanken und die methodischen Unklarheiten zwischen „neuer", am konkreten Menschen orientierter und „alter", theonom aufgebauter Anthropologie ist die auf Grund biologischer und psychologischer Einsichten erarbeitete Stufenfolge der psychischen Kräfte in Pflanze, Tier und Mensch: Psychologie und Biologie führen nur zu einem graduellen, niemals zu einem Wesensunterschied zwischen Tier und Mensch. Das Neue, das den Menschen zum Menschen macht, ist erst und allein der empirietranszendente und lebensfremde göttliche Geist. Und doch gibt Scheler

---

[12] Vgl. „Erkenntnis u. Arbeit": GW VIII, 207f.; „Probleme einer Soziologie d. Wissens": GW VIII, 155, 179; *Phil. Weltanschauung* 5; *Die Stellung d. Menschen im Kosmos* 7; „Probleme einer Soziologie d. Wissens": GW VIII, 112, 139.
[13] Vgl. „Erkenntnis u. Arbeit": GW VIII, 234 u. „Probleme einer Soziologie d. Wissens": GW VIII, 179.
[14] „Der Mensch im Weltalter d. Ausgleichs": *Phil. Weltanschauung* 109.

im Anschluß an diese These in der Beschreibung der Weltoffenheit, Sachlichkeit, Fähigkeit zur Vergegenständlichung, des Selbstbewußtseins wie der Raum- und Zeiterfassung des Menschen einen Aufriß des Unterschiedes zwischen Tier und Mensch, der nahe an eine Verhaltensanthropologie herankommt und sich merklich von der deduktiven Personspekulation im „Formalismus" oder der stark augustinisch gefärbten Geistlehre der „Probleme der Religion" unterscheidet; überaus bezeichnend dabei ist freilich die Einmündung der Verhaltensbeschreibung in die alte theozentrische Person- und Mitvollzugslehre![15] — Mehr zur naturalistischen Sicht des Menschen führt die auf Grund der Ergebnisse der Psychoanalyse unter ausdrücklicher Berufung auf FREUD[16] erarbeitete triebmotorische Wahrnehmungstheorie, wobei die neu entdeckte Bedeutung der Triebe eine empirische Stütze für den zugespitzten anthropologischen Dualismus des späten Scheler wird. Und die im Spätwerk auf alle Formen menschlichen Kulturlebens angewandte Soziologie untermauert an Hand der tatsächlichen Geistesgeschichte die frühere These von Wachstum und Abnahme des menschlichen Geistes.

Mit dieser Wendung zu den Einzelwissenschaften erhält aber die Frage nach der Natur des Philosophierens überhaupt (und damit Metaphysik und philosophische Anthropologie) einen wichtigen neuen Akzent, ohne daß freilich die aus theologischen Voraussetzungen stammende Ausrichtung auf die göttliche Absolutsphäre auch nur im geringsten aufgehoben würde. Immer noch gilt im Sinne der alten Imago-Dei-Lehre, daß das „absolut Seiende ... gemeinsamer oberster Grund der Welt und des Selbst des Menschen" ist.[17] Diese Rückbeziehung von Welt und Mensch auf den Grund aller Dinge taucht, wie wir schon im vorhergehenden Kapitel sahen, immer wieder als unbestrittene Voraussetzung auch beim späten Scheler auf. Sie ist nichts

---

[15] Vgl. zum Ganzen: *Die Stellung d. Menschen im Kosmos* 11–49; kürzer: „Die Formen d. Wissens u. die Bildung": *Phil. Weltanschauung* 27–31. Scheler beschließt die Beschreibung der exzentrischen, abstandnehmenden Verhaltensformen des Menschen mit einem kühnen, nicht beweisenden, sondern beschwörenden Sprung in den göttlichen Weltgrund: Das vergegenständlichende Zentrum des Menschen „kann nicht selbst ein ,Teil' eben dieser Welt sein, ... es kann nur im obersten Seinsgrunde selbst gelegen sein." *(Die Stellung d. Menschen im Kosmos* 47, Sperrungen von uns.)
[16] Vgl. „Erkenntnis u. Arbeit": GW VIII, 332f.
[17] Vgl. *Phil. Weltanschauung* 11, Sperrungen von uns.

anderes als die „liberale", philosophische Formulierung der alttestamentlichen Schöpfungslehre vom Menschen, geschaffen „nach dem Bild und Gleichnis Gottes", wie sie uns in dem AUGUSTINUS-Motto vor der Abhandlung „Zur Idee des Menschen" begegnet. Scheler hat diesen formalen, bibeltheologischen Grundzug niemals aufgegeben. Das Neue der einzelwissenschaftlich orientierten Spätphase besteht in einer konsequenten, uneingeschränkten philosophischen Auswertung der Imago-Dei-Lehre: Jetzt ist nicht mehr nur der göttliche Weltgrund belangvoll für die Erkenntnis von Mensch und Welt, sondern die konkrete, „zufällige", der empirischen Einzelwissenschaft zugängliche Wirklichkeit bedeutet ebenso etwas für die Erkenntnis des sie tragenden göttlichen Weltgrundes. Religion als „übernatürlicher" Weg zu Gott wird damit überflüssig, weil das Wesen des Absoluten aus der Wirklichkeit von Welt und Mensch, sofern diese Manifestationen Gottes sind, einsichtig und wahr erkannt werden kann. Nicht mehr nur die Teilnahme an einem überweltlichen Wesenreich garantiert die Erfassung des Absoluten; es bedarf dazu auch der Beschäftigung mit der empirisch faßbaren Weltwirklichkeit.[18] Die im „Konformitätssystem" der Konvertierbarkeit von Religion und Metaphysik für eine autonome Selbstbestimmung des Menschen liegenden Konsequenzen sind gezogen; die theologische Imago-Dei-Lehre ist unter Vernachlässigung der Scheler gleichwohl bewußten „scharf angebbaren Grenzen"[19] zum beidseitig anwendbaren philosophischen Erkenntnisprinzip umgemünzt. Für die anthropologische Wende, die dennoch im Dienste der Theomorphie von Welt und Mensch bleibt, spricht die Bedeutsamkeit vom Wesen und mehr noch vom konkreten Sosein des Menschen für die Erkenntnis des Absoluten. „OBERSTES ZIEL ALLER METAPHYSISCHEN WELTANSCHAUUNGSFORMUNG durch Philosophie ist also: das absolut

---

[18] Die Metaphysik „teilt mit der Religion die Grundrichtung auf das Urseiende (Ens a se) aber nur so weit, als es in der *Welterfahrung* (der Wesenserfahrung und -schauung wie der zufälligen Erfahrung von raumzeitlich bestimmten Tatsachen und ihren Gesetzen) in Erscheinung tritt, mit ausdrücklichem *Verzichte* auf alle sog. ‚übernatürlichen' Quellen der Erkenntnis. Andererseits teilt sie mit der Wissenschaft die streng rationale Methodik und die Grundrichtung auf die Welt überhaupt. Auf allen Höhepunkten ihrer historischen Existenz steht die Metaphysik mit der positiven Wissenschaft in innigstem und schöpferischem Konnex, wie andererseits die Wissenschaft auf allen ihren Höhepunkten bis in die Philosophie ihre Grundlagen zurückschlägt." („Probleme einer Soziologie d. Wissens": GW VIII, 87.)

[19] Vgl. *Phil. Weltanschauung* 7.

durch sich selbst Seiende so zu denken und anzuschauen, daß es der in der ‚ersten Philosophie' gefundenen WESENSstruktur der Welt und dem uns im Strebenswiderstand zugänglich werdenden realen DASEIN der Welt und eines zufälligen Soseins überhaupt entspricht und gemäß ist."[20]

Dasselbe Schema wird nun ausdrücklich auch auf die philosophische Anthropologie übertragen. Auch sie ist keine geschlossene Disziplin zur Erforschung des Menschen, sondern wie die philosophische Wesensschau ,,Sprungbrett" zur Erkenntnis des Absoluten, da ja der Mensch ,,individuelle Selbstkonzentration" des göttlichen Geistes ist. Die philosophische Anthropologie nimmt dabei eine Mittelstellung ein, nämlich zwischen der ,,Metaphysik erster Ordnung", die sich mit der philosophischen Durchdringung der empirisch erfaßbaren Wirklichkeit (außer dem Menschen) beschäftigt, und der ,,Metaphysik zweiter Ordnung", die auf das Absolute zielt. Hier nun spricht Scheler ausdrücklich von einer ,,Rückverlängerung" vom Menschen auf den obersten Seinsgrund im Sinne einer ,,transzendentalen Schlußweise" von den Akten des Menschen auf die Attribute des göttlichen Seinsgrundes. Daß es sich dabei um die Akte des Menschen auch in ihrer empirischen Konkretion handelt, legt der Mikrokosmosgedanke nahe, wonach der Mensch Schnittpunkt des physikalischen, chemischen, lebendigen und geistigen Seins ist. Wieder begegnen wir einer konsequenten philosophischen Auswertung der Imago-Dei-Lehre; denn das Gesetz der transzendentalen Schlußweise schließt nur auf dem Hintergrund der alten These von den menschlichen Akten als Verlängerung, Mit- und Nachvollzug des einen, nunmehr auf Grund der dualistischen Verfassung des Menschen ebenfalls in Drang und Geist gespaltenen göttlichen Urakts. Der einzige Unterschied zwischen menschlichem und göttlichem Aktzentrum ist, daß dieses seinskonstitutiv, jenes nur seinerschließend ist.[21]

---

[20] *Phil. Weltanschauung* 11. – Im selben Sinn ist es Aufgabe der alle, auch die empirischen Formen der Naturerkenntnis umfassenden ,,Naturmetaphysik", ,,zu untersuchen, welche Attribute dem *Grunde aller Dinge* um der *Natur* willen hypothetisch zuzusprechen sind." (,,Erkenntnis u. Arbeit": GW VIII, 275.)

[21] Das bereits in den ,,Problemen d. Religion" (vgl. GW V, 180–182) entwickelte Gesetz der transzendentalen Schlußweise lautet: ,,Da das Sein der Welt selbst vom zufälligen Dasein des Erdenmenschen und seinem empirischen Bewußtsein mit Sicherheit unabhängig ist, da aber gleichwohl strenge *Wesenszusammenhänge* bestehen zwischen gewissen Klassen geistiger *Akte* und bestimmten *Seins*regionen, zu denen

Die anthropologische Wende des späten Scheler ist also nur im Sinne einer breiteren Berücksichtigung der konkreten menschlichen Wirklichkeit und der Rückanwendung des Imago-Dei-Schemas vom Menschen auf Gott zu verstehen; nicht aber im Sinne einer Wesenswissenschaft vom Menschen um seiner selbst willen. Denn immer noch bleibt der Mensch ontologisch ,,Selbstkonzentration" des göttlichen Geistes, gnoseologisch ,,Sprungbrett" zum Absoluten. Deshalb ist Anthropologie nur möglich und legitim als Metanthropologie. Was dabei aus jener seltsamen, unausgeglichenen Verbindung von Empirie und theologisch fundierter Weltgrundmetaphysik für das Menschen- und Gottesbild des späten Scheler resultiert, möge vor der Darstellung der Einzelinhalte abschließend thesenhaft zusammengefaßt werden:

1. Der Mensch als Mensch (und nicht nur als ,,Menschentier") ist auch Natur, Trieb, ,,Leben" (,,neue", empirisch orientierte Anthropologie; der eine Pol des dualistischen Menschenbildes).

2. Der Mensch wird Mensch erst durch den lebensfremd von oben einfallenden Geist (,,alte", theonom geprägte Anthropologie; der andere Pol des dualistischen Menschenbildes).

3. Das Natürlich-Triebhafte im Menschen ist nur echt menschlich, wenn es ebenfalls wurzelt im Weltgrund, der den Geist, aus sich entläßt (Verbindung von ,,alter" und ,,neuer" Anthropologie zum neuen, dualistischen Gottesbild).

§ 2. DER ANTHROPOLOGISCHE DUALISMUS

Wir fanden bereits, daß der Drang-Geist-Dualismus, der in Schelers Spätphase besonders deutlich hervortritt,[22] die gesamte anthropologische Konzeption Schelers kennzeichnet. In § 2, 4 des vorhergehenden Abschnitts konnten wir für die Ohnmacht des

---

wir Zugang durch diese Aktklassen gewinnen – *muß* dem Grunde aller Dinge *alles* das an Akten und Operationen zugeschrieben werden, was uns vergänglichen Wesen diesen Zugang gibt." *(Phil. Weltanschauung* 13.) Die Notwendigkeit, alles Weltsein auf einen geistigen Weltgrund zu beziehen – der philosophische Niederschlag der Imago-Dei-Lehre –, wird wieder stillschweigend vorausgesetzt. – Zum Ganzen vgl. *Phil. Weltanschauung* 12–14.

[22] Vgl. dazu K. Lenk, *Von der Ohnmacht d. Geistes. Kritische Darstellung d. Spätphilosophie Max Schelers;* Tübingen 1959. Bemerkenswert an dieser aufschlußreichen Monographie ist die auch uns leitende Überzeugung von der grundsätzlichen, formalen Einheit der Philosophie Schelers trotz aller inhaltlichen ,,Umbrüche."

Geistes und für die mangelnde Einheit des in Drang und Geist gespaltenen Menschen zwei letztlich theologisch motivierte Wurzeln erheben: 1. Der Geist, das unräumliche, unzeitliche, gegenstandsunfähige und rein aktuale göttliche Prinzip, erscheint sofern er Geist des Menschen wird, an einer ganz bestimmten Raum-Zeit-Stelle der endlichen Welt. 2. Darüber hinaus kommt der Geist als Prinzip der menschlichen Person in eine erbsündlich affizierte, „gefallene" und wesenhaft tragische Welt.

Nun scheint aber Schelers Spätphase ein neues, an der Psychologie und Psychopathologie im Sinne der genannten anthropologischen Wende orientiertes Fundament für den anthropologischen Drang-Geist-Dualismus zu legen: die Bedeutung der Triebe für die menschliche Existenz. In der Tat handelt es sich dabei um eine neue Entdeckung. Schelers triebmotorische Wahrnehmungstheorie, die voluntative Realitätslehre, die psychophysische Einheit des Lebens und die Forderung nach „Re-Sublimierung" in Richtung auf den trieb- und geiststarken „Allmenschen" leben aus dieser Bereicherung des Menschenbildes, die jedoch am rein geistigen, strebelosen Charakter des menschlichen Liebens trotz der bereits erwähnten Ansätze des Sympathie-Buches im wesentlichen nichts geändert hat. Gerade im Hinblick auf die These von der Ohnmacht des Geistes lobt Scheler die naturalistisch-vitalistische, sonst abzulehnende Theorie vom Menschen; ihr „kommt ... das hohe Verdienst zu, zur Einsicht gebracht zu haben, daß das, was im Menschen im eigentlichen Sinne schöpferisch mächtig ist, nicht das ist, was wir ‚Geist' (und die höheren Bewußtseinsformen) nennen, sondern die dunklen unterbewußten Triebmächte der Seele..."[23] Indes kann diese neue Triebbetonung nicht wirklich als letztes Fundament des zugespitzten Drang-Geist-Dualismus angesehen werden. Denn gerade der Blick auf das konkrete, triebbestimmte Verhalten des Menschen lehrt, daß dieses Wesen, das sich in Geschlechts-, Nahrungs- und Machttrieb – den drei Grundtrieben nach Scheler – zu verzehren droht, dennoch nie rein triebhaft wie auch nie rein geistig handelt, sondern nur, wie Scheler richtig sagt, „vorwiegend" nach der einen oder anderen Richtung. Gerade dieses Kennzeichen des menschlichen Verhaltens, das

---

[23] *Die Stellung d. Menschen im Kosmos* 84.

Scheler sehr genau erfaßt – ,,jeder wirkliche Akt eines Menschen ist geistig und triebhaft zugleich''[24] – enthält den richtigen Anhaltspunkt für eine metaphysische Einheit des Menschen, die Scheler auch dort vorgeschwebt haben mag, wo er um das Ideal des zwar spannungsgeladenen, aber doch Geist und Drang ,,in EINE Daseinsform und eine Aktion'' verschmelzenden ,,Allmenschen'' ringt.[25]

Der Dualismus der Spätphase Schelers zeigt nun tatsächlich ein gewisses Schwanken zwischen Hypostasierung der Drang-Geist-Spannung zu einem prinzipiellen Gegensatz unter Betonung der Ohnmacht des Geistes (in Fortführung der genannten theologischen Wurzeln) und Anerkennung einer reziproken Verwiesenheit beider Pole aufeinander unter dem Primat des Geistes als Ausdruck der unleugbaren Einheitserfahrung des Menschen. Dabei wirkt nicht nur der Gegensatz zwischen theonom geprägter und empirisch orientierter Anthropologie, sondern auch die Unausgeglichenheit der jener Drang-Geist-Spannung zugrundeliegenden Theologoumena von der souveränen Göttlichkeit des Geistes einerseits und seiner Brechung in und an der erbsündlich zuinnerst verderbten Welt anderseits. So verfestigt sich die genannte Spannung zum Gegensatz zweier ,,letzter Seinsprinzipien'', ja sogar ,,Zentren'': Das eine ,,funktionelle'' Zentrum bildet die durch das Triebsystem vermittelte Einheit der psychophysischen Lebensvorgänge, die in strenger ontologischer Identität nur phänomenal im Sinne eines ,,innen'' bzw. ,,außen'' von seiten des Betrachters verschieden sind. Das andere überzeitliche, überräumliche ,,Aktzentrum'' ist der personal verfaßte, allem Lebensdruck entgegengesetzte, jedoch gerade ,,als solcher'' schlechthin ohnmächtige Geist.[26] Und doch sind beide Zentren aufeinander angewiesen, wobei entgegen der Ohnmachtserklärung dem Geist doch wieder die qualitative Funktion der ,,Leitung'' und ,,Lenkung'' zugeschrieben wird: ,,DER GEIST IDEIERT DAS LEBEN – DEN GEIST . . IN TÄTIGKEIT ZU SETZEN UND ZU VERWIRKLICHEN VERMAG DAS LEBEN ALLEIN.''[27]

---

[24] ,,Probleme einer Soziologie d. Wissens'': GW VIII, 18; Sperrung von uns.
[25] Vgl. ,,Der Mensch im Weltalter d. Ausgleichs'': *Phil. Weltanschauung* 104f.
[26] Vgl. ,,Mensch u. Geschichte'': *Phil. Weltanschauung* 81; *Die Stellung d. Menschen im Kosmos* 37f.; 71–81. Zur Ohnmacht des Geistes: *Die Stellung d. Menschen im Kosmos* 57, 65f.; ,,Probleme einer Soziologie d. Wissens'': GW VIII, 21f. u.a.
[27] *Die Stellung d. Menschen im Kosmos* 81; zu ,,Leitung'' und ,,Lenkung'' vgl. a.a.O. 62; ,,Probleme einer Soziologie d. Wissens'': GW VIII, 40.

Es ist nicht zu verkennen, daß in den bisher veröffentlichten Schriften Schelers der anthropologische Dualismus trotz Ansätzen zu einem ,,Ausgleich" der gegensätzlichen Prinzipien nicht überwunden ist. Der Grund dafür liegt im Fortwirken der in der augustinischen Form übernommenen Imago-Dei-Lehre. Auch für den späten Scheler ist der Mensch konstitutiv auf Gott verwiesen, nur von ihm her verständlich, so daß er ebensosehr durch den Bezug auf die Absolutsphäre Mensch ist wie durch die Sprache.[28] Wir haben schon oft darauf hingewiesen. Die biblische Imago-Dei-Lehre, die den ganzen Menschen auf Gott bezieht, ohne ihm seine Eigenständigkeit zu rauben, hat indes schon früh bei Scheler philosophische Verwendung gefunden. Wir erinnern an das AUGUSTINUS-Zitat, das für den Aufsatz ,,Zur Idee des Menschen" als Leitsatz dient. Dort wird in für AUGUSTINUS' platonisierende Theologie bezeichnender Weise die Gottebenbildlichkeit auf das geistige Prinzip im Menschen eingeengt: ,,Nec tamen hoc [die Gottebenbildlichkeit] secundum corpus, sed secundum intellectum mentis..."[29] Scheler selbst sah im genannten Aufsatz noch umfassender, wenn er den Gegensatz auf den natürlichen Menschen und das durch die einfallende Gnade erhöhte Kind Gottes verteilte. Die Spätphase phänomenologisiert und verengt noch über AUGUSTINUS hinaus: der erfahrbare Widerstreit zwischen geistigen und triebhaften Tendenzen im Menschen wird zum Ausdrucksfeld der metaphysischen Auseinandersetzung zwischen Gott und gefallener Welt. Auch diese zweite theologische Wurzel des anthropologischen Dualismus (besonders in Form der Ohnmachtsthese), die düstere, ebenfalls augustinisch und vor allem reformatorisch gefärbte Erbsündenlehre, wirkt verborgen und zur Erfahrungstatsache der Gebrochenheit alles weltlichen Daseins phänomenologisiert in der Spätphase weiter. Von allen christlichen Motiven ist es gerade eine diffuse ,,Angst des Irdischen" als Wurzel und Ausdruck der Erbschuldlehre, von der auch der späte Scheler nicht loskommt.[30] Der ständig auftretende Urgegensatz zwischen für

---

[28] *Die Stellung d. Menschen im Kosmos* 88.
[29] Zur manichäisch beeinflußten Seelen-Lehre bei Augustinus vgl. F. P. Fiorenza – J. B. Metz, ,,Der Mensch als Einheit von Leib u. Seele"; in: *Mysterium Salutis. Grundriß heilsgeschichtlicher Dogmatik.* Hrsgb. v. J. Feiner u. M. Löhrer. Bd. II: *Die Heilsgeschichte vor Christus;* Einsiedeln-Zürich-Köln 1967, 607f.
[30] Vgl. ,,Mensch u. Geschichte": *Phil. Weltanschauung* 67; *Die Stellung d. Menschen*

Geist offenstehendem Sosein und allein der triebhaften Aufmerksamkeit zugänglichem Dasein mit dem bekannten Mißtrauen gegenüber aller raumzeitlichen Wirklichkeit ist wohl der philosophischste Niederschlag jener Urangst, die Welt in Ablehnung jeder Teleologie als ,,Chaos von Zufall und Willkür" ansieht.[31] Selbst für den Trieb bedeutet die seine Spontaneität als ,,Widerstand" einschränkende Erfahrung dieser Wirklichkeit ein ,,Erleiden", dem freilich nicht zu entkommen ist.[32] Der diesem triebhaften Wirklichkeitsstrom gegenüber ohnmächtige Geist kann und muß in seiner Form als ,, ,reiner' Wille" asketisch den massiven Realitätseindruck als sein Triebkorrelat unterdrücken, beständig in der Kraft der gelenkten und geleiteten Triebe Welt und sich selbst transzendierend; diese strenge Askese bleibt neben der geforderten Triebrevolte unvermittelt stehen, gleichsam als ethischer Ausdruck der prinzipiellen Spaltung des Menschen in Trieb und Geist. Auf diesem Hintergrund verstehen wir die Sympathie, mit der Scheler vom (gleichfalls in einer Überspitzung der Erbsündenlehre wurzelnden) Dualismus der Reformatoren unter Verweis auf die von ihm mehrfach abgelehnte scholastische anima-forma-corporis-Lehre spricht: ,,Dieser Dualismus beseitigt jene SPEZIFISCH ,mittelalterliche' innige VERWEBUNG von Materiell-Sinnlichem und Geistigem, ferner Vitalem und Geistigem . . ."[33] Die Kraft dieses Dualismus war so groß, daß sie sogar zu einem neuen Gottesbild führte.

---

im Kosmos 54f. – In diesen Zusammenhang paßt auch die ambivalente Bewertung der dionysischen Menschenidee, von der die negativen Elemente (ständige Dekadenz, Mensch als ,,Sackgasse des Lebens", Geist-Leben-Dualismus) wie die Forderung nach ,,Re-Sublimierung" der Triebe in Schelers Menschenbild eingingen: Dieser Dionysismus – er kommt bei aller Ablehnung der jüdischen und christlichen Religion ,,doch der christlichen Anthropologie durch den Fallgedanken hindurch wieder näher, besonders in der Form, wie sie bei Augustinus vorliegt" – ist eine ,,gewiß falsche, aber mit wohlerwogenen Gründen . . . unterstützte Theorie . . ." ,,Es ist eine abseitige, eine seltsame, . . . eine für alles bisherige abendländische Fühlen und abendländische Denken furchtbare Idee. Aber diese furchtbare Idee – könnte ja trotzdem wahr sein!" (Vgl. ,,Mensch u. Geschichte": *Phil. Weltanschauung* 83, 82, 78).
[31] *Die Stellung d. Menschen im Kosmos* 67.
[32] Vgl. ,,Erkenntnis u. Arbeit": GW VIII, 363f., 370; ,,Idealismus – Realismus", in: *Philosoph. Anzeiger* 2 (1967), 261.
[33] ,,Probleme einer Soziologie d. Wissens": GW VIII, 100.

§ 3. DER MENSCH ALS MIKROTHEOS UND DAS DYNAMISCH-DUALISTISCHE GOTTESBILD

Kaum ein Inhalt der Schelerschen Philosophie hat mehr Widerspruch, ja Entrüstung ausgelöst als die späte Konzeption eines in Drang und Geist gespaltenen, erst am und im Menschen in dynamischer Prozeßhaftigkeit zur Einheit findenden Gottes. Falsch ist indes, in diesem Ausgang einen völligen Umbruch in Schelers Denken zu sehen. Wir haben schon darauf hingewiesen und möchten hier nochmals zur Unterstreichung der Kontinuität im Denken Schelers die methodische Grundlinie freilegen. Tenor der gesamten Anthropologie ist, wie BASSENGE richtig sieht, Schelers ,,Bestreben ..., den Menschen als Abbild des Ens a se zu verstehen." Wenn BASSENGE meint, es sei ,,kaum zu entscheiden, was für Scheler früher feststand: daß das Ens a se zwei Attribute habe oder daß der Mensch ein Bürger zweier Welten sei"[34], so können wir ihm darin nicht beipflichten. Der in der Spätphase auf Gott übertragene Drang-Geist-Dualismus nimmt vielmehr seinen Ausgang vom Schelerschen Urgegensatz göttlicher Geist – Welt wie von der psychoanalytisch unterbauten Erfahrung vom erbsündlich gezeichneten, in Trieb und Geist gespaltenen Menschen. Unter der Voraussetzung der philosophisch zugespitzten Imago-Dei-Lehre, die freilich – und hier liegt die Berechtigung der ,,Wechselwirkung" zwischen Schelers Gottes- und Menschenbild in Sinne BASSENGES – einer Metaphysizierung von Trieb und Geist zu selbständigen Prinzipien Vorschub leistet, gilt dann: **Weil und insofern der Mensch ganz und ausschließlich Spiegelbild Gottes ist, ist er auch einziger Zugang zum Wesen Gottes** – ,,noverim me, noverim te" hatte schon AUGUSTINUS gelehrt. Nun ist aber der Mensch der dynamische Werdeprozeß eines Ausgleichs zwischen den gegensätzlichen Polen von Trieb und Geist – also muß diese Spannung, die recht eigentlich das Wesen des Menschen ausmacht, auf den göttlichen Grund übertragen werden. Daß Scheler methodisch wirklich von der zum Philosophicum gewordenen Imago-Dei-Lehre her dachte, zeigt eine höchst bezeichnende Stelle aus einer Zeit, da ihm die Idee eines aus einer Urspannung

---

[34] F. Bassenge, ,,Drang und Geist. Eine Auseinandersetzung mit Schelers Anthropologie"; in: *Zeitschrift f. phil. Forschung* 17 (1963), 391.

heraus werdenden Gottes vorerst noch hypothetisch vorschwebte: ,,Denn gewiß ist, daß die absolute Realität, wenn überhaupt veränderbar, nur DURCH SICH SELBST veränderbar sein kann und nicht durch Wesen, die sie selbst erst ins Dasein gesetzt und deren Sosein sie bestimmt hat – die also ausschließlich von IHR abhängen. Nur soweit die Persönlichkeit SELBST eine FUNKTION DES GÖTTLICHEN GEISTES wäre, könnte sich der göttliche Geist durch sie, d.h. sich selbst durch sie verändern, z.B. wachsen, erlösen – so er erlösungsbedürftig ist."[35] Zugleich aber bahnt sich eine umso festere Rückbindung des Menschen an die (freilich anthropomorphisierte) göttliche Wirklichkeit an: Nicht mehr nur das Sosein, die ,,Idee" des Menschen, wurzelt in Gott, auch sein dranghaft fundiertes und triebhaft bestimmtes Dasein leitet sich – ein philosophischer Niederschlag des Schöpfungsgedankens – von Gott her; dieser ist nunmehr ,,Ideal- und Realprinzip der Natur", das als ,,überindividueller Geist" die Wesenswelt und ihre Individuationen in menschlichen Aktzentren determiniert, als ,,überindividuelles einziges Leben" aber alle vom Menschen unabhängige Realität setzt.[36]

Die Darstellung dieser letzten Philosophie Schelers braucht uns nicht lange zu beschäftigen. Die dort entwickelten Thesen sind allbekannt und in der bisherigen Untersuchung stets mitberücksichtigt. Um es vorwegzunehmen: Schelers pantheistischer Abschluß ist Schritt für Schritt eine Projektion der früheren Gnaden- und Erlösungsreligiosität in die Ebene einer gnostischen Drang-Geist-Metaphysik, wobei die Pole Gott – Mensch weitgehend einander angenähert werden. Und doch kommt es zu keiner autonomen Selbstdeutung des Menschen. Denn dieser bleibt immer noch abhängig von jenem Ens a se, das, sosehr es auch in seiner eigenen Vollendung auf den Menschen angewiesen ist, doch vor und über ihm als tragender Weltgrund existiert. Die hinter Schelers Anthropologie stehende Grenzverwischung zwischen göttlichem und menschlichem Sein mußte, war nur das Imago-Dei-Prinzip aus seinem ursprünglichen Mutterboden gerissen und philosophisch radikalisiert, auch auf Gott selbst zurückschlagen und ihn seiner Eigenständigkeit berauben, um den Menschen in scheinbarer Selbstherrlichkeit nur

---

[35] ,,Erkenntnis u. Arbeit": GW VIII, 233.
[36] A.a.O. 275 u. 359–361.

umso fester an Gott zu binden. War der Mensch bisher Abbild des Absoluten, so wird er jetzt Mitläufer eines Absoluten, das sich im und am Menschen relativiert. In dieser Spätsicht hat Scheler wohl am deutlichsten und bewußtesten idealistisch-pantheistisches Gedankengut übernommen; FICHTE, SCHELLING, HEGEL, E.v. HARTMANN werden ausdrücklich genannt; ihnen kommt das Verdienst zu, SPINOZAS ,,eleatische Starrheit und Stillstandslehre zu einem tiefsinnigen Entwicklungssystem der Gestalten der GOTTHEIT in der Weltgeschichte'' umgebildet zu haben.[37] Außer dieser, allerdings sehr wesentlichen Korrektur bleibt jedoch der ,,gottrunkene, heilige SPINOZA'' das große Vorbild. Mit ihm, dem jüdischen, von der Synagoge verfluchten und gebannten Apostaten, scheint Scheler ein schicksalhaftes Band zu verknüpfen. Schelers Rede zum 250. Todestag SPINOZAS preist dessen freie, selbständige und doch gottgebundene Weltanschauung, die in evidenter, intuitiver Gewißheit gegen jede positive Religion den hohen Weg kontemplativer Selbsterlösung im Sinne einer gnostischen Metaphysik als ,,Religion der Denker'' geht mit dem Ziel eines ,,amor dei intellectualis''.[38]

Und doch finden sich in dieser Spätphilosophie alle wesentlichen Elemente des uns bekannten theonomen Menschenbildes. Immer noch ist der Mensch unselbständiges Übergangswesen, eingespannt in einen Erlösungsprozeß, den er zwar selbst und aus eigener Kraft als ,,Sublimierung'' und ,,Hinaufläuterung'' des Lebens zum Geist zu leisten hat, der aber im Grunde in der Angleichung des Menschen an jenes Wesen besteht, das er selbst nicht, noch nicht ist: an das heilige Ens a se. Nicht Selbstverwirklichung also, sondern Selbstvergöttlichung, ,,Selbstdeificatio'' und darin Gott(mit)verwirklichung. Immer noch bleibt die These vom unmittelbaren, irrationalen und intuitiven Erfahrungskontakt des Menschen mit Gott wirksam. Sie wird vom bloßen Nachvollzug der unabhängig vom Menschen bestehenden göttlichen Ideen zum ,,Mithervorbringen'', ,,Miterzeugen'', ,,Mitvollzug'' des göttlichen Wesens erweitert; allein bedeutsam ist dabei der persönliche Einsatz des Menschen für Gott, der allen rationalen, ,,theoretischen Gewißheiten'' voranzugehen hat, ja diese allererst fundiert und ermöglicht. Immer noch liegt das

---
[37] ,,Spinoza'': *Phil. Weltanschauung* 60.
[38] Vgl. ,,Spinoza'': *Phil. Weltanschauung* 49–61.

eigentlich Menschliche im Akt der Selbsttranszendierung des Menschen hin auf ein ,,ideelles Gedankenreich''; unbeschadet der erwähnten Mitschöpfertätigkeit an diesem göttlichen Reich bleibt der Mensch und gerade ,,das menschliche Selbst ... der einzige Ort der Gottwerdung, der uns zugänglich ist''; zugleich aber ist der Mensch in Fortführung der alten Raum-Zeitlosigkeit der Person ,,EIN WAHRER TEIL DIESES TRANSZENDENTEN PROZESSES SELBST.'' Wenn schon nicht den Aufbau einer Verhaltensanthropologie, so erkennt Scheler doch als Aufgabe einer philosophischen Anthropologie an, ,,genau zu zeigen, wie aus der Grundstruktur des Menschseins ... alle spezifischen Monopole, Leistungen und Werke des Menschen hervorgehen ...''; weil aber der Selbststand des Menschen in den göttlichen Grund hinein aufgehoben bleibt, wird diese Aufgabe übersprungen und dafür im Sinne der bekannten Heilssorge auf das Wesentliche geblickt, ,,auf die Folgerungen, die sich aus dem Gesagten für das METAPHYSISCHE VERHÄLTNIS DES MENSCHEN ZUM GRUNDE DER DINGE ergeben.''[39]

Dieses Verhältnis aber besteht darin, daß der Mensch nicht mehr Knecht, auch nicht mehr nur Kind Gottes, sondern ,,MITbildner'' der Gottheit und ,,ALS MIKROTHEOS AUCH DER ERSTE ZUGANG ZU GOTT'' ist. Die methodische Folgerichtigkeit dieser Umkehr wurde schon aufgezeigt. Nun lebt gerade diese Rückverlängerung des Menschen in Gott hinein aus der alten Akt-Personlehre, die in der menschlichen Person eine raum-zeitliche Manifestation des göttlichen Urakts sieht. Jetzt wird dieses Verhältnis in seiner Bedeutung für das Göttliche ausgewertet, wenn es heißt: ,,Das Urseiende wird sich im Menschen seiner selbst inne in demselben Akte, in dem der Mensch sich in ihm gegründet schaut.'' Im Sinne der alten, ontologischen Imago-Dei-Lehre, nur in ihrer konsequenten Rückwendung auf Gott, geht Scheler über den einseitig gnoseologisch orientierten Intellektualismus des Idealismus hinaus, wenn er das menschliche ,,Sichgegründet-WISSEN'' in Gott als ,,FOLGE der AKTIVEN EINSETZUNG UNSERES SEINSZENTRUMS'' für den werdenden Gott ansieht. Diesen Einsatz des Menschen hat der ,,neue'' Gott nötig. Denn

---

[39] Vgl. zu den letzten Bestimmungen: ,,Die Formen d. Wissens u. die Bildung'': *Phil. Weltanschauung* 27, 31f.; *Die Stellung d. Menschen im Kosmos* 69–71; 48f., 93; 56; 92; 87.

auch er unterliegt der Urspannung von Geist und Drang. Von Ewigkeit her bestimmtes Ens a se ist dieser Gott nur seiner Idee als Gottheit („deitas") nach – Scheler hatte schon früh zwischen Idee des Göttlichen und ihrer Verwirklichung unterschieden –; zu seiner konkreten Verwirklichung bedarf es der Enthemmung des weltschaffenden Dranges, um so sein überzeitliches Wesen im Menschen und durch den Menschen in einem zeitlosen, nur für den Menschen zeithaft erscheinenden Werdeprozeß zu verwirklichen. Ziel dieses Prozesses, in dem Gott gleichermaßen auf den Menschen angewiesen ist wie der Mensch auf Gott, ist die Aufhebung der ursprünglichen Ohnmacht des Geistes durch steigende Sublimierung alles Dranghaften zur Verlebendigung des Geistes. Der Fehler des Theismus liegt nach Scheler nicht in der Betonung des göttlichen Geistes – sein Primat und die Notwendigkeit der Angleichung des Menschen an ihn bleiben erhalten –, sondern darin, daß Gott als allmächtiger, werdefreier Geist aus dem ewigen, von ihm getragenen Weltprozeß herausgenommen und an den Anfang gestellt wird. Allmacht des göttlichen Geistes und Prägung der Welt nach seinem Bild und Gleichnis – die Grundpfeiler der theonomen Anthropologie Schelers – bleiben also erhalten; nur werden sie jetzt im Zuge der Ermächtigung des Menschen, die aber immer noch nicht zu echter, selbständiger Eigenleistung des Menschen führt, als Zielpunkt einer Gott und die Welt umfassenden Dynamik angesehen: „Der allweise, allgütige UND allmächtige Gott des Theismus steht uns am Ende des göttlichen Werdeprozesses – nicht am Anfang; er bedeutet ein ideales ZIEL, das nur in dem Maße erreicht wird, als die Welt ... der vollkommene LEIB Gottes wird."[40] Man wird hier an die für die Theorie der Gesamtperson bedeutsame Corpus-Christi-Lehre erinnert, von der schon die Rede war. Wie sehr auch diese Spätkonzeption letztlich aus christlichen Quellen, die wir schon kennen, gespeist wird, zeigt Schelers in Zitate gekleidetes sehnsüchtiges Bekenntnis zu einem liebenden, leidenden, sich erbarmenden Gott, hinter dem (im Gegensatz zum selbstgenügsamen, dulosen Gott der früheren Personlehre[41]) nicht die Allmacht und Allweisheit, sondern die

---

[40] *Phil. Weltanschauung* 124f. (Anm. 16). Vgl. ferner: *Die Stellung d. Menschen im Kosmos* 70f., 91f. (Sperrung von uns); „Die Formen d. Wissens u. die Bildung": *Phil. Weltanschauung* 31f., 14 u.a.
[41] Vgl. oben 92.

Gestalt Christi steht, der sich „im Fleisch" hautnah mit der Wirklichkeit der Welt einläßt, um sie auch nach dem Fall zum Vater zu führen, nach dessen Bild und Gleichnis sie geschaffen ist.[42] Angesichts dieser Hinweise wagen wir die Deutung, die auf dem Hintergrund der sich in Grundzügen treu bleibenden anthropologischen Gesamtkonzeption Schelers umso wahrscheinlicher wird: Auch dieser scheinbar so widerchristliche Panentheismus des späten Scheler ist der ferne, philosophisch-gnostisch zurechtgebogene Nachklang des christlichen Ab- und Aufstiegschemas im Sinne von Joh 16, 28, wo Christus von sich sagt: „Vom Vater bin ich ausgegangen und in die Welt gekommen; ich verlasse die Welt wieder und gehe zum Vater." Hinter Schelers dynamischem Gott-Welt-Werdeprozeß verbirgt sich so ein letzter, mit unzulänglichen, weil rationalistischen Mitteln erreichter Triumph des lebendigen „Gottes der Religion" über die starre Majestät des „Gottes der Metaphysik".[43]

---

[42] „Inbezug auf die theistische Gotteslehre... bekennen wir mit Walter Rathenau: ,Un dieu tout-puissant, tout-savant, parfait et calme, serait un ogre. Dieu souffre. Il s'efforce. Il aime. Il a pitié' ... Selbst ein so nüchterner ... Forscher wie Carl Stumpf urteilt: ,Daß Gott in und mit uns leidet und kämpft, dürften sogar viele als stärksten Trost empfinden.' " *(Phil. Weltanschauung* 125.)
[43] „Probleme d. Religion": GW V, 136f.

IV. KAPITEL

SCHELERS ANSÄTZE ZU EINER PHÄNOMENOLOGISCHEN ANTHROPOLOGIE

Es mag bei der Auseinandersetzung mit einem so ausdrücklich phänomenologisch orientierten Denker wie Scheler, dem ,,Phänomenologen der ersten Stunde",[1] auf den ersten Blick befremdlich erscheinen, daß erst jetzt und auch da nur von Ansätzen zu einer phänomenologischen Anthropologie die Rede ist. Alles hängt davon ab, was unter phänomenologischer Anthropologie verstanden wird. Hier soll keine verbindliche Bestimmung des immer noch kontroversen Sinnes von Phänomenologie überhaupt versucht werden. Daß jedoch Phänomenologie nicht unbedingt nur transempirische Wesensschau zu sein braucht, dürfte inzwischen anerkannt sein. In diesem Sinn soll phänomenologische Anthropologie als am konkret-einzelnen Erscheinungsbild des individuell und gemeinschaftlich begegnenden Menschen orientierte Merkmals- und Verhaltensanthropologie aufgefaßt werden. Nicht als ob der Mensch in dieser Sicht kein ,,Wesen" hätte; aber dieses Wesen, dessen sich der Mensch auf Grund eines unthematischen Vorverständnisses seiner selbst immer schon bewußt ist, vollzieht sich im und am Menschen, kommt am ,,Phänomen" Mensch zur Erscheinung, so daß der erste und eigentliche philosophische Zugang zur menschlichen Wirklichkeit eben der Mensch selbst ist. Daß in diesem Sinn von einer phänomenologischen Anthropologie bei Scheler weithin nicht gesprochen werden kann, dürften die bisherigen Ausführungen hinreichend dargelegt haben. Scheler hat seine Überzeugung, der Mensch werde ,,selbst faßbar und phänomenologisch erschaubar erst unter Voraussetzung und ,UNTER DEM LICHTE' der Idee Gottes"[2] – also gerade nicht am Phänomen selbst – durchaus ernst genommen und bis

---

[1] H. Plessner, *Die Stufen d. Organischen u. der Mensch* IX.
[2] *Der Formalismus . . .*: GW II, 293.

zur Konsequenz eines anthropomorphen Gottesbildes geführt. Ebenso klar ist, daß Scheler von Anfang an, wenn auch mit größerer Eindringlichkeit erst in der Spätphase,[3] Ansätze zu einer an der Vielfalt menschlicher Verhaltensweisen orientierten Anthropologie zeigt. Sie mit der aus theologischen Quellen stammenden Rahmenkonzeption der Gottebenbildlichkeit des Menschen in Einklang zu bringen, war wohl Schelers eigentliches anthropologisches Problem, dessen Lösung ihm nicht gelang, dessen Tragweite ihm wahrscheinlich auch nie recht bewußt wurde.

§ 1. ERSCHEINUNGSBILD UND VERHALTENSSTRUKTUR DES „HOMO NATURALIS"

Jede Verhaltensanthropologie lebt aus einem bestimmten Vorverständnis der menschlichen Wirklichkeit. Nun kommt alles darauf an, einerseits Sinn und Umfang eines solchen Grundmodells klar zu erfassen wie anderseits die Quellen freizulegen, aus denen die jeweilige Grundkonzeption vom Menschen fließt. Für Scheler steht bis in Spätwerk hinter allen Ansätzen zu einer beschreibenden Verhaltensanthropologie die kompromißlose Spaltung des Menschen in „homo naturalis" und „Gottsucher" bzw. „gottgeistbezogenen Menschen", woraus zwei völlig verschiedene Sinngebungen des Wortes „Mensch" resultieren, der „natursystematische" Begriff und der „Wesensbegriff" (die „Idee") des Menschen.[4] Dieses dualistische Modell, dessen einer Pol unter dem Menschen liegt, während der andere über ihn hinausweist, ist nicht aus der Erfahrung genommen, auch nicht aus dem vorwissenschaftlichen unreflexen Selbstverständnis des Menschen,

---

[3] Bezeichnenderweise orientieren sich die Darstellungen der Schelerschen Anthropologie und die von Scheler beeinflußten Anthropologen vielfach überwiegend an den Spätwerken, wenn nicht überhaupt nur an der „Stellung d. Menschen im Kosmos"; vgl. etwa die Reflexionen E. Rothackers *(Philosophische Anthropologie;* Bonn 1966, 7–26) oder Ch. Grawes *(Herders Kulturanthropologie;* Bonn 1967, 60–65) über Scheler oder die Übernahme und Weiterbildung Schelerscher Kategorien etwa durch A. Gehlen *(Der Mensch* 35: Schelers Weltoffenheit des Menschen) oder H. E. Hengstenberg *(Philosophische Anthropologie* 9–41: Schelers Bestimmung des Geistes als Fähigkeit zur vergegenständlichenden Sachlichkeit; vgl. a.a.O. 23, wo zu Recht festgestellt wird, Scheler selbst habe „keine zusammenhängende Phänomenologie von Sachlichkeit und Unsachlichkeit als Haltungen durchgeführt.")

[4] Vgl. „Zur Idee d. Menschen": GW III, 185–195; „Die Formen d. Wissens u. die Bildung": *Phil. Weltanschauung* 23–32; *Die Stellung d. Menschen im Kosmos* 10f.

sondern aus der Phänomenologisierung des theologischen Gegensatzes von Sünde und Gnade, Fall und Erlösung. Beiden Polen entsprechen bei Scheler bestimmte Merkmals- und Verhaltensstrukturen, denen sich die Darstellung im folgenden zuwenden muß. Es wäre ja immerhin möglich, daß die aus theologischen Voraussetzungen stammende Polarität zwischen homo naturalis und Gotteskind durch eine breit angelegte Verhaltensanthropologie ihre philosophische Legitimierung erhielte und so zu einem tragfähigen Fundament einer philosophischen Anthropologie würde.

Zunächst zur Struktur des homo naturalis. Weil dieser homo naturalis dem ,,aus der Anatomie, Physiologie, Psychologie gewonnenen Begriff des ,Menschen' " entspricht,[5] sind seine Merkmale mit den Mitteln dieser Wissenschaften der Erfahrung zugänglich. Dabei ist nach Scheler zwischen anatomisch-physiologischer Struktur und den ,,des Bewußtseins fähigen psychischen Vitalfunktionen", also zwischen physisch und psychisch, kein seinsmäßiger Unterschied. Beide gehören der psychophysisch indifferenten Vitalsphäre an, zwischen beiden herrscht ,,funktionelle IDENTITÄT", beide sind nur erkenntnismäßig verschiedene Zugänge (im Sinne eines ,,außen" und ,,innen") zu dem einen, ungeteilten Lebensprozeß.[6] Der Sinn dieser psychophysischen Indifferenz ist wieder nicht die Betonung einer einheitlichen Schichte ganzmenschlichen Verhaltens, sondern die Zuordnung der psychischen Verhaltensweisen zur biologischen Lebendigkeit, welcher der Geist als das schlechthin mensch- und weltjenseitige Prinzip schroff entgegengesetzt wird.

1. Die Bedeutung der morphologischen Sonderstellung des Menschen

Schelers Bewertung der anatomisch-physiologischen Merkmale des Menschen steht ganz im Zeichen des naturwissenschaftlichen Evolutionismus. Wenn irgendwo der homo naturalis im darge-

---

[5] Vgl. ,,Zur Idee d. Menschen": GW III, 191.
[6] Vgl. ,,Die Formen d. Wissens u. die Bildung": *Phil. Weltanschauung* 24; *Die Stellung d. Menschen im Kosmos* 73–81. ,,Was wir also ,physiologisch' und ,psychologisch' nennen, sind nur zwei Seiten der Betrachtung *eines und desselben Lebensvorganges*. Es gibt eine ,Biologie von innen' und eine ,Biologie von außen'." (*Die Stellung d. Menschen im Kosmos* 74.)

stellten Sinn rein zur Erscheinung kommt, dann im Bau- und Funktionsplan des menschlichen Körpers. Die Gottebenbildlichkeit hingegen hat ihren Ausdruck in der geistigen Person, deren Leibüberlegenheit bereits aufgezeigt wurde. Dessenungeachtet anerkennt Scheler eine echte morphologische Sonderstellung des Menschen, welche ungefähr die gleichen Merkmale umfaßt, die auch heute im paläanthropologischen Schrifttum genannt werden: ,,aufrechter Gang, Umgestaltung der Wirbelsäule, Äquilibrierung des Schädels, die mächtige Gehirnentwicklung des Menschen und die Organumgestaltungen, welche der aufrechte Gang zur Folge hatte (wie Greifhand mit opponierbarem Daumen, Rückgang des Kiefers und der Zähne)." [7] Es ist für Scheler eine Selbstverständlichkeit, daß der rezente Mensch ,,sehr erhebliche" morphologische, vor allem aber physiologische Unterschiede gegenüber dem Tier aufweist; es ,,scheidet eine ungeheure PHYSIOLOGISCHE Kluft den Menschen auch von den höchsten Wirbeltieren." [8] Dies vor allem auf Grund der Tatsache, die man als funktionelle Zerebralisation bezeichnen könnte: Der gesteigerten Tätigkeit und Zentralisierungsfunktion des menschlichen Gehirns entspricht ein erhöhter Energieverbrauch dieses Organs, aber auch eine größere Empfindlichkeit und eine erhöhte Abhängigkeit des übrigen Körpers vom Gehirn, so daß dieses beim Menschen zum eigentlichen ,,Todesorgan" wird.[9] Diese funktionelle Deutung anatomischer Gegebenheiten, die von Scheler zudem noch als durchgehend gültiges Prinzip angesehen wird,[10] entspricht einer ganzheitlichen Konzeption des humanen Phänotyps, bei dem die morphologische Struktur im Dienste besonderer Funktionen und diese wieder im Dienste einer dem Vernunftwesen Mensch entsprechenden biologischen Lebendigkeit stehen.

Diese Ansätze zu einem maßvollen und besonnenen Einbau der somatischen Befunde in ein philosophisches Gesamtbild vom Menschen werden jedoch sogleich wieder verdunkelt, wenn

---

[7] *Die Stellung d. Menschen im Kosmos* 10.
[8] Vgl. a.a.O. 78; ,,Die Formen d. Wissens u. die Bildung": *Phil. Weltanschauung* 24.
[9] Vgl. *Die Stellung d. Menschen im Kosmos* 78–80; ,,Die Formen d. Wissens u. die Bildung": *Phil. Weltanschauung* 24f.
[10] So, wenn allgemein die Rede ist von ,,anatomischer Verschiedenheit, die wir, wie alle Strukturbildung der organisch belebten Materie, in letzter Linie *funktionell* zu verstehen haben, d.h. als je verschiedene relativ stabile Anordnungen chemisch-physikalischer Stoffkomplexe und Energiegefälle zu Funktionsfeldern ..." (,,Die Formen d. Wissens u. die Bildung": *Phil. Weltanschauung* 24.)

Scheler an die Deutung der genannten Merkmale geht. Hier bekommt der bekannte Dualismus, der den Menschen zwischen Tier und Gott spannt, wieder die Oberhand. Weil es sich bei der Beurteilung der somatischen Besonderheiten um den homo naturalis handelt, der aus ganz anderen als philosophischen Gründen dem geistbegabten Gottsucher polar entgegengesetzt wird, werden zur Deutung der menschlichen Leiblichkeit nur biologische Kategorien zugelassen. Dies zeigt sich deutlich bei Schelers philosophischer Verwertung der angeführten Tatsache der menschlichen Zerebralisation: Gemessen an den Leistungen der großhirnlosen Tiere ist der Mensch „ein SKLAVE seiner Großhirnrinde"[11] – geschickt und fast unmerklich wird durch das Bild des Sklaven das negative Vorzeichen gesetzt. Und die Tatsache der geringen somatischen Weiterentwicklung der Spezies Mensch wird als „ ‚Sackgasse der Natur' " interpretiert, „einer Natur, die eben darum, weil sie sich im Menschen gleichsam festgelaufen und verlaufen hatte und mit DEN Methoden, die alle Evolution bis zum Menschen trugen, nicht weiter konnte . . ., gleichsam in Geist und eine geistig geleitete und gelenkte ‚Geschichte' umschlug . . ."[12] Wieder markieren Ausdrücke wie „festgelaufen", „verlaufen" die negative Richtung, obwohl die Abnahme der Evolutionsfähigkeit des menschlichen Körpers zumindest mit gleichem Recht als Spitze der Entwicklung und nicht notwendig als Sackgasse zu interpretieren ist. Auch hier wird die Evolution im Tierreich zum Maß für den Menschen genommen. Im selben Sinn ist für die gesamte anatomisch-physiologische Ausstattung des Menschen ein allgemeiner „organologischer Dilettantismus" kennzeichnend.[13]

Nun erschöpft sich das Wesen des Menschen nach Scheler keineswegs in den genannten biologischen Mängeln; Geist und Person sind die bereits bekannten Kategorien, welche den Menschen bestimmen. Aber wie jede anthropologische Mängelwesentheorie macht auch Scheler dem evolutionistischen Biologismus die entscheidende Konzession, daß die anatomisch-physiologische Struktur des Menschen zur Gänze biologisch, vom Tier her zu beurteilen sei und somit für die Sonderstellung des Men-

---

[11] „Die Formen d. Wissens u. die Bildung": *Phil. Weltanschauung* 25.
[12] A.a.O. 25f.
[13] Vgl. „Zur Idee d. Menschen": GW III, 192.

schen nicht das Geringste austrage. Eine solche Deutung setzt von vornherein nicht am Gesamtphänomen Mensch an, sondern an der davon künstlich abgespaltenen Somatologie in einseitig evolutionistischer Orientierung. Wie wenig eine solche Sicht zwingend ist, zeigen die Ausführungen M. LANDMANNS, die in unseren Tagen der Ernüchterung des Evolutionismus (als Ideologie) in ein deszendenztheoretisches Jubiläums-Sammelwerk Eingang fanden: „Entschließt man sich erst einmal, den Menschen nicht mehr, weil er aus dem Tier hervorgegangen ist, vom Tier her, sondern als anderen Typus aus seiner eigenen Mitte zu begreifen, dann zeigt sich, daß man viel besser tut, die Vernunft an den Anfang zu stellen. Sie ist offenbar die dominierende Kraft in ihm ... Setzt man aber die Vernunft von vornherein an der richtigen Stelle ein, dann ergibt sich weiterhin, daß die scheinbaren Mängel des Menschen in Wahrheit gar keine solchen sind ... Da der Mensch aus der Vernunft heraus lebt, bedarf er der spezialisierten Organe und der Instinkte gar nicht, ja sie würden ihn nur stören. An ihrer Stelle hat er eben die Vernunft. Auch die somatisch-psychische Ausstattung des Menschen ist also in ihrer (ganz anderen) Art ebenso vollkommen wie die der Tiere. Sie ist genau die Ausstattung, die einem Vernunftwesen entspricht.[14]

Die radikale Trennung von somatischer Gestalt und Geistwesen des Menschen führt nun bei Scheler zu ebenso unvermeidlichen wie seltsamen, ja grotesk anmutenden Konsequenzen. Zunächst ist längst nicht klar, daß jeder rezente Mensch, der eindeutig die somatischen Merkmale seiner Gattung trägt, auch wirklich Mensch im Sinne der Wesensidee vom Menschen ist. Der Gnadencharakter des Geistigen läßt vielmehr erwarten, daß innerhalb der biologisch eindeutig als Mensch sich ausweisenden Gattung nur „da und dort"(!) spezifisch menschliche Akte zum

[14] M. Landmann, „Der Mensch als Evolutionsglied und Eigentypus"; in: G. Heberer (Hrsgb.), *Menschliche Abstammungslehre. Fortschritte d. ‚Anthropogenie' 1863–1964;* Stuttgart 1965, 431.
Ganz ähnlich stellt auch Kant die Vernunft an den Anfang: „Die Natur tut nämlich nichts überflüssig, und ist im Gebrauch der Mittel zu ihren Zwecken nicht verschwenderisch. Da sie dem Menschen Vernunft und darauf sich gründende Freiheit des Willens gab: so war das schon eine klare Anzeige ihrer Absicht in Ansehung seiner Ausstattung. Er sollte nämlich nun nicht durch Instinkt geleitet, oder durch anerschaffene Kenntnis versorgt und unterrichtet sein; er sollte vielmehr alles aus sich selbst herausbringen." (Idee zu einer allgemeinen Geschichte in weltbürgerlicher Absicht, A 390.)

Durchbruch kommen.¹⁵ Die psycho-somatische Organisation des tatsächlich lebenden Menschen ist ferner für sein Wesen völlig belanglos, so daß sie einerseits mit ihren „ZUFÄLLIGEN empirischen Merkmalen" und ihrer „besonderen Anatomie, Physiologie, Sinnes- und Bewegungsorganisation nur EIN – wenn auch unser einziges – ‚Beispiel' " für die Idee des Menschen ist;¹⁶ und anderseits kann die Idee des Menschen sich mit jeder Gestalt verbinden, wobei nach Scheler der Spielraum viel weiter reicht, als eine auch noch so extrem deszendenztheoretische Anthropologie anzunehmen nahelegt, nämlich von den DACQUÉSCHEN „ ‚horngepanzerten, auf vier Extremitäten gehenden amphibischen Urmenschen' " über Hund und Papagei bis zur – Hutschachtel.¹⁷ Nun wird niemand Schelers Rede von der Hutschachtel ernst nehmen. Aber derartig überspitzte Formulierungen zeigen doch, wie wenig Scheler um eine am Phänomen Mensch orientierte Beschreibung bekümmert ist, wie sehr bei ihm von Anfang an homo naturalis und Geistwesen auseinanderklaffen.

„Es gibt keine natürliche Einheit des Menschen." „Es gibt keine ‚Gleichförmigkeit der Menschennatur' im empirisch psychologischen, biologischen und historischen Sinn. Daß unsere ‚Idee' des Menschen diese schrankenlose Relativierung des Menschen als naturwissenschaftlichen und psychologischen Begriff gestattet – das halten wir für einen besonderen VORZUG dieser

---

¹⁵ „Aber wir behaupten, daß innerhalb der kontinuierlichen Evolution von Tier zu Mensch da und dort (also nicht notwendig ‚überall') *Akte* eines gewissen *Wesens* und *Gesetze* solcher, *Werte* eines gewissen *Wesens* und *Zusammenhänge* solcher in die Erscheinung treten, die ... einer *prinzipiell überbiologischen Ordnung überhaupt* angehören, und die doch genug an Zahl sind, um aus ihnen uns das *Sein* einer Welt von Werten, Personen ahnen zu lassen, das wohl da und dort in die menschliche Umwelt hineinblitzt, aber nicht biologischer Herkunft ist." *(Der Formalismus ...:* GW II, 294; vgl. auch die in Anm. 17 angeführte Stelle: GW II, 296.)
¹⁶ Vgl. „Die Formen d. Wissens u. die Bildung": *Phil. Weltanschauung* 17; „Erkenntnis u. Arbeit": GW VIII, 242; ebenso: *Der Formalismus ...:* GW II, 296.
¹⁷ Vgl. *Phil. Weltanschauung* 122, Anm. 11. „Würde ein Papagei jene Tendenz [des Gottsuchers] verraten, so würde er uns ‚verständlicher' sein als ein irgendwie einmal auffindbares Glied eines primitiven Volkes, dem jenes Transzendieren über den Lebenswert hinaus fehlen würde. Und er verdiente insofern trotz seiner abweichenden Organisation mit mehr Recht ein ‚Mensch' zu heißen, als jedes Glied eines Naturvolkes *ohne* sie ..." *(Der Formalismus ...:* GW II, 296.)
„Würde mein Hund auch nur sich hinter einer Wand verstecken und zuweilen hervorgucken, so daß ich sähe, er wolle nicht gesehen sein, und beobachtete er mich beim Frühstück – ich wenigstens würde dann jede Wette eingehen, er sei ein verzauberter Mensch ... Eine Hutschachtel, die immer da wäre, wenn ich sie brauche, oder gerade dann immer nicht da – auch sie würde ich geneigt sein, für einen verzauberten Menschen zu halten." („Zur Idee d. Menschen": GW III, 176.)

Idee."[18] Diese Sätze leugnen deutlich die Möglichkeit einer am erfahrbaren Phänomen Mensch erscheinenden anthropologischen Einheit. Gewiß ist bei der Suche nach spezifisch menschlichen Körperbaumerkmalen jene Vorsicht zu wahren, welche die Paläanthropologie gebietet. Auch eine an der recht verstandenen aristotelisch-thomistischen Anima-forma-corporis-Lehre orientierte Anthropologie braucht keinen bis ins letzte gehenden morphologischen Niederschlag des Geistes zu postulieren; ,,die Erscheinung des Geistes im Organischen, die es gibt und geben muß, wenn die Geistseele im Menschen Form des Leibes ist, scheint nicht wieder (NOTWENDIG und wesentlich!) etwas Morphologisches sein zu können oder zu müssen, was es sonst grundsätzlich nicht geben könnte, sondern besteht wohl in der ,Verwendung' und der Mediatisierung des (in sich und seinen Gesetzen intakt bleibenden) Organischen für die Zwecke des Geistes..."[19] Was aber Scheler mit seiner schrankenlosen Relativierung des menschlichen Erscheinungsbildes meint, geht weit über jede Forderung der Anthropogenie hinaus und ist nur möglich auf dem apriorischen Hintergrund eines radikalen Dualismus, der im Menschen Bios und Geist auseinanderreißt und jene Einheit sprengt, die dem Menschen Wesen und Aufgabe zugleich ist, die auch Scheler ahnt, wenn er vom Menschen erwartet, daß er ,,diese seine GEISTIDEE bis in die Spitzen der Finger und des Mundes Lächeln VERWIRKLICHE UND VERLEIBE."[20]

2. *Das emotionale Leben und die Sympathie*

In der Konzeption Schelers umfaßt der den empirischen Wissenschaften vom Menschen zugängliche gegenständliche Bereich des homo naturalis neben der anatomisch-physiologischen Kör-

---

[18] ,,Zur Idee d. Menschen": GW III, 194; *Phil. Weltanschauung* 122f.
[19] K. Rahner, ,,Die Frage nach dem Erscheinungsbild d. Menschen als Quaestio disputata d. Theologie"; in: P. Overhage, *Um das Erscheinungsbild der ersten Menschen;* Basel-Freiburg-Wien 1959, 23f.
[20] ,,Die Formen d. Wissens u. die Bildung": *Phil. Weltanschauung* 31. Schelers Einsicht von der Einheit des lebendigen Leibes als Ausdrucksfeld des Seelischen (die freilich durch die Unterscheidung von äußerer und innerer Wahrnehmung wieder gelockert wird) müßte auf das Verhältnis von Körper und Geist überhaupt angewendet werden. Auch dafür gilt: ,,Die Rede, es sei uns ,zunächst nur ein Körper gegeben', ist völlig irrig. Nur dem Arzt oder dem Naturforscher ist so Etwas gegeben, d.h. dem Menschen, soweit er künstlich von den ganz primär gegebenen Ausdrucksphänomenen abstrahiert." *(Wesen u. Formen d. Sympathie* 6.)

perlichkeit noch die sogenannten „psychischen Vitalfunktionen", die der Mensch wie seinen Körper mit den Tieren gemeinsam hat und die Scheler unter dem Begriff „Vitalzentrum", „Vitalich", „Vitalseele" zusammenfaßt.[21] Auch dieses Vitalzentrum äußert sich in bestimmten, unverwechselbaren Verhaltensformen. Es sind vor allem die seelischen Verhaltensweisen des emotionalen Fühlens und der vitalen Sympathie (mit den Hauptformen der Einsfühlung und des Mitgefühls), denen Scheler sein Augenmerk zuwendet. Die genannten Verhaltensformen liefern wichtiges Material zum Aufbau einer phänomenologischen Anthropologie, zumal sie einer einseitig am denkenden Menschen orientierten Wesensbestimmung wirksam entgegentreten. Es ist zu fragen, ob Scheler seine im einzelnen oft sehr genau beobachteten Befunde im vollen Umfang für eine am Phänomen orientierte Verhaltenslehre vom Menschen ausgewertet hat.

a. Die Gefühle

Zunächst zum emotionalen Bereich der Gefühle.[22] Scheler betont hier die Tatsache der Schichtung des emotionalen Lebens, wie schon die Überschrift des einschlägigen Abschnitts zeigt. Nun sind Schichtenmodelle ungefähr so alt wie die philosophische Beschäftigung mit dem Menschen selbst. Ihre Berechtigung im Sinne einer Veranschaulichung der am einheitlichen Phänomen Mensch auch verhaltensmäßig auftretenden Aspektdivergenzen ist nicht zu leugnen. So ist Schelers Unterscheidung einer „zentralen Ichtiefe" von einer „peripheren Schicht unserer seelischen Existenz"[23] durch ständige Selbst- wie Fremderfahrung gedeckt. Schelers Schichtenkonzeption geht aber weit über diese verhaltensmäßige Mehrdimensionalität des Menschen hinaus. Vor aller phänomenologischen Untersuchung des Gefühlslebens steht für ihn in einem kühnen Sprung von der verhaltensphänomenalen

---

[21] Vgl. „Die Formen d. Wissens u. die Bildung": *Phil. Weltanschauung* 24; *Wesen u. Formen d. Sympathie* 37, 85f., 118 u.a.
Nach *Wesen u. Formen d. Sympathie* 193 und 194 ergibt sich folgende Schichtung im Menschen mit den entsprechenden Aktkorrelaten:

Schichten:		Aktkorrelate:
A. Gegenständlicher homo naturalis	Körper (Leibeinheit)	— vitale od. Leibakte
	Ich + Vitalseele	— rein psych. od. Ichakte
B. Ungegenständliche geistige Person		— geistige od. Personakte

[22] Vgl. dazu: *Der Formalismus...*: GW II, 331–345.
[23] *Der Formalismus...*: GW II, 333.

Verschiedenheit der Gefühlstiefe zu einer ontischen, „der Struktur unserer gesamten menschlichen Existenz" entsprechenden Stufung fest, daß es vier aufeinander nicht rückführbare Gefühlsschichten gibt: die sinnlichen Gefühle, die Leib- und Lebensgefühle, die rein (!) seelischen Gefühle und die geistigen Gefühle.[24] Die psychologische Schichtung der Gefühle wird auf dem Hintergrund der homo naturalis – Gottsucher-Polarität zum empirischen Niederschlag der apriorischen Schichtung von Leib – Seele – Person. Die erfahrungsmäßig nicht mehr zu bestätigende Folge dieser Übertragung ist die These von der völligen Beziehungslosigkeit der sinnlichen Gefühle zur Person, die Annahme von rein seelischen Gefühlen und die Loslösung der geistigen Persönlichkeitsgefühle von jedem konkreten Anlaß. Gerade das Phänomen des Schmerzes, das von Scheler für die auch innerhalb der Körperlichkeit, worauf die sinnlichen Gefühle eingeschränkt werden, noch gegebene strenge Lokalisierung dieser Gefühlsschicht herangezogen wird, ist durchaus nicht eindeutig. Ist schon die Lokalisierung bei allen „ausstrahlenden", diffusen Schmerzzuständen, welche die ärztliche Diagnose so sehr erschweren, keineswegs auch nur annähernd möglich, so kann von einem Fehlen jeder Beziehung der sinnlichen Gefühle zur Person als ganzmenschlichem Einheitszentrum schon gar keine Rede sein. Was intensiver Schmerz oder höchste Lust für das zentrale Erleben des Menschen bedeuten – sie sind zumindest ebenso Anlaß für die Persönlichkeitsgefühle der Verzweiflung und der Seligkeit –, kann nur übersehen, wer die Person a priori jenseits aller raumzeitlichen Welthaftigkeit ansiedelt. Die völlige Beziehungslosigkeit der einzelnen Gefühlsstufen untereinander, von Scheler als radikale Unreduzierbarkeit der Gefühlsschichten aufeinander bezeichnet, und die zunehmende Leibunabhängigkeit der höheren Gefühlsstufen bis zur totalen Entweltlichung der Persongefühle führen zu derart der Erfahrung widersprechenden Feststellungen wie: „Wir können ... während der Empfindung stärkster sinnlicher Lustgefühle uns ‚matt' und ‚elend' fühlen, und wir können auch bei starken Schmerzen uns ‚frisch' und ‚kraftvoll' fühlen ..."[25] Schlimmer als diese eindeutige Verhaltensbefunde verfälschenden Folgerungen ist die Einbuße der

[24] Vgl. *Der Formalismus* ...: GW II, 334.
[25] Vgl. a.a.O. 341f.

anthropologischen Bedeutung der Verhaltensstruktur des menschlichen Gefühlslebens. Dieses wird bei Scheler trotz aller Einzeläußerungen im Grunde doch nur noch als Mittel zur Stützung der apriorisch konzipierten ontischen Gespaltenheit des Menschen gesehen. Wenn irgendeiner, so ist Scheler der jeder überspitzten Schichtentheorie einwohnenden Gefahr erlegen, ,,die Selbständigkeit der Schichten derart zu überschätzen, daß die Einheit der Persönlichkeit nur mehr durch theoretische Kunstgriffe zu gewährleisten ist ..."[26] Und doch wäre das emotionale Leben geeignet zum Aufweis des gerade auch leiblich fundierten menschlichen Einheitserlebens.

b. Einsfühlung

Eine zentrale anthropologische Bedeutung kommt der auf die sympathetischen Verhaltensformen der Einsfühlung, des Mitgefühls und der Liebe gegründeten seelischen Fremdwahrnehmung zu. Der Mensch ist das einzige unserer Erfahrung zugängliche Wesen, das ursprünglich immer schon beim anderen ist, ihn als echtes Gegenüber erfährt, ihn versteht, ohne ihn zu besitzen; der Mensch ist so das Wesen der Begegnung. Neben den vielfältigen erkenntnistheoretischen Belangen dieses Phänomens der seelischen Fremdwahrnehmung betont Scheler selbst vor allem den anthropologischen Aspekt dieser Frage: ,,Eine ganz selbständige Bedeutung aber hat unser Problem ... für den Menschen als Menschen selbst. Denn was überhaupt der Mensch dem Menschen zu sein vermag, ... hängt doch davon ab, welcher Art letzter Seinsverkettungen zwischen Mensch und Mensch ... und in letzter Linie der absoluten Daseinssphäre bestehen und bestehen können."[27] Aber schon die letzten Worte zeigen, daß sich nach Scheler der eigentliche Gehalt der seelischen Fremdwahrnehmung, so wichtig er für den Menschen sein mag, gar nicht am Menschen selbst zeigt und erfüllt. Die Frage nach der sympathetischen Verbindung der einander begegnenden Menschen wird für Scheler gerade wegen ihrer anthropologischen Bedeutung zur metaphysischen Frage, die ohne Rückbezug auf

---

[26] W. J. Revers, ,,Anthropologische Problematik d. Schichttheorien"; in: *Schweizerische Zeitschrift f. Psychologie u. ihre Anwendungen* (*Revue Suisse de Psychologie pure et appliquée*) 18 (1959), 36.
[27] *Wesen u. Formen d. Sympathie* 246f.

einen transzendenten Weltgrund nicht anzugehen ist. „Die Metaphysik des Wissens des Menschen vom Menschen ... – d.h. die Frage, wie die tief verborgenen ontischen und erkenntnismäßigen Beziehungsarten des Menschen zum Menschen dem Weltgrund eingeordnet sind und welcher Art von ‚Verkehr' des Menschen mit dem Menschen durch den Weltgrund und durch seine Vermittlung überhaupt möglich sind und welche nicht – das entscheidet allein im letzten Grunde, was der Mensch für den Menschen ist und bedeutet."[28] Klar erhellt bereits aus diesen Sätzen, daß Bedingung der Möglichkeit und letztes Einheitsprinzip für das Verstehen des anderen und die darauf sich gründende Begegnung mit ihm der göttliche Weltgrund ist. Dennoch finden sich gerade im Sympathie-Buch, besonders in der phänomenologischen Beschreibung der sympathetischen Funktionen, zahlreiche und wertvolle Ansätze zu einer Verhaltensanthropologie, die freilich in ihrem anthropologischen Sinngehalt vielfach ungenützt bleiben.

Dies zeigt sich schon bei der Beschreibung der idiopathischen und heteropathischen Einsfühlung[29]. Sie besteht im Verlust des eigenen und in der unbewußten Identifizierung mit dem fremden Ich. Die Beispiele, welche Scheler dafür zu bieten vermag, entstammen mit drei Ausnahmen dem unentwickelten bzw. sogar pathologischen Kontaktverhalten; Einsfühlung liegt vor bei Primitiven, in den antiken Kultmysterien, in der Hypnose, bei hysterischer Nachahmung, beim Kind, in besonderen Fällen von Bewußtseinsspaltung, im Geschlechtsakt, im Massenerlebnis, im Konnex zwischen Mutter und Kind, bei tierischen Instinkthandlungen. Die antiken Kultmysterien kommen wegen der mangelhaften Rekonstruierbarkeit des dort gegebenen Erlebens als Beweis kaum in Frage. Daß Scheler das geschlechtliche Liebeserleben unter die Einsfühlung im Sinne gegenseitiger Verschmelzung rechnet, zeigt, wie sehr er den individualpartnerschaftlichen Sinn der Geschlechterliebe verkennt. Bei der Einsfühlung zwischen Mutter und Kind, die sicher in allen gesunden Fällen keine Aufhebung des jeweiligen Ichs, soweit dieses schon bei sich selbst ist, bedeutet, stützt sich Scheler zu sehr auf den physischen vorgeburtlichen Zusammenhang zwischen beiden Individuen. Alle

---

[28] *Wesen u. Formen d. Sympathie* 247.
[29] Vgl. a.a.O. 16–40.

anderen der genannten Formen der Einsfühlung verweisen auf Vorstufen menschlichen Verhaltens, was von Scheler kaum beachtet wird. Gerade hier aber müßte der zunächst negative Aspekt des Einsfühlungsphänomens ansetzen: Einsfühlung, die unbewußt und distanzlos mit dem anderen zusammenfällt, läßt das Problem, aber auch die eigentliche anthropologische Bedeutung der seelischen Fremdwahrnehmung gar nicht aufkommen. Setzt Scheler die echte Sympathie von Einsfühlung zwar deutlich ab, so zeigt doch seine eigene Theorie der seelischen Fremdwahrnehmung mit ihrer Annahme einer ursprünglichen Richtung des Einzelnen auf ein transindividuelles, diffuses Seelenreich deutliche Anklänge an das vorpersonale Einfühlungsphänomen. Davon in Kürze mehr. Die positive anthropologische Bedeutung der Einsfühlung, welche in der Notwendigkeit emotionaler Bindung bis hinauf in die Gottesliebe („aus ganzem Herzen und ganzer Seele", vgl. Mk 12, 30) liegt, scheint Scheler zwar aufgegangen zu sein, wenn er den Verlust der Einsfühlungsfähigkeit beim modernen Menschen beklagt und Franz von Assisi als Genie der Einsfühlung feiert.[30] Und doch ist eine echte Einheit der einsfühlenden Funktionen als unabdifferenzierbarer Komponente gesamtmenschlichen Verhaltens in Schelers Konzeption nicht denkbar. Denn die Einsfühlungen liegen, streng schichtentheoretisch gesehen, „allesamt in jenem Zwischenreich unserer menschlichen Wesenskonstitution", das Scheler „im scharfen Unterschied von personalem Geist und Leib-Körper das Vitalbewußtsein" nennt; ebenso folgen die Einsfühlungen „der spezifischen ‚Vitalkausalität', die von noetischer Sinn-motivierung und (formal) mechanischer Berührungskausalität spezifisch verschieden ist."[31]

c. Sympathie und Personliebe

Von allen Formen der Einsfühlung grundverschieden ist das Mitgefühl oder die Sympathie im eigentlichen Sinn. Die Behauptung eines „Wesensunterschieds" zwischen Einsfühlung und Sympathie[32] überrascht umso mehr, als anderseits beide Funktionen derselben Schicht des psychischen Vitalich ange-

---

[30] Vgl. a.a.O. 33–35; 102–110.
[31] Vgl. a.a.O. 37, 38.
[32] Vgl. a.a.O. 35.

hören. Zur Erfassung der Sympathiefunktion liefert Scheler ohne Zweifel wichtige phänomenologische Daten, denen hohe anthropologische Bedeutung zukommt. Hauptleistung der Sympathie, im Sinne Schelers eine ,,metaphysische" Leistung, ist dabei die Überwindung der Illusion des Egozentrismus, d.h. jener Einstellung, welche den anderen Menschen nur in Bezug auf das eigene Ich sieht: die Wirklichkeit des anderen wird zwar nicht geleugnet, erhält aber keine eigenständige Bedeutung, sondern nur Sinn in Abhängigkeit von Sein und Wert des eigenen Ich.[33] Die Funktion des sympathetischen Mitfühlens hingegen zeigt eine ursprüngliche Tendenz des Individuums auf den anderen. Von großer anthropologischer Relevanz ist dabei, daß die Sympathie den anderen als solchen erfaßt, ihn also weder unter das eigene Ich und seine Erlebnisse subsumiert noch selbst in Einsfühlung mit dem Fremderleben aufgeht. ,,Echtes Mitgefühl bekundet sich nun aber gerade darin, daß es Natur und Existenz des Anderen und seine Individualität mit einbezieht in den Gegenstand des Mitleids und der Mitfreude."[34] Diese ,,phänomenale Richtung auf den Anderen als des Anderen"[35] impliziert die individuale Eigenständigkeit des anderen sowohl wie des eigenen mitfühlenden Ich. Scheler tritt hier deutlich für die ,,Distanz" der individuellen Personen voneinander ein, ohne die ja die Frage nach Möglichkeit und Umfang des seelischen Fremderlebens letztlich gegenstandslos wäre.[36] Diese wertvollen Beobachtungen werden dem Phänomen der sympathetischen Begegnung durchaus gerecht. Ihre anthropologische Bedeutung liegt in der Erkenntnis, daß sympathetisches Mitfühlen ohne jedes die Individualität der Personen aufhebende, übergreifende Medium rein und einfach von einem zum anderen geht. ,,Und wenn es ... gerade die Leistung des echten Mitgefühls ist, in der Aufhebung der solipsistischen Täuschung die Erfassung der gleichwertigen Realität des ,alter' als des ,alter' zu erfassen, so kann es nicht gleichzeitig die dunkle Erkenntnis sein, daß weder das ego, noch das alter real existieren, sondern nur ein Drittes, dessen Funktionen sie seien."[37] Bei dieser klaren Sicht der anthropolo-

---

[33] Vgl. *Wesen u. Formen d. Sympathie* 66–70.
[34] A.a. O. 43.
[35] A.a. O. 44.
[36] Vgl. a.a. O. 49, 75.
[37] A.a. O. 76.

gischen Bedeutung des Mitgefühls, das sich als genuin menschliches und mitmenschliches Phänomen am Menschen selbst ereignet, wirkt Schelers neuerlicher Versuch einer metaphysischen Erklärung unorganisch und gekünstelt. Der Hintergrund dieses Versuchs ist begreiflich und der Absicht nach verdienstvoll: die Besorgnis, gegen alle naturalistischen Reduktionsbestrebungen die geistige Eigenständigkeit des Menschen und seiner Vollzüge zu betonen. Obwohl dies gerade am Phänomen des Mitgefühls als spezifisch menschlicher individualitätgebender Funktion in an der Verhaltenserfahrung orientierter Weise möglich wäre, meint Scheler auch hier auf eine Erweiterung des menschlichen Bereichs in Richtung auf das absolute Sein gerade zur Erklärung des Menschlichen nicht verzichten zu können. Phänomenologische Stütze wird ihm dabei die schichtentheoretische Vorstellung von der völligen Beziehungslosigkeit der höheren und niedrigeren Funktionen sogar derselben psychischen Vitalschicht untereinander. Da Mitgefühl in keiner Weise mit Einsfühlung zusammenzubringen ist, muß zu seiner Erklärung das unpsychische Sein Gottes herangezogen werden. Die im schichtentheoretischen Ansatz bereits zerstörte Einheit des Menschen kann nur im Rückgriff auf den göttlichen Weltgrund gewonnen werden – ein Vorgehen, das uns bereits hinlänglich bekannt ist.[38] Anderseits sieht Scheler im Mitgefühl aber auch einen Hinweis auf den göttlichen Weltgrund, durch den es doch eben erst erklärt werden sollte. Auch hier bildet Schelers Erweiterung des mitfühlenden Verhaltens in den überindividuellen und unendlichen Raum einer Allvernunft den Angelpunkt der Überlegung. Weil jene im Mitgefühl erscheinende wesenhafte Verwiesenheit personaler Individuen aufeinander nach Schelers Behauptung ohne überpersonale Vernunft nicht möglich ist, wird das Phänomen des Mitgefühls ganz im Sinne des aus der Gesamtpersonlehre bereits bekannten ,,soziologischen" Gottesbeweises Hinweis auf einen

---

[38] In diesem Sinn schreibt Scheler, daß ,,Nachfühlen und Mitgefühl **Urphänomena** sind, die nur in ihrem Wesen aufgewiesen werden können, nicht aber psychogenetisch aus einfacheren Tatsachen ableitbare Erscheinungen. Unableitbare **Urphänomene** aber sind – soweit ihr Dasein noch erklärbar ist – eben auch **nur metaphysisch erklärbar,** d.h. mit Heranziehung desjenigen real Seienden und seiner Ordnung, das ... in keiner direkten oder indirekten kausalen Verknüpfung mehr mit unserer realen psychophysischen Organisation steht. Das Mitgefühl ist ein Phänomen **metaphysischer Ordnung.**" *(Wesen u. Formen d. Sympathie 64.)*

göttlichen Weltgrund.³⁹ Über diese Art von Gottesbeweis ist hier nicht zu urteilen. Fest steht aber, daß Scheler durch seine schichtentheoretische Sympathielehre und die metaphysische Überdehnung des Sympathiephänomens trotz guter Ansätze auch hier zu keiner echten Verhaltensanthropologie findet.

Als Krönung aller psychovitalen Sympathie, zugleich aber im strengen Unterschied davon als völlig neue, unableitbare, eben personale Schicht nennt Scheler die „akosmistische Personliebe". Sie wurde bereits in § 3 des I. Kapitels eingehend behandelt. Dort wurde auch darauf hingewiesen, daß Scheler am ehesten noch im Sympathie-Buch eine Annäherung zwischen leib-seelischer und geistiger Liebe gelingt. Schon der Umstand, daß Scheler statt ausschließlich von der wesensverschiedenen Trias Einsfühlung – Sympathie – Liebe auch einmal von vitaler, seelischer und geistiger Liebe spricht,⁴⁰ bedeutet einen Fortschritt. Ebenso ist Scheler klar, daß im Vollzug des Liebens auch distanzhaltende Sympathie und die emotionale Kraft der Einsfühlung mitschwingen. „Zur Liebe gehört gerade jenes verstehende ‚Eingehen' auf die andere, von dem eingehenden ‚Ich' soseinsverschiedene Individualität als auf eine andere und verschiedene; und eine trotzdem emotional restlos warme Bejahung ‚ihrer' Realität und ‚ihres' Soseins."⁴¹ Doch handelt es sich hier nicht um ein Zusammenwirken verschiedener Funktionen auf Grund einer Einheit, deren Prinzip das lebendige Individuum Mensch selbst ist. Die Aufnahme von Einsfühlung und Sympathie in den Akt des Liebens erscheint vielmehr als notwendige Konzession an die nun einmal gegebene leib-seelische Einschränkung der frei strömenden Person. Deshalb tragen auch im Grunde genommen die psychovitalen Funktionen der Sympathie für den geistig-personalen Akt der Liebe nichts aus. Davon war ebenfalls schon die Rede. Hier sei nur auf die Hauptunter-

---

[39] „Und nun folgt allerdings: da eine wesensteleologische Beziehung gegenseitigen Füreinanderbestimmtseins ... eine über alle endliche Personen erhabene, Zweck und Bestimmung setzende Vernunft notwendig fordert, ... wird das reine Mitgefühl, eben da es nicht assoziativ genetisch erklärbar ist, zum Mitfundament eines Schlusses auf einen und denselben Schöpfer aller dieses Gefühls ursprünglich teilhaftigen Personen. Wenn also das Mitgefühl metaphysisch verstanden werden soll, so ist es ... Hinweis ... auf eine theistische (eventuell panentheistische) Metaphysik des Weltgrundes." (*Wesen u. Formen d. Sympathie* 77.)
[40] Vgl. *Wesen u. Formen d. Sympathie* 194.
[41] Vgl. a.a.O. 82.

schiede zwischen Liebe und Sympathie hingewiesen. Gerade im Sympathie-Buch, wo Liebe und Sympathie bisweilen einander so nahe kommen, erscheinen deutlich solche Unterschiede, die nur auf dem Hintergrund eines aufspaltenden, schichtentheoretischen Personmodells verständlich sind. So ist Liebe in keiner Weise auf Mitgefühl oder gar auf Einsfühlung rückführbar; vielmehr fundiert Liebe, letztlich unabhängig von aller leib-seelischen Erfahrung, jene aber bedingend und tragend, jedes Mitgefühl, das ihr gegenüber stets ,,sekundär'' bleibt.[42] Liebe ist ferner spontaner Akt im Sinne einer ,,Bewegung'', Mitgefühl ist wesensmäßig Leiden, Reaktion im Sinne eines ,,Aufnehmens''.[43] Liebe geht auf Werte, vor allem auf den Höchstwert der Person, Mitgefühl ist wertblind und vermag nicht einmal bis zur relativ, geschweige denn bis zur absolut intimen Person vorzudringen.[44] Schließlich ist Liebe ein Akt, Mitgefühl bloß eine Funktion.[45] Was dies für den Unterschied zwischen beiden bedeutet, erhellt deutlich aus der Wesensbestimmung von Akt und Funktion.[46]

d. Anthropologisches Schichtenmodell. Das Problem der seelischen Fremdwahrnehmung

Den bisher behandelten Sympathieformen liegt bei aller zeitweiligen Annäherung aneinander doch ein strenges Schichtenschema zugrunde. Es ist zunächst der umfassende, unüberbrückbare Gegensatz von psychophysischem homo naturalis, dem Einsfühlung und Mitgefühl zukommen, und geistiger Person, die Zentrum des Liebens ist. Extrem schichtentheoretisch (im Sinne einer selbständigen Existenz der Schichten) spricht Scheler dabei vom Vitalich als ,,Unterbau der geistigen Person'', dem selbst keinerlei Anteil am Personsein zukommt, das vielmehr

---

[42] Vgl. a.a.O. 163, 169; 221; 166, 72.
[43] Vgl. a.a.O. 3, 78, 165, 166.
[44] Vgl. a.a.O. 2, 65, 78f.
[45] Vgl. a.a.O. 165.
[46] ,,Alle Funktionen sind erstens Ichfunktionen, niemals etwas zur Personsphäre Gehöriges. Funktionen sind psychisch, Akte sind unpsychisch. Akte werden vollzogen, Funktionen vollziehen sich. Mit Funktionen ist notwendig ein Leib gesetzt und eine Umwelt, der ihre ‚Erscheinungen' angehören; mit Person und Akt ist noch kein Leib gesetzt, und der Person entspricht eine Welt und keine Umwelt. Akte entspringen aus der Person in die Zeit hinein; Funktionen sind Tatsachen in der phänomenalen Zeitsphäre und indirekt durch Zuordnung ihrer phänomenalen Zeitverhältnisse auf die meßbaren Zeitdauern der in ihnen gegebenen Erscheinungen selbst meßbar.'' *(Der Formalismus...: GW II, 387.)*

zu durchdringen ist „bis zu dem Punkte gleichsam, wo Personsein im Menschen beginnt."[47] Dazu kommt noch die Schichtung innerhalb der Vitalschicht der Gefühle und der sympathetischen Funktionen selbst. Die an brauchbaren Details reichen phänomenologischen Untersuchungen sind von diesem apriorischen Schichtenmodell gesteuert. Anderseits kommt es gerade dabei zur beobachteten Annäherung von Liebe und Sympathie, weil Scheler sich den seinem Schichtenbau widerstrebenden Verhaltensbefunden nicht völlig zu verschließen vermochte.

Dieselbe schichtentheoretisch bedingte Gespaltenheit kennzeichnet nun auch Schelers merkwürdige und, wie wir meinen, im Grunde nichts erklärende Theorie der seelischen Fremdwahrnehmung. Die Frage ist dabei, wie und mit welchem Recht uns die Existenz und die seelische Eigenart eines von uns selbst evident unterschiedenen und uns nur als bewegter Körper begegnenden fremden Ichwesens gegeben ist. Die Frage nach Möglichkeit und Wirklichkeit von Gemeinschaft überhaupt hängt damit eng zusammen. Scheler antwortet hier mit einer Übertragung seiner apriorischen Schichtentheorie auf den Vollzug des erkennenden Subjekts. Als phänomenalen Grundtatbestand unterscheidet er die beiden aufeinander unreduzierbaren Aktrichtungen der inneren und äußeren Wahrnehmung. Sie fallen weder mit Selbst- und Fremdwahrnehmung zusammen noch sind sie relativ auf den Leib. Innere Wahrnehmung ist vielmehr jene Aktrichtung, in der über Vermittlung des „inneren Sinnes" fremdes wie eigenes Psychisches (Ich) erscheint, äußere Wahrnehmung jene Aktrichtung, in der durch Vermittlung der Sinnesorgane Physisches (Natur) uns gegeben ist. Der Unterschied von Physisch und Psychisch wurzelt in dieser Unterscheidung des wahrnehmenden Erkennens.[48] Für unseren Zusammenhang der seelischen Fremdwahrnehmung bedeutet diese apriorische Unterscheidung zunächst, daß mit der Annahme einer inneren Wahrnehmung das Problem des seelischen Fremdverstehens seine Schärfe verliert. „Diese Akt-richtung (sc. der inneren Wahrnehmung oder Anschauung) umspannt dem ‚Können' nach von vornherein auch Ich und Erleben des An-

---

[47] Vgl. *Wesen u. Formen d. Sympathie* 118.
[48] Vgl. zu diesen Bestimmungen von innerer und äußerer Wahrnehmung den Aufsatz „Die Idole d. Selbsterkenntnis": GW III, 226–245.

deren, genau so, wie sie mein Ich und Erleben überhaupt, nicht etwa nur die unmittelbare ‚Gegenwart' umspannt."[49] Mit diesem ,,von vornherein" wird die ganze Problematik der von Scheler bekämpften Einfühlungs- und Analogieschlußtheorien hinfällig;[50] ebenso die sicher nicht unberechtigte Frage, wie ich denn beim anderen sein könne, den ich doch bei aller Schwierigkeit der Selbsterkenntnis evident nicht so erfahre wie mich selbst. Hier werden wieder vom Erleben und Verhalten her gestellte und ebenso vom Verhalten des lebendigen Leibes als Ausdrucksfeld der Seele her lösbare Probleme[51] zugunsten eines apriorischen Schichtenmodells verkürzt. Die Scheidung zwischen innerer und äußerer Wahrnehmung führt ferner zu einer sonderbaren Arbeitsteilung im Zustandekommen der seelischen Fremdwahrnehmung, die in der psychologischen Erfahrung keinerlei Stütze findet. Vor aller Scheidung von Ich- und Du-Individuum liegt nach Scheler ein einheitlicher überindividueller Gesamterlebnisstrom; ,,ein in Hinsicht auf Ich-Du indifferenter Strom der Erlebnisse fließt ‚zunächst' dahin, der faktisch Eigenes und Fremdes ungeschieden und ineinandergemischt enthält."[52] Belege vermag Scheler hier nur aus dem unentwickelten Verhalten des Kindes und Primitiver zu geben. Auf diesen ungeschiedenen

---

[49] *Wesen u. Formen d. Sympathie* 288.
[50] Richtig bemerkt dazu H. Plessner: ,,Da das Problem eigentlich darin besteht, wie der Andere ist, von dem wir ‚nur' in physischen Daten äußerer Wahrnehmung Kenntnis erhalten, ... muß der Lösungsversuch diese Spielregel einzuhalten trachten. Wenn auch der dogmatische Sensualismus dieses Problem erst geschaffen hat, so darf doch die Lösung nicht einfach durch Einführung von Anschauungsweisen und Begriffen geschehen, deren Gültigkeit die Fragesteller leugnen und deren Leugnung sie gerade durch die Art der Fragestellung bekräftigen. Diesen methodologischen Fehler begeht die Schelersche Theorie aber gewiß. Nimmt man einmal eine innere Wahrnehmung an, so gibt es gar nicht mehr das Problem, zu dessen Lösung der Analogieschluß, die Einfühlung, Miterregung, Nachahmung und Mitvollzug eingeführt worden sind." (,,Die Deutung d. mimischen Ausdrucks"; in: *Zwischen Philosophie u. Gesellschaft* 171.)
[51] Dabei ist die reale Einheit des lebendigen, leibseelischen Individuums unbedingt über die Aspektdivergenz von ,,außen" – ,,innen" bzw. ,,physisch" – ,,psychisch" zu stellen. Th. Litt geht den richtigen Weg, wenn er schreibt: Im Erlebnis der Wahrnehmung des Anderen ,,ist mir in den sichtbaren Betätigungen des fremden Ich nie ein an und für sich äußerliches, bedeutungsleeres Vorkommnis gegeben, dem ich dann ... bestimmte Innengeschehnisse als Ursache unterlegte, sondern im Innewerden des ‚äußeren' Vorgangs ist jenes angeblich davon sich unterscheidende ‚Innere', sofern man darunter den im Geschehen sich ausdrückenden Erlebnisgehalt versteht, unablösbar eingeschlossen." *(Individuum u. Gemeinschaft. Grundlegung d. Kulturphilosophie;* Leipzig-Berlin ²1924, 32.) Im selben Sinn vgl. auch H. Plessner, ,,Die Deutung d. mimischen Ausdrucks"; in: *Zwischen Philosophie und Gesellschaft* 132-179, bes. 162-179; dazu F. Hammer, *Die exzentrische Position d. Menschen* 89-92.
[52] *Wesen u. Formen d. Sympathie* 284.

psychischen Gesamtbereich richtet sich die innere Wahrnehmung. In ihm ist Selbst- wie Fremdwahrnehmung als Ich allererst möglich. Der äußeren, an leibliche Prozesse gebundenen Wahrnehmung fällt dann nur noch die, wie es scheint, im Grunde belanglose Hervorhebung eines gesonderten Ichgehalts aus dem Gesamterlebnisstrom zu.[53] Ganz im Sinne der die Individualität aufhebenden Einsfühlung verwischt diese Theorie in unzulässiger Weise die Grenzen zwischen Ich und Du. Es entsteht der Eindruck, als wäre die das Problem der Fremdwahrnehmung aufwerfende Scheidung in räumlich-zeitlich voneinander getrennte Individuen keine Grundgegebenheit, sondern erst das fatale Werk jener sinnengebundenen äußeren Wahrnehmung. Schelers Erklärung gibt somit keine Lösung, sondern eine Zerstörung der Fremdwahrnehmungsfrage zugunsten einer verhaltensmäßig nicht faßbaren psychischen Einheitssphäre.

Für die Erfassung der geistigen Person, das eigentliche „Verstehen" des anderen, hat die seelische Fremdwahrnehmung im Sinne Schelers keine Bedeutung. Die letzte und eigentliche Schicht im Menschen, die Personalität, schwebt seins- wie erkenntnismäßig über dem sympathetischen Unterbau. Deshalb wird auch das Verstehen als ursprünglicher, von innerer und äußerer Wahrnehmung gleich unabhängiger Akt mitvollziehender Teilnahme beschrieben. „Verstehen ist ebensowohl als Akt-, wie als objek-

---

[53] Schelers Ausführungen sind hier verworren, wenn nicht widersprüchlich:
„Im Sinne unserer Deutung müßten wir sagen: der Akt innerer Anschauung von A umspannt nicht nur dessen eigene Seelenvorgänge, sondern dem Rechte und der Möglichkeit nach das gesamte existierende Reich der Seelen – zunächst als einen noch ungegliederten Strom von Erlebnissen. Und wie wir unser Gegenwartsich von vornherein auf dem Hintergrund des Ganzen unseres zeitlichen Erlebens erfassen – ... ebenso erfassen wir auch unser eigenes Ich immer auf dem Hintergrund eines immer undeutlicher werdenden allumfassenden Bewußtseins, in dem auch das Ichsein und Erleben Aller Anderen als prinzipiell ‚mitenthalten' gegeben ist. Nicht also das Wahrnehmen der fremden Iche und ihrer Erlebnisse, sondern nur der jeweilige besondere Gehalt, der uns aus diesem großen Ganzheitsgehalt gerade habhaft wird, das Hervortauchen eines Ich und seines Erlebens aus dem großen Gesamtstrom des universellen Seelenlebens wäre es, das dann ‚bedingt' wäre durch die Prozesse, die zwischen unseren Leibkörpern stattfinden." *(Wesen u. Formen d. Sympathie* 289; die konjunktivisch-hypothetische Satzkonstruktion dieser „Theorie" sollte nicht übersehen werden.)

Zur ganzen Fremdwahrnehmungstheorie Schelers schreibt H. Spiegelberg: „I submit that much of this theory goes considerably beyond the scope of direct phenomenological verification." *(The Phenomenological Movement,* vol. I, 262.) Vgl. zum Ganzen auch den kritischen Beitrag von A. Schuetz, „Scheler's Theory of Intersubjectivity and the General Thesis of the Alter Ego"; in: *Philosophy and Phenomenological Research* 2 (1941/42), 323–347.

tives Sinnverstehen die von allem Wahrnehmen verschiedene und keineswegs auf Wahrnehmen fundierte Grundart der Teilnahme eines Seins vom Wesen des Geistes am Sosein eines anderen Geistes – so wie Selbstidentifizierung und Mitvollzug die Grundart der Teilnahme an seinem Dasein ist."[54] Auch für die Erfahrung und den Vollzug von Gemeinschaft sind die Probleme der Sympathie letztlich nicht ausschlaggebend. Entsprechend seiner Lehre von der Gesamtperson läßt sich nach Scheler „als grundlegende und oberste Bedingung für die ideale Möglichkeit des Stattfindens aller anderen (Gemeinschaftsarten) ... die Gemeinschaft jeder Person mit Gott als der Person der Personen herausstellen."[55] Das Verhältnis von Einzelperson und Gemeinschaft kommt gerade nicht im Wechselbezug der beiden Größen, sondern erst über Gott zur rechten Verwirklichung; „Person und das Ganze" sind „niemals nur füreinander, sondern beide zugleich für Gott als Person und erst ,in' Gott auch ihrerseits füreinander."[56] Die Auswertung des menschlichen Sympathieverhaltens für eine erfahrungsmäßige Fundierung des anthropologischen Wesensmerkmals des Seins beim anderen im Sinne echter Begegnung ist somit bei Scheler wegen der Zusammenhanglosigkeit der „Schichten" im Menschen nicht gelungen. Die verlorene Einheit des Menschen macht auch hier wieder den Rekurs auf Gott notwendig.

3. Werkzeugbildung und Verstand

In der modernen Paläanthropologie spielt im Sinne einer Hominisation des Verhaltens die Frage der Werkzeugbildung bei der Beurteilung aufgefundener Fossilien eine bedeutende Rolle. Großer Wert wird dabei auf die Unterscheidung von Werkzeuggebrauch und Werkzeugbildung gelegt. Die Natur der zur Werkzeugbildung erforderlichen Fähigkeit des abstrahierenden, den Gegenstand und die Situation als solche erfassenden Denkens führt im Falle einer eindeutigen Zuordnung von vorgefundenem Gerät und Fossil zu einer entsprechenden Bewertung auch dann, wenn morphologische Merkmale nicht ausreichen. „GERÄT heißt

---

[54] *Wesen u. Formen d. Sympathie* 258.
[55] A.a.O. 265.
[56] A.a.O. 267.

ein Artefakt. Artefakt bedeutet intellektuelles, ‚sinnvolles' zukunftsbezogenes Planen, Abstraktion, Logik, Verbessern naturgegebener Objekte, damit Tradieren von Erfahrungen, Kumulieren und damit assoziiert Gruppenbildung mit Kommunikations- (Verständigungs-)systemen, Symbol-,sprache' ... usw., bedeutet kurzum den Eintritt der Hominiden in das ‚Psychozoikum', in die psychosoziale Phase (J. HUXLEY) ihrer Geschichte."[57] Dieselben für die Bildung künstlicher Geräte erforderlichen Voraussetzungen machen das Phänomen der Werkzeugherstellung zu einem wichtigen menschlichen Verhaltensmerkmal überhaupt, aus dem sich anthropologische Wesensgesetze, etwa das „Gesetz der natürlichen Künstlichkeit",[58] ableiten lassen.

Auch Scheler kennt das Verhalten des Werkzeugbildens und bezeichnet es wie die Sprache als menschliches Urphänomen. Er unterscheidet scharf zwischen Werkzeuggebrauch und Werkzeugherstellung: „Der Affe wirft seinen ‚Feind' mit Kieseln und Früchten. Aber nicht der Gebrauch einer Sache als Mittel für einen Zweck macht das Wesen und die Einheit eines ‚Werkzeuges' aus." Diese Einheit erhält das Werkzeug erst durch die formende Tätigkeit des menschlichen Geistes, der dem vorgegebenen Material in den Grenzen seiner Möglichkeiten eine neue Sinnrichtung gibt. „Sehen wir tiefer zu, so stellt sich uns das Werkzeug überall dar als ein sekundär in den Dienst von Zwecken gestelltes und für sie allmählich umgeformtes SINNGEBILDE, das sogar ... das zweckfreie Wesen eines kleinen Kunstwerkes oder Schmuckgegenstandes besitzt ..." Von größter Bedeutung für die anthropologische Auswertung des menschlichen Werkzeugbildens ist Schelers Hinweis auf den spezifisch geistigen, über alle biologische Bedürftigkeit hinausgehenden Überschußcharakter aller gerätebildenden Tätigkeit: „Was das Werkzeug über ein okkasionelles Mittel zum Dienste an unsere Lebensbedürfnisse emporhebt, das ist also prinzipiell dieselbe geistige Kraft, die auch im Aufbau der eigentlich zweckfreien geistigen Kultur wirksam ist."[59] Mit dieser kurzen und selten klaren

---

[57] G. Heberer, „Über den systematischen Ort und den physisch-psychischen Status der Australopithecinen"; in: ders. (Hrsgb.), *Menschliche Abstammungslehre* 352.
[58] Vgl. H. Plessner, *Die Stufen d. Organischen u. der Mensch* 309–321.
[59] Vgl. zu den letzten Bestimmungen: „Zur Idee d. Menschen": GW III, 183.

phänomenologischen Beschreibung des Werkzeugs schafft Scheler geradezu ideale Voraussetzungen für eine Verhaltensanthropologie, die vom phänomenalen Befund her Grundzüge der menschlichen Wirklichkeit bestätigt und auslegt.

Wenn es trotz dieses Ansatzes auch in der Frage des werkzeugbildenden Verstandes zu keinen am Phänomen ausgerichteten anthropologischen Aussagen kommt, dann ist dafür keine wie immer geartete phänomenale Notwendigkeit gegeben. Hier liegt vielmehr ein besonders eindrucksvolles Beispiel dafür vor, wie unter der Einwirkung vorgefaßter apriorischer Denkmodelle der phänomenologische Befund geradezu in sein Gegenteil verkehrt wird. Im Anschluß an die eben skizzierte Darstellung der Gerätebildung schreibt Scheler: ,,Andererseits aber ist nicht minder klar, daß das Werkzeug, vom vitalen Standpunkt aus gesehen, NICHT ... eine POSITIVE FORTBILDUNG des organschaffenden Lebens ist, sondern der Ausdruck und die Folge eines vitalen MANGELS.''[60] Mit diesem einen Satz wird eine vollständige Wendung durchgeführt. Die Fähigkeit des Menschen zur Werkzeugbildung wird nicht mehr als einheitliche Möglichkeit des ganzen Menschen gesehen, sondern dem rein biologischen Bereich, der Vitalschicht des homo naturalis zugeordnet. Die willkürliche und gewaltsame Subsumierung einer menschlichen Verhaltensform unter ein apriorisches dualistisches Schichtenmodell bringt eine völlige Umwertung der Fähigkeit zur Gerätebildung mit sich. Diese Fähigkeit ist unter dem neuen Vorzeichen nicht mehr Ausdruck eines einheitlichen Wirklichkeitsbestands eines spezifischen Wesens Mensch. Sie wird vielmehr gemessen an der biologisch geschlossenen Wirklichkeit des Tieres und von dorther – als Mangel gewertet. Dieser Wertung liegt überdies noch jene für Zeiten fortschreitender Technisierung typische Naturvergötzung zugrunde, die alles Selbstgewachsene romantisch verherrlicht, als ob es nicht zu allen Zeiten seiner Geschichte in jeweils verschiedenem Ausmaß dem Menschen eigentümlich gewesen wäre, sich planend, experimentierend und verformend über alle bloße Natur zu erheben, ohne ihre Basis jemals ganz verlassen zu können oder auch nur zu wollen. Im herrscherlichen Umgang mit der Natur, und wäre es auch nur in der einfachsten Form etwa der Nutzbarmachung vorgefundenen Feuers, ereignet sich wohl

---

[60] ,,Zur Idee d. Menschen'': GW III, 183f.

zeitlich in der Phylogenese der Menschheit wie in der Ontogenese des Einzelnen zuerst Geist, der eben darin besteht, daß er die dem Tier selbstverständliche Auslieferung an die Grenzen seiner Art und seiner Umwelt als solche erkennt und darin schon übersteigt. Die Frucht dieses eminent geistigen Verhaltens, das Werkzeug, wird in Schelers verkehrter Optik notwendig ,,ein bloßes Surrogat für mangelhafte Weiterbildung der Organe''; der Verstand als Fähigkeit zur Werkzeugbildung wird zur ,,Tugend eines Fehlers'', zur ,, ,Geisteskrankheit' katexochen''; Zivilisation (im schroffen Gegensatz zu Kultur) wird zum Mangelsymptom, das nur dort entsteht, wo ,,eine fernere REIN vitale Entfaltung STAGNIERT.''[61]

In dieser Sicht ist es nur konsequent, wenn Scheler in der Folge Verstand und Werkzeugbildung auch dem Tier grundsätzlich zuschreibt. Verstand wird dabei verkürzt definiert als ,,praktische Intelligenz'', als ,,Fähigkeit zu einem Verhalten, das neuen atypischen Situationen ohne neuen Versuch und Irrtum und ohne den Übungsfaktor biologisch sinnvoll zu begegnen weiß.''[62] Dieses Verhalten findet sich tatsächlich bei den höheren Primaten; aber es reicht zur Werkzeugbildung nicht aus. Scheler verwischt den früher vom ihm trefflich hervorgehobenen Unterschied zwischen Werkzeuggebrauch und Werkzeugbildung völlig, wenn er das schon bekannte Schlagwort formuliert, zwischen einem klugen Schimpansen und Edison als Techniker sei nur ein gradueller Unterschied. Aus den berühmten KÖHLERSCHEN Schimpansenversuchen erhebt Scheler zunächst für das Tier nur ,,einfachste Intelligenzhandlungen''. Diese aber sind nicht möglich ohne die Fähigkeit zu echter Abstraktion: die Umwelt des Tieres erhält ein ,,RELATIV abstraktes Relief'', das wahrgenommene Ding einen ,,abstrakten DYNAMISCHEN BEZUGSCHARAKTER''; es kommt zu einer ,,Vergegenständlichung der erlebten Triebhandlungskausalität auf die Dinge der Umwelt.'' Und doch soll diese abstrahierende und vergegenständlichende ,,Umstrukturierung beim Tiere nicht durch bewußte, reflexive Tätigkeit'' stattfinden, ,,sondern durch eine Art ANSCHAULICHER Umstellung der Umweltgegebenheiten selbst.''[63] Wie ist wohl eine Ver-

[61] Vgl. ,,Zur Idee d. Menschen'': GW III, 185, 184 u. *Der Formalismus* ...: GW II, 291f.
[62] ,,Die Formen d. Wissens u. die Bildung'': *Phil. Weltanschauung* 26; vgl. *Die Stellung d. Menschen im Kosmos* 32.
[63] Vgl. *Die Stellung d. Menschen im Kosmos* 34f.

gegenständlichung eines wahrgenommenen Dinges zu denken, die ohne reflexes Wissen vom Gegenstandscharakter des Dinges (und ohne die Möglichkeit dazu) vor sich geht? Hier stehen wir an der Grenze zwischen Instinkt und Intelligenz, die nur dann zu verwischen ist, wenn man den Widerspruch einer ,,anschaulichen" Abstraktion hinnimmt. Scheler übersieht völlig, daß es sich bei allen seinen KÖHLER entnommenen Beispielen eindeutig um bloßen Werkzeuggebrauch handelt. Der Unterschied der Einzelleistungen wie der neue, überbiologische Sinnaspekt menschlicher technischer Leistungen im ganzen berechtigt wohl zur Ablehnung von Schelers Edison-Schlagwort. Das Tier findet, der Mensch allein *er*findet.

Mit dieser Nivellierung der Leistungen von Tier und Mensch bei Scheler ist die anthropologische Bedeutung des werkzeugbildenden Verhaltens so gut wie aufgehoben. Schuld daran ist die schichtentheoretische Unterscheidung des ,,spezifisch menschlichen ,Geistes' " von ,,der dem Menschen mit den Primaten gemeinsamen ,Intelligenz' ".[64] Dennoch hat der Verstand für den Menschen eine Bedeutung. Sie kann nach dem Bisherigen nur noch eine unselbständige sein, im ,,Dienste" einer ,,höheren", eigentlich menschlichen Funktion. Bereits im Anschluß an die oben genannte phänomenologische Beschreibung des Werkzeugs bahnt sich diese Sicht an, wenn Scheler schreibt, daß sich die geistige Kraft des Menschen ,,in der Werkzeugbildung selbst FREI in den DIENST der Bedürfnisbefriedigung stellt, in der Kulturbildung aber ... VÖLLIG frei ihren EIGENEN Gehalt selbst darstellt und erwirkt. Eben darum gewinnt aber die Werkzeugbildung und alles, was zur ,Zivilisation' ... gehört, selbst seinen letzten Sinn und Wert nur als ,WEG ZUR KULTUR' und der ihr entsprechenden FREIEN Geistestätigkeit."[65] Auffällig und für Schelers Schichtendenken kennzeichnend ist die schroffe Gegenüberstellung von Verstand als Fähigkeit zur Zivilisation und Vernunft als Fähigkeit zur geistigen Kultur.[66] Doch ist auch die

---

[64] Vgl. ,,Der Mensch im Weltalter d. Ausgleichs": *Phil. Weltanschauung* 93.
[65] ,,Zur Idee d. Menschen": GW III, 183.
[66] Der Verstand ist nach Scheler ,,das eigentlich zivilisatorische Organ zur Ordnung und Beherrschung der mechanisch lenkbaren Seite des äußeren und inneren Universums" (,,Probleme d. Religion": GW V, 347); die Verstandesformen sind jene ,,Denkeinrichtungen, die zu einem mechanischen Bilde des Universums führen." *(Der Formalismus ...:* GW II, 295, Anm. 1.) Exponent der Verstandestätigkeit ist ,,der ,führende Geist' der Zivilisation": ,,Er ist *nicht* als *Person* an erster Stelle wertvoll...,

kulturschaffende Vernunft nicht das letzte und eigentliche Humanum des Menschen. Auch sie ist letztlich nur Mittel und Weg zur Annäherung des Menschen an Gott. ,,Aber die konzentrierteste geistige Kultur, ja die WURZEL aller Kultur, ist das X, worauf das Gebet und die Bewegung einer heiligen Liebe Richtung hat: Gott."[67] Bereits im frühen Aufsatz ,,Zur Idee des Menschen" findet sich somit der deutliche Niederschlag des späteren Dreistufenschemas: Verstand (Zivilisation) – Vernunft (Kultur) – Offenbarung (Religion). Diese Schichtung wird in den ,,Problemen der Religion" klar ausgeführt und findet in der bekannten Trias der Spätzeit von Herrschafts- oder Leistungswissen – Bildungswissen – Erlösungs- oder Heilswissen ihre letzte, nunmehr rein philosophische Formulierung. Was früher Gnade war, wird zuletzt aktive Gottmitverwirklichung durch den Menschen. Der unselbständige Charakter des Verstandes als eines bloßen Mittels, dessen der Mensch, das biologische Mängelwesen, das dennoch in den Raum des Lebendigen eingespannt bleibt, nun einmal nicht entraten kann, bleibt davon unberührt. Der Verstand, die bloß lebensrelative Schlauheit und der schlechte Ersatz des tierischen Instinktes, hat im Menschen nur dann Sinn und Berechtigung, wenn er sich über die Vernunft frei der passiven Gnadenannahme bzw. später der aktiven Selbsterlösung unterordnet. Die anthropologische Eigenbedeutung der einzelnen Stufen, besonders des Unterbaues des Verstandes, sowie die innere Einheit von Verstand und Vernunft werden auf dem Hintergrund der dualistischen Wesensbestimmung des Menschen als homo naturalis (Drang) – Gottsucher (Geist) außer Acht gelassen.

er ist es durch seine *Handlungen* und seine *Leistungen*. Er hat immer nur einen Prozeß weitergeführt oder seine Richtung umgebogen, der schon in bestimmten Richtungen da war; er dient vor allem dem, was wir den ,*Fortschritt*' der Werte nennen, die nicht ,ewig' sind, nicht wachsen können wie die hohen geistigen, sondern von denen der folgende Wert den früheren entwertet . . ." (,,Vorbilder u. Führer": GW X, 315.)

Dagegen ist die Vernunft ,,das der menschlichen Natur Wesentliche (im Unterschied vom Tier)" *(Wesen u. Formen der Sympathie* 256), ja das ,, ,lumen naturale', das natürliche, in jede Seele einstrahlende Gotteslicht" (,,Probleme d. Religion": GW V, 343). Ihre Verkörperung, der kulturschaffende Genius, ist jener ,,Mensch, der ohne bewußte Regel und Methode Vorbildhaftes in der Realisierung rein geistiger Güter der Kultur auf unersetzliche Art hervorbringt; der zugleich ausschließlich zweck- und bedürfnisfrei aus innerer wahlloser Notwendigkeit seines Geistes schafft – durch eine leidenschaftliche Liebe zum Wesenhaften und Ideenhaften in und an der Welt dazu positiv bestimmt . . . Und wir können hinzufügen: Der Mensch, der auf die Gedanken Gottes liebend eingestellt ist, die in der Welt realisiert sind." (,,Vorbilder u. Führer": GW X, 326.)

[67] ,,Zur Idee d. Menschen": GW III, 186.

Ja, der niedrigere Vollzug kommt erst und eigentlich zu seinem Wesen im Aufgehen und Dienen am höheren Bereich.[68] Scheler versäumt damit die Möglichkeit einer am bildnerischen Verhalten des Menschen orientierten Kulturanthropologie. Die künstliche Trennung von Zivilisation und Kultur, die zwar auseinanderfallen können, aber nicht notwendig müssen, ist einer geistigen Integration des technischen Leistungsbereichs nur abträglich. Da aber der technische Fortschritt weder zu hemmen noch zu übersehen ist, bleibt ihm gegenüber in solcher Sicht nur die Flucht in einen romantischen Naturmystizismus einerseits und in ein reines, über aller Natur und Welt schwebendes Ideenreich anderseits. Schelers Spätphilosophie ist in der Tat ein beständiges, letztlich keinen „Ausgleich" findendes Schwanken zwischen beiden Polen.

4. Die Konvergenz des homo naturalis in den außermenschlichen Raum

Verschiedentlich wurde bereits auf die mangelnde Einheit des Menschen in der Konzeption Schelers hingewiesen. Dabei ist es

---

[68] „So ist der ‚Verstand', der ... die Erscheinungen der inneren und äußeren Welt zu abhängigen Funktionen eines Bewegungsmechanismus umdenkt ..., durchaus noch von dem Grundwert eines Lebewesens überhaupt, möglichst große Beherrschbarkeit und Lenkbarkeit der Dinge durch das Wollen und Handeln dieses Lebewesens zu erzielen, bestimmt ... Schon die *Vernunft*, ... die nicht mehr ein Weltbild zur *Beherrschung* der Dinge, sondern zu ihrer *adäquaten Erkenntnis* geben möchte, die nicht mehr die Welt von unten her, sondern auch von oben her anblickt, vermag uns zu zeigen, daß alle möglichen Mechanismen ... im Dienste stehen von *form-*, *ziel-*, *wertrealisierenden* Tätigkeiten, durch die sich ein Ideenzusammenhang auswirkt. Noch höhere Kräfte als Vernunft aber – *Offenbarung* und *Gnade* – erst bringen uns Licht über das innere Wesen Gottes und Kraft aus ihm: ein Licht und eine Kraft, die keine Vernunft erspäht und die wir nicht verdienen ... So löst die große Lebensnot die Verstandestätigkeit aus und gibt ihr Ziel und Richtung ihrer Fragen. So löst das Werk des Verstandes die Tätigkeit der Vernunft aus und legt ihr zugleich die Frage vor, zu welchen Zielen dieser Mechanismus da ist ... Und so löst die Vernunft selbst, an *ihrer* Wesensgrenze ... angelangt, den Blick aus auf mögliche Offenbarung ... Überall hat sich in diesem Stufenreiche, das dem Wesen des Menschen selbst entspricht, das Niedrigere dem Höheren *frei* ... unterzuordnen, und nur indem es dem je Höheren also *frei dient*, vermag es selbst *seine* volle und ganze Freiheit innerhalb *seiner* Sphäre zu bewahren." („Probleme d. Religion": GW V, 115f.)

Nach der liberalisierten Sprache der Spätphase besteht die gleiche „objektive Rangordnung" zwischen den drei Wissensarten: „Vom Beherrschungswissen, das der praktischen Veränderung der Welt ... dient, ... geht die Wegrichtung des Zieles zum ‚Bildungswissen', durch das wir das Sein und Sosein der geistigen Person in uns zu einem *Mikrokosmos* erweitern und entfalten ... Und vom ‚Bildungswissen' geht die weitere Wegrichtung zum ‚Erlösungswissen'. D.h. zu *dem* Wissen, in dem unser Personkern an dem obersten Sein und Grund der Dinge *selbst* Teilhabe zu gewinnen sucht, respektive ihm solche Teil-habe durch den obersten Grund selbst zuteil wird ..." („Die Formen d. Wissens u. die Bildung": *Phil. Weltanschauung* 42.)

selbstverständlich auch für Scheler klar, daß der Menschheit als solcher wie dem konkreten Individuum Mensch Einheit zukommt. Aber das Prinzip dieser Einheit liegt doch nicht im Menschen selbst, noch ist die Einheit am Phänomen der menschlichen Wirklichkeit ablesbar und von dort zu erreichen. Daraus erhellt deutlich die anthropologische Bedeutungslosigkeit aller erfahrbaren Verhaltensstrukturen des homo naturalis. Mag der Mensch sich so oder so verhalten, seine innere Einheit ist weder eine Funktion noch der ermöglichende Grund dieses Verhaltens, das daher für diese Einheit wie für ihre Erkennbarkeit letztlich nichts austrägt.

Daß mit diesen Behauptungen Scheler keineswegs Unrecht geschieht, zeigt seine bereits bekannte These, der homo naturalis sei mit dem Gesamtkomplex seiner Verhaltensstruktur Tier und keine noch so hohe Entwicklungsstufe könne von sich aus die Integration dieser tierischen Schicht in das eigentliche Humanum bewirken. ,,Der Mensch = homo naturalis IST ein Tier . . . Er hat sich also gar nicht aus der Tierwelt heraus ,entwickelt', sondern er WAR Tier, IST Tier und WIRD ewig Tier bleiben . . . Wo wären denn die Merkmale, die dem Naturforscher erlaubten, den Menschen überhaupt dem Tier als neue Wesenheit ENTGEGENZUSETZEN, dem Tier als solchem . . . ?"[69] Mag primär an die anatomischen Merkmale gedacht sein, der Zusammenhang, in dem Scheler vom ,,aus der Anatomie, Physiologie, Psychologie gewonnenen Begriff des ,Menschen' "[70], also vom homo naturalis als verhaltensmäßig erfahrbarer Wirklichkeit spricht, zeigt doch, daß die den anthropologischen Einzelwissenschaften zugängliche Gesamtphänomenalität des Menschen im Grunde nur seine Tierheit ausweist. Damit ist aber auch jede philosophische Anthropologie ernstlich in Frage gestellt. Sosehr sie als philosophische Disziplin immer mehr ist als Systematisierung einzelwissenschaftlicher Daten, muß sie doch von ihrem Gegenstand her, dem Menschen, der kein metaphysisches Prinzip, auch keine Idee, sondern erfahrbare Wirklichkeit ist, mit der vorwissenschaftlichen wie wissenschaftlichen Erfahrung in Kontakt bleiben. Wenn aber diese Erfahrung nichts anderes als die Tierhaftigkeit des Menschen herausstellt, dann ist philosophische Anthropologie als menschliches Selbstverständnis deutende wie die wissenschaft-

[69] ,,Zur Idee d. Menschen'': GW III, 190f.
[70] A.a.O. 191.

liche Erfahrung vom Menschen ermöglichende Grundwissenschaft vom Menschen undurchführbar und überflüssig; dann muß das einheitstiftende Menschliche am Menschen anderswoher gewonnen oder vorausgesetzt werden.

Scheler geht in der Bestimmung dieses eigentlich Menschlichen einen für seine Tendenz zur Versöhnung zwischen ursprünglich theologischer Motivierung und mehr und mehr sich aufdrängender Erfahrung von der eigenständigen Lebendigkeit des Menschen typischen dreistufigen Weg, der zwar zur Auflösung seines christlichen Gottesbildes führt, an der unanthropologischen Deutung des Menschen von außen und oben her aber im Grunde nichts ändert. Davon war schon die Rede. Hier soll nur nochmals zusammenfassend gezeigt werden, daß auch die Ansätze zu einer Verhaltensanthropologie an Schelers theonomer Grundkonzeption nicht rütteln. Durchgehend ist Scheler der Überzeugung, daß die innere Einheit des Menschen, sein eigentliches Humanum, erst durch eine außerhalb des Menschen liegende, ihn vom Tier zum Menschen bestimmende Wirklichkeit gewährleistet wird. In der christlichen Phase ist diese Wirklichkeit der Gott der Gnade, der allein das in allen seinen Erscheinungsweisen tierische Gesamtphänomen des homo naturalis zu vermenschlichen imstande ist. ,,Aber man sieht nicht", klagt Scheler, ,,daß Hochmut und Größenwahn gerade darin bestehen, daß man sich – OHNE Hinblick auf Gott – ÜBERHAUPT dem Tiere nur irgendwie ENTGEGENzusetzen WAGT und sich dann einbildet, man sei ein ,Mehr', das sich aus ihm ,entwickelt' habe, anstatt zu folgern, man sei ein Tier, das krank wurde und ,sich verlaufen' hat."[71] Auch die Einheit des Menschengeschlechts ist nur in und durch Gott garantiert: ,,Weil die Person Gottes die Rassen in Händen haltend und diese als sein ABBILD gedacht werden, und weil wir sie in dieser gemeinsamen Richtung auf die Idee Gottes faktisch betrachten – darum und darum allein sind sie uns in Gedanken und Gefühl EINE Menschheit."[72] Aber es ist keine echte Einheit, die so zustandekommt, weder eine natürliche noch eine übernatürliche. Denn der Tierpol im Menschen bleibt auch unter der neuen Bezugsrichtung Tier. Das mag Scheler selbst gesehen haben, wenn er in einem zweiten Schritt die Verankerung der lebendigen Wirk-

[71] A.a.O. 191f.
[72] A.a.O. 194.

lichkeit des Menschen in einem überindividuellen Alleben betrachtet. Auch hier begegnet uns die für jene ,,metaphysische" Anthropologie bezeichnende Tendenz, die im einzelnen schon aufgezeigt wurde: das sympathetische Verhalten,[73] der psychovitale Aspekt des homo naturalis, ist nicht bedeutsam als phänomenaler Vollzug, der zu Wesensmerkmalen des Menschen hinführt, sondern erhält seinen Sinn erst und eigentlich als Verweis über Mensch und Menschheit hinaus in den Raum einer transzendenten Allsphäre. Was für den homo naturalis der christlichen Phase die Einsenkung in Gott war, ist in dieser weiteren Entwicklung unter besonderer Berücksichtigung der untergeistigen psychischen Vitalität des Menschen die Konvergenz seines Verhaltens auf ein übersingulares und überindividuelles Alleben. Dabei scheint die Auflösung der einzelnen lebendigen Individuen zugunsten eines und desselben in ihnen wirkenden Allebens radikaler konzipiert als im Falle der Teilhabe der geistigen Person am göttlichen Geist. Unter der Voraussetzung einer bloß ,,dynamischen Verknüpfung von Geist und Leben ... könnte es auch sein, daß trotz der persönlichen Substanzialität der individuellen Geister **das Leben in allen Personen ... metaphysisch ein und dasselbe Leben sei** ... "[74] War früher Einheitsprinzip der göttliche Geist, so wird es jetzt vorübergehend das divinisierte Alleben. Gleich bleibt – darauf kommt es vor allem an – die Entwertung des menschlichen Verhaltens als eines selbständigen Phänomens: es sind auch ,,alle psychophysisch einheitlichen Funktionen unseres wie jedes tierischen Organismus und ihre vitalen Zentren nur Teile und Glieder dieses EINEN schaffenden Lebens ... "[75] Indes bahnt sich bereits im Sympathie-Buch der letzte, theonome Ausgangsposition und dynamische Geist-Leben-Spannung vereinende Schritt der Spätphase an. In ein und demselben Werk tadelt Scheler anfänglich an der naturalistisch-pantheisierenden Mystik die ,,doppelte falsche Vorstellung ... sowohl Gottes als des menschlichen Personzentrums";

---

[73] Scheler ist hier nicht eindeutig: Einerseits behauptet er, nur die Einfühlungen, nicht aber Liebe und Mitgefühl verwiesen auf ein Alleben (vgl. *Wesen u. Formen d. Sympathie* 84–87), anderseits versichert er, es sei überhaupt ,,dem menschlichen Gemüte, der Sympathie, und im höchsten Falle der Einsfühlung ... dieser ewig zeugende dynamische Urgrund der Natur ... aufgeschlossen." (,,Erkenntnis u. Arbeit": GW VIII, 274.)
[74] *Wesen u. Formen d. Sympathie* 89f.
[75] ,,Erkenntnis u. Arbeit": GW VIII, 361.

alsbald schreibt er aber dem Alleben einen aller menschlichen Kausalität überlegenen „schöpferischen Aktus" zu und divinisiert es so; und schließlich spricht er – unseres Wissens zeitlich erstmals an dieser Stelle – von „Gott als metaphysischem Weltgrund, dem auch das Alleben selbst als Wesensattribut eigen ist."[76] Damit ist die Spätphase erreicht, deren Inhalte uns bereits bekannt sind. Der Mensch bleibt an Gott gebunden und doch auch Gott an ihn; aus dem bloßen Gottsucher ist nun ein Gottmitverwirklicher geworden. Die Einheit des Menschen aber bleibt außerhalb seiner selbst; lag sie ursprünglich im rein geistigen Gott, dann kurze Zeit im schöpferisch drängenden Alleben, so vollzieht sie sich zuletzt im selbst in Geist und Drang gespaltenen göttlichen Weltgrund. Die Eigenbedeutung menschlichen Verhaltens als Manifestation des Wesens Mensch selbst bleibt trotz aller später sich mehrenden Ansätze zu einer Verhaltensanthropologie bis zuletzt ungenützt. Auch in seiner in der Metanthropologie der Spätphase angezielten geistig-vitalen Gesamtphänomenalität ist menschlicher Selbstvollzug gerade nicht Selbst-Vollzug, sondern „MITverwirklichung der ewig nur ‚wesenden' Idee der GEISTIGEN Gottheit im Substrate des DRANGES."[77]

§ 2. DIE GRUNDAKTE DES GEISTES

Bereits die Auseinandersetzung mit der Struktur des homo naturalis hat gezeigt, daß Schelers strenge Trennung von Menschentier und gottbezogenem Geistwesen nicht am Phänomen Mensch abgelesen ist. Weder das anatomisch-physiologische Erscheinungsbild des Menschen noch sein einheitliches Verhalten fundieren einen derart fundamentalen Spannungsgegensatz. Scheler geht vielmehr den umgekehrten Weg und sucht die konkrete Phänomenalität der menschlichen Wirklichkeit nach seinem apriorischen dualistischen Grundschema zu interpretieren. Die im folgenden zur Untersuchung stehenden Verhaltensformen des Geistes zeigen besonders deutlich dieses Vorgehen. Dabei ist nicht zu übersehen, daß Scheler gerade in der Beschreibung der Grundakte des menschlichen Geistes zu Ergebnissen gelangt,

---
[76] Vgl. *Wesen u. Formen d. Sympathie* 36f., 131f.; 153.
[77] „Die Formen d. Wissens u. die Bildung": *Phil. Weltanschauung* 31.

die aus der modernen philosophischen Anthropologie nicht mehr wegzudenken sind.

Unter den geistigen Grundakten nennt Scheler drei, auf die seiner Meinung nach alle anderen geistigen Akte zurückzuführen sind: ,,1. Die Bestimmbarkeit des Subjektes nur durch den Gehalt einer SACHE, im Gegensatz zur Bestimmtheit durch Triebe, Bedürfnisse, Innenzustände des Organismus. 2. Begierdefreie LIEBE zur Welt als Überschwang über alle Triebbezogenheit der Dinge hinaus. 3. Die Fähigkeit, das Was-sein (Wesen) vom Daß-sein (Dasein) zu scheiden und an diesem ‚WESEN' . . . Einsichten zu vollziehen, die gelten und wahr bleiben für alle zufälligen Dinge und Fälle desselben Wesens (‚Apriorieinsicht')." [78] Von Liebe und Wesensschau und ihren theologischen Wurzeln war schon im ersten Kapitel ausführlich die Rede. Deshalb soll hier vor allem die Bedeutung der ersten geistigen Verhaltensform, der Sachlichkeit, untersucht werden, zumal sie auch in der philosophischen Anthropologie von allen Schelerschen Thesen den stärksten Nachhall gefunden hat. Ein abschließender Vergleich zwischen religiösem und geistigem Akt soll die aus der Betrachtung der weltgerichteten Sachlichkeit gewonnene Grundlinie bestätigen und verdeutlichen.

1. Weltoffenheit und Sachlichkeit

Die Schroffheit, mit der Scheler alle in den Bereich des homo naturalis fallenden Strukturen und Verhaltensformen für tierisch erklärt, ist, besehen auf dem Hintergrund seiner anthropologischen Gesamtkonzeption, nichts anderes als der negative Ausdruck seiner Hochschätzung des geistigen Prinzips im Menschen. Gerade die Spätphase ist von einer geradezu leidenschaftlichen Vision des Geistigen im Menschen gekennzeichnet. In dieser Periode gibt Scheler auch eine gedrängte Schilderung grundlegender geistiger Verhaltensformen, die von großer Bedeutung ist und mit Recht in der philosophischen Anthropologie allgemein Beachtung gefunden hat.

Erstes und unverwechselbares Kennzeichen des geistigen Verhaltens ist die durch Scheler berühmt gewordene Weltoffenheit des Menschen. Wie weit Scheler dabei von HEIDEGGERS

---

[78] ,,Mensch u. Geschichte": *Phil. Weltanschauung* 30.

,,Sein und Zeit" (womit er sich eingehend beschäftigte) und dem dort entwickelten Existential des ,,In-der-Welt-seins" beeinflußt ist, läßt sich kaum entscheiden. Immerhin steht fest, daß bereits im ,,Formalismus" Welt als einzig mögliches Korrelat von Person erscheint.[79] Weltoffenheit bedeutet, daß der Mensch niemals in einer auf ihn zugeschnittenen Umwelt aufgeht, sondern immer, auch dort, wo er biologisch zweckmäßig handelt, jede über ihn hinausführende Relation als solche erfaßt.[80] Dies bedeutet die (freilich etwas verkürzende) Rede vom ,,Haben" von Welt: Erfassen von Inhalt und Motivation durch den vollen Sach- und Wirklichkeitsgehalt der Weltdinge im Unterschied von ihrem bloßen Teilaspekt als möglichem Triebziel. ,,Ein ,geistiges' Wesen ist also nicht trieb- und umweltgebunden, sondern ,umweltfrei' und, wie wir es nennen wollen ,,WELTOFFEN': Ein solches Wesen hat, WELT'. Ein solches Wesen vermag ferner die auch ihm ursprünglich gegebenen ,Widerstands'- und Reaktionszentren seiner Umwelt . . . zu ,GEGENSTÄNDEN' zu erheben und das SOSEIN dieser Gegenstände prinzipiell SELBST zu erfassen . . ."[81] Diese Verhaltensform der Weltoffenheit hat in der philosophischen Anthropologie mit und ohne Nennung Schelers große Beachtung gefunden. So teilt H. PLESSNER die Weltsphäre des Menschen in Außenwelt, Innenwelt und Mitwelt ein.[82] Und A. GEHLEN spricht beim Menschen von einer ,,deutlichen Nichteingegrenztheit des

---

[79] Vgl. GW II, 392–395.
[80] H. E. Hengstenberg hat deutlicher als Scheler darauf hingewiesen, daß der Mensch nie in einer bloßen Umwelt steckt, die er erst auf Welt hin überschreiten müßte: ,,Der Mensch ist dagegen das Wesen, das immer schon über Umwelt hinaus ist. Man kann nicht einmal sagen, daß er sie erst überschreitet, er ist von Anfang an nicht drin. Zwar ist der Mensch auch des utilitären Verhaltens fähig und bedürftig; aber . . . wo sich der Mensch utilitär verhält, da geschieht es um eines Realisationszieles willen . . ., das nicht wieder utilitär erklärt werden kann. Damit aber entfällt von vornherein der Sachverhalt ,Umwelt' für den Menschen. Die Rede von der ,Umweltüberschreitung' seitens des Menschen beruht auf ungenauer Phänomenanalyse." (*Philosophische Anthropologie;* Stuttgart 1957, 10.)
[81] *Die Stellung d. Menschen im Kosmos* 38f. – Die Betonung der offenen Weltverwiesenheit des Menschen verbindet Heidegger mit einer Kritik an der ungenauen Redeweise vom Haben der Umwelt: ,,Die heute vielgebrauchte Rede ,der Mensch hat seine Umwelt' besagt ontologisch solange nichts, als dieses ,Haben' unbestimmt bleibt. Das ,Haben' ist seiner Möglichkeit nach fundiert in der existentialen Verfassung des In-Seins. Als in dieser Welt wesenhaft Seiendes kann das Dasein das umweltlich begegnende Seiende ausdrücklich entdecken, darum wissen, darüber verfügen, die ,Welt' haben." (*Sein u. Zeit;* Tübingen [6]1949, 57f.) Der Ausdruck ,,Umwelt" ist hier nicht streng abgesetzt von ,,Welt"; der anthropologische Gewinn liegt in der Betonung der spezifisch menschlichen Existenzweise des In-der-Welt-seins.
[82] Vgl. *Die Stufen d. Organischen u. der Mensch* 293.

Wahrnehmbaren auf die Bedingungen des biologischen Sichhaltens", das ihm gemäß seiner Grundkonzeption allerdings als „negative Tatsache" und „Belastung" erscheint.[83] Indes ist diese Deutung unter Zugrundelegung von Schelers dualistischem Schema eines Tieres, auf das der weltoffene Geist hereinbricht, eine durchaus konsequente Möglichkeit.

Die eigentliche Leistung des weltoffenen Geistes ist nun, daß er die Weltdinge in ihrem Eigensein und Eigenwert, eben als Dinge und Gegenstände erfaßt. Scheler bezeichnet dieses Verhalten als Sachlichkeit. Wieder handelt es sich um eine Verhaltenskategorie, die in die philosophische Anthropologie Eingang gefunden hat.[84] Scheler sieht richtig, daß im sachlichen Verhalten der menschliche Geist wirklich etwas leistet, das den Gegenstand zwar nicht verformt, wohl aber in ihm eine letzte Potenz, den Bezug auf ein erkennendes Wesen, gleichsam erst weckt; der Mensch ist imstande, aktiv die „Umwandlung" vom bloßen Triebziel in den Gegenstand zu vollziehen, die Umwelt „gegenständlich zu machen" und sie so zur Welt zu erweitern. Diese Vergegenständlichung richtet sich auch auf die eigene physiologische und psychologische Beschaffenheit, nicht aber auf den Geist des Menschen; der Mensch, und er allein, wird zum möglichen Physiologen und Psychologen.[85] Sachlichkeit und Vergegenständlichung sind nur möglich auf Grund der Reflexion, die den Menschen zu den Gegenständen, aber auch zu sich selbst führt. Diese Gleichursprünglichkeit von reflexer Selbsthabe und gegenständlicher Erfassung der Welt[86] ist wie kaum ein anderer Verhaltenszug geeignet, die Stellung des Menschen als eines eigenständigen Bezugszentrums innerhalb seiner Welt phänomenologisch zu untermauern. Scheler spricht ganz richtig von einer „Zurückbeugung und Zentrierung seiner [des Menschen] Existenz."[87]

Auch hier müssen wir fragen, ob Scheler die Resultate dieser vorzüglichen Beschreibung des geistigen Verhaltens für den Auf-

---

[83] *Der Mensch* 35.
[84] So bei H. E. Hengstenberg, *Philosophische Anthropologie* 9–41.
[85] Vgl. *Die Stellung d. Menschen im Kosmos* 41–42.
[86] „Sammlung, Selbstbewußtsein und Gegenstandsfähigkeit des ursprünglichen Triebwiderstandes bilden *eine einzige unzerreißbare Struktur*, die als solche erst dem Menschen eigen ist." (*Die Stellung d. Menschen im Kosmos* 41.)
[87] *Die Stellung d. Menschen im Kosmos* 41.

bau einer am Menschen selbst orientierten Wesensanthropologie ausgewertet hat. Nochmals ist zu betonen, daß mit dem Erreichen von Sachlichkeit, Reflexion und Selbstbewußtsein jener Punkt in Schelers Anthropologie gegeben ist, von dem aus sich eine ohne Zuhilfenahme außermenschlicher Kategorien am Phänomen selbst ausgerichtete Wesensbestimmung des Menschen geradezu aufdrängt. Scheler geht einen anderen Weg, der mit den Ergebnissen seiner Phänomenologie des Geistigen nur lose zusammenhängt. Die Brücke zu der gegen Ende der Beschreibung des geistigen Verhaltens neuerlich geforderten Verankerung des Menschen außerhalb seiner selbst bildet Schelers Auffassung von der Natur der vergegenständlichenden Tätigkeit des menschlichen Geistes. Sie kulminiert in einer völligen Trennung von Erkenntnisgegenstand und erkennendem Geist im Sinne einer aktiven Entfremdung zwischen beiden Polen. Für den Gegenstand bedeutet dies eine radikale Unabhängigkeit vom erkennenden Subjekt und seiner sinnlich-geistigen Struktur – eine Behauptung, die gerade für das von Scheler gewählte Beispiel der kausal reduzierenden Naturwissenschaften[88] durch die moderne Physik widerlegt wurde. Für den Menschen aber bedeutet diese Trennung – und das ist in unserem Zusammenhang besonders wichtig –, daß er, um sachlich sein und vergegenständlichen zu können, gerade von den Dingen und von sich selbst wegstreben muß, nicht in den Raum der Selbstreflexion, die immer noch er selbst ist, sondern in eine Sphäre jenseits aller welthaften Lebendigkeit. Erst aus dieser weltjenseitigen Position, die wesentlich eine Übersteigung der eigenen individuellen Existenz einschließt, ist es dem menschlichen Geist möglich, Akte der sachlichen Vergegenständlichung zu setzen.[89] Man könnte zunächst die Rede

---

[88] ,,Denn das ist das Große der menschlichen Wissenschaft, daß der Mensch in ihr mit seiner Zufallsstellung im Universum, mit sich selbst und seinem ganzen physischen und psychischen Apparat gleichwie mit einem fremden Dinge, das in strengen Kausalverknüpfungen zu anderen Dingen steht, immer umfassender *zu rechnen lernt* und damit langsam ein Bild der Welt selbst zu gewinnen weiß, das und dessen Gegenstände und deren Gesetze von seiner psychophysischen Organisation, seinen menschlichen Sinnen und deren Schwellen, seinen Bedürfnissen und deren Interessen an den Dingen ganz und gar *unabhängig* sind ..." (*Die Stellung d. Menschen im Kosmos* 47.)

[89] ,,Der Mensch allein – sofern er Person ist – vermag sich über sich – als Lebewesen – *emporzuschwingen* und von seinem Zentrum gleichsam *jenseits* der raumzeitlichen Welt aus *alles*, darunter auch sich selbst, zum Gegenstande seiner Erkenntnis zu machen. So ist der Mensch als Geistwesen das sich selber als Lebewesen und der Welt überlegene Wesen." (*Die Stellung d. Menschen im Kosmos* 47.)

vom Aufschwung in einen weltjenseitigen Raum als bloß bildhaftes Darstellungsmittel für das geistige Abstandnehmen des Menschen von sich und seiner Welt auffassen. Scheler läßt jedoch keinen Zweifel daran, daß das Aktzentrum der geistigen Vergegenständlichung seinsmäßig nicht in Welt und Mensch, sondern im obersten göttlichen Seinsgrund liegt: ,,Das Zentrum aber, von dem aus der Mensch die Akte vollzieht, durch welche er seinen Leib und seine Psyche vergegenständlicht, die Welt in ihrer räumlichen und zeitlichen Fülle gegenständlich macht – es kann nicht selbst ein ,Teil' eben dieser Welt sein, kann also auch kein bestimmtes Irgendwo und Irgendwann besitzen; es kann nur im OBERSTEN SEINSGRUNDE selbst gelegen sein." [90] Erst nach dieser Verlegung des geistigen Personzentrums in den göttlichen Weltgrund führt Scheler als letztes Kennzeichen des Geistes im Menschen seine Ungegenständlichkeit im Sinne des bereits bekannten Personaktualismus an.

Erscheint dieser Abschluß der Phänomenologie des geistigen Lebens keineswegs voll durch die Daten der dargestellten geistigen Verhaltensmerkmale gedeckt, so zeigt auch die phänomenologische Beschreibung der geistigen Vollzüge, daß es Scheler gar nicht um die Erhellung des spezifisch menschlichen Geistes geht. Dies ergibt sich schon aus der sprachlichen Formulierung. Vielfach ist nicht die Rede vom Menschen, sondern unterschiedslos vom ,,Geist" als solchem, als ,,Prinzip", von ,,geistigem Wesen" überhaupt, von einem Wesen als ,,Träger" des Geistes, einem Wesen, ,,das ,Geist' hat." [91] Und am Beginn der Phänomenologie des geistigen Verhaltens steht die Definition des Geistes, die so allgemein ist, daß sie sich in der bloß negativen Kennzeichnung des Geistigen als des von Materie Unterschiedenen und Unabhängigen erschöpft. ,,Stellen wir hier an die Spitze des Geistbegriffs seine besondere Wissensfunktion, die Art Wissen, die nur er geben kann, dann ist die Grundbestimmung eines geistigen Wesens, wie immer es psychophysisch beschaffen sei, SEINE EXISTENTIELLE ENTBUNDENHEIT VOM ORGANISMUS, seine Freiheit, Ablösbarkeit . . . von dem Bann, von dem Druck, von der Abhängigkeit vom ORGANISCHEN, vom ,Leben' und allem, was

---

[90] *Die Stellung d. Menschen im Kosmos* 47. Auf die postulatorische Formulierung dieser wichtigen Stelle wurde schon oben (137, Anm. 15) hingewiesen.
[91] Vgl. *Die Stellung d. Menschen im Kosmos* 38, 39, 40, 48.

zum Leben gehört ..."⁹² Mit dieser Umschreibung des Geistes und der emphatischen Betonung der Unstofflichkeit soll offenbar von Anfang an ermöglicht werden, den Menschen nur als Anwendungsfall eines durchgehend gleich strukturierten übersingulären göttlichen Geistes zu begreifen. Entsprechend fällt auch der (vielfach übersehene) zweite Teil der Phänomenologie des geistigen Verhaltens aus, die Beschreibung des Aktes der Ideierung.⁹³ Er ist im Grunde eine einzige, aktive, immer neu und gegen jede natürliche Realitätszuwendung zu leistende, dabei aber doch (leider) nur Versuch bleibende Absage des Menschen an die ihn umgebende Weltwirklichkeit. Ziel dieser Anstrengung ist die schrittweise Ablösung des menschlichen Geistes vom Widerstand der stofflichen Wirklichkeit, um jene Wesenheiten zu erreichen, die weder ihr Sosein noch ihr Dasein endlichen Ursachen verdanken, sondern in jeder der beiden Hinsichten im unendlichen, übersingulären Geist verankert sind. Die Trennung von Wesen und Dasein, wobei beide durchaus als selbständige Entitäten begriffen werden, wird zum alle anderen geistigen Verhaltensweisen ermöglichenden Grundakt des Geistes im Menschen. ,,Diese Fähigkeit DER TRENNUNG VON WESEN UND DASEIN macht das GRUNDmerkmal des menschlichen Geistes aus, das alle anderen Merkmale erst FUNDIERT.⁹⁴ Sachlichkeit erscheint in diesem Licht dann mehr und mehr als Befreiung des Gegenstandes von allen Zufälligkeiten seiner irdisch-geschichtlichen Existenz und Rückführung auf seine ewig-göttliche Wesenheit kraft jener Fähigkeit des Menschen, die selbst nur Teil und Manifestation des göttlichen Geistes ist. Erst in diesem Zusammenhang erhält Schelers Verhaltenslehre des menschlichen Geistes ihren eigentlichen Ort. Sie soll nicht am erfahrbaren Verhaltensmaterial die Selbständigkeit und spezifische Eigenart des menschlichen Geistes aufweisen, sondern unter einseitiger Betonung der negativen, entmaterialisierenden und weltsprengenden Funktion des Geistes nun auch (gemäß der Wende des späten Scheler zur erfahrbaren Wirklichkeit) verhaltensmäßig stützen, was wir längst wissen: Der Mensch im Menschen ist defiziente Erscheinungsform des unendlichen gött-

---

⁹² A.a.O. 38.
⁹³ A.a.O. 49–56.
⁹⁴ A.a.O. 52.

lichen Geistes; das personale Zentrum des Menschen liegt außerhalb seiner selbst; die geschichtliche Existenz des Menschen ist eine einzige Raum, Zeit und Welt überwindende Heimholung des Daseins zu diesem Wesensausgangspunkt in aktiver Selbstvergöttlichung.[95]

Mit dieser überwiegend negativen Kennzeichnung des Geistes als Freisein bzw. immer mehr Freiwerden von der Materie verfehlt aber Scheler die Eigenart des göttlichen wie des menschlichen Geistes gleichermaßen. Denn Gott ist, gerade wenn man ihn als überkategorialen ,,Weltgrund" auffaßt, von ,,Materie" und ,,Geist" im uns zugänglichen Sinn gleich weit entfernt, bzw. positiv gewendet als Grund beider Wirklichkeiten beiden gleich nah. Gerade in einer Abbild-Theologie und -Philosophie, wie sie Scheler vorschwebt, müßte gesehen werden: Wenn Geist und Materie als geschaffene Wirklichkeiten auf Gott als ihren schöpferischen Grund zurückgehen, dann kann der Geist Gottes nicht einfach rein negativ als unabhängig von der Materie definiert werden, womit nicht gesagt ist, daß ihm Materialität zugeschrieben werden müsse. ,,Gottes ,Geistigkeit' ist also von vornherein qualitativ anderer Art als die innerhalb der Welt antreffbare, denn diese ist das von der Materie Verschiedene, das Materialität voraussetzt und nicht schafft, jene ist der Grund von Geist und Materie in der Welt, der zu beidem ein gleich unmittelbares Verhältnis hat und nur darum ,Geist' genannt wird, weil die

---

[95] Scheler versucht diese für ihn aus theologischen Quellen längst klare Bewegungsrichtung nunmehr auch als immanentes und notwendiges Sinnziel des geistigen Verhaltens des Menschen aufzuweisen. Die Stelle zeigt den wahren Sinn der sachlichen Weltoffenheit und sei wegen ihrer zusammenfassenden Intensität zur Gänze angeführt:

,,Im selben Augenblicke, da jenes ,Nein, Nein' zur konkreten Wirklichkeit der Umwelt eintrat, in welchem sich das geistige aktuale Sein und seine ideellen Gegenstände konstituierten; genau in dem selben Augenblicke, da das weltoffene Verhalten und die nie ruhende Sehnsucht entstand, grenzenlos in die entdeckte Weltsphäre vorzudringen und sich bei keiner Gegebenheit zu beruhigen; genau im selben Augenblicke, da der werdende Mensch die Methoden alles ihm vorhergehenden tierischen Lebens, der Umwelt angepaßt zu werden oder ihr sich anzupassen, zerbrach und die *umgekehrte* Richtung einschlug: die Anpassung der entdeckten Welt *an sich* und sein organisch stabil gewordenes Leben; in genau dem selben Augenblicke, da sich der ,Mensch' aus der ,Natur' *heraus*stellte und sie zum Gegenstand seiner Herrschaft und des neuen Kunst- und Zeichenprinzips machte, – *in ebendemselben Augenblicke* mußte der Mensch auch sein Zentrum irgendwie *außerhalb* und jenseits der Welt verankern. Konnte er sich doch nicht mehr als einfacher ,Teil' oder einfaches ,Glied' der Welt erfassen, über die er sich so kühn gestellt hatte!" *(Die Stellung d. Menschen im Kosmos* 89.)

von uns erfahrene Geistigkeit uns mit Recht als das Höhere innerhalb der Welt erscheint ..."⁹⁶ Und ebenso wird in dieser den Geist negativ von der Materie her bestimmenden Sicht die konkrete menschliche Geistigkeit verfehlt, was in unserem Zusammenhang noch wichtiger ist. Denn der in Selbst- und Fremderfahrung sich und dem anderen begegnende Mensch ist bis in seine innersten und ,,geistigsten" Regungen hinein jenes Wesen, das auf organische Stofflichkeit angewiesen ist, sie zugleich verändernd und zu ihren höchsten Möglichkeiten führend, welche sie doch allein aus sich heraus niemals erreichen könnte. Es scheint, daß nur in der wechselweisen Verwiesenheit von Materie und Geist im Menschen dessen Einheit garantiert ist, sofern man überhaupt an einer Einheit festhalten will, die dem Menschen nicht von außen her aufgesetzt wird, sondern sich in und an seiner lebendigen Wirklichkeit vollzieht. Darin lag die Stärke der mittelalterlichen Lehre von der geistigen Seele als einziger Form des menschlichen Körpers. Hatte Scheler sich über diese Lehre wohlwollend geäußert, solange er betont christlich denken wollte, so wird ihre Ablehnung zugunsten eines sonst so scharf verurteilten Kartesianismus bezeichnend für die Spätphase, die den apriorisch angenommenen anthropologischen Dualismus nun auch phänomenal und verhaltensmäßig decken wollte.⁹⁷ Dieser

---

⁹⁶ K. Rahner, ,,Die Hominisation als theologische Frage"; in: P. Overhage - K. Rahner, *Das Problem der Hominisation;* Freiburg i.B. 1961, 47.
Was diese ,,gemeinsame Physis", von der Gott und Mensch ,,getragen und eingehüllt sind", für den Zugang des Menschen zur Wirklichkeit Gottes bedeutet, hat H. U. v. Balthasar in der ihm eigenen Eindringlichkeit aufgezeigt: ,,Der tragende Unterbau des Geistes ist ... bei all seiner Untergeistigkeit derart geistdurchwirkt, daß der Mensch, ... sich dieser scheinbaren Naturübermacht nicht dämonisch ausgeliefert zu fühlen braucht ... somit steht hinter dem scheinbar Fremden der Natur, auf dem er aufruht und das ihn bis in seine höchsten Fähigkeiten durchwaltet, zuletzt ein seinem Geist verwandter ewiger Geist, ... von dem ihn der Vorgang und die Vermittlung der Weltnatur nicht ernstlich entfernt." Es liegt ,,in der Tatsache, daß untergeistige Natur nur im absoluten Geist (und damit in der Liebe) begründet sein kann, eine der Natur selbst eingeschriebene Verheißung, daß diese freie Erfüllung aller Welt- und Existenzsuche ... einmal Ereignis werden wird." (,,Der Zugang zur Wirklichkeit Gottes"; in: *Mysterium Salutis*, Bd. II, 19, 20.)
⁹⁷ Schelers Wandlung in der Beurteilung der Forma-corporis-Lehre mag durch die Gegenüberstellung zweier rund fünfundzwanzig Jahre auseinanderliegender Texte deutlich werden:
,,Und auch die christliche Philosophie hielt sich dem ,Dualismus' von Seele und Leib im Kerne fern. So bildet für Thomas Aquinas die ,Seele' als belebendes Prinzip des Körpers und als geistige Kraft *eine* untrennbare *Einheit*. Erst in der modernen Philosophie (Descartes usw.) erscheint ... jene neue Haltung, in der das ,denkende

Umschwung in einer anthropologisch alles andere als nebensächlichen Frage zeigt beispielhaft, wie sehr Scheler sich mit zunehmender Entfernung von den positiven und reflex aufgearbeiteten christlichen Gehalten immer mehr in die Entmaterialisierung der menschlichen Wirklichkeit verstrickt, jene „ewige platonische Versuchung einer Falschinterpretation des Christentums." [98]

2. Der religiöse Akt

Haben wir bisher als Grundakte des menschlichen Geistes Weltoffenheit, Vergegenständlichung und Sachlichkeit kennengelernt, so scheint damit die Betonung des religiösen Aktes durch den katholischen Scheler in Widerspruch zu stehen. Der religiöse Akt gehört für Scheler „zur KONSTITUTION des menschlichen, ja jedes endlichen Bewußtseins;" als Betrachtung der Dinge „nicht in ihrem Abhängigsein voneinander in der Aufreihung der Raumzeitschemata, sondern als DASEIEND UND WASSEIEND SCHLECHTHIN" ist er praktisch mit dem Grundakt der Wesensschau identisch; schließlich versichert Scheler, die religiösen Akte seien „die wurzeltiefsten, einfachsten, persönlichsten, undifferenziertesten Grundakte des menschlichen Geistes." [99] Die nähere Bestimmung des religiösen Aktes zeigt indes, daß zwischen dem Grundakt der Ideierung und dem religiösen Akt nicht nur kein Widerspruch, sondern weitgehende Übereinstimmung besteht, was schon durch die eben angeführte Annäherung von Wesensschau und religiösem Akt nahegelegt wird. Diese Parallelität zwischen geistigem und religiösem Akt ist durch eine Gegenüberstellung beider Aktgehalte zu belegen. Der Vergleich ist zugleich ein weiterer Erweis der Kontinuität Schelerschen Denkens in wesentlichen Punkten.

Ich'... auf den ‚Leib' herabblickt." („Das Ressentiment im Aufbau d. Moralen": GW III, 114.)

„Wertvoll an der Lehre Descartes ist nur eines: die neue *Autonomie* und *Souveränität des Geistes* ..., die Erkenntnis der *Überlegenheit des Geistes über alles Organische* und Nur-Lebendige, die er bei der mittelalterlichen Identifizierung der forma corporeitatis mit der Geistseele nicht besaß." Jetzt gehört „die scholastische Lehre von der Seele als ‚forma corporeitatis' " „zum alten Eisen." *(Die Stellung d. Menschen im Kosmos 72; 75.)*

[98] K. Rahner, „Die Hominisation als theologische Frage"; in: *Das Problem d. Hominisation* 53.

[99] Vgl. „Probleme d. Religion": GW V, 241f.; 269; 275.

In seiner Wesensphänomenologie des religiösen Aktes[100] nennt Scheler drei Wesensmerkmale, die mit Ausnahme des letzten den Kennzeichen des geistigen Grundakts der ideierenden Sachlichkeit entsprechen: „1. die Welttranszendenz seiner INTENTION, 2. die Erfüllbarkeit nur durch das ‚GÖTTLICHE', 3. die Erfüllbarkeit des Aktes nur durch die Aufnahme eines SICH SELBER erschließenden, dem Menschen SICH HINGEBENDEN SEIENDEN göttlichen Charakters."[101] Das erste Merkmal zerfällt in zwei Teilschritte, die Ausbildung von Welt- und Selbstbewußtsein und die Transzendierung der Welt als Ganzes wie der eigenen Person. Diese Aufzählung entspricht genau der späteren Beschreibung des geistigen Aktes, der auf Grund der Welttranszendierung notwendig die Idee eines absoluten Seins bildet.[102] Das zweite Merkmal des religiösen Aktes besteht in der grundsätzlichen Unerfüllbarkeit seiner Intention durch empirische, weltliche, endliche Güter. Sein Ziel ist der erfahrungstranszendente Weltgrund. „Geist und Herz, unser Gemüt wie unser Wille finden sich im religiösen Akt gerichtet auf ein Seiendes und Wertvolles, das gegenüber aller ‚möglichen Welterfahrung' als das ‚ganz andere', ‚Wesensunvergleichliche', in keiner Weise darin Enthaltbare uns vor dem Geiste schwebt."[103] Genau dieselbe Zielbestimmung kehrt später bei der Beschreibung des geistigen Aktes wieder. Sein eigentlicher Gegenstand ist der Weltgrund. Die Welt und

[100] Vgl. a.a.O. 240–264.
[101] A.a.O. 244f.
[102] Dies mag eine Gegenüberstellung von Texten veranschaulichen, die rund zwanzig Jahre auseinanderliegen:
In „Probleme d. Religion" schreibt Scheler: „Das erste, was jedem religiösen Akt eigentümlich ist, ist, daß in ihm ... alle Dinge ... in ein Ganzes zusammengefaßt werden mit Einschluß der eigenen Person und zur Idee der ‚Welt' vereinigt werden ... Das zweite, was zum religiösen Akt selbst gehört, ist, daß in seiner Intention diese ‚Welt' übergriffen oder *transzendiert* wird ... Transzendenz im allgemeinen ist eine Eigentümlichkeit, die jeder Bewußtseinsintention zukommt ... Aber erst wo das also Transzendierte die Welt als Ganzes ist (mit Einschluß der eigenen Person), haben wir das Recht, von einem *religiösen* Akt zu reden." (GW V, 245.)
In der Sprache der Spätphase lautet derselbe Befund: „Es ist eine der schönsten Früchte ..., daß man zeigen kann, mit welch innerer Notwendigkeit der Mensch in demselben Augenblicke, in dem er durch Welt- und Selbstbewußtsein und durch Vergegenständlichung auch seiner eigenen psychophysischen Natur – den spezifischen Grundmerkmalen des Geistes – ‚Mensch' geworden ist, auch die formalste *Idee eines überweltlichen unendlichen und absoluten Seins* erfassen muß." „Auf alle Fälle ist der Mensch ... der ewige ‚Faust', ... immer begierig, die Schranken seines Jetzt-Hier-So-seins zu durchbrechen, immer strebend, die Wirklichkeit, die ihn umgibt, zu *transzendieren* – darunter auch seine eigene jeweilige Selbstwirklichkeit." *(Die Stellung d. Menschen im Kosmos* 87f.; 56.)
[103] „Probleme d. Religion": GW V, 247f.

das stoffgebundene Leben in ihr sind, wie wir schon sahen, beständig zu übersteigen, weil der Weltgrund jenseits aller Erfahrung liegt. Diese Erfahrungsentzogenheit des werdenden Gottes bleibt trotz aller Bezogenheit des göttlichen Grundes (im Sinne der Spätphase) auf den Menschen erhalten. Ziel des geistigen Aktes ist ,,die formale Seinssphäre eines alle endlichen Erfahrungsinhalte und das zentrale Sein des Menschen selbst überragenden, schlechthin in sich selbständigen Seins von Ehrfurcht gebietender Heiligkeit."[104] Auch hier deckt sich die Struktur des religiösen Aktes mit jener des geistigen Vollzugs; die behauptete Notwendigkeit der Entmaterialisierung und Entweltlichung, die gar kein fragloses Datum der geistigen Selbsterfahrung des Menschen ist, hat in dieser Parallelität ihre Wurzel.

Hatten die beiden ersten Merkmale des religiösen und geistigen Aktes über die Struktur ihren Inhalt, nämlich den transzendenten Weltgrund, zu bestimmen versucht, so geht das dritte Merkmal des religiösen Aktes, sein auf Offenbarung im weitesten Sinn angewiesener empfangender Charakter, bloß auf die Aktstruktur. Hier allein besteht ein Unterschied zwischen religiösem und geistigem Akt, der sich schon in Schelers ,,Konformitätssystem" der freien Handreichung von Religion und Metaphysik deutlich abzeichnet. Bereits dort wird klar, daß der Inhalt des religiösen und metaphysischen Aktes im Grunde der eine, unter verschiedenen Aspekten erfaßte göttliche Weltgrund ist, während der Weg zu ihm einmal hinnehmend-passiv, das andere Mal entwerfend-aktiv ist. ,,Die Religion ... und die Metaphysik ... betreffen dasselbe und doch nicht dasselbe, sie betreffen in demselben jeweils etwas Verschiedenes, und sie betreffen dieses auf jeweils verschiedene Weise."[105] Entsprechend der weltanschaulichen Umorientierung des späten Scheler tritt an die Stelle des religiösen Aktes, der nun bloß als zu überwindender Drang nach Bergung angesehen wird, der metaphysische Akt des persönlichen Einsatzes für das im Menschen zu sich kommende Werden der Gottheit, wodurch allein erst Wissen vom Sein des Göttlichen zustandekommt. Ziel dieses sich selbst und Gott erlösenden

---

[104] *Die Stellung d. Menschen im Kosmos* 88.
[105] E. Blessing, *Das Ewige im Menschen. Die Grundkonzeption d. Religionsphilosophie Max Schelers;* Stuttgart 1954, 53; vgl. unsere Ausführungen oben 28f.

Strebens bleibt aber auch hier die Eingliederung des Menschen in das Absolute.[106]

Diese Transposition des Inhalts des religiösen Akts auf den metaphysischen Akt der Welttranszendierung ist für Schelers eigentliches Anliegen von großer Bedeutung. Hatten die Strukturen des homo naturalis gezeigt, daß sie im Grunde nicht spezifisch menschlich sind, sondern nur durch die Koppelung mit einem Geistwesen dem Menschen zugerechnet werden können, so sind die Grundakte des Geistes zwar eigentlich menschliche Vollzüge; aber sie führen nicht zu einer Selbstentfaltung des Menschen in Freiheit, Selbstreflexion und Welterleben. Gewiß sind diese Gesichtspunkte bei Scheler vorhanden. Doch werden sie zum bloßen Mittel, den Menschen von der Natur, von Welt überhaupt und von sich selbst abzuheben, um ihn dort zu verankern, wo er nach Schelers nie aufgegebener Überzeugung einzig Bestand haben kann: im göttlichen Weltgrund. Nun ist nicht zu leugnen, daß das menschliche Verhalten solche Züge aufweist. Der religiöse Akt mit den drei von Scheler genannten Kennzeichen ist eine von Religionspsychologie, Religionsphänomenologie und Religionsphilosophie gleichermaßen anerkannte Verhaltenswirklichkeit. Scheler geht aber wesentlich weiter und löst die gesamte geistige Verhaltensstruktur in den Akt der Welttranszendierung auf mit der einzigen Einschränkung, daß nunmehr der Mensch restlos aus eigener Kraft erreicht, was ihm früher geschenkt werden mußte. Damit soll nur nochmals verhaltenstheoretisch untermauert werden, was aus christlichen Quellen längst feststeht: Der Mensch, das Ebenbild Gottes, muß dorthin zurückkehren, woher er seinen Ausgang nahm, zum göttlichen Weltgrund, der durch diese Rückkehr erst ganz zu sich selbst kommt. Die übrige Geistigkeit des Menschen, ja ,,das gesamte Werk der Wertverwirklichung der bisherigen Weltgeschichte'' ist nur bedeutsam, ,,so weit es das Werden der ,Gottheit' zu einem ,Gotte' bereits gefördert hat.''[107] Die Verdrängung der Religion durch die Metaphysik verschärft nur diesen Befund. War bisher die Ausrichtung des Menschen auf Gott Sache eines, wenn auch des wichtigsten, Aktes unter anderen, des religiösen, so wird nunmehr die Verwirklichung der Theomorphie des

---

[106] Vgl. *Die Stellung d. Menschen im Kosmos* 90, 92f.
[107] Vgl. a.a.O. 93.

Menschen zum Inhalt seines geistigen Verhaltens überhaupt. Weil alles am Menschen Religion ist, bedarf es keiner bestimmten Religion mit Bindung an Dogma und Kirche mehr. Eine philosophische Wesensdeutung des Menschen aber, die Merkmale und Aufgaben des Menschen in seiner Welt ohne Rekurs auf die Gottheit erhebt, wird in dieser Sicht überflüssig, ja unmöglich.

V. KAPITEL

RÜCKBLICK UND WEITERFÜHRUNG.
MÖGLICHKEITEN UND DIMENSIONEN

Es ist nicht Absicht vorliegender Studie, eine in jeder Hinsicht erschöpfende Darstellung der philosophischen Anthropologie Max Schelers zu geben. Deshalb kann in diesem kritischen und weiterbauenden Schlußkapitel auch nicht zu allen Einzelheiten des Schelerschen Menschenbildes Stellung genommen werden, sondern nur zu jenen, allerdings zentralen Inhalten, die unter dem hier leitenden Gesichtspunkt der christlichen und theologischen Implikationen maßgebend sind: Schelers anthropologische Methode, sein Personalismus, Philosophie und Anthropologie als Weltanschauung.

Wer die Scheler-Literatur auch nur ein wenig kennt, wird zwar beträchtliche Unterschiede in der Beurteilung, kaum einmal aber vorbehaltlose Zustimmung zu allen, gerade auch anthropologischen Thesen Schelers feststellen können. Auch Autoren, die nach eigener Aussage Scheler viel verdanken, betonen gleichzeitig die Notwendigkeit kritischer Distanz. So schreibt HENGSTENBERG im Anschluß an seinen Dank an Scheler: ,,Aber gerade die Verantwortung für das anthropologische Erbe Schelers schließt die Verpflichtung zu kritischer Sondierung und Distanzierung ein, wo die Sache es erfordert."[1] In diesem Sinn sind die folgenden Ausführungen zu verstehen, welche die in den darstellenden Kapiteln immer wieder anklingenden kritischen Ansätze zusammenfassen und vertiefen und die positiven Anregungen weiterführen, die von Schelers Menschdeutung zweifellos ausgehen. Was dabei an Verhaltensanthropologie von Scheler aufgegriffen wird, bedarf immer einer systematischen Verarbeitung. Wir können also auch dort, wo wir auf Scheler weiterbauen,

---

[1] *Philosophische Anthropologie* V.

immer nur von „Ansätzen" zu einer phänomenologischen Anthropologie sprechen, ganz im Sinne des vorhergehenden Kapitels. So wird sich HÄBERLINS Behauptung als unhaltbar erweisen, Schelers Anthropologie habe die „anthropologische Bewegung" so stark beeinflußt, „daß die ihr folgenden Versuche, genau besehen, kaum an einem Punkte wesentlich über sie hinausgehen."[2]

§ 1. DER ZUGANG ZUR WIRKLICHKEIT DES MENSCHEN. ZUR METHODE DER PHILOSOPHISCHEN ANTHROPOLOGIE

1. Ungenügende methodologische Grundlegung bei Scheler

Niemand wird nach einem Blick auf die Geschichte der „kritischen", ganz mit der Untersuchung und Eingrenzung der Erkenntnismöglichkeiten des Menschen beschäftigten Philosophie die Gefahr übersehen, welche in einer einseitigen Betonung von Methodenfragen liegt: die Vernachlässigung der aller Philosophie immer neu aufgegebenen Sachprobleme. Ebenso falsch ist freilich jeder Versuch, sich dem Gegenstand in methodischer Unbekümmertheit zu nähern oder ihn mit einem methodischen Rüstzeug zu untersuchen, das nicht an der Wirklichkeit des Forschungsbereiches, im Falle der philosophischen Anthropologie am Menschen, entwickelt wurde. Wenn in einem Punkte die philosophische Anthropologie nach Scheler den „Vater" dieser Disziplin übertrifft, so in der maßvollen, aber verantwortungsbewußten Besinnung auf methodische Grundfragen. Leitend ist dabei die Überzeugung, daß die Methode der philosophischen Anthropologie nicht freischwebend als restlos vorentworfenes Rezept entwickelt werden kann, sondern nur im Lichte eines immer schon gegebenen Vorverständnisses, einer echten „Idee" des Menschen von sich selbst zu gewinnen ist. So ist etwa H. PLESSNERS Bemühen um eine konstruktive Verbindung von apriorischer und aposteriorischer Methode zu verstehen.[3] Eine ähnliche Überzeugung des Ineinanderwirkens von Idee und Wirklichkeit des Menschen liegt E. ROTHACKERS Forderung zugrunde,

[2] P. Häberlin, „Anthropologie u. Ontologie"; in: *Zeitschrift f. phil. Forschung* 4 (1949), 15.
[3] Vgl. u.a. „Macht u. menschliche Natur. Ein Versuch zur Anthropologie d. geschichtlichen Weltansicht"; in: *Zwischen Philosophie u. Gesellschaft* 251–262 sowie unsere Studie: *Die exzentrische Position d. Menschen* 32–53 und 198–202.

die Begriffe der Anthropologie „durch methodische Einstellung auf den Menschen als Kulturträger zu ergänzen und dadurch nicht nur ihre Ergebnisse zu erweitern, sondern vor allem ihre Fundamente selbst zu revidieren."[4] Und A. GEHLENS „anthropo-biologische" Betrachtungsweise hätte bei aller Betonung ihres empirischen Charakters ohne den apriorischen Gesichtspunkt der Beurteilung des Menschen von der biologischen Geschlossenheit des Tieres her nie zur Theorie vom „Mängelwesen" geführt.[5]

Gegenüber diesen Bemühungen um eine methodische Fundierung der philosophischen Anthropologie, wie immer sie auch im einzelnen aussehen mag, nehmen sich die methodologischen Äusserungen Schelers dürftig aus. Es muß darauf hingewiesen werden, daß Scheler sich überhaupt keine zusammenhängenden Gedanken über die in der philosophischen Anthropologie anzuwendende Methode macht. Dieser Ausfall kann nicht mit dem Hinweis auf Schelers mangelnde Systematik erklärt werden. War ihm die Sache einmal echtes Anliegen, dann konnte Scheler sich auch einigermaßen konzentriert dazu äußern. Dies zeigen seine Ausführungen über den Personbegriff im „Formalismus" oder, um ein methodologisches Beispiel zu nennen, die Bemerkungen zum Thema „Phänomenologie und Erkenntnistheorie" im ersten Nachlaß-Band. Scheler war vielmehr in Methodenfragen von großer, allzu großer Sorglosigkeit. Der Geist des kantischen Kritizismus, auch in seinem berechtigten Ausmaß, war ihm so fremd, daß er in jeder methodisch-kritischen Vorüberlegung schon ein distanzierendes Abrücken vom Gegenstand selbst sah. Bekannt ist Schelers Klage über den stets hinter die Sache zurückfragenden „Kriteriumstypus".[6] Die positive Bedeutung dieser sachoffenen, fraglosen Vertraulichkeit mit dem Sein der Dinge gerade für den rechten Ansatz in der philosophischen Anthropologie darf nicht übersehen werden: Methode ist sicher nicht – die

---

[4] *Probleme d. Kulturanthropologie;* Bonn ²1965, 8.

[5] Vgl. *Der Mensch* 9–20 und unseren Beitrag: „Der Mensch – Geist- oder Mängelwesen?"; in: *Zeitschrift f. kath. Theologie* 88 (1966), 424–427.

[6] Vgl. „Phänomenologie u. Erkenntnistheorie": GW X, 382: „Die Kriteriumsfrage ist die Frage des ewigen ‚anderen' – dessen, der nicht im Erleben, im Erforschen der Tatsachen das wahr und falsch oder die Werte gut und böse usw. finden will, sondern sich *über* das alles stellt – als ein Richter. Ein solcher aber macht sich nicht klar, daß alle Kriterien erst aus der Berührung mit den *Sachen selbst* abgeleitet sind – und auch ‚die' Kriterien so abzuleiten sind."

oben angeführten Beispiele aus der jüngsten philosophischen Anthropologie zeigen es deutlich – ein rein apriorisches Kategoriennetz, das mehr oder weniger gewaltsam dem Gegenstand übergeworfen wird, um ihn dem erkennenden Zugriff gefügig zu machen. Darüber aber jede methodische Vorüberlegung über Sinn und Grenzen menschlichen Erkennens gegenüber den verschiedenen Seinsbereichen, über die positive Zuordnung und Ergänzung von Apriori und Erfahrung, über die Ein- oder Mehrdimensionalität des befragten Gegenstands u.a. überspringen zu wollen, geht sicher zu weit. So hat z.B. das erkennende Subjekt einen seins- wie intensitätsmäßig anderen Zugang zu den Bereichen des Anorganischen, des untergeistigen Lebens und der personalen Geistigkeit – ein Umstand, der mit Schelers Hinweis auf die Urphänomenalität des jeweiligen Bereiches methodologisch längst nicht ausgeschöpft ist. Scheler beschränkt sich in Methodenfragen vielfach auf die Betonung der (sicher auch notwendigen) rechten ethischen Disposition des Philosophierenden. So bringt der grundlegende Aufsatz ,,Vom Wesen der Philosophie'' kaum methodische Hinweise, sondern vor allem eben die Untersuchung der im Untertitel genannten ,,moralischen Bedingung des philosophischen Erkennens.'' Und Phänomenologie, im heutigen Verständnis weder Weltanschauung noch Philosophie überhaupt, sondern ein möglicher Erkenntnisweg, wird bei Scheler zur ,,Einstellung'', die erst ans Licht bringt, was Methode immer schon vorzufinden vermeint.[7] Hinter der Beschränkung auf die ethische Verfassung des Philosophen läßt sich unschwer der Einfluß einer bestimmten, die ,,rechte Absicht'' und ,,gute Meinung'' über ein gezieltes Zupacken stellenden Religiosität erkennen, während die Konzeption von Phänomenologie als eines privilegierten Schauvermögens auch aus Quellen einer überspitzten Erwählungs- und Gnadentheologie gespeist wird. Beide Male ist Methode in ihrer Zielstrebigkeit gleichsam ein ehrfurchtsloser Abfall von der allein zulässigen Liebe zum Sein, die hinnimmt statt zu suchen, anbetet statt zu erforschen.

[7] ,,An erster Stelle ist Phänomenologie ... der Name für eine Einstellung des geistigen Schauens, in der man etwas zu er-schauen oder zu er-leben bekommt, was ohne sie verborgen bleibt: nämlich ein Reich von ,Tatsachen' eigentümlicher Art. Ich sage ,*Einstellung*' – nicht Methode. Methode ist ein zielbestimmtes *Denk*verfahren über Tatsachen, z.B. Induktion, Deduktion. Hier aber handelt es sich erstens um neue *Tatsachen selbst*, die vor aller logischen Fixierung liegen, zweitens um ein *Schau*verfahren.'' (,,Phänomenologie u. Erkenntnistheorie'': GW X, 380.)

Sind diese Wurzeln für Schelers geringe Neigung zur Behandlung von Methodenfragen einmal bloßgelegt, wird die bekannte Betonung der Liebe als Grundakt des Philosophierens nicht mehr verwundern. Nun wird niemand leugnen, daß liebende Offenheit zu Welt, Menschen und Gott eine ideale sittliche Voraussetzung für jedwede umfassende Tätigkeit, also auch für das menschliche Erkennen ist. Damit ist der Philosophierende aber noch keineswegs der Bemühung um die rechte, dem jeweiligen Gegenstand angemessene Methode enthoben. Erkennen und Lieben sind nicht dasselbe. Hier nützt auch kein Rekurs auf Gott, dessen Wesensbestimmung als reine Liebe hinter Schelers Liebesmystik steht. Denn weder ist das bekannte Johanneswort „Gott ist die Liebe" eine PHILOSOPHISCHE Wesensdefinition Gottes,[8] noch gibt es in Gott „Eigenschaften" im strengen Sinn, deren eine die Vorherrschaft über die anderen hätte, sondern nur die eine, überkategoriale Fülle, in die das erkennende endliche Subjekt Eigenschaftsdifferenzierungen hineinträgt. Der Primat des Liebens vor dem Erkennen kann sich also weder auf die Verhältnisse in Gott noch auf die Selbsterfahrung des Menschen berufen. Er entspringt vielmehr einem apriorischen Dualismus, der vor jedem Hinsehen auf die menschliche Wirklichkeit bereits die Liebe erhebt, die Erkenntnis aber abwertet, wogegen beide einander befruchtende, aber auch gleichermaßen verfälschbare Ausdifferenzierungen des menschlichen Geistes sind. Die einseitige Betonung der Liebe beraubt die philosophische Anthropologie schon im Ansatz einer tragfähigen methodischen Basis und bringt Philosophie als Ganzes in den Verdacht der Unwissenschaftlichkeit. Die angebliche Inkommensurabilität von „theoretisch-wissenschaftlicher Wahrheit" und „Wahrheit des Herzens" führt entweder zu einem universalen, bis in Gott reichenden Dualismus wie bei Scheler oder, wenn sie überwunden werden soll, zu einer Erhebung des liebenden oder geliebten endlichen Subjekts ins „Göttliche" wie bei BINSWANGER.[9]

Ähnliches gilt von dem anderen Gegensatzpaar Wesensschau

---

[8] Damit ist nicht behauptet, daß 1 Jo 4, 8.16 überhaupt nichts über die Seinswirklichkeit Gottes ausgesagt ist. Der Satz darf jedoch nicht als erschöpfende und letzte Definition Gottes angesehen werden; er bezeichnet vielmehr „die eigentlichste Wesensäußerung Gottes uns gegenüber." (V. Warnach. *Agape. Die Liebe als Grundmotiv d. neutestamentlichen Theologie;* Düsseldorf 1961, 168.)

[9] Vgl. L. Binswanger, *Grundformen u. Erkenntnis menschlichen Daseins* 110, 555f.

– empirische Erfahrung, das im Grunde nur eine methodologische Anwendung des Urgegensatzes von Liebe und Erkenntnis darstellt. Auch hier trennt Scheler, was in Wirklichkeit eine zwar spannungsvolle, aber fruchtbare Einheit im Vollzug menschlichen Erkennens ist. Ihm wird die phänomenologische Wesensschau auf weite Strecken zur einzigen Methode der Annahme bleibender, ,,ewiger" Strukturen, die dem Phänomenologen-Seher im begnadeten Augenblick an einem beliebigen Gattungsexemplar nach Abzug aller konkret-geschichtlichen Züge in zeitloser Reinheit ,,aufblitzen". Solcher Wesensschau gegenüber wird jede empirische Zuwendung zur Vielfalt konkreten menschlichen Verhaltens zum überflüssigen, ja schädlichen Verfallen an das ,,Zufällige". Damit aber wird das Wesen menschlichen Erkennens, das sich vom göttlichen Intuieren radikal unterscheidet, in wichtigen Grundzügen verfehlt. Denn menschliche Erkenntnis ist nicht unmittelbar bei der ,,Idee", um von ihr herabsteigend das Einzelne als ihre defiziente Ausformung zu erfassen, sondern steigt umgekehrt vom Konkreten zur Wesensidee auf. Damit aber ist die Notwendigkeit von Erfahrung überhaupt gegeben. Diese ist nicht Bestätigung eines immer schon Gewußten, die im Grunde auch unterbleiben könnte, sondern ein echter, unüberspringbarer Schritt auf dem Weg zur Idee. Dabei ist der Prozeß der Erfahrung ,,nicht einfach als die bruchlose Herausbildung typischer Allgemeinheiten zu beschreiben. Diese Herausbildung geschieht vielmehr dadurch, daß ständig falsche Verallgemeinerungen durch die Erfahrung widerlegt, für typisch Gehaltenes gleichsam enttypisiert wird."[10] Wesensschau und Erfahrung sind ebensowenig dasselbe wie Lieben und Erkennen, schon gar nicht in dem Sinn, daß das eine zugunsten des anderen zurücktreten dürfte. Menschliches Erkennen und damit Erkennen des Menschlichen geschieht nur im ständigen Pendelschlag zwischen ,,Idee" und ,,Wirklichkeit", in wechselseitiger Konfrontation und gegenseitiger Korrektur. Wird das außer Acht gelassen, dann bleibt der ,,phänomenologische Streit" wirklich unschlichtbar und dem Phänomenologen nur noch der Rückzug auf die Evidenz, die ihm und bloß ihm einleuchtet. Wie sehr

---

[10] H. G. Gadamer, *Wahrheit u. Methode. Grundzüge einer philosophischen Hermeneutik;* Tübingen ²1965, 335.

diese Verschanzung hinter Urevidenzen der Phänomenologie geschadet hat, bedarf heute keiner langen Erörterung mehr.

2. Der Ansatz an der erfahrbaren Einheit des Menschen und seine Verdunkelung durch Schelers Dualismen

Schelers Gegensatz von Liebe und Erkennen bzw. Wesensschau und Erfahrung hat auch eine positive Bedeutung für die Methode der philosophischen Anthropologie. Sie besteht in dem von Scheler deutlich, wenn auch mehr einschlußweise als ausdrücklich gegebenen Erweis, daß Lieben und Erkennen, Schauen und Einzelerfahrung zwei verschiedene geistige Vollzüge sind, deren keiner sich auf den anderen zurückführen oder in den anderen hinein auflösen läßt. Nimmt man dazu, was bei Scheler nicht deutlich wird, daß es ein und dasselbe geistig-personale Subjekt ist, welches die genannten (und andere ähnlich polare) Vollzüge setzt, ohne auseinanderzufallen, dann ist bereits der für jede philosophische Anthropologie grundlegende Ansatz bei der seinshaften Einheit des Menschen in vollzugsmäßiger Vielfalt und Aspektdivergenz gefunden. In der Tat ist dieser Ansatz, sicher gefördert durch das warnende Beispiel der Schelerschen Dualismen, ein Grundanliegen der philosophischen Anthropologie nach Scheler. Sie erhebt deutlich und im Überblick über die bisher vorliegenden Versuche in eindrucksvoller Weise ,,die phänomenal ungesonderte Einheit des Menschen, die primär nicht fragen läßt nach einem Gegensatz von Leib und Seele, Körper und Bewußtsein, sondern die einzig aus ihrem SINNHAFTEN VERHALTEN ZUR WELT begriffen und daher SINNVERSTEHEND gedeutet sein will."[11] Der Hinweis auf das menschliche Verhalten ist von größter Bedeutung. Denn selbstverständlich ist die Betonung der menschlichen Einheit nichts Neues. Sie war dem alten metaphysischen Denken als Effekt des einen geistigen Seinsprinzips, der einen Seele als ,,Form" des Menschen, ständig präsent. Das Neue hingegen ist die Betonung der Erfahrbarkeit der menschlichen Einheit in und an gerade divergenten Verhaltenszügen des lebendigen personalen Subjekts. Zur metaphysisch deduzierten Einheit tritt das Phänomen der anthropologischen Einheit als Grund-

[11] E. Ströker, ,,Zur gegenwärtigen Situation d. Anthropologie"; in: *Kant-Studien* LI (1959/60), 462.

gegebenheit der Alltagserfahrung mit dem Menschen, gerade insofern er sich intensitätsmäßig wie qualitativ verschieden verhält. „Der Mensch erfährt sich selbst als Existenzialeinheit, auch wo er sich als gespalten erfährt; ja, diese Gespaltenheit verliert ohne die fundierende Einheit ihren Sinn."[12] Die Analyse grundlegender menschlicher Verhaltensmuster dient dabei zur Vertiefung der vorwissenschaftlichen Einheitserfahrung. Auch Scheler steht nicht völlig außerhalb einer so verstandenen Verhaltensanthropologie, wie das vierte Kapitel ergab und die noch folgenden Hinweise erneut zeigen werden. Sind seine Ansätze nicht selten verdunkelt und kaum je zu Ende geführt, so geben doch gerade Verhaltenspaare wie Lieben und Erkennen gute Anregungen. Die moderne philosophische Anthropologie hat dazu noch das leibliche Verhalten analysiert – man denke an PLESSNERS Studie über „Lachen und Weinen", die vielfachen Deutungsversuche des Ausdrucksverhaltens und an die Leiblehre der französischen Phänomenologie – und vor allem die Gleichursprünglichkeit der verschiedenen Verhaltenszüge gegen Schelers Tendenz einer Fundierung und Rückführung auf den einen Verhaltensgrund des Liebens betont. Vielleicht war als Hintergrund dieser Fortschritte Schelers Dualismus nötig, um den phänomenalen Zugang zur Einheit des Wesens Mensch[13] zu eröffnen.

An dieser Stelle soll nochmals zusammenfassend auf jene anthropologischen Konzeptionen Schelers hingewiesen werden, die den Zugang zur einheitlichen menschlichen Wirklichkeit erschweren. Hier ist vor allem Schelers typisches Unterschiedsdenken zu nennen, welches den Menschen stets in Abhebung vom Nichtmenschlichen deutet und ihn als Übergang zwischen Tier und Gott sieht. Der Vergleich zwischen Mensch und Tier ist freilich ein Grundthema der modernen philosophischen Anthropologie seit NIETZSCHE. PLESSNER spricht von einer Steigerung der tierischen Positionalität zur vollreflexiven Form des Men-

---

[12] P. L. Landsberg, *Einführung in die philosophische Anthropologie;* Frankfurt a.M. ²1960, 12.

[13] Schon Heidegger schreibt: „Zugänglich wird uns das Sein des Daseins, das ontologisch das Strukturganze als solches trägt, in einem vollen Durchblick durch dieses Ganze auf ein ursprünglich einheitliches Phänomen, das im Ganzen schon liegt, so daß es jedes Strukturmoment in seiner strukturalen Möglichkeit ontologisch fundiert." *(Sein u. Zeit* 181.)

schen.¹⁴ BUTYENDIJK nennt den Menschen das „erwachte Tier"¹⁵ und JASPERS schreibt: „Die Frage nach dem Unterschied von Tier und Mensch ... ist vielleicht die erregendste Frage."¹⁶ Aber bei all diesen Versuchen handelt es sich um eine echte Überhöhung tierischer Möglichkeiten zu einer neuen „Stufe des Organischen", in der kein tierischer Bereich mehr erhalten bleibt, wobei freilich die Frage nach der ursächlichen Erklärung dieser Entwicklung nicht beantwortet, vielfach gar nicht gestellt wird. Schelers Unterschiedsdenken hingegen trägt einen radikal dualistischen Charakter: der Mensch ist und bleibt Tier, in das der göttliche Geist hineinfährt. Nun gibt diese Deutung als Phänomenologisierung der theologischen Schöpfungskonzeption zwar eine Kausalerklärung der Hominisation, die jedoch die phänomenale Einheit und seinsmäßige Eigenständigkeit des Wesens Mensch von Anfang an verfehlt und schon deshalb nicht richtig sein kann. Nach Scheler ist der Mensch in seiner Spaltung in homo naturalis und geistigen Gottsucher nur verständlich von den beiden Polen, die er selbst nicht ist, vom Tier bzw. von Gott her. G. SIEGMUNDS gegenteilige Bemerkung, der Mensch sei „sich selbst näher und besser bekannt als das Tier, das er immer nur in Analogie zu sich verstehen kann",¹⁷ ist bei der Kritik dieses Unterschiedsdenkens sinngemäß auch auf jeden Versuch anzuwenden, den Menschen von Gott her zu interpretieren.

Letztlich der phänomenologischen Untermauerung des von Scheler in den Menschen hinein verlegten metaphysischen Dualismus, dessen theologische Wurzeln bereits aufgewiesen wurden, dient auch das anthropologische Schichtenmodell. Es erhält bei Scheler metaphysische Bedeutung im Sinne von seinsmäßig voneinander unterschiedenen und streng getrennten Bereichen. Leidet bei dieser Übertreibung der Schichttheorie notwendig die Einheit des Menschen, ist anderseits die rechte Verwendung des Schichtenmodells wieder geeignet, eben diese Einheit in ihrer verhaltensmäßigen Vieldimensionalität anschaulich zu machen. Dies geschieht dann, wenn das Schichtenmodell, wie etwa bei E. ROTHACKER, unter ausdrücklicher Verwahrung gegen jede

---

[14] Vgl. *Die Stufen d. Organischen u. der Mensch* 288f.
[15] *Das Menschliche. Wege zu seinem Verständnis;* Stuttgart 1958, 58.
[16] *Der philosophische Glaube;* München 1954, 43f.
[17] *Tier u. Mensch. Beitrag zur Wesensbestimmung d. Menschen;* Frankfurt a.M. 1958, 38f.

Metaphysizierung als Mittel der psychologischen Deskription des menschlichen Verhaltens eingesetzt wird.[18] Gerade die intensitätsmäßige wie qualitative Vielfalt menschlicher Vollzüge, die als divergierend erlebt werden, verweist aus der Erfahrung des sich durchhaltenden Subjekts alles Verhaltens auf die integrierende Einheit dessen, was als Grund und Bezugszentrum aller Vollzüge mit Recht Person zu heißen verdient.

3. Philosophische Kritik des Theomorphieprinzips

Die Einheit des Menschen ist ohne Zweifel auch ein Anliegen der philosophischen Anthropologie Schelers. Um diese Einheit zu garantieren, greift Scheler jedoch über den Menschen hinaus. Im Zusammenhang damit erscheint sein wohl einziger umfassender spezifisch anthropologischer methodischer Hinweis: die auf der biblischen Gottebenbildlichkeitslehre beruhende These vom Theomorphismus des Menschen. Zunächst rein methodologisch in den fundamentalen Satz gefaßt, der Mensch werde „selbst faßbar und phänomenologisch erschaubar erst unter Voraussetzung und ‚UNTER DEM LICHTE' der Idee Gottes",[19] findet sie später ihren ontologischen Niederschlag in der Charakterisierung der menschlichen Person als „individuelle einmalige Selbstkonzentration des göttlichen Geistes."[20] Diese Leitsätze sind längst bekannt, bedürfen aber noch einer eingehenden philosophisch-theologischen kritischen Würdigung. Dabei steht die das anthropologische Denken Schelers und seine Methode prägende Überzeugung von der Theomorphie des Menschen im Vordergrund.

Philosophisch ist zunächst zu sagen, daß das Prinzip der Theomorphie des Menschen mehr noch als der Versuch, den Menschen vom Tier aus zu verstehen, in den Fehler verfällt, das Bekannte, den Menschen, vom weniger Bekannten, ja in einem

---

[18] Vgl. *Die Schichten d. Persönlichkeit;* Bonn ⁷1966, 1f., 7, 16f., 20f., 149, 156, 162.
[19] *Der Formalismus* . . .: GW II, 293.
[20] *Phil. Weltanschauung* 34. – Von den bei Heidegger *(Sein u. Zeit* 48f.) genannten beiden Komponenten der traditionellen Anthropologie, der griechischen Menschdefinition des ζῷον λόγον ἔχον und der theologischen Imago-Dei-Lehre, überwiegt bei Scheler eindeutig der formale Grundzug der Gottebenbildlichkeitstheologie in dem Sinn, daß von dorther entgegen der griechischen Konzeption der Primat des Liebens vor dem Erkennen als materiale Grundbestimmung des Menschen gelehrt wird; vgl. auch Schelers reservierte Beurteilung der griechischen Menschdefinition in: „Zur Idee d. Menschen": GW III, 175f. und: „Der Mensch im Weltalter d. Ausgleichs": *Phil. Weltanschauung* 67–72.

echten Sinn vom schlechthin Unbekannten, von Gott her, erklären zu wollen. Dabei ist das eigentliche Kennzeichen theologischen Denkens gegenüber allem Philosophieren gar nicht so sehr die Autoritätsgebundenheit im Unterschied von der „freien" Philosophie. Auch Philosophie ist nicht voraussetzungsloser, ständig völlig neuer Anfang, sondern lebt, uneingestanden oder ausdrücklich, aus einer langen Tradition menschlichen Denkbemühens um Dimensionen, Grund und Sinn der Gesamtwirklichkeit. Und Theologie ist nicht einfach Nachsprechen vorgegebener Sätze – sollte es zumindest nicht sein –, sondern Vertiefung, Weiterdenken und Fragen mit den Kategorien und aus dem Horizont menschlichen Selbst- und Weltverständnisses. Eines aber kennzeichnet Philosophie (und philosophische Anthropologie) vor jeder Form von Theologie: der Ausgang von der erfahrbaren Wirklichkeit und der ständige Rückbezug des Denkens auf die Gegebenheiten menschlicher Selbst- und Welterfahrung. Deshalb bringt Philosophie, auch als Metaphysik, nichts eigentlich Neues, sondern die Explikation von Seinsbestimmtheiten wie „Wesen", „Grund", „Sinn", „Freiheit", „Raum", „Zeit" ..., die jeder im Grunde immer schon kennt, kennen muß, um in intersubjektiver Mitteilung welthaft und menschlich leben zu können, die aber dennoch dem ständigen Fragen offenstehen und im Anfragen ihre ganze Abgründigkeit erst offenbaren.[21] Gott hingegen ist im angedeuteten Sinn der Erfahrung nicht zugänglich, sosehr es wahr sein mag, daß der Mensch, wenigstens in unserer christlich affizierten Weltzeit, auch von Gott ein gewisses vages Vorverständnis hat, was freilich von der „Gott-ist-tot-Theologie" unserer Tage wieder in Zweifel gezogen wird.[22] Jedenfalls ist die „Idee" Gottes, die der Mensch bildet, seit er

---

[21] Klassisch hat dies hinsichtlich der Zeit Augustinus in seinen Confessiones XI, 14 ausgesprochen: „Quid est enim ‚tempus'? Quis hoc facile breviterque explicaverit? ... Quid autem familiarius et notius in loquendo conmemoramus quam ‚tempus'? Et intellegimus utique, cum id loquimur, intellegimus etiam, cum alio loquente id audimus. Quid est ergo ‚tempus'? Si nemo ex me quaerat, scio; sie quaerenti explicare velim, nescio..."

[22] Vielleicht ist der Verlust dieses Vorverständnisses, den die Gott-ist-tot-Theologie gar nicht mehr beklagt, Folge eines freiwilligen und aktiven Ausbrechens des modernen Menschen aus der formalen und materialen Inhaltlichkeit des christlichen Gottesbegriffs. Hier könnte Nietzsche deutlicher gesehen haben mit dem Schrei des „tollen Menschen": „Gott ist tot! Gott bleibt tot! Und wir haben ihn getötet!" *(Die fröhliche Wissenschaft* 125) als W. Hamilton, der die Erfahrung vom Tod Gottes als notwendige und unabwendbare Folge der fortschreitenden Technisierung der Welt auffaßt (vgl. „Bemerkungen zur ‚Radical Theology'"; in: *Concilium* 3 [1967], 734).

philosophiert, nicht unmittelbar Datum denkerischen Selbstvollzugs. Wenn irgendetwas, haben die klassischen Gottesbeweise das eine gelehrt, daß die Idee Gottes nur zu gewinnen ist im (schwierigen) Auf- und Überstieg von der Selbst- und Welterfahrung des Menschen, nicht aber die Idee von Welt und Mensch im Abstieg von einem unmittelbar vorgefundenen Gottesbegriff. Damit gelangen wir zu einem für unseren anthropologischen Zusammenhang entscheidenden Punkt: Mag es um das Vorverständnis dessen, was Gott ist, wie immer bestellt sein – der über die bloße Idee Gottes hinausgehende formale Grundsatz der Theomorphie des Menschen, wonach **Gott notwendiges und damit allem menschlichen Selbstverständnis erkenntnismäßig vorgegebenes Erklärungsprinzip des Menschen** sein soll, fällt sicher nicht unter die alles Philosophieren tragende Welt- und Selbsterfahrung des Menschen und ist somit nicht mehr als rein philosophisch zu bezeichnen. Dies ergeben die angestellten Überlegungen, auch wenn wir nicht wüßten, daß Schelers Theomorphieprinzip der phänomenologisierte Niederschlag der theologischen Gottebenbildlichkeitslehre ist.

Die Folgen der voreiligen Verankerung des Menschen im Absoluten wurden in den vorhergehenden Kapiteln bereits aufgezeigt. Die Weltjenseitigkeit und Leiblosigkeit der Person sowie die relative Bedeutungslosigkeit der erfahrbaren, geschichtlich verfaßten und im geschichtlichen Rahmen auch wandelbaren Einzelzüge des lebendigen Menschen für die Wesensdeutung der menschlichen Wirklichkeit haben in dieser schlechten Ewigkeitsperspektive ihre Wurzel. Bei Schelers ,,Kopfsprung ins Unendliche fallen die konkreten Probleme – wie Sprache, Weltbild wie es IST, menschliche Umwelt wie sie IST, Anschauung wie sie IST und sich vom Denken abhebt, Mythos, Kunst, Symbolik usw. und vor allen Dingen das ganze Endlichkeitsproblem – unversehens aus der Tasche. Wenn das Unendliche so billig zu haben ist, erscheint die Endlichkeit gar nicht mehr als ein durchdachtes Problem."[23] Besonders zu betonen ist die Verdunkelung der Endlichkeitsproblematik, die weitreichende Folgen für die Anthropologie im Sinne einer Erkenntnis menschlichen Wesens, aber auch für eine mögliche Erfassung eines personalen Absoluten hat. Denn anthropologisch gesehen ist es gerade der ständig

[23] E. Rothacker, *Philosophische Anthropologie* 88.

erlebte Zwiespalt zwischen grenzenlos ausgreifender geistiger Sehnsucht und relativer Unerfüllbarkeit dieser Intention sowohl in Weltgestaltung wie in mitmenschlicher Begegnung, der als hervorstechendster Ausdruck menschlicher Endlichkeit den Menschen immer wieder von neuem dazu treibt, an der Wirklichkeit und im Anderen sich selbst vertieft, weil selbst als Geschenk gegeben, und bereichert zurückzugewinnen. Ohne diesen Ansporn, der, weil er nicht an sein gesättigtes Ende kommt, noch längst nicht sinnlos zu sein braucht, wären Kultur und Kunst, aber auch menschliches Leben in Treue und Überantwortung überflüssig, ja im Grunde gar nicht möglich. Dasselbe Endlichkeitserleben, mag es nun erlitten, angenommen oder trotzig bekämpft werden, bildet aber auch eine wichtige, wenn auch zunächst negative Erfahrungsgrundlage für die Öffnung des Menschen auf jenes personal verfaßte Absolutum hin, das – nach anderen Quellen als denen der Philosophie – imstande und willens ist, den Menschen dort zu beschenken, wo er alles erwartet, ohne selbst je alles erreichen zu können. So führt in Umkehr der Theomorphie erkenntnis- und erfahrungsmäßig – wenn überhaupt etwas – das zeitlich Endliche IM Menschen zum Ewigen ÜBER ihm, jenem Ewigen, dem es gefiel – aber auch das wissen wir nicht als Philosophierende, wenn wir es überhaupt „wissen" –, BEI ihm „Bleibe zu nehmen" (vgl. Jo 14, 23).

Die philosophische Auseinandersetzung mit dem Prinzip der Theomorphie des Menschen legt schließlich noch wichtige Konsequenzen für die inhaltliche Struktur einer theonom orientierten Anthropologie frei. Hier ist vor allem die Gefahr der Aufhebung der menschlichen Eigenwirklichkeit zu nennen, die auf dem Hintergrund des PHILOSOPHISCH verwendeten Theomorphieprinzips nicht ausbleiben kann. Wenn das Absolute ontologisch und gnoseologisch zum Prinzip des Menschen wird, dann ist, rein philosophisch, schwer einzusehen, wie neben der allumfassenden Wirklichkeit des Absoluten noch eigenständige geistige Wesen bestehen können, die mehr sind als ein Ausfluß oder ein defizienter „Fall" des Absoluten. Die Schwierigkeit der philosophischen Erhellung dieser Problematik bestätigt sich aus der Tatsache, daß außerhalb des Raumes der christlichen Theologie (im weitesten Sinn) auch und gerade bei einem hochentwickelten Gottesbewußtsein keine echte Theorie der Schöpfung gelang, wobei Schöpfung eben „bedeutet die gesamte Seinswirklichkeit auf eine sie setzende Freiheit zurückführen, aber so, daß sie dabei nicht ein Moment in der Selbstentfaltung dieser Freiheit ist, sondern von letzterer in die Freiheit eigenen Seins entlassen wird."[24] Wie sehr Scheler in Gefahr ist, die irdisch-leibliche Eigenständigkeit des Menschen zu vernachlässigen, haben die Ausführungen über seinen Personbegriff gezeigt. Es gibt indes eine philosophische Möglichkeit, der Gefährdung menschlichen Eigenseins bei Erhaltung des Theomorphieprinzips zu entgehen: die Preisgabe des reinen Gottesbegriffs als eines in sich vollkommenen Absolutums. Anders scheint die Antinomie von göttlicher Absolutheit und menschlicher Endlichkeit nicht lösbar zu sein als dadurch, daß man entweder den Eigenstand des Menschen oder die Allwirksamkeit eines absolut vollkommenen Gottes opfert.[25] Wieder läßt sich das Dilemma aus der Geschichte der Philosophie illustrieren: Die großen idealistischen Systeme liefen Gefahr, entweder den Menschen zur Marionette des Absoluten zu machen oder pantheistisch zu werden. Scheler ist bekanntlich, ohne einen eigentlichen Zugang zum Eigensein der geistigen Person zu gewinnen, in seiner Spätphase auch diesen zweiten Weg der Durchlöcherung des Gottesbegriffs zugunsten eines selbst „werdenden Gottes" gegangen.

Suchen wir nach einem richtigen Weg der Überwindung der genannten Antinomie bei aufrecht erhaltenem Theomorphie-

---

[24] J. Ratzinger, „Schöpfung"; in: *Lexikon f. Theologie u. Kirche*, Bd. IX, ²1964, 460. – Man wird fragen müssen, ob selbst die christliche Theologie neben der Anerkennung der beiden Fakten, Schöpfung und Eigenständigkeit des Geschaffenen, und darüber hinaus schon in genügendem Maß eine echte „Theorie" des Geschaffenseins entwickelt hat.

[25] Vgl. dazu W. Weischedel, *Philosophische Grenzgänge. Vorträge u. Essays;* Stuttgart-Berlin-Köln-Mainz 1967, 67f.: „Auch im Felde der Philosophie hat sich immer wieder gezeigt, daß der Gedanke der menschlichen Freiheit untergehen muß, wenn der metaphysische Gedanke Gottes als des Absoluten konsequent gedacht wird ... Doch auch hier ... erhebt sich die Frage, ob der ganzen Problematik nicht gewisse Vorentscheidungen zugrunde liegen und ob nicht sie es sind, die zur Unlösbarkeit führen. Das scheint in der Tat der Fall zu sein. Offenbar wird hier ein bestimmter Begriff von Gott und vom Absoluten vorausgesetzt; diese werden als oberste Ursache, als höchstes Ziel oder als innerster Grund verstanden. Wird dieser Gedanke radikal gedacht, dann muß entweder die Antinomie unlösbar werden, oder das endlich Wirkliche muß geopfert werden ...

Doch dieser Begriff von Gott und vom Absoluten ist in den gegenwärtigen theologischen und philosophischen Diskussionen zutiefst fragwürdig geworden ... Vielleicht muß man auch die Wirklichkeit Gottes und des Absoluten, wenn man denn überhaupt noch von ihr zu sprechen wagen will, neu zu denken versuchen, in Loslösung von den überkommenen Kategorien der Ursache, des Zieles und des Grundes."

prinzip, so bietet sich nur eine, gleichfalls bei Scheler greifbare Möglichkeit: die Auffüllung des formalen philosophischen Gottesbegriffs aus theologischen Quellen. Dies kann nicht verwundern; denn ein streng theologisches Prinzip, wie das der Theomorphie, erfordert, soll es richtig und ohne Verzerrung angewandt werden, eben eine theologische Verarbeitung. Diese besteht nicht in der Erstellung eines neuen, verkürzten Gottesbegriffs – obwohl auch hier zu fragen bleibt, wie denn der sich an das Andere seiner selbst verschenkende Gott der Offenbarung mit dem zeitlos vollkommenen, geschlossenen Absolutum zusammenzudenken sei und ob er dies überhaupt sei –, sondern die Frage, wie jene Quellen, die das Theomorphieprinzip lehren, den konkreten Inhalt jenes Absoluten, Allmächtigen bestimmen, nach dessen Bild und Gleichnis der Mensch geschaffen ist.[26] Scheler geht diesen Weg, indem er den (griechischen) Gottesbegriff des Absoluten mit der in Christus manifest gewordenen ,,Wesensdefinition" Gottes als Liebe auffüllt. Darüber braucht im einzelnen nichts mehr gesagt zu werden.[27] Damit ist die Antinomie von Absolutheit und Endlichkeit zwar nicht erklärt, sondern nur in Gott selbst hinein als ihren geheimnisvollen Grund verwiesen; wohl aber ist gezeigt, daß die christliche Offenbarung ein Zusammengehen von Absolutem und Endlichem in gegenseitiger Unangetastetheit als möglich, ja als das eigentliche Verhältnis von Gott und Mensch kennt und damit der Philosophie neue Aufgaben stellt. Auf diesem, rein theologischen Hintergrund – und nur dort – erhält das Theomorphieprinzip seinen legitimen, Gott und Mensch bei innigster Nähe doch nicht vermischenden Sinn. Doch sprengt diese Perspektive eindeutig die Grenzen jeder philosophischen Anthropologie. Ein Philosophieren allerdings, das sich grenzenlos

---

[26] Vgl. dazu K. Rahner, Gotteslehre; in: Lexikon f. Theologie u. Kirche IV, ²1960, 1123f.

[27] Wohl aber sei noch auf eine Stelle verwiesen, wo bei Scheler der Unterschied zwischen spekulativ-philosophischem Gottesbegriff und dem geoffenbarten Wesen Gottes mit einiger Deutlichkeit hervortritt:

,,Dieses Sein [des Absoluten] selbst ist Augustin bis in seinen Kern *schöpferische Liebe* und gleichzeitig allbarmherziger Drang der *Selbstmitteilung*, der Selbsterschließung. Ist aber solches das *Wesen* des absoluten Seins – sind es also nicht bloß nachträgliche, durch Spekulation gefundene Bestimmungen seiner –, so kann es dem Menschen gar nicht anders zur Gegebenheit kommen als so, daß er seiner Seele Quell *unmittelbar* in diesen Urquell alles bloß statischen Seins hineingestellt und von ihm gespeist erlebt; daß er also die Liebesbewegung, die ja eben Gott ist, *nach*vollzieht, *mit*vollzieht." (,,Über östliches u. westliches Christentum": GW VI, 110.)

dünkt, nur weil es systemgeschlossen auftritt, wird freilich jede Selbstbescheidung menschlichen Denkens verdächtigen und ablehnen müssen.

4. Theologische Kritik des Theomorphieprinzips

Die letzten Ausführungen könnten den Eindruck erwecken, als liege Schelers Fehler allein in der unberechtigten philosophischen (phänomenologischen) Verwendung eines theologischen Prinzips. So ist es aber nicht. Auch die theologische Kritik, die hier nicht übergangen werden soll, hat gegenüber Schelers Verwendung der Gottebenbildlichkeitslehre ernste Bedenken anzumelden. Sie richten sich – bezeichnend genug – gegen dieselben Fehler, welche die philosophische Diskussion anzuzeigen hatte: gegen Schelers übertriebene Verlegung des Theomorphieprinzips in den Raum konkreter Erfahrbarkeit und gegen die Vernachlässigung des Eigenstands von Welt und Mensch.

Zunächst ist vom theologischen Inhalt der Gottebenbildlichkeit des Menschen her zu sagen, daß diese Offenbarungskategorie in dieser Weltzeit niemals eindeutig, restlos und zwingend am konkreten Menschen zur Erfahrbarkeit gelangt. Mag die Gottebenbildlichkeit bloß die „natürliche", „übernatürlich erhöhte" Geistigkeit des Menschen meinen oder das „übernatürliche Existential" im Sinne eines der Begnadigung des Einzelnen vorgegebenen gnadenhaften „Milieus"[28] einschließen oder die tatsächliche Begnadung der Ersten „Adam" und „Eva" und damit der „Vielen" in Christus ausdrücken[29] – immer ist dieser dynamische, „auf den reifen Mann, zum Vollalter der Christusfülle" (Eph 4, 13) hindrängende Zustand schon für den gottunmittelbaren Menschen (wie hätte er sonst zu sündigen vermocht?) und erst recht für den infralapsarischen Menschen verhüllt, nie eindeutig aufweisbar in den Kategorien innerweltlicher Er-

---

[28] Vgl. K. Rahner, „Existential, übernatürliches"; in: *Lexikon f. Theologie u. Kirche*, Bd. III, ²1959, 1301.

[29] Zur Verkürzung der Gottebenbildlichkeitslehre durch die Scholastik gegenüber vor allem der griechischen Patristik vgl. F. Lakner, „Gottebenbildlichkeit, dogmatisch"; in: *Lexikon f. Theologie u. Kirche*, Bd. IV; ²1960, 1090–1092.

Zum vollen Inhalt der Gottebenbildlichkeit vgl. ferner W. Seibel, „Die Gottebenbildlichkeit d. Menschen"; in: *Mysterium Salutis. Grundriß heilsgeschichtlicher Dogmatik*, hrsg. v. J. Feiner u. M. Löhrer; Bd. II: *Die Heilsgeschichte vor Christus*; Einsiedeln-Zürich-Köln 1967, 806–817, bes. 814–817.

fahrbarkeit. „Die Gottebenbildlichkeit ist keine Qualität des menschlichen Wesens oder eine Fähigkeit der menschlichen Natur an sich, die abgesehen von der Art des Gottesverhältnisses in ihren rein formalen Strukturen beschrieben werden kann..."[30] Dagegen verstößt Schelers durch H. U. v. BALTHASAR freigelegtes „tragisches Mißverständnis der zentralen christlichen Wahrheit", das als Ganzes und in seinen Einzelzügen die richtig und im theologischen Vollsinn verstandene Lehre von der Gottebenbildlichkeit falsch als restlose und unverborgene Einkörperung in die erfahrbaren Wesenszüge von Welt und Mensch interpretiert und den tatsächlich beobachtbaren Abfall von diesem Ideal wieder als eindeutig kategorialen Niederschlag von Sündenfall und Erbschuld auffaßt. Dieses Mißverständnis, wonach das Göttliche und Christliche als „Vergeistigung" und „Vergöttlichung" in die Welt „einzuprägen" ist, um so „HERRSCHAFT und MACHT" als „Christi HERRSCHAFT AUF ERDEN" und „FÜHRENDE geistige Lebensmacht" zu gewinnen,[31] „hob an in einer chiliastischen Verankerung von Christentum und Kirche in der Welt, einer Verwechslung von christlicher Haltung mit religiösem Edelmenschentum und Heroismus. Es erhob dann folgerichtig die Personsphäre des Menschen als solche in den Himmel, verwechselte Geist und Gnade und verlor so... die Distanz zur Majestät Gottes. Es mußte aber endlich in dieser Vermengung von Gott und Mensch die zurückgelassene Welt als böse und tragisch verketzern, und doch zugleich, weil in jener Vermengung der Mensch zu einem Absoluten erhoben worden war, das Tragische vergöttlichen und verabsolutieren."[32] Nun soll keineswegs jede Erfahrbarkeit von Gnade (und Sünde) überhaupt geleugnet werden. Die theologische Kritik an Schelers Erfahrungsreligiosität muß aber festhalten: Bei dieser „Erfahrung der Gnade" handelt es sich nie (kann es sich nicht handeln, solange der Mensch glaubend und hoffend unterwegs ist) um eine unmittelbare und eindeutige Annäherung an das Göttliche, sondern stets um die mittelbare Erfahrung am Medium der durch die Menschwerdung des Wortes

---

[30] R. Prenter, „Anthropologie, dogmatisch"; in: *Die Religion in Geschichte u. Gegenwart. Handwörterbuch f. Theologie u. Religionswissenschaft*, hrsg. v. K. Galling, Bd. I; Tübingen ³1957, 421.
[31] Vgl. „Über östliches u. westliches Christentum": GW VI, 102 mit Anm. 1, 109, 113 und: „Probleme d. Religion": GW V, 118.
[32] H. U. v. Balthasar, *Apokalypse d. deutschen Seele*, Bd. III, 172.

geprägten Welt und des Menschen in ihr. Gerade die inkarnatorische Basis dieser Erfahrung erinnert daran, daß selbst Christus bei aller Vergegenwärtigung des Vaters (vgl. Jo 14, 7–9) doch ,,Bild" ist im doppelten Sinn von Darstellung und Verhüllung dessen, der selbst unsichtbar bleibt: εἰκὼν τοῦ θεοῦ τοῦ ἀοράτου (Kol 1, 15). Dazu kommt noch ein Zweites und Entscheidendes: Jene Erfahrung der Gnade in menschlicher Geduld, Treue, Liebe, an den sich selbst transzendierenden Akten des Geistes u.s.w. ist als solche nur möglich auf dem Boden des selbst nicht mehr aufweisbaren oder erfahrbaren Glaubens an die Menschwerdung Christi. Ohne diesen streng theologischen Grund sind alle genannten Vollzüge auch anders zu deuten und für eine philosophische Anthropologie, die damit die Gottebenbildlichkeit des Menschen philosophisch aufzuweisen vermeint, methodisch zwingend nicht zu verwenden.[33]

Die erwähnte christliche Zentralaussage von der Menschwerdung des Logos führt zur theologisch richtigen Interpretation des Theomorphieprinzips im Sinne einer bleibenden Annahme von Welt und Mensch ALS SOLCHER durch Gott in der Person Jesu Christi.[34] Es muß betont werden, daß damit nichts Neues gesagt ist, sondern ernst genommen wird, was bereits Schrift und alte Kirche urgieren mußten gegen christologische Fehlinterpretationen, die bezeichnenderweise immer im Grunde auf eine Entweltlichung und Entmenschlichung der Christustatsache hinausliefen. In diesem Sinn besagt Inkarnation, wenn sie wirklich als σάρκωσις, Ein-fleischung (nicht Entfleischung!) aufgefaßt wird, Annahme, Hineinnahme von Welt und Mensch, wie sie in sich

---

[33] In diesem Sinn meinen wir K. Rahner recht zu verstehen, wenn er von der richtig aufgefaßten ,,Erfahrung der Gnade" schreibt: ,,Und nun: wenn wir diese Erfahrung des Geistes machen, dann haben wir (wir als Christen mindestens, die im Glauben leben) auch schon *faktisch* die Erfahrung des *Übernatürlichen* gemacht. Sehr anonym und unausdrücklich vielleicht. Wahrscheinlich sogar so, daß wir uns dabei nicht umwenden können, nicht umwenden dürfen, um das Übernatürliche selber direkt anzublicken." (,,Über die Erfahrung d. Gnade"; in: *Schriften z. Theologie*, Bd. III; Einsiedeln-Zürich-Köln 1956, 108; vgl. ders., ,,Gnadenerfahrung"; in: *Lexikon f. Theologie u. Kirche*, Bd. IV, ²1960, 1001f.)
Beides, Mittelbarkeit und Glaubensbasis der Gnadenerfahrung, gilt grundsätzlich auch für den Mystiker; vgl. dazu: K. Rahner, ,,Mystik, theologisch"; in: *Lexikon f. Theologie u. Kirche*, Bd. VII, ²1962, 743, 744.

[34] Vgl. zu den folgenden Ausführungen: K. Rahner – J. B. Metz, ,,Grundstrukturen im heutigen Verhältnis der Kirche zur Welt"; in: F. X. Arnold – K. Rahner – V. Schurr – L. M. Weber (Hrsgb.), *Handbuch d. Pastoraltheologie*, Bd. II/2; Freiburg-Basel-Wien 1966, 203–267, bes. § 3: J. B. Metz, *Versuch einer positiven Deutung d. bleibenden Weltlichkeit d. Welt*, a.a.O. 239–267.

sind als eigenständige und von Gott unterschiedene Wirklichkeiten, in den Lebensraum Gottes. Wirkliches Kommen des Logos ins „Fleisch" wäre gar nicht liebende Annahme, Abstieg, κένωσις (vgl. Phil 2, 5-8), wenn dieses „Fleisch" aufhörte, Fleisch zu sein oder gar im Grunde immer schon nichts anderes wäre als ein geheimer, schlecht und recht getarnter Ableger Gottes in einer nur scheinbar und wie zu listigem Fange-Spiel von Gott abgesetzten Wirklichkeit. So bestätigt gerade Inkarnation als letzte Erfüllung und eigentliches Ziel aller Theomorphie von Welt und Mensch deren eigensten und unveräußerlichen Selbststand. „Denn was Gott annimmt, vergewaltigt er nicht. Er saugt es nicht in sich hinein, er vergöttlicht es nicht in einem schlechten Theopanismus. Gott ist nicht wie die Götter, er ist kein Usurpator, kein Moloch. Gott hebt – dies ist gerade seine Göttlichkeit – das andere von sich in seiner Differenz zu ihm nicht auf, er nimmt das andere gerade ALS DAS ANDERE VON SICH an. Er kann und will es gerade in dem annehmen, wodurch es von ihm verschieden ist, in seiner Nicht-Göttlichkeit, in seiner Menschlichkeit und Weltlichkeit als solchen, und nur weil er dies vermag, hat es ihn überhaupt gefreut, eine Welt zu ‚erschaffen' und sie schließlich ganz ‚anzunehmen' in seinem ewigen Wort."[35] So gesehen kehrt sich aber, gerade im Lichte des inkarnatorisch verstandenen Theomorphieprinzips, die von Scheler gezeichnete Richtung um: Der Mensch ist nicht jener unselbständige „Übergang", der nur zu erhellen ist, wenn man vorher schon weiß, was Gott ist, sondern Gott ist erst ganz begriffen, wenn man ihn vom eigenständigen und doch bedürftigen, weil endlichen Menschen her als den sieht, der er sein will: der Vater, der in seinem Sohn Welt und Menschen bis hinein in ihre Sündhaftigkeit (vgl. Röm 5, 20; Röm 8, 3, 2 Kor 5, 21) annimmt. Dies ist der einzige legitime, weil theologische Inhalt des Theomorphieprinzips: Welt und Mensch haben gerade in der Annahme durch Gott ihren Eigenstand; Begnadung, „Übernatur" sind nicht mühsam errichtete und sachfremd aufgenötigte Superstrukturen, sondern frei geschenkte (und frei anzunehmende) Erfüllung dessen, was das Herz der Welt und des Menschen immer schon ausmacht.[36]

---

[35] J. B. Metz, in: *Handbuch d. Pastoraltheologie*, Bd. II/2, 249.
[36] Dies für die einzelnen Tiefendimensionen menschlicher Wirklichkeit aufzuzeigen,

Kommt es auf diesem Hintergrund zu einer vielfach geforderten „Theologie der irdischen Wirklichkeiten" [37] (die ohne Philosophie nicht auskommen wird), so ist erst recht nach der nunmehr auch theologisch gesicherten Freigabe von Welt und Mensch in ihren eigenen Seinsbereich eine Philosophie dieser Wirklichkeiten, vorab eine philosophische Anthropologie mit einer sich am zur Frage stehenden Phänomen selbst orientierenden Methode unerläßlich. Muß schon „innerhalb der Theologie selbst philosophiert werden", weil „der Mensch die Botschaft des Glaubens radikal mit seinem Daseins- und Weltverständnis konfrontiert",[38] dann ist erst recht echtes Philosophieren legitim innerhalb dieses weltlichen Selbstverständnisses des Menschen, darin er sich nicht einfach als bloßen Nach- und Mitvollzieher von im voraus schon (woher?) bekannten göttlichen Akten erfährt. Nur in der angegebenen Fragerichtung läßt sich auch eine „christliche Anthropologie" aufbauen, deren Zusatz „christlich", problematisch geworden, zu klären ist. Sie ist nur dann wahrhaft philosophisch, wenn „sie alle ihre Aussagen einzig der Selbsterfahrung des Menschen in seinem Bezug zum Sein, und zwar auf dem Wege des Wissens entnimmt." Sie ist christlich, aber nur „tatsächlich (nicht wesentlich), insofern alles Menschliche nur als Aufbau-

---

ist Aufgabe einer inkarnatorisch orientierten Theologie, die mehr und mehr in Angriff genommen wird.

Um ein Beispiel zu nennen: Ehe ist nicht gut und heilig, erst weil sie Sakrament ist; vielmehr wird sie wegen ihrer innersten Natur als bleibend treues Liebesgeschehen förmlich „Anlaß" zur Sakramentalität; vgl. dazu: K. Rahner, „Die Ehe als Sakrament"; in: *Schriften z. Theologie*, Bd. VIII; Einsiedeln-Zürich-Köln 1967, 533.

[37] Eine solche Theologie der irdischen Wirklichkeiten ist heute im Vollzug noch keineswegs (oder nicht mehr?) gegeben. Wie anders mutet dagegen – bei aller Problematik – das selbstverständliche und deshalb vielfach gar nicht eigens theoretisch betonte und thesenhaft geforderte Welt-, Wissenschafts- und Kulturengagement des Renaissancechristen (Laien wie Klerikers) an. Wenn dagegen immer noch gelegentlich die heutige Konzentration auf das „Eigentliche" der „Seelsorge" ausgespielt wird, dann sollte schon die platonisierend verkürzende Rede von der „Seel"-Sorge zu denken geben!

[38] K. Rahner, „Philosophie u. Philosophieren in der Theologie"; in: *Schriften z. Theologie*, Bd. VIII, 72.

Und K. Barth, dem man eine Überbewertung der philosophischen Vernunft nicht wird vorwerfen können, hält eine eigenständige (vor allem „theistische" – was nicht heißen muß: eine Gott methodisch an den Anfang stellende) philosophische Anthropologie für „möglich, grundsätzlich berechtigt und grundsätzlich notwendig. Gottes Wort und Offenbarung ist nicht die Quelle, aus der diese Wissenschaft ... ihre Kunde vom Menschen schöpft. Sie ist in allen ihren Gehalten die allgemeine Wissenschaft des sich selbst über sich selbst belehrenden Menschen ... Die theologische Anthropologie ist offen gegenüber jeder solchen allgemeinen Wissenschaft vom Menschen." (*Die kirchliche Dogmatik*, Bd. III/2: *Die Lehre von der Schöpfung*: Zürich 1948, 241.)

faktor des Christlichen vorkommt . . ." Sie hat sich als philosophische Anthropologie sehr ausdrücklich und bewußt vor der Gefahr zu hüten, ,,daß der Philosophierende Wahrheiten aus dem Wort Gottes oder aus der theologischen Anthropologie ÜBERNIMMT, OHNE SIE gründlich und kritisch aus den Quellen und auf dem Wege der Philosophie zu ENTWICKELN. Dieser Gefahr ist die christliche Anthropologie in größerem oder geringerem Ausmaß immer wieder erlegen, obwohl sie sich stets um deren Überwinden bemüht hat."[39]

5. Apriori und Aposteriori – ,,Idee" und erfahrbare Wirklichkeit des Menschen

Für Scheler war die alle anthropologische Philosophie erhellende und leitende ,,Idee des Menschen" in dessen Gottebenbildlichkeit gelegen. Über dieser philosophisch nicht zulässigen Inhaltlichkeit darf jedoch das methodologisch bedeutsame Anliegen einer ,,Idee" vom Menschen nicht übersehen werden. Die Notwendigkeit einer solchen ,,Idee" erhellt aus der Tatsache, daß ohne sie, wie immer sie auch inhaltlich ausfallen mag, wissenschaftliche Erhellung von Wesen und Wirklichkeit des Menschen, gerade auch in der anthropologischen Empirie, nicht möglich wäre. Was also, wenn es geleugnet würde, die Möglichkeit einer Wissenschaft vom Menschen überhaupt zerstörte, kann nicht als willkürliche Forderung oder Vergewaltigung der Wirklichkeit von einer angeblich ,,voraussetzungslosen" Wissenschaft abgetan werden. Bevor solche Wissenschaft an ihr Werk gehen kann, muß einmal feststehen, daß der Mensch überhaupt das der Wahrheit fähige Wesen ist.[40] Darüber hinaus aber geschieht die jeweilige einzelwissenschaftliche Zuwendung zum Menschen auch unter vorgegebenen Gesichtspunkten, die von der betreffenden Wissenschaft nicht zwingend begründet werden können. Bei allen ,,Erfahrungswissenschaften vom Menschen ... wird bereits VOR dem Sammeln und Sichten von Tatsachen eine Entscheidung gefällt. Es wird nämlich jeweils auf Grund methodi-

---

[39] J. B. Lotz, ,,Christliche Anthropologie"; in: H. Rombach (Hrsgb.), *Die Frage nach dem Menschen* 73; 76.
[40] Vgl. Th. Litt, ,,Empirische Wissenschaft u. Philosophie"; in: K. Ziegler (Hrsgb.), *Wesen u. Wirklichkeit d. Menschen. Festschrift f. Helmuth Plessner*; Göttingen 1957, 22f.

scher Ideen entschieden, was als Tatsache zu gelten hat und was nicht." [41] Diese methodischen Ideen und ihre Rangordnung sind aber nur zu gewinnen auf dem Hintergrund einer philosophischen „Idee" vom Menschen. Sollte der Empiriker dies leugnen, würde er bald „zu seinem Schrecken gewahr, daß er sich für eine bestimmte metaphysische Sicht entschieden hat, natürlich nicht ausdrücklich und mit eindeutigen Worten, wohl aber durch die Art, wie er den Menschen und die menschliche Umwelt beschrieben hat." [42]

Ist somit die Frage nach der Notwendigkeit und Legitimität einer apriorischen Idee vom Menschen wenigstens grundsätzlich positiv beantwortet, so stellt sich sofort das Problem der Beziehung dieser Idee zum Fortgang und zu den Ergebnissen der anthropologischen Spezialforschung. Hier kann dieser schwierige Knoten nicht gelöst werden – die Meinungen reichen heute von HÄBERLINS Ausruf „Es gibt keine andre als rein aprioristische Anthropologie" bis VAN MELSENS Vermutung, „daß die implizite Art des Philosophierens, die in der naturwissenschaftlichen Praxis enthalten ist, einer der wichtigsten Wege, wenn nicht der einzige Weg ist, der philosophischen Fortschritt möglich macht." [43] Eines aber darf, nunmehr in Anlehnung an bereits referierte methodologische Hinweise des späten Scheler,[44] gesagt werden: Wenn die leitende Idee vom Menschen in ihrer notwendigen Allgemeinheit nicht ständig mit dem konfrontiert wird, was die Erfahrungswissenschaften an konkreten Einzelzügen am Menschen erhebt, dann läuft sie Gefahr, früher oder später eben den Menschen, um den es philosophischer wie empirischer Anthropologie gleichermaßen geht, nicht mehr einzuholen. In diesem Sinn einer wechselweisen Verwiesenheit von Wesenswissenschaft und Wirklichkeitsbetrachtung unterscheidet Scheler bei der Erwähnung der „Grundrichtungen und -gesetze" der menschlichen „Entwicklung" deren „essentielle Möglichkeiten" von

---

[41] S. Strasser, „Geisteswissenschaften oder Erfahrungswissenschaften vom Menschen?"; in: ders., *Bouwstenen voor een filosofische anthropologie;* Hilversum-Antwerpen 1965, 236.
[42] S. Strasser, *Phänomenologie u. Erfahrungswissenschaft vom Menschen. Grundgedanken zu einem neuen Ideal der Wissenschaftlichkeit;* Berlin 1964, 215.
[43] P. Häberlin, „Anthropologie u. Ontologie"; in: *Zeitschrift f. phil. Forschung* 4 (1950), 10. A. G. M. Van Melsen, *Evolution u. Philosophie;* Köln 1966, 227.
[44] Vgl. oben 135 – 137.

ihren ,,Wirklichkeiten".⁴⁵ Der Grund für die notwendige Ergänzung der philosophischen Anthropologie durch die Disziplinen der empirischen Menschenkunde liegt darin, daß der Mensch, anders als der Gegenstand der Metaphysik, das Sein an sich, als ganzer, auch in den Dimensionen und Verhaltensweisen seines Raum und Zeit transzendierenden geistigen Seins, ein innerhalb der empirischen Methoden zugänglichen Welthaftigkeit auftretendes Phänomen ist. ,,Der Mensch ist sowohl ein Seiendes in dieser Welt und insofern Gegenstand EMPIRISCH-WISSENSCHAFTLICHER Erfassung wie anderseits ein Wesen, das alles bloß Seiende transzendiert, indem er in wohlbestimmtem Sinne Ursprung und Zusammenhang der Gliederung und Erscheinung des Seienden ist; und eben hiermit ist er Gegenstand PHILOSOPHISCHER Reflexion."⁴⁶ Philosophische Reflexion und empirische Aussagen betreffen also jeweils den ganzen Menschen, wenn auch nicht unter demselben, gleich umfassenden Gesichtspunkt.⁴⁷ Aus dieser Bestimmung ergibt sich aber eine wichtige Forderung, welche jede philosophische Grundidee vom Menschen schon im Ansatz beachten muß: formale Weite und Plastizität in dem Sinn, ,,daß die aufgewiesene Struktur imstande sein muß, jede nur auffindbare oder aus empirischen Tatbeständen erschließbare historisch-faktische Menschlichkeit und ihre Phänomene in sich aufzunehmen und verständlich werden zu lassen. Sie muß gleichsam die Umrißzeichnung sein, in die sich vielfältig neu und anders immer mehr und reichere oder ärmere Farben einmalen lassen."⁴⁸

Eine Form der anthropologischen Wesensaussage, bei der die Erfahrungswissenschaften vom Menschen unersetzliche Dienste

---

⁴⁵ ,,Mensch u. Geschichte": *Phil. Weltanschauung* 62.
⁴⁶ W. Keller, ,,Über philosophische Anthropologie"; in: *Studia philosophica* XX (1960), 38.
⁴⁷ Man wird daher mit E. Ströker zwar sagen, philosophische Anthropologie sei ,,im eigenen *Ansatz* gänzlich neutral gegen jede spezialwissenschaftliche Fixierung des Menschen", nicht aber zugestehen, es sei nur ihre Aufgabe, ,,mit den ihr eigenen Möglichkeiten reflektierenden Denkens *wissenschaftliche Resultate zu interpretieren* und die den mannigfaltigen Forschungsaspekten zugrunde liegende Einheit zu suchen . . ." (,,Zur gegenwärtigen Situation d. Anthropologie"; in: *Kant-Studien* 51 [1959/60], 462.) Die bloße Zusammenschau einzelwissenschaftlicher Daten als Aufgabe einer philosophischen Anthropologie berücksichtigt ausreichend weder die Legitimität einer genuin philosophischen Idee vom Menschen noch die geforderte Offenheit, diese Idee nötigenfalls vom konkreten Phänomenbestand her zu modifizieren.
⁴⁸ M. Thiel, ,,Das Problem einer fundamentalen Anthropologie. Ein Anliegen unserer Zeit"; in: G. Funke (Hrsgb.), *Konkrete Vernunft. Festschrift f. Erich Rothacker*; Bonn 1958, 167.

leisten, sei abschließend hervorgehoben: die einschränkende Begrenzung menschlicher Wesensmerkmale auf Grund der tatsächlich beobachteten, höchst verschiedenen Intensität menschlicher Grundvollzüge und damit die Betonung der Endlichkeit und Defektibilität, aber auch Entwickelbarkeit menschlichen Seins. Nicht als ob dieser anthropologische Wesenszug der Philosophie notwendig verschlossen bliebe oder auch nur tatsächlich entgangen wäre. Wer aber (rein apriorische) Aussagen der Philosophie über ,,Geist" und ,,Freiheit" des Menschen mit dem vergleicht, was ihm als hellem Beobachter etwa an Unfähigkeit vieler zu einfachen Wesensaussagen, an sprachlicher Verkommenheit der Alltagsrede oder an unverhüllter Gier und längst nicht reflex eingeholter Triebhaftigkeit begegnet, der wird nur zu leicht entweder resignieren oder die Aussagen der Philosophie der Lächerlichkeit anheimfallen lassen. Hier kann eine Besinnung auf die Ergebnisse vor allem der Psychologie eine nüchterne Mitte weisen. Sie wird zunächst einer falschen Idealisierung des Menschen, wie er lebt, wehren. Denn die von der Philosophie erhobenen und betonten Grundzüge des menschlichen Wesens wie Geistigkeit, Freiheit, Liebes- und Erlebensfähigkeit, Weltoffenheit u.a. sind Anlagen, Potenzen, die keineswegs immer und überall zu höchster Intensivierung oder auch nur bei vielen Menschen zu annähernd gleichem Aktualitätsgrad gelangen, so daß eine geistige Gemeinschaft im Sinne eines echten ,,Gedankenaustauschs" leicht und spontan möglich wäre. Anderseits bewahrt die Verbindung mit der anthropologischen Empirie im weitesten Sinn und damit mit dem wirklichen Leben des Menschen den Philosophen auch vor Enttäuschung und Umschlagen in ein, ebenso ,,ganzheitlich" vorgetragenes, materialistisch-deterministisches Extrem. Denn weil die genannten geistigen Grundzüge des Menschen dynamische Keimanlagen sind, können sie nicht nur verkümmern, sondern auch entfaltet und geformt werden, wenn auch vielfach mit ungleich mehr Mühe und Ausdauer, als zu ihrer Unterdrückung erforderlich sind. Die Konfrontation mit den Daten der empirischen Menschenkunde lehrt jedenfalls den philosophischen Anthropologen, ,,daß Wesensmerkmale der menschlichen Natur, welche der philosophischen Existenzerhellung evident werden, bei einer Betrachtung konkreter menschlicher Lebenseinheiten merkwürdig verblassen können. Dennoch wäre es verfehlt, von diesem Eindruck aus entweder über den Fall unbillig, d.h. abwertend zu urteilen oder aber die Aussagen der philosophischen Selbstbesinnung in Zweifel zu ziehen. Es scheint vielmehr, als würden jene Wesensmerkmale in der Beleuchtung durch ‚durchschnittliche' Charaktere zu Möglichkeiten menschlicher Existenz, zu Leitbildern oder besonders hohen Prägnanzstufen, welche die Wirklichkeit menschlicher Daseinsweisen jeweils nur in Annäherung erreicht."[49] Die empirische Menschenkunde in ihrer pädagogischen Praxis wird ein Höchstmaß dieser Annäherung nur erreichen, wenn ihr die Intensität des philosophischen Ideals, der „Idee" vom Menschen, vorschwebt: keine Annäherung, auch keine asymptotische, ohne den Fixpunkt, das Ziel, dem man näherkommen will. Die philosophische Anthropologie aber wird durch den konkreten Vollzug der menschlichen Grunddimensionen eine vertiefte Einsicht in die Endlichkeit aller menschlichen Wesensform gewinnen. Sie wird von dieser Endlichkeit aus auch ein besseres Verständnis möglicher Unendlichkeit erreichen und nicht meinen, der Mensch könne sich nur deshalb in einem echten Sinn in „Drang" und „Geist" divergierend erfahren, weil er nichts anderes sei als ein Abbild seines angeblich notwendig metaphysisch in Drang und Geist gespaltenen göttlichen Grundes.

§ 2. DIE PERSON „IN ETHISCHEN ZUSAMMENHÄNGEN"

Auf Bedeutung und zentrale Stellung des Personalismus in der philosophischen Anthropologie Max Schelers wurde im II. Kapitel bereits hingewiesen. Jetzt gilt es zu zeigen, daß Schelers Personlehre mit der schon dargestellten Konzeption der Person noch nicht ausgeschöpft ist. Der Umstand, daß Scheler neben dem „theoretischen Sinn des Personbegriffes" noch die „Person als Träger ethischer Werte"[50] kennt und untersucht, ist gerade vom Standpunkt einer am menschlichen Verhalten orientierten

---

[49] H. Thomae, „Grenzprobleme zwischen philosophischer u. psychologischer Anthropologie"; in: *Studium Generale* 9 (1956), 441. – Ähnlich verweist S. Strasser auf den legitim einschränkenden Sinn der anthropologischen Einzelwissenschaften bei der Bestimmung der menschlichen Freiheit: *Phänomenologie u. Erfahrungswissenschaft vom Menschen* 255–259.
[50] *Der Formalismus ...*: GW II, 469.

Anthropologie wichtig.⁵¹ Dabei ist zu bemerken, daß es sich keineswegs um denselben Ansatz handelt, weder in dem Sinn, als ob Schelers Personlehre ausschließlich theonom deduziert wäre, noch so verstanden, als wäre die theonome Personbestimmung nur die Krönung eines durchgehend am sittlichen Verhalten ausgerichteten Personalismus.⁵² Scheler betont, wenngleich er die beiden Ansätze in ihrer Durchführung nicht sauber trennt noch trennen will,⁵³ doch zu Beginn seiner ethisch orientierten Personlehre deren relative Unabhängigkeit vom theoretischen Person-

---

⁵¹ Bekanntlich hat N. Hartmann seine Personlehre auf diesem ethischen Ansatz aufgebaut, wie schon seine Umschreibungen der Person zeigen: ,,Person ist das Subjekt insofern, als es mit seinen transzendenten Akten, d.h. in seinem Verhalten, Träger sittlicher Werte und Unwerte ist." *(Ethik 227.)* ,,Unter Personen verstehen wir die menschlichen Individuen, sofern sie als handelnde, redende, wollende und strebende, als Vertreter ihrer Meinungen, Einsichten, Vorurteile, als Wesen mit Ansprüchen und Rechten, Gesinnungen und Wertungen irgendwie Stellung nehmen." *(Das Problem d. geistigen Seins. Untersuchungen zur Grundlegung d. Geschichtsphilosophie und der Geisteswissenschaften;* Berlin ³1962, 125.) Nach Hartmann ist es die Ethik, ,,die es fast auf der ganzen Linie ihrer Probleme mit der Person als solcher zu tun hat. Der philosophischen Arbeit auf ihrem Gebiete verdanken wir das meiste, was wir über Personalität wissen." *(Das Problem d. geistigen Seins* 133.)

⁵² Letzteres scheint N. Hartmann zu übersehen, wenn er im Zusammenhang mit seiner Kritik an Schelers Lehre von der Gesamtperson von einer ,,Einbeziehung Gottes" (statt von einem Ausgehen von Gott) spricht und anfügt, man habe ,,gar keinen Grund, von den ethischen Problemen zu erwarten, daß sie irgendwelche theologischen Nebenresultate ergeben." Genau umgekehrt – und richtig – umschreibt Hartmanns unmittelbar folgende Bemerkung den Sachverhalt: ,,Der Schelersche Personalismus begeht, bei aller Ablehnung Kants im allgemeinen und der Postulatenlehre im besonderen, eine ganz analoge Grenzüberschreitung" wie ,,Kants Verfahren, die theologischen Grundbegriffe moralisch zu basieren..." (Vgl. *Ethik* 248.)

Daß mit dieser Kritik an Scheler weder die von Hartmann a.a.O. gelehrte Unpersönlichkeit Gottes – bereits Scheler hielt bekanntlich die Personalität Gottes für philosophisch unerweisbar – noch seine postulatorisch atheistische Ethik überhaupt übernommen werden muß, braucht nicht eigens betont zu werden. Nur Schelers ursprüngliches Ansetzen bei der Personalität Gottes soll – um es nochmals zu sagen – als für eine philosophische Anthropologie unzulänglich dargetan werden. Auch ein Denken, wonach der ,,Mensch, auch schon philosophisch, im *letzten* durch seine Herkunft von Gott, durch seine Gegenwart vor ihm und seine Beziehung zu ihm seinshaft Person" ist, muß fortfahren: ,,So wahr diese Aussage ist, das menschliche Personsein kann in philosophischer Begründung nicht in einer vorschnellen Gottunmittelbarkeit angesetzt werden... Die personale Beziehung zu Gott ist ontologisch vermittelt, sie kann sich den Durchgang durch das Sein nicht ersparen. Die Seinsoffenheit des Menschen, der er verdankt, daß er ,Welt' hat und nicht nur ,Umwelt' wie das Tier, ist die Wurzel seiner Personalität. Daraus entspringen das *Selbst* in seiner personalen Grundprägung, die *Allbezüglichkeit* (Kommunikationsfähigkeit) der Person, ihre *Endlichkeit* und ihr *ungegenständlicher Charakter*." (A. Guggenberger, Person; in: H. Fries, Hrsgb., *Handbuch theologischer Grundbegriffe*, Bd. II; München 1963, 299.)

⁵³ ,,Nach diesen den theoretischen Sinn des Personbegriffs und seine Stellung betreffenden Untersuchungen, ohne die auch das Folgende ohne Halt geblieben wäre, wenden wir uns nunmehr der Frage zu, ... was in ethischen Zusammenhängen das Wort Person überhaupt bedeutet." *(Der Formalismus...:* GW II, 469.)

begriff: „Suchen wir uns zunächst ohne Voraussetzung der eben gegebenen phänomenologischen Lehre vom Geiste zu vergegenwärtigen, was in der Bedeutungsintention des Wortes PERSON liegt."[54]

Die Tragweite des ethischen Ansatzes für eine personalistische Anthropologie, wie sie bei Scheler begonnen und von N. HARTMANN ausgearbeitet wurde, kann kaum überschätzt werden. Der methodische Vorteil dieses Vorgehens, das bei Scheler keineswegs durchgehalten oder mit der theonomen Personlehre auch nur in Einklang gebracht wird, liegt zunächst darin, daß der ethische Personalismus ursprünglich anthropologisch ansetzt, d.h. am Phänomen Mensch und seiner Sittlichkeit als einem Grundzug seines geistigen Lebens, wie es unter die philosophische Erfahrung fällt. Der Mensch als das sittliche Wesen, das positiv oder negativ, anerkennend oder verachtend sein Denken und Tun an einer Wertnorm mißt, unterscheidet sich durch diesen formalen Grundzug der Sittlichkeit in einer neuen, ursprünglichen und gerade auch nach Scheler nicht restlos auf das denkende Erkennen rückführbaren Weise vom Tier.[55] Der Mensch ist das Wesen des Maßhaltens oder Maßüberschreitens, das Tier hingegen das Wesen der Maß-losigkeit im ursprünglichen Wortsinn. Mag diese Norm in Gott, in der Idee, in der Gesellschaft, im Anderen oder nur im Einzelnen selbst angenommen werden – dem Erlebnis des nicht bloß Messens, sondern selbst Gemessen-Werdens kann der Mensch nicht entkommen. Auch die Frage, ob Sittlichkeit „angeboren" oder „anerzogen" sei, wird davor, als radikale Alternative genommen, bedeutungslos, da keine Erziehung Sittlichkeit ohne entsprechende vorausliegende Verhaltensstrukturen zu erzeugen imstande wäre.

Darüber hinaus scheint der ethische Ansatz wenigstens grundsätzlich geeignet, in den Auseinandersetzungen zwischen „relationistischem" Personalismus[56] und „absolutistischer" Person-

---

[54] *Der Formalismus* . . .: GW II, 469 (Sperrung von uns).

[55] Dies zumindest ist der positive und berechtigte Sinn des von Scheler urgierten emotionalen „Wertapriori", das in den eigenständigen Akten des „Vorziehens und Nachsetzens" bzw. „Liebens und Hassens" in „intuitiver Vorzugsevidenz" nach Art von Pascals ordre du cœur erfaßt wird; vgl. *Der Formalismus* . . .: GW II, 81–84; 87f.; 104–107; 159–261; 265–267 u.a.

[56] Dieser Position zufolge ist nach M. Theunissen „menschliche Personalität radikale Relationalität. Für sie gibt es nicht zunächst eine Person, die dann noch in Beziehungen einträte und als deren Träger immer schon vorausgesetzt werden müßte.

lehre[57] die rechte Mitte zu weisen. Denn das sittliche Handeln des

Vielmehr ist, so meint man, das Sein der Person ein Sein in und aus der Beziehung. Es ist Endlichkeit in der Gestalt totaler Angewiesenheit ... Die Person ist sowohl Partner eines Dialogs wie auch Glied einer Gesellschaft, und zwar so, daß sie sich erst in Glied- und Partnerschaft konstituiert." („Skeptische Betrachtungen über den anthropologischen Personbegriff"; in: H. Rombach, Hrsgb., *Die Frage nach dem Menschen* 463.)
  Diese Theorie findet sich mit „gewissen Einschränkungen" (Theunissen, a.a.O. 464) bereits bei Husserl. Zwar ist seine Ausgangsbasis „meine primordinale Welt als die zum Phänomen gewordene pure Dingwelt, ... in deren Mitte ich mich als primordinal personales, psychophysisches Ich ... konstituiert hatte." Aber über vier Schritte zum Anderen kommt es „im fünften und letzten Schritt" zur Übertragung der Gegenstandseinheit ‚Mensch' auf mich selbst, indem ich mir einfühlend vergegenwärtige, wie und als was mich der Andere vorstellt", so daß als Resultat dieses Prozesses gelten kann: „Durch den Anderen werde ich zum objektiven, realen Ich, als das ich mich in der natürlichen Einstellung vorfinde. Als objektives Ich bin ich Mensch und als Mensch bin ich einerseits Mensch unter nichtmenschlichen Weltobjekten, andererseits Mensch unter Menschen." (Vgl. M. Theunissen. *Der Andere. Studien zur Sozialontologie d. Gegenwart;* Berlin 1965, 78, 84.) Dazu Husserl selbst: „Zur Auffassung des Menschen (im geistigen Sinn) komme ich in Beziehung auf mich selbst durch Komprehension der Anderen, nämlich insofern ich sie nicht nur komprehendiere als Zentralglieder für die sonstige Umwelt, sondern auch für meinen Leib, der für sie umweltliches Objekt ist. ... Durch diese kompliziert gebaute Auffassungsart **ordne ich mich dem Menschheitsverbande ein** ... Nun erst bin ich eigentlich Ich gegenüber dem Anderen ..." *(Ideen zu einer reinen Phänomenologie u. phänomenologischen Philosophie.* II. Buch: *Phänomenologische Untersuchungen zur Konstitution* [Husserliana IV]; Den Haag 1952, 242.)
  Die späteren dialogisch orientierten Denker schreiten von einer einseitigen Konstitution des Ich durch den Anderen fort zu einer wechselseitigen und schließlich zu einer Konstitution von Ich und Du aus einer den Partnern vorausliegenden dualen Einheitssphäre:
  So schreibt N. Hartmann, ohne jedoch die Stellung des individuellen Einzelnen anzutasten (vgl. etwa seine Kategorie der personalen, sich in sich schließenden „Ganzheit", *Das Problem d. geistigen Seins* 128, 131f., 140, die echte Gegenüberstellung von Ich und Du, *Ethik* 233 u.a., oder seine Kritik an Schelers „Gesamtperson", *Ethik* 241–243): „Die Person wird, wenn man sie aus der Korrelation von Ich und Du – in der allein wir sie kennen – herauslöst, zu etwas Absolutem umgestempelt ..." *(Ethik* 234.) „Im Verhältnis der Personen erst ist das ‚Ich' das, was es eigentlich ist. Es ist die innere Form des Wissens der Person um sich – im Wissen um die anderen Personen." *(Das Problem d. geistigen Seins* 127.)
  Nach F. Ebner ist der (mögliche) Rückzug des Ichs auf sich selbst Schuld und Abfall; vgl. *Das Wort u. die geistigen Realitäten. Pneumatologische Fragmente;* Wien 1952, 127, 33 u.a.
  Auch bei M. Buber besteht noch die „Schwierigkeit ... der Vereinbarung" von „Zugang zur Begegnung von je meinem Ich her und ... der Herkunft je meines Ich und des Anderen aus der Begegnung", wobei jedoch „Buber in diesem Streit prinzipiell dem Zwischen beipflichtet." (Vgl. M. Theunissen, *Der Andere* 272.)
  Nachdem schon bei K. Löwith die Partner erst im „einheitlichen Einander" bzw. „**im Verhältnis selbst**" ihre eigene Selbständigkeit erhalten (vgl. *Das Individuum in der Rolle d. Mitmenschen;* München 1928, 55f., 62f.; 102, 71, 128), formuliert schließlich L. Binswanger bisher am radikalsten: „Erst aus der Wirheit ‚entspringt' hier die Selbstheit. *Wir* sind ‚früher' als Ich-selbst und Du-selbst." „Diese Wirheit ist ... eine ursprüngliche Seinsart des ‚Daseins', der gegenüber ... die Selbstheit, ja die Individualität überhaupt als etwas Sekundäres erscheinen." *(Grundformen u. Erkenntnis menschlichen Daseins;* München-Basel ³1962, 126, 150f.)

[57] Diese Form des Personalismus spaltet sich nach M. Theunissen in zwei Richtungen. „Das eine Lager sieht die Absolutheit der Person in der Losgelöstheit des

Menschen in seiner konkreten Phänomenalität erschließt den Zugang zum Individuum, zu seinen Beziehungen zur Dingwelt und personalen Mitwelt und auch seinen möglichen Vorgriff auf die Transzendenz. Sittliches Handeln ist nicht denkbar ohne den Raum der je persönlichen, durch keine Tat zu ersetzenden Gewissensentscheidung. Nicht von ungefähr schreibt Scheler seiner im Sinne der Mitverantwortung sittlich handelnden Gesamtperson übersinguläre Individualität zu und hält dagegen N. HARTMANN es für der Frage wert, ,,ob bei der Gesamtheit nicht vielmehr die eigentliche Initiative immer von Einzelpersonen ausgeht, das Erschauen der Gesamtziele vom Einzelnen geschieht, Versündigung und Schuld vorwiegend Einzelne trifft."[58] Sittliches Handeln ist ferner ebenso unmöglich ohne (wenigstens intentionalen) positiven oder negativen Bezug der Person auf die Sach- und Güterumwelt als Träger anzustrebender Werte. ,,Wo moralische Werte und Unwerte an realen Personen auftreten, da muß eine Welt realer Güter bereits vorhanden sein, auf die als Wertobjekte sich die Akte der Personen beziehen."[59] Und wenn es wahr ist, daß im Vollsinn nur Personen gut oder böse sein können,[60] dann sind sie es nicht nur in sich, sondern zugleich

Für-sich-Seins, das andere in der Autarkie des Durch-und-aus-sich-Seins." Für beide gilt, ,,daß man trotz Annahme der Absolutheit sehr wohl das personale In-Beziehung-Sein thematisieren kann, solange man der Relationalität keine konstitutive Bedeutung einräumt." (,,Skeptische Betrachtungen über den anthropologischen Personbegriff;" in: *Die Frage nach dem Menschen* 463.)

Für die erste Form des Personalismus des Für-sich-Seins stehe beispielhaft D. v. Hildebrand, der auf Grund scholastischer Ansätze Selbststand und Gemeinschaftsbezogenheit der Person zu verbinden sucht: ,,Die menschliche Person stellt unter allen in der Erfahrung uns gegebenen geschöpflichen Entitäten am meisten eine ‚Welt für sich' dar. Daß sie überhaupt den Charakter eines ‚für sich Seienden' besitzt, ist freilich schon mit ihrem Substanz-Sein gegeben; und noch mehr damit, daß sie eine *komplete* Substanz darstellt, die als solche in ihrem konstitutiven Sein nicht ergänzungsbedürftig ist." ,,Die Betrachtung des Wesens der menschlichen Person ... zeigt uns einerseits den Menschen in seinem einzigartigen ‚Substanzcharakter' ... – aber andrerseits auch in seiner eindeutigen Angelegtheit auf ‚moralische' Ergänzung durch andere, in seiner Bestimmung für Gemeinschaft mit anderen." *(Metaphysik d. Gemeinschaft. Untersuchungen über Wesen u. Wert d. Gemeinschaft;* Regensburg 1955, 17, 21.)

Anders als Theunissen unterscheidet B. Häring drei Formen des Personalismus, den ,,Ich-orientierten, humanistischen", den ,,sozialen" und den ,,radikalen Ich-Du-Wir-Personalismus". N. Hartmann rückt dabei (nicht ohne Berechtigung) unter den ich-orientierten, Scheler (zu Unrecht, da bei ihm Liebe primär Liebe zu Gott ist und er mehr als Hartmann von der Einzelperson ausgeht) unter den radikalen Ich-Du-Wir-Personalismus (vgl. *Personalismus in Philosophie u. Theologie;* München-Freiburg i.B. 1968, 11, 14, 20).

[58] *Ethik* 243.
[59] A.a.O. 252.
[60] Vgl. *Der Formalismus...*: GW II, 103f.; N. Hartmann, *Ethik* 251.

auch immer zu Nutzen oder Schaden anderer, ebenfalls sittlich empfindender und handelnder personaler Wesen; damit erfahren die im sittlichen Handeln verwirklichten Sachwerte durch ihre Werthaftigkeit ,,für" Personen eine echte Steigerung und Schelers Grundsatz vom Vorrang der Person- vor den Sachwerten eine phänomenale Deckung. Der ethische Ansatz führt schließlich zwanglos zur Gottesproblematik, soweit sie im anthropologischen Rahmen zu behandeln ist. Dies dürfte die Geschichte der modernen Ethik von KANTS praktisch postuliertem ,,Dasein Gottes als eines Grundes aller Verbindlichkeit überhaupt"[61] bis N. HARTMANNS Überzeugung, es führe ,,die Perspektive der Ethik über ihre eigenen Probleme hinaus – geradlinig auf die religiösen Probleme,"[62] klar gezeigt haben – was immer für materiale Ergebnisse man darin erzielt haben mag. Dabei auftretende Schwierigkeiten entschärfen keineswegs die Dringlichkeit der Problemstellung. Denn ,,Antinomien beweisen eben nichts gegen die reale Koexistenz des antinomisch Geschiedenen, auch wenn sie sich als echte Antinomien erweisen, d.h. unlösbar sein sollten. Sie beweisen nur die Unfähigkeit des Gedankens, die Koexistenz zu begreifen."[63] Der ethische Ansatz ist also geeignet, den die geistige Existenz der Person bestimmenden Raum von Individuum – Welt der Dinge und Mitmenschen – Gott in seinen anthropologischen Dimensionen, die nicht abschließen, sondern freigeben, zu erfassen, ohne dabei das Sein der Person vorgängig und außerphilosophisch von Gott her bestimmen zu müssen.[64]

[61] *Kritik d. praktischen Vernunft* A 226.
[62] N. Hartmann, *Ethik* 809.
[63] A.a.O. 810.
[64] Daß gerade der moderne dialogistische Personalismus wesentlich religiös-theologisch mitbestimmt ist, erklärt nicht zuletzt seine vielfältigen Auswirkungen auf die Theologie der beiden großen christlichen Konfessionen (vgl. dazu B. Langemeyer, *Der dialogische Personalismus in der evangelischen u. katholischen Theologie d. Gegenwart;* Paderborn 1963). – Für Ebner steht fest, ,,daß es nur ein einziges Ich gibt, und daß das Ich das ‚Einzige' ist – vor Gott . . . Es gibt aber auch nur ein einziges Du und das eben ist Gott." (*Das Wort u. die geistigen Realitäten* 36; wie so oft bei Ebner, steht auch dieses Zitat für viele gleichlautende.) Deshalb gilt von Ebner: ,,Fragen wir hier, wie bei Kierkegaard, nach dem Letztgültigen, so stehen wir wieder vor dem zwar weltschauenden, aber letztlich ananthropisch sich verhaltenden Einzelnen." (M. Buber, *Zur Geschichte d. dialogischen Prinzip;* in: Werke I; München-Heidelberg 1962, 296f.) – Bubers religiösen Ausgangspunkt und theologisches Ziel hat M. Theunissen *(Der Andere* 257–259, 330–346) aufgewiesen.
Zur vorschnellen Übertragung des Personbegriffs gerade in seinem relationistischen Sinn von Gott auf den Menschen sei hier nur so viel bemerkt: Wenn W. Pannenberg erwähnt, bereits Augustinus habe ,,die trinitarischen Personen als Relationen verstanden" und Richard v. St. Viktor habe daraus ,,die Konsequenz für den allgemeinen

Um zu Schelers ethischer Personlehre zurückzukehren: Es soll keineswegs behauptet werden, Scheler habe den skizzierten ethischen Ansatz konsequent und umfassend für die philosophische Antropologie fruchtbar gemacht. Das lag weder seinem Denkstil noch seiner weithin doch zunächst als Kritik an KANT aufzufassenden Ethik. Doch ist Scheler mit dem Teil seiner Personlehre, der sich an ethischen Vollzügen orientiert, unbedingt als Bahnbrecher zu bezeichnen. Ohne seine Arbeit wäre z.B. N. HARTMANNS „Ethik", die sich immer wieder mit Scheler auseinandersetzt, nicht zu denken. Was Scheler an Bedeutsamem für ein ethisch motiviertes anthropologisches Denken grundgelegt hat, soll im folgenden verwendet werden. Dies in der Ordnung, die wir gerade im Sinne einer Vermittlung zwischen substanzialistischer Persontheorie und extremem Dialogismus für der Sachproblematik allein angemessen halten: Der Mensch als selbständiges Individuum (1.), das sich als solches bereits grundsätzlich auf den Anderen und die Gemeinschaft verwiesen erfährt (2.) und aus der Unerfüllbarkeit grundlegender Verhaltenstendenzen als Einzelner wie als Gemeinschaftswesen einen erfahrungsmäßig unterbauten denkerischen Zugang zur Transzendenz gewinnt. (3.)

Personbegriff gezogen" („Person"; in: *Die Religion in Geschichte u. Gegenwart*, Bd. V, 231), dann müßte der dogmengeschichtliche Hintergrund zu denken geben. Augustinus betont gerade auch in seiner Trinitätslehre die E i n h e i t und unverwiesene Geschlossenheit Gottes, seine Relationslehre ist „Ausdruck für die personale Differenzierung des einen Gottes" (L. Scheffczyk, „Lehramtliche Formulierungen d. Dogmengeschichte d. Trinität"; in: *Mysterium Salutis*, Bd. II, 203); sie ist „die zarteste und weichste Linie, die ausfindig gemacht werden konnte, um irgendwie die Differenzen im göttlichen Sein zu markieren, ohne doch dabei die Einheit durch schwere Kategorien zu zerstören ... Die Einheit Gottes ist bei Augustin überaus klar, die Dreiheit ist trotz der ‚Relationen' für ihn etwas Problematisches geblieben ..." (R. Seeberg, *Lehrbuch d. Dogmengeschichte*, Bd. II: *Die Dogmenbildung in der alten Kirche*; Basel-Stuttgart 1960, ^{5}159f.) Und Richard v. St. Viktor geht vom Gottesbegriff Anselms (vgl. dazu oben 92, Anm. 120) aus und damit von Gottes Vollkommenheit und S e l b s t g e n ü g s a m k e i t, die völlig frei sich erschließt und gerade im trinitarischen Leben die göttliche Wesenseinheit wahrt (vgl. L. Scheffczyk, a.a.O. 210). Beides aber, Gottes Einheit und Selbstgenügsamkeit – und damit der trinitarische Personbegriff – ist nicht einfach auf die Verhältnisse unter real voneinander geschiedenen und notwendig aufeinander verwiesenen Menschenindividuen zu übertragen.

Gleichsam die Gegenprobe zu diesen Überlegungen bilden die Schwierigkeiten, welche sich ergeben, will man den anthropologischen, am Phänomen des vom Anderen geschiedenen Individuums orientierten Personbegriff einfach auf den dreifaltigen Gott übertragen. „Wer z.B. heute ‚drei Personen' hört, verbindet ... mit dem Wort fast zwangsläufig die Vorstellung von drei verschiedenen Bewußtseins- und Aktzentren, was zu einem häretischen Mißverständnis des Dogmas führt." (K. Rahner, „Der dreifaltige Gott als transzendenter Urgrund d. Heilsgeschichte"; in: *Mysterium Salutis*, Bd. II, 353.)

1. Die individuelle Person in Sammlung zu sich selbst

Wenn bereits gesagt wurde, daß Scheler seine ethisch ausgerichtete Personphänomenologie von der theonomen Personlehre nicht streng trennt – was bei seiner beweglichen und unsystematischen Denkweise schon von vornherein zu erwarten ist –, dann gilt dies für das Verhältnis von individueller Einzelperson und übersingularer Gesamtperson in dem Sinn, daß Scheler seine Theorie der Gesamtperson ausdrücklich und sogar primär ethisch fundieren will.[65] Doch ist im Abschnitt über die Person in ethischen Zusammenhängen, wo sich auch die ganze Gesamtpersonlehre findet, deutlich eine von der theonomen Personkonzeption unabhängige, an ethischen Aktvollzügen gewonnene Beschreibung der Einzelperson zu erheben. Zusammen mit anderen hierher gehörigen Kennzeichen der individuellen Person soll sie im folgenden in ihrer Bedeutung gegenüber dem die Selbständigkeit des Einzelindividuums nicht immer genügend wahrenden Dialogismus hervorgehoben werden.

Vor aller Einzelerörterung ist zunächst positiv zu werten, daß Schelers ethischer Personbegriff sich in mehreren Erfahrungen auslegt. Mag philosophische Anthropologie immer bemüht sein, die Vieldimensionalität personaler Wirklichkeit auf wenige oder nur eine formale Grundkategorie zurückzuführen – die erhobene Kategorie wird umso aussagekräftiger sein, je reicher das Erfahrungsmaterial menschlicher Selbstvollzüge ist, das hinter ihr steht. Es gilt, ,,daß überhaupt nicht eine einzige Erfahrung grundlegend für das personale Bewußtsein ist, sondern daß es aus einem Gewirk von Erfahrungen hervorgeht und sich aufbaut.''[66] Diese mehrfache, wenngleich durch die Klammer des ethischen Ansatzes zusammengehaltene Erfahrungsgrundlage des Personalen hat bei Scheler den Vorteil, daß sie, obzwar am

---

[65] Freilich ist zu beachten, daß das dabei herangezogene Phänomen der Mitverantwortlichkeit zunächst (und zu Recht) nur für die Zugehörigkeit des Einzelnen zu einem möglichen oder faktischen Sozialverband geltend gemacht wird: ,,Ethisch erscheint dieses Erleben ihrer [der Einzelperson] notwendigen Gliedschaft in einer Sozialsphäre überhaupt in der *Mitverantwortlichkeit* für das Gesamtwirken dieser.'' (*Der Formalismus* . . .: GW II, 509.) Erst die unter Zuhilfenahme anderer Daten übersteigerte Mitverantwortlichkeit führt zur Annahme einer überindividuellen Gesamtperson; vgl. oben II. Kap., § 3; zur teilweise ethischen Fundierung der Gesamtpersonlehre bes. 111f.
[66] M. Müller, ,,Person u. Funktion''; in: *Phil. Jahrbuch* 69 (1961/62), 380f.

Einzelnen gewonnen und ihn zu seiner unverwechselbaren Individualität führend, doch zwanglos und unpathetisch die grundsätzliche Welt- und Partnerverwiesenheit des geistigen Individuums freilegt. Wenn dabei immer wieder von „fremder" Person, „fremdem" Ich etc. die Rede ist, dann ist damit nicht die völlige Zusammenhanglosigkeit etwa fensterloser Monaden gemeint, sondern die raum-zeitliche Geschiedenheit der leiblich verfaßten menschlichen Individuen, die auch der ausgeprägteste Dialogist nicht wird leugnen können.⁶⁷

a. Vollsinnigkeit

Die erste Bedingung, ohne welche nach Scheler Person im ethischen Sinn nicht denkbar wäre, ist Vollsinnigkeit in der phänomenologischen Bedeutung des Wortes. „Phänomenale Vollsinnigkeit ist aber da gegeben, wo wir die Lebensäußerungen eines Menschen ohne weiteres zu ‚VERSTEHEN' suchen, ..." indem „wir aus einem in der Anschauung mitgegebenen GEISTIGEN ZENTRUM des anderen heraus seine Akte (Rede, Äußerungen, Handlungen) gegenüber uns und der Umwelt ohne weiteres als intentionale auf etwas GERICHTET erleben und nachvollziehen . . . – und all dem ohne weiteres die Einheit irgendeines ‚SINNES' unterlegen. . . . Diese Einsinnigkeit des fremden Aktverlaufs . . . ist in allem Verstehen der intuitive, fortwährend gegebene Hintergrund der EINZELNEN Verständnisakte."⁶⁸ Hier ist gleichsam der Rahmen für jedes ethische Verhalten abgesteckt: die Person des Handelnden wie des Verstehenden als geschlossenes geistiges

---

⁶⁷ Beides, leiblich bedingte Trennung und Zusammenhang zwischen den Einzelpersonen, zeigt Schelers Ansatz in dem bekannten Anhang zum Sympathie-Buch „Vom fremden Ich": Die raum-zeitliche, unter die „äußere" Wahrnehmung fallende Trennung soll überwunden werden durch jene „innere" Wahrnehmung, die von vornherein über ein nach Ich und Gegenüber noch ungeschiedenes Seelenreich beim Anderen ist. Wir haben diesen Ansatz schon oben (168–170) kritisiert. Er mutet (wenigstens gnoseologisch) geradezu dialogistisch im Sinne einer Ich und Du aus sich entlassenden Einheitssphäre an; so etwa, wenn Scheler schreibt: „Es ist eben derselbe Aktus der Unterscheidung in einem zunächst wenig geschiedenen Ganzen, durch den uns gleichzeitig das Eigene und Fremde zum klaren Bewußtsein kommt." (*Wesen u. Formen d. Sympathie* 290.) K. Löwiths Kritik am Anhang „Vom fremden Ich" – nach Scheler werde das eigene Ich „unter die anderen Ichobjekte sachhaft eingeordnet", die anderen „gelten als nebeneinander vorhandene Individuen, die ‚an sich' sind, was sie sind und außerdem noch aneinander teilhaben können" (vgl. *Das Individuum in der Rolle d. Mitmenschen* 130) – ist also auch vom Standpunkt eines betonten Dialogismus aus überspitzt und ungerecht.
⁶⁸ *Der Formalismus* . . .: GW II, 470.

Zentrum,[69] das seine Geschlossenheit, ohne sie in Selbstzerfall aufzugeben, durch seine mannigfachen Ausdrucksvollzüge durchbricht in Richtung „auf etwas" bzw. „auf einen", der seinerseits durch sein Verstehen des Vollzugs dem vollziehenden Individuum Erfüllung seiner Intention zu geben vermag. Der Raum dieser wechselseitigen Beziehung, die nur auf Grund vorgängigen Beisichseins der sie tragenden individuellen Personen möglich wird, ist nicht eine den Individuen vorausliegende überindividuelle Sphäre, sondern der auf Grund der geistigen, im Ausdrucksfeld des Leibes erscheinenden Potenzen der einander Begegnenden in der Begegnung sich ereignende Sinn.[70]

b. Mündigkeit

Von entscheidender Bedeutung für ethisches Handeln und sittliche Wertung ist das die Individualität aller in ethischer Beziehung zueinander stehenden Personen auf einer bestimmten Stufe der geistigen Entwicklung erstmals erfassende „Grundphänomen" der Mündigkeit. Es „besteht im Erlebenkönnen einer unmittelbar im Erleben jedes Erlebnisses selbst schon gegebenen (also NICHT erst auf dessen Inhalt gegründeten) Verschiedenheitseinsicht eines EIGENEN und FREMDEN Aktes, Wollens, Fühlens, Denkens; und ... dies ohne NOTWENDIGEN Hinblick darauf, ob ein fremder Leib oder der eigene Leib es ist oder war, durch den sich das Akterlebnis nach außen kundtat." Das heißt negativ gewendet und praktisch ausgedrückt: „Der Mensch ist unmündig, ... solange er will, was Eltern und Erzieher oder irgendeiner der Umgebung wollen, ohne dabei im Wollen des

---

[69] Person erscheint im ethischen Sinn viel deutlicher als früher (vgl. die Persondefinitionen oben 81, Anm. 86) als konkretes, individuelles und als solches erlebbares geistiges Zentrum: *Der Formalismus...*: GW II, 470, 471, 475 u.a.; in diesem Sinn ist Person zwar immer noch verschlossen jeder psychologischen Objektivierung, die für Scheler offenbar notwendig „erklärend" verfährt; dem „Verstehenden" ist jedoch Person „als Vollzieher intentionaler Akte gegeben, die durch die Einheit eines Sinnes verbunden sind." (A.a.O. 471.)

[70] Eine besondere Bedeutung kommt hier der Sprache zu, was auch von den Vertretern des Dialogismus, besonders von F. Ebner, immer wieder betont wird. Nur ist die Sprache ohne Rückbeziehung auf das individuelle Subjekt ebenfalls unverständlich.

P. Ricœur gibt in diesem Zusammenhang eine bedeutsame Neuinterpretation der phänomenologischen Reduktion Husserls, die als Rückgang auf ein sinngebendes Subjekt allererst mannigfaltige, vor allem sprachlichen Ausdruck liegende Bedeutung erschließt und damit begegnende Interkommunikation dieses Sinnes möglich macht: vgl. „Die Zukunft d. Philosophie u. die Frage nach dem Subjekt"; in: H. R. Schlette, Hrsgb., *Die Zukunft d. Philosophie;* Olten-Freiburg i.B. 1968, 156.

bestimmten Inhalts schon den Willen als den eines anderen oder einer vom ihm selbst VERSCHIEDENEN Person zu erkennen."[71] Wichtig ist dabei die grundsätzliche und unvermittelte Unterscheidung von eigenem und fremdem Personzentrum, die verantwortliches ethisches Handeln allererst möglich macht. Mündigkeit ist also nicht durch äußere Inhalte oder Leiblichkeit vermittelte sekundäre Abhebung des eigenen Ich, noch weniger schuldhafte Folge einer gewaltsamen Ichverkapselung,[72] sondern eine Urgegebenheit geistigen Selbstbewußtseins. Darin gründet der berechtigte Sinn der sittlichen Autonomie, die nach Scheler ,,zuvörderst ein Prädikat der PERSON ALS SOLCHER" ist.[73] Dabei ist eine zweifache Autonomie zu unterscheiden: ,,die Autonomie der persönlichen EINSICHT in das in sich Gute und Böse und die Autonomie des persönlichen WOLLENS des als gut oder böse irgendwie Gegebenen"; diese doppelte Autonomie ist ,,für alle der betreffenden individuellen Person zurechenbaren sittlichrelevanten Akte die unumgängliche Voraussetzung.[74] Mit diesen Bestimmungen ist die Objektivität der sittlichen Werte, die unabhängig von Erkennen und Wollen des Menschen existieren, gewahrt, aber auch die Personbezogenheit des Sittlichen, das ohne die Verwirklichung durch ein selbständig erkennendes und frei wollendes geistiges Subjekt, zu dessen persönlicher Tat es wird, unvollkommen bleibt.[75] Gerade aber die Unmöglichkeit einer vollkommenen erkenntnismäßigen Autonomie im Sittlichen verweist das Individuum bei Wahrung der unveräußerlichen letzten Selbstentscheidung wieder auf das Du einer individuellen Autorität wie auf das Wir der in Tradition und Sitte zu Recht im ethischen Raum mitbestimmenden Gemeinschaft. Schelers Ausführungen über den sittlichen Wert des Gehorsams verdienen hier besondere Beachtung. Nicht nur wegen der Begrenztheit persönlicher Anlagen, auch durch die zunehmende Komplikation der Sachverhalte wird die erste Forderung der ethischen Auto-

---

[71] *Der Formalismus* ...: GW II, 472.
[72] So F. Ebner; vgl. oben 222 (Anm. 56).
[73] *Der Formalismus* ...: GW II, 486.
[74] A.a.O. 486; 490.
[75] Den engen Zusammenhang zwischen Sittlichkeit und der sie verwirklichenden individuellen Person lockert Scheler bezeichnenderweise dort zugunsten einer Beziehung des Sittlichen auf Personakte überhaupt, wo er die christliche Erbschuldlehre philosophisch rechtfertigen will als ,,eine völlig sinnvolle und keineswegs widerspruchsvolle Idee." (*Der Formalismus* ...: GW II, 487.)

nomie, eigene sittliche Einsicht im direkten Sinn, längst nicht immer im vollen Ausmaß möglich sein. Der Einzelne wird daher verwiesen auf ,,bloß mittelbares Wissen um das Gut- oder Schlechtsein des betreffenden Willensprojekts",[76] auf das gehorsam anzunehmende Urteil dessen, dem auf Grund seiner sachlichen Qualifikation unmittelbare Einsicht zukommt in den Sachverhalt des Willensprojekts, der für dessen ethische Beurteilung die Grundlage bildet. Und doch ist dieser partnerschaftliche Akt des Gehorchens, scheinbar so fremdbestimmt wie nur möglich, kein Verlust des eigenen Ich, sondern gerade seine Bestätigung auf dem Hintergrund einer für echten Gehorsam notwendigen klaren und bewußten Unterscheidung des eigenen geistigen Zentrums vom fremden: ,,Wer Gehorsam leistet, will nicht das, was der andere will, nur ‚weil' es der andere will . . . Wer Gehorsam leistet, der will vielmehr ‚gehorchen'; d.h. es wird der POSITIVE AKT des Gehorchens zunächst sein unmittelbares Wollensprojekt, auf das sich erst das Wollen des Gebotenen aufbaut. Das deutliche Verschiedenheitsbewußtsein des fremden und eigenen Wollens und das Verstehen des fremden Wollens ‚als' fremden ist für echtes Gehorchen also die notwendige Voraussetzung."[77] Damit ergibt sich, daß auch Gehorsam notwendig mit individueller Einsicht verbunden ist, nämlich mit der ,,Einsicht in die Güte" und, wie wir hinzufügen dürfen, sachliche Zuständigkeit ,,der gebietenden Autorität oder Person."[78] Aus dieser Einsicht heraus, die für den Einzelnen, soll Gehorsam wahrhaft sittlich sein, nicht zu ersetzen ist, folgt die Anerkennung des personalen Wertes des Anderen. Sie ist eine der schönsten Früchte zwischenmenschlicher Begegnung. Ohne sie bliebe auch alle Liebe letztlich ,,blind" und unfruchtbar.[79]

c. Leibbeherrschung

Als weiteres Kennzeichen der ethischen Persönlichkeit nennt Scheler die Möglichkeit der Leibbeherrschung. Ohne die

---

[76] *Der Formalismus* . . .: GW II, 490.
[77] A.a.O. 491.
[78] A.a.O. 491f.; vgl. 99, Anm. 1.
[79] Auf Grund der angedeuteten Phänomenologie des Gehorsams leuchtet ein, daß Gehorsam gegenüber endlich-menschlicher Autorität kein ethisches Ziel um seiner selbst willen, sondern notwendiges Mittel zur rechten Orientierung und Ordnung überall dort ist, wo dem Einzelnen das erforderliche Maß an direkter Einsicht fehlt und fehlen darf.

auch im ethischen Ansatz nicht überwundenen Übertreibungen hinsichtlich der Trennung von Person und Leib[80] mitmachen zu müssen, darf doch das Phänomen der individuellen Leibbeherrschung nicht übersehen werden. Der Leib ist nicht nur Ausdrucksfeld der Person, sondern auch erstes lenkbares Medium aller zur Verwirklichung drängenden personalen Intentionen: „Person ist also da und nur da gegeben, wo ein Tunkönnen ‚durch' den Leib hindurch vorliegt ..., und zwar ein Tunkönnen, das ... ALLEM faktischen Tun VORANGEHT."[81] Damit führt der Leib die individuelle Person zum Erlebnis ihrer Wirkmächtigkeit. Das Tunkönnen wird über den eigenen Leib zur je eigenen Fähigkeit, die wirklich gesetzte Tat über meinen Leib zur je meinigen, mir allein anrechenbaren – womit indirekt gezeigt ist, daß der Leib doch etwas für die Individuation der Person bedeutet.[82] Zugleich aber ist diese Leibbeherrschung im weitesten Sinn auch einziges Mittel, als Person beim Anderen zu sein und zwar so, daß er von meiner Intention eindeutig erfahren kann. Im reinen Gedanken ist dies nicht möglich und die gute „Gesinnung", so notwendig sie ist, bedeutet noch kein vollkommenes ethisches Verhalten. Scheler weist mit Recht darauf hin, daß der bloß gesinnungsmäßige Versuch eines Gelähmten, einen Er-

---

[80] Auch hier heißt es überspitzt: „Und nur wo der Leib als Sache gegeben ist, die einem Etwas ‚eigen' ist, das sich in dieser Sache auswirkt und sich unmittelbar als auswirkend weiß, ist eben dieses ‚Etwas' eine Person." *(Der Formalismus ...: GW II, 473.)*

[81] *Der Formalismus ...*: GW II, 473.

[82] Hier wäre auch der Ort, die Radikalität der Todeserfahrung einzubauen als einer Erfahrung der „im Tode eines jeden von uns uns bedrohenden Vernichtung des ‚Leibhaften', also meiner selbst als dieses unwiederholbar-einmaligen ‚Selbsthaften'." (M. Müller, „Person u. Funktion"; in: *Phil. Jahrbuch* 69 [1961/62], 386.) Im Tode bedeutet gerade auf Grund des leiblichen Zusammenbruchs der Person ihr Aufhören „das Ende aller Entscheidung. Damit ist Person ganz anders getroffen, als in jener metaphysischen Todesinterpretation, wo der Geist sich mit metaphysischer Notwendigkeit immer rettet, indem er sich löst aus jenem ‚Zugleich' und jenem gegensätzlichen ‚Zusammen' des Lebens, das nur den Charakter vorläufiger ‚Vermischung' aufgeprägt erhalten hat." (A.a.O. 387.)
Die letzten Worte Müllers könnten gegen Scheler gerichtet sein. Bei ihm wird wahrlich dem Tod schon philosophisch der „Stachel" genommen, wenn einerseits in der Frage nach Tod und „Fortleben" die Leiblichkeit vernachlässigt (vgl. oben 93f.), anderseits der Tod zum notwendigen, naturalen „Urphänomen" allen Lebens verharmlost wird (vgl. GW X, 32; 17, 22, 23, 26, 35.) Am Ende eines universalen biologischen Lebensprozesses steht dann „nicht das reine Was des Todes selbst, sondern nur sein zufälliges Gestorbenwerden, seine Verwirklichung von diesem oder jenem Individuum;" Tod ist dann nur noch „jene Veränderung des Teiles der Körperwelt, die im Übergang jenes Körpers in einen Leichnam besteht, ... ein Wechsel des Herrschaftsbereiches der Person und des Schauplatzes ihrer Erlebnis-Äußerungen." (GW X, 61.)

trinkenden zu retten, sittlich keineswegs gleichwertig ist mit dem wirklich rettenden Sprung eines Gesunden.[83]

d. Handlung

Das Erlebnis des Tunkönnens aus der Leibbeherrschung führt zum personalen Einheitsphänomen der Handlung, die auch in nicht ethisch orientierten Anthropologien als menschliche Grundverhaltensweise besondere Beachtung findet.[84] Für Scheler ist das Handeln der individuellen Person der phänomenale Niederschlag ihrer Leib-Seele-Einheit. Die handelnde Person ist dabei die übergreifende Einheitsklammer: „Alle mögliche Verknüpfung zwischen, seelischen und körperlichen Vorgängen wird aber selbst nur dadurch möglich und verständlich, daß die EINHEITLICHE UNGETEILTE Wirksamkeit der PERSON sie vermittelt."[85] Die Handlung vermittelt dem Individuum das Bewußtsein von sich selbst wie auch die Erfahrung ebenfalls handelnder eigenständiger fremder Bewußtseinszentren und dies ohne jeden Kausalschluß von bloßen physischen Bewegungen auf eine dahinter wirkende Seele. „All solchen Einstellungen geht vielmehr das VERSTÄNDNIS der Person und ihrer Handlungseinheit aus dem ZENTRUM der fremden handelnden Person heraus notwendig vorher."[86] Wieder begegnet uns die Bezeichnung „Zentrum" im Sinne eines in sich geschlossenen Individuums. Die Handlung ist eine „BESONDERE ErlebnisEINHEIT, die von allen dazugehörigen objektiven Kausalvorgängen ebenso wie von den Folgen der Hand-

---

[83] Vgl. *Der Formalismus* . . .: GW II, 134f.; zu „Gesinnung" a.a.O. 127–136.

[84] So vor allem bei A. Gehlen; vgl. *Der Mensch* 32 u.a.; *Anthropologische Forschung. Zur Selbstbegegnung u. Selbstentdeckung d. Menschen;* Reinbek bei Hamburg 1961, 48–50. Daß indes die Handlung bei Gehlen nicht letzte Grundkategorie ist, sondern ihrerseits wieder durch den Charakter des Menschen als „Mängelwesen" bedingt wird, haben wir aufgezeigt in: F. Hammer, „Der Mensch–Geist- oder Mängelwesen?"; in: *Zeitschrift f. kath. Theologie* 88 (1966), 426, 427.

Für E. Rothacker gilt „als erster Satz: der Mensch ist ein handelndes Wesen. An dem Widerstand der Welt gestalten sich seine Kräfte . . ." (*Probleme d. Kulturanthropologie;* Bonn ²1965, 10; vgl. auch *Philosophische Anthropologie* 146f.)

Im selben, wenn auch weiteren Sinn als die Genannten spricht M. Müller von der „Werkerfahrung" als der „wichtigsten personalen Grunderfahrung" („Person u. Funktion"; in: *Phil. Jahrbuch* 69 [1961/62], 393f., 395.)

Für unseren Zusammenhang der Verbindung von Individuum zu Individuum ohne Preisgabe der Individualität ist bedeutsam, daß alle genannten Autoren die innere Dynamik des Handelns „auf etwas", im Vollsinn „auf jemand" als „Stellungnahme zu", „Bewährung in" und „Transzendieren" sehen.

[85] *Der Formalismus* . . . GW II, 476.

[86] A.a.O. 476.

lung GANZ unabhängig als eine PHÄNOMENALE EINHEIT dasteht."[87]
Gerade aber als solche Einheit weist die Handlung auch über sich
hinaus. Die erste der sechs Stufen, die in der Einheit einer Handlung enthalten und alle am individuellen Erleben der handelnden Person abgelesen sind,[88] gibt den nötigen Anhaltspunkt: Handeln ist nur möglich als intentionale Richtung auf eine „Situation" und einen „Gegenstand". Wenn irgendein menschlicher Vollzug, dann hebt das Handeln notwendig das Individuum von sich selbst ab in den Raum der Bewährung und Bestätigung „an etwas", das ihm wider-steht. Vom Gegenstand der Handlung aber läßt sich, besonders wenn man mit Scheler unter Gegenstand die „Wertdinge oder Güter"[89] versteht, die transzendierende Linie weiter zum personalen Gegenüber ziehen: Handeln ist letztlich immer Bewährung „an etwas für einen", der sieht, erlebt, urteilt, anerkennt und so die im Handeln gesuchte Selbstbestätigung des Individuums leistet. Damit bietet auch der Ansatz am Handeln, bei Scheler freilich nicht zu Ende geführt, die Möglichkeit einer Zuordnung des handelnden Individuums zu seinem menschlichen Gegenüber.

e. Freiheit

Im Zusammenhang mit der Handlung spricht Scheler auch von der Freiheit. Sie ist bestimmend für das innere Wesen der Handlung in dem Sinn, daß auch bei vollständiger Kenntnis des „Charakters" und der jeweiligen Umwelteinflüsse – deren relativ bestimmende Kraft wird also nicht geleugnet – das Handeln einer Person nicht restlos voraussagbar ist. So „ist die Handlung der Person durchaus KEINE eindeutige Folge der Summe ihrer Anlagen und der wechselnden äußeren Lebenssituationen."[90] Die Freiheit ist eine fundamentale Qualität der Person: ein Akt ist „je freier vollzogen ... je mehr ihn DIE PERSON ‚SELBST' ... bestimmt."[91] Dennoch ist die Freiheit kein bloßes Postulat,

---
[87] A.a.O. 142.
[88] Scheler unterscheidet: „1. die Gegenwart der Situation und den Gegenstand; 2. den Inhalt, der durch sie realisiert werden soll; 3. das Wollen dieses Inhalts und seine Stufen ...; 4. die Gruppe der auf den Leib gerichteten Tätigkeiten, die zur Bewegung der Glieder führen (das ‚*Tunwollen*'); 5. die mit ihnen verknüpften Zustände von Empfindungen und Gefühlen; 6. die erlebte Realisierung des Inhaltes selbst (die ‚*Ausführung*')." (*Der Formalismus ...*: GW II, 137.)
[89] *Der Formalismus ...*: GW II, 148.
[90] A.a.O. 476.
[91] „Zur Phänomenologie u. Metaphysik d. Freiheit": GW X, 160.

sondern im unmittelbaren Erleben gegeben. Für unseren Zusammenhang ist von Bedeutung, daß dieses Freiheitserleben ein streng individuelles ist, das jedem Erleben eines äußeren Zwanges, der naturgemäß letztlich nur von anderen geistigen Personen ausgehen kann, vorausliegt. Die Spontaneität, ein wesentliches Element des freien Könnens, besteht nicht im ,,Fehlen eines Zwanges . . ., sondern sie ist IM VOLLZUG DES AKTES SELBST ERLEBT als eines von ,mir' und durch ,mich' vollzogenen. Das Erlebnis des ,Zwanges' und des Widerstandes setzt dieses positive Erlebnis VORAUS."[92] Was der Mensch also ursprünglich erlebt, ist seine Freiheit; erst auf diesem Hintergrund wird das Erlebnis der Einschränkung überhaupt als solches möglich. Dieses Bewußtsein ereignet sich in der Konzentration der Person auf sich selbst im Sinne der schon erwähnten ,,Sammlung"; es ist daher ,,unmittelbar", niemals rein theoretisch von außen erfahrbar, sondern gegeben ,,nur INMITTEN UNSERES WILLENSLEBENS SELBST", ,,im Erlebnis selbst, im Zweifeln, Wagen, Versuchen etc.", ,,im Erlebnis des Könnens."[93] Dieser individuelle Charakter des Freiheitserlebens könnte leicht zu einem schrankenlosen Freiheitsrausch führen. Nun ist es aber gerade auf Grund der individuellen Erfahrung der Person auch möglich zu zeigen, ,,daß menschliche Freiheit hier weder als eine besondere Anlage eines Einzelnen, noch als ein isolierter Zustand bloßer Unabhängigkeit, losgelöster Ungebundenheit, gemeint ist."[94] Bedeutsam ist, daß man in der philosophischen Anthropologie den endlichen Charakter der menschlichen Freiheit nicht mehr bloß aus der Idee Gottes, der alle menschliche Freiheit trägt, ableitet, sondern aus Erfahrungsgegebenheiten des geistigen Vollzuges des Menschen, etwa aus der Möglichkeit und Wirklichkeit des Dialogs unter Menschen.[95] STRASSER sieht in ausdrücklicher Anlehnung an BUBER die Beschränkung der menschlichen Freiheit zu einer endlichen in der aller Freiheit vorgegebenen Beziehung zum Anderen.[96] Zur phänomenalen Deckung dieser

---

[92] ,,Zur Phänomenologie u. Metaphysik d. Freiheit": GW X, 157.
[93] A.a.O. 157, 158.
[94] M. Müller, ,,Person u. Funktion"; in: *Phil. Jahrbuch* 69 (1961/62), 388.
[95] Vgl. dazu: S. Strasser, ,,Endliche Freiheit"; in: *Akten d. XIV. Internationalen Kongresses f. Philosophie*, Wien 2.-9. Sept. 1968, Bd. I; Wien 1968, 166–174, bes. 166f.
[96] ,,Die Beziehung zum Anderen – Grund meiner individuellen Freiheit. Die Beziehung zum Anderen – jeweils älter, ehrwürdiger, gründender als meine individuelle Freiheit." (,,Endliche Freiheit", a.a.O. 173.)

Behauptung vermag er freilich nur auf die Hilflosigkeit des Neugeborenen und auf die ersten Versuche freier Vollzüge des Kindes hinzuweisen.[97] Die Problematik dieses Vorgehens ist klar: Selbst wenn man annehmen wollte, ein Kind sei zum reflexen Erleben von Freiheit als solcher fähig, bleibt es unzulässig, bei so fundamentalen Merkmalen wie der menschlichen Freiheit das Wesen des Vollzuges von seinem tastenden Anfang her verstehen zu wollen.[98] Doch bleibt der philosophische Hinweis auf die Endlichkeit menschlicher Freiheit bedeutsam. Auch bei Scheler finden sich entsprechende Andeutungen, die zugleich im Ansatz geeignet sind, das berechtigte Ausmaß der Verendlichung der individuellen Freiheit durch den Anderen anzugeben. Die Besinnung darauf dürfte sich lohnen gerade in einer Zeit, da der Einzelne allenthalben den Raum seiner Freiheit sich verengen sieht. Scheler sieht hier sehr nüchtern, obwohl seine theonome Personlehre in ihrer späten Umkehr den Gedanken einer absoluten Freiheit des Menschen hätte nahelegen können. Deutlich wird zwischen menschlicher und göttlicher Freiheit unterschieden: ,,Faktisch ist alle Freiheit nur RELATIV; sie ist ein Wirken oder kommt einem Wirken zu in Hinsicht auf einen Kausalzusammenhang einer bestimmten Sphäre, die weder in ihren Gliedern, noch in ihrem Ganzen dieses Wirken eindeutig bestimmt. Innerhalb seiner Sphäre aber ist das Wirken durchaus bestimmt. Nur Gott ist absolut frei."[99] Hier ist zunächst klar die Einsicht ausgesprochen, daß menschlich-endliche Freiheit nicht selbstschöpferisch ihren eigenen Raum bestimmt, sondern immer auch in einem durch Anlage und Situation, vor allem aber durch andere geistig-freie Personen abgesteckten Rahmen zum Vollzug gelangt. Dieser vorgegebene und für den Einzelnen nach Enge und Weite je verschiedene Raum, die ,,Wahlsphäre", setzt einerseits das freie Wollenkönnen der Person voraus, nötigt sie aber anderseits, im Gegensatz zu Gott, der gleichsam alles wahl-

---

[97] Vgl. ,,Endliche Freiheit", a.a.O. 172.
[98] Die Vollform des Freiheitsvollzuges und der Erfahrung davon liefert das Bewußtsein einer relativ in sich geschlossenen Existenz. Von dieser Erfahrung lebt jede reflexive Philosophie. Ihr ,,proton pseudos" ist nicht, wie Strasser meint, diese Erkenntnis, sondern ihre Überspitzung zur ,,absoluten" Freiheit (vgl. ,,Endliche Freiheit", a.a.O. 168–170). Zwischen dem Pathos einer rein auf sich selbst gestellten Freiheit und der Tendenz zum Aufgehen in der Dialogizität liegt die Mitte einer wahrhaft endlichen Freiheit, wobei die Möglichkeit des Abgleitens in beide Extreme nur ein neuer Hinweis auf die Endlichkeit und Gefährdung dieser Freiheit ist.
[99] ,,Zur Phänomenologie u. Metaphysik d. Freiheit": GW X, 174.

los wollen kann, immer zum Wählen-müssen und damit zur beschränkenden Festlegung auf eine von mehreren Möglichkeiten.[100] Was hier gemeint ist, könnte formal die Relationalität oder Bezüglichkeit der endlichen Freiheit genannt werden. Sie bedeutet Verwiesenheit des endlich freien Wesens überhaupt, nicht nur Verwiesenheit auf eine andere Person: „Es ist nicht möglich, irgendein Etwas, das ohne allen Zusammenhang für sich existierte, als ‚frei' zu denken. Irgendeine RELATION ... schließt das ‚frei' immer in sich. ... auf alle Fälle muß, was ‚frei' genannt wird, auf etwas hinweisen, sei es ‚WOVON' es frei ist, sei es ‚WOZU' es frei ist."[101] Die hier beschriebene Relationalität der Freiheit scheint übrigens so weit formalisiert zu sein, daß sie auch, mit entsprechenden Modifikationen, auf Gott anwendbar ist. Für den Menschen bedeutet sie Abstand und Zuwendung: Abstand im Sinne des Wovon als räumlich-zeitliche, vor allem aber geistige Unabhängigkeit von einem vom freien Individuum unterschiedenen anderen geistigen Zentrum, positiv gewendet: personalen Selbststand. Und Zuwendung im Sinne des Wozu als die in der physischen und geistigen Ergänzungsbedürftigkeit des Einzelnen notwendig verankerte Möglichkeit einer von Person zu Person gehenden Partnerschaft, die, selbst ungezwungen, nicht zwingt und keinem die bereicherte Rückkehr zu sich selbst verwehrt. In diesem Sinne ist BUBERS „wesentliche Beziehung" dem Menschen Frucht und Aufgabe seiner Freiheit; durch sie „werden die Schranken des individuellen Seins faktisch durchbrochen, und es entsteht ein neues Phänomen, das nur so entstehen kann: eine Aufgeschlossenheit von Wesen zu Wesen ..."[102] Sie wird dann trotz aller Enttäuschung immer neu ver-

[100] „Zur Phänomenologie u. Metaphysik d. Freiheit": GW X,
[101] A.a.O. 165.
[102] M. Buber, *Das Problem d. Menschen:* Werke I, 367f. An Buber (und dem Dialogismus) soll keinesweges die wesentliche Relationalität des Menschen, die im personalen Dialog kulminiert, getadelt werden; bedenklich, weil der Erfahrung individuellen Selbstseins nicht entsprechend, erscheint bloß Bubers doch nicht ganz zu übersehende Tendenz, dem Individuum außerhalb der aktualen Beziehung zum Anderen die Wesenheit Mensch abzusprechen: „Der Einzelne ist Tatsache der Existenz, sofern er zu andern Einzelnen in lebendige Beziehung tritt ... Die fundamentale Tatsache der menschlichen Existenz ist der Mensch mit dem Menschen." (A.a.O. 404, vgl. auch 407.)
Der gleiche Einwand richtet sich gegen Binswanger, dessen überschwengliche Ausdrucksweise – Theunissen spricht von „kitschigen Formulierungen" *(Der Andere* 440) – freilich um nüchterne Begriffsklarheit wenig bekümmert ist; vgl. als eines unter vielen möglichen Beispielen: *Grundformen u. Erkenntnis menschlichen Daseins* 201f.

sucht werden, wenn man sie nicht als das Selbstverständliche oder als ontische Schicht voraussetzt, sondern den Einzelnen zu seiner Bedürftigkeit erweckt. Denn EinzelSEIN (Individualität) wird erst in der gewollten VEReinzelung zum Verhängnis.

f. Verantwortlichkeit

Eine wichtige ethische Kategorie und zugleich ein zentraler Punkt individuell-persönlichen Erlebens ist für Scheler die sittliche Verantwortlichkeit, die er streng von der bloßen Zurechnungsfähigkeit unterscheidet. Während Zurechnungsfähigkeit wesentlich vom außenstehenden Anderen her umschrieben wird als die Möglichkeit, ,,ERKENNEND ZU ENTSCHEIDEN, ob eine gegebene Handlung eines Menschen der PERSON dieses Menschen zugehöre oder nicht'',[103] ist Verantwortlichkeit das streng intime Erlebnis des Einstehenmüssens für alle wahrhaft personalen Akte; welche und wieviele dies sind, bleibt dem von außen Urteilenden letztlich verborgen. Scheler betont sehr den individualen Charakter der Verantwortlichkeit: ,,Als ,VERANTWORTLICH' für ihre Akte überhaupt ... erlebt sich die Person in der Reflexion auf ihre Selbsttäterschaft IM Vollzug ihrer Akte. DIESER Begriff wurzelt im Erleben der Person selbst und ist nicht erst auf Grund einer äußeren Betrachtung ihrer Handlungen gebildet. In dieser Reflexion allein erfüllt sich der Begriff der Verantwortlichkeit. Im unmittelbaren Wissen der Selbsttäterschaft und deren sittlicher Wertrelevanz ... wurzelt der Begriff der sittlichen Verantwortlichkeit. Alle Verantwortlichkeit setzt dies Erleben einer ,SELBSTVERANTWORTLICHKEIT' als absolutes Erlebnis voraus.''[104] Schon der letzte Satz deutet an, daß auch Verantwortlichkeit das Individuum nicht in sich verschließt. Doch ist das geschilderte Selbsterlebnis notwendige Bedingung aller Mitverantwortung ,,für'', die Scheler bekanntlich sehr hoch einschätzt, wie für jede Verantwortung ,,vor jemand''.[105] Sosehr also das Phänomen der Verantwortlichkeit auf den Anderen und die Gemeinschaft hinweist, wird es doch nicht von diesen außer-

---

[103] *Der Formalismus* ...: GW II, 478.
[104] A.a.O. 479.
[105] Vgl. a.a.O. 479, Anm. 1 – Auch die modernen Interpretationen der Verantwortlichkeit haben bei aller Verschiedenheit immer die Situationsgebundenheit (für etwas vor jemand) aller Verantwortlichkeit im Auge; vgl. dazu R. Wisser, *Verantwortung im Wandel d. Zeit*; Mainz 1967.

halb der individuellen Person liegenden Faktoren allererst konstituiert.

g. *Individuelles Wertwesen der Person und Gewissen*

Die genannten Merkmale der Person in ethischen Zusammenhängen finden einen gewissen Abschluß in Schelers Lehre vom „individuellen Wertwesen" der Person. Zugleich stellen die diesbezüglichen Ausführungen aufs neue heraus, daß der Ausgleich der fruchtbaren Spannung zwischen Individuum und Gemeinschaft, hier konkretisiert zur Frage nach dem „richtigen Verhältnis von WERTUNIVERSALISMUS und WERTINDIVIDUALISMUS",[106] nicht in einer nivellierenden Synthese, sondern nur in einer Anerkennung der wechselseitigen Verwiesenheit beider Pole aufeinander zu suchen ist. Zunächst ist die Annahme eines individualpersönlichen Wertwesens zu unterscheiden von jeder Form des Wertsubjektivismus im Sinne einer seinsmäßigen Abhängigkeit der sittlichen Werte vom Willen oder gar von der Willkür des Individuums. Das persönliche Wertwesen gründet sehr wohl auf einem unabhängig vom Sein und Wollen der Person „an sich Guten". Aber es bestimmt dieses an sich Gute in seiner Verwirklichungsweise und vor allem in seiner Verwirklichungsintensität in jeweils verschiedener Art für die individuelle Person und ihre besondere Situation in Raum und Zeit dieser Welt wie im dynamischen Ablauf ihres je besonderen Lebens. Die Lehre vom individuellen Wertwesen ist gleichsam die Anwendung des „an sich" geltenden Prinzips von der, eine unterste gemeinsame Grenze vorausgesetzt, sittlichen Verschiedenwertigkeit der individuellen Person nach oben zu und der daraus resultierenden je verschiedenen persönlichen „Berufung". Erst auf diesem ganz persönlichen Wertgehalt, dessen „empirischen" Ausdruck etwa im Sinne einer je verschiedenen Erfahrens-, Wissens-, Erlebensmächtigkeit Scheler leider nicht ausführt, gründet die je persönliche Verpflichtung, das individuelle Sollen und die Erfahrung seines Anspruchs.[107] Dieses individuelle

---

[106] *Der Formalismus* . . .: GW II, 484.

[107] „Das also ist das *Erblicken des Wesenswertes* meiner Person . . . : dieser eigenartige *individuelle Wertgehalt*, auf den sich erst das Bewußtsein des individuellen Sollens aufbaut; d.h. es ist evidente Erkenntnis eines An-sich-Guten, aber eben des ‚An-sich-Guten für *mich*' . . . es ist gut gerade im Sinne des ‚unabhängig von meinem Wissen', denn das schließt ‚*an sich gut*' ein; aber es ist gleichwohl das *An-sich-Gute*

Wertwesen der Person, von Scheler „auch mit dem Namen ihres ‚persönlichen' Heiles" bezeichnet,[108] widerspricht nicht den allgemein gültigen Werten im Sinne von interpersonal im Raum der Gemeinschaft vernünftiger Wesen erfaßbaren „Prinzipien", sondern setzt sie voraus als eine Grundlage, die zu unterschreiten ohne Gefahr gerade für das individuell Gute nicht möglich ist: „Alle allgemein gültigen Werte ... stellen, bezogen ... auf das höchste Gut, ‚das Heil einer individuellen Person', nur das Minimum von Werten dar, unter dessen Nichtanerkennung und Nichtrealisierung sie ihr Heil jedenfalls nicht erreichen kann."[109]

Der Sache nach hat Scheler damit bereits die legitimen Anliegen einer „Existential"- bzw. „Situationsethik" umrissen: Das aller Sittlichkeit zugrundeliegende an sich und unabhängig von menschlicher Setzung Gute bedarf, um in seiner Vielschichtigkeit und möglichen Höchstintensität erfaßt zu werden, gleichsam eines Läuterungsprozesses aus der reinen Allgemeinheit zur Verbindlichkeit personaler, „betroffener" Einsicht, die nicht ohne das zwar bescheidene, aber gerade in seiner Bescheidenheit unerschütterliche Wissen individueller Personen vom eigenen, nicht einfach vertretbaren Wert zustandekommt. In diesem Sinn gilt für die Erkenntnis wie den Vollzug des Guten, „daß erst DIE ZUSAMMENSCHAU UND DIE DURCHDRINGUNG der ALLGEMEINGÜLTIGEN sittlichen Werte mit den INDIVIDUALGÜLTIGEN die VOLLE EVIDENZ FÜR DAS GUTE AN SICH gibt."[110] Aber auch die Werterfahrung der Person ist nicht ein für allemal als unverückbarer Besitz gegeben; sie ist gebunden an den lebendigen, „geschichtlichen" Vollzug, der wesentlich von der Macht außerhalb individueller Reichweite liegender Möglichkeiten und „Gelegenheiten" mitbestimmt ist. „Nur die ZUSAMMENSCHAU der

---

für ‚mich' in dem Sinne, daß in dem besonderen materialen *Gehalte* dieses An-sich-Guten... ein erlebter *Hinweis* liegt auf mich, ein erlebter Fingerzeig, der von diesem *Gehalte* ausgeht und auf ‚mich' deutet ... Und dieser Gehalt weist mir damit eine *einzigartige* Stelle im sittlichen Kosmos an und gebietet mir sekundär auch Handlungen, Taten, Werke, die, stelle ich sie vor, alle rufen: ‚Ich bin für dich' und ‚Du bist für mich'." *(Der Formalismus...: GW II, 482.)*

[108] *Der Formalismus...: GW II, 481.*
[109] A.a.O. 484. „Das richtige Verhältnis von Wertuniversalismus und Wertindividualismus bleibt daher nur dann gewahrt, wenn jedes individuale sittliche Subjekt die nur für es allein faßbaren Wertquales einer besonderen sittlichen Pflege und Kultur unterwirft, ohne freilich die allgemeingültigen Werte zu vernachlässigen." (A.a.O. 484.)
[110] *Der Formalismus...: GW II, 484.*

zeitlich allgemeingültigen Werte mit den ‚historischen' konkreten Situationswerten, die Haltung also gleichzeitiger fortwährender Überschau über das Ganze des Lebens und das feine Gehör für die ganz eigenartige ‚FORDERUNG DER STUNDE' vermag die volle Evidenz hinsichtlich des An-sich-Guten zu geben."[111] Beides, Beziehung zur konkreten Person wie zur besonderen Situation, gilt durchaus für „EINZELindividuen" und „geistige KOLLEKTIVindividuen."[112] Bei aller Reserve gegenüber dem aus Schelers Gesamtpersonlehre stammenden Begriff eines Kollektivindividuums lehrt doch der Hinweis auf Kulturkreis, Nation, Familie etc., daß individuelles Wertwesen nie ein einsames Dominium eines abgesonderten Individuums ist.

Die Verwiesenheit des individuellen Wertwesens auf den interpersonalen Raum findet indes bei der Frage nach seiner Erkenntnis und Verwirklichung noch eine Vertiefung in Richtung auf eine das Individuum zu seinen eigensten Möglichkeiten führende Du-Relation. Zunächst ist freilich der Ausgangspunkt individualistisch und führt zu bemerkenswert ausgewogenen Ausführungen über die Rolle des individuellen Gewissens. Scheler wendet sich klar gegen jede Verherrlichung des Gewissens und seiner Freiheit, als wäre das individuelle Gewissen konstitutiver Ursprung des Sittlichen überhaupt. Es ist dagegen „selbst noch ein TRÄGER, nicht letzte Quelle sittlicher Werte."[113] Aber auch als subjektives Erkenntnismedium des Sittlichen steht die sogenannte „sittliche Einsicht", „die evidente SELBSTGEGEBENHEIT dessen, was gut ist und was nicht",[114] über dem Gewissen. Denn „während die evidente Einsicht in das, was gut und böse ist, wesenhaft nicht täuschen kann (sondern nur Täuschungen darüber möglich sind, daß eine solche vorliege), GIBT ES auch „Gewissenstäuschungen'."[115] Unter diesen Voraussetzungen definiert Scheler das Gewissen als „Inbegriff dessen, was die EIGENE INDIVIDUELLE ERKENNTNISBETÄTIGUNG und sittliche Erfahrung ZUR SITTLICHEN EINSICHT BEITRÄGT"; es ist „also auch nur EINE Ökonomisierungsform der letzten sittlichen Einsicht unter anderen; und nur ein ZUSAMMENWIRKEN seiner mit den Sätzen der

[111] *Der Formalismus* ... : GW II, 485.
[112] A.a.O. 484.
[113] A.a.O. 325.
[114] A.a.O. 326.
[115] A.a.O. 324.

Autorität und den Gehalten der Tradition ... garantiert ein Höchstmaß der subjektiven Gewinnung dieser Einsicht ..."[116] Unter Beachtung dieser Einschränkungen, die wieder die Unmöglichkeit eines isolierten sittlichen Individuums einschließen, ist aber das Gewissen eine unersetzliche, streng individuelle Fähigkeit, die nicht Normen einfach anwendet, sondern das eigentliche Organ für das dem individuellen Wertwesen entsprechende je persönliche Gute darstellt. „Von ‚Gewissen' aber ist – richtig – NUR da zu reden, wo es sich um jenes Plus an nötiger sittlicher Einsicht handelt, das in den allgemein gültigen Normen weder enthalten ist, noch es jemals sein kann, und in dem sich erst der sittliche Erkenntnisprozeß vollendet; und wo gleichzeitig ICH es bin, der zu dieser Einsicht aus SICH heraus kommt. Der Niederschlag meiner (aus eigener Lebenserfahrung) sprießenden Einsicht in das Gute, sofern es ‚das Gute für mich' ist, macht das Wesen des Gewissens aus."[117] Damit aber ist der Zugang zum individuellen Wertwesen und den auf es gegründeten sittlichen Forderungen noch nicht erschöpft. Scheler kennt neben dem individuellen Gewissen zunächst noch einen anderen Weg, der dort, so scheint es, angebracht ist, wo die individuelle Selbsterkenntnis nicht ausreicht. In solchen Fällen hat der Andere einzuspringen, der etwa als Freund oder auch als Autorität möglicherweise die Person und ihr „Heil" besser kennt als sie selbst.[118] Dieser Weg mag, da er letztlich nur über das Versagen des Individuums zum Du führt, der Philosophie des Dialogismus wie der grundsätzlich und vor aller Nötigung gegebenen dialogischen Verfaßtheit der Person nicht genügen. Scheler geht jedoch auch hier sachlich weiter. Was früher[119], vorwiegend kritisch, zur wertschöpferischen Funktion der Liebe gesagt wurde, ist jetzt auf seinen positiven Gehalt und seine Bedeutung für das sittliche Aufblühen der von der Liebe eines Du getroffenen Person hin zu untersuchen. Es muß hier freilich unter Verwendung Schelerscher Ansätze einerseits weitergedacht werden, wie anderseits die oben angemerkten Korrekturen an der wertschöpferischen Funktion der Liebe nicht vergessen werden dürfen. Dies

[116] A.a.O. 325f.
[117] A.a.O. 327.
[118] Vgl. a.a.O. 327 u. 483.
[119] Vgl. oben 46f.

vorausgesetzt ist die Bedeutung der Liebe für das individuelle Wertwesen der Person dreifach. Zunächst enthüllt überhaupt nur Liebe die eigentlichen individuellen Tiefen der Person (ihrer Werthaftigkeit nach vorerst noch undifferenziert), während bloß unbeteiligte Erkenntnis sich vorwiegend am allgemein Menschlichen orientiert. ,,Das Wesen einer fremden Individualität, das unbeschreiblich ist und in Begriffen nie aufgeht . . ., tritt nur in der Liebe oder im Sehen durch sie hindurch ganz und rein hervor!''[120] Zweitens hebt erst die Liebe die eigentlichen Werte der Person ans Licht im Sinne des ,,Aufblitzens'' von Werten, die den unbeteiligten ,,kalten Anderen'' verborgen bleiben, ,,weil sie die besonderen individuellen Werte nicht sehen, die im Gegenstand vorhanden sind, für die aber nur die Liebe das Auge schärft.''[121] Und drittens läßt sich unter Verwendung von Schelers Auffassung von der Liebe als jede bloße Reaktion auf vorhandene Werte und jeden pädagogisch gezielten Besserungswillen weit übersteigende Bewegung zu höheren Werten sagen: Die Liebe schafft nicht neue Werte ohne die Beteiligung der geliebten Person; wohl aber spornt sie, ohne es ausdrücklich wollen oder sagen zu müssen, die sittliche Kraft der geliebten Person an, gibt ihr Richtung und Sinn als eine Antwort unter dem heimlichen Versprechen: Für dich will ich gut sein. Echte Liebe, die darin besteht, ,,daß wir die ‚Fehler' der konkreten Gegenstände wohl sehen, aber sie mit diesen Fehlern lieben,''[122] gibt der geliebten Person im Vertrauen gleichsam einen Wertvorschuß, den diese, will sie wirklich wieder lieben, zu erfüllen trachten wird. Um dieses Wechselspiel zu ermöglichen, ist Selbstliebe der Partner zwar Voraussetzung, aber keineswegs denkbarer Ersatz für die Ruf-Antwort-Situation der Begegnung von Ich und Du.[123]

h. *Personale Individualität. Intime und soziale Person*

Die Analyse ethischer Grundvollzüge, die alle auf das indivi-

---

[120] *Wesen u. Formen d. Sympathie* 185; vgl. *Der Formalismus* . . .: GW II, 480.
[121] Vgl. *Wesen u. Formen d. Sympathie* 176; 185.
[122] A.a.O. 183. – Der hier immer wieder von Scheler gebrauchte Ausdruck ,,Gegenstand'' ist unglücklich und steht, wie der Zusammenhang klar zeigt, für Person im Sinne von konkretem Individuum.
[123] Diese Notwendigkeit verdunkelt Scheler insofern individualistisch, als er nach der die genannten Elemente zusammenfassenden Definition der Liebe schreibt: ,,Ob es sich hierbei um Selbstliebe oder Fremdliebe handelt, ist hier dahingestellt . . .'' (*Wesen u. Formen d. Sympathie* 187.)

duelle Wertwesen der Person hinzielen, zugleich aber im dargelegten Sinn die Verwiesenheit auf andere individuelle Personen implizieren, führt zur Betonung der personalen Individualität als eigentlichem Sitz des Sittlichen. Die Individualität, nach Scheler ,,eine Kategorie, deren SINN es ja eben ist, in jedem Falle ihrer Geltung ein Einmaliges und darum von jedem anderen Verschiedenes zu treffen,"[124] ist an die Personalität derart gebunden, daß sie geradezu mit ihr zusammenfällt. Jeder Mensch ist ,,eben im SELBEN Maße, als er REINE Person ist, ein INDIVIDUELLES und darum von jedem anderen unterschiedenes einmaliges Sein, und analog sein Wert ein individueller einmaliger Wert."[125] Größten Wert legt Scheler auf eine leiblose Selbstindividuation der Person, auf ,,die Idee eines geistigen QUA geistigen Individuums und die weitere Idee, daß gerade mit der Reinheit der Geistigkeit die INDIVIDUALISIERUNG von Sein und Wert sich steigere."[126] Davon war schon kritisch die Rede.[127] Selbstverständlich ist ,,der Kern der individuellen Geistesperson" im strengen Sinn ,,überstaatlich."[128] Die hohe Bedeutung, die nach Scheler der persönlichen Individualität zukommt, zeigen auch seine interessanten Bemerkungen zu STIRNERS Individualismus[129]: STIRNERS Lehre entspringt ,,einem berechtigten Motiv" und sieht richtig, ,,daß zur Person die Individualität wesensmäßig gehöre." Ihr Fehler liegt nicht in der Betonung der Individualität, sondern in der Annahme eines falschen Individuationsprinzips, nämlich der Leiblichkeit.[130] – Das Wesen der individuellen Person liegt nach Scheler in den sie von allen anderen Individuen absetzenden sogenannten ,,singularisierenden Eigenakten" wie ,,Selbstbewußtsein, Selbstachtung, Selbstliebe, Gewissensprüfung usw."; sie besitzt also aus sich selbst heraus ein in sich geschlossenes Wesen: ,,Das Sein der Person als Einzelperson konstituiert sich innerhalb einer Person und ihrer Welt überhaupt in der besonderen Wesensklasse der singularisierenden Eigenakte."[131] Der positive Sinn dieses fundamentalen Satzes

---

[124] *Der Formalismus* . . .: GW II, 504.
[125] A.a.O. 499.
[126] A.a.O. 501.
[127] Vgl. oben 97 f.
[128] *Der Formalismus* . . .: GW II, 502–503.
[129] Vgl. M. Stirner, *Der Einzelne u. sein Eigentum*; Leipzig ³1901.
[130] Vgl. *Der Formalismus* . . .: GW II, 504f.
[131] A.a.O. 511.

ist, daß Individualität nicht erst von einem faktischen Gegenüber gesetzt wird, sondern als Eigenleistung der Person in bestimmten Grundvollzügen zum Erleben gelangt.[132]

Den Höhepunkt im individualistischen Personverständnis erreicht Scheler mit seiner Unterscheidung von intimer und sozialer Person. Dabei wird die intime Person umschrieben als letztes, gleichsam „hinterstes" Zentrum der Selbsterfahrung, der Einsamkeit und Inkommunikabilität, als „geistiger Kern in der intimen SEITE der Schichtungseinheit des sinnlich-vitalen-geistigen Wesens, das der Mensch darstellt",[133] also gewissermaßen als letztes Geheimverlies im individuellen Schichtenbau. Jener Bereich der Person, in dem sie sich als mögliches und wirkliches „Glied" einer Gemeinschaft erfährt, der auch geeignet ist, in diese Gemeinschaft einzugehen bzw. gefährdet, in ihr aufzugehen, heißt dann soziale Person. Sie ist nichts anderes als die Bezogenheit der individuellen Geistesperson auf die Sozialsphäre und das Erlebnis davon, wobei die Unmöglichkeit eines restlosen Aufgehens im Sozialen betont wird.[134] In diesem Sinn nennt Scheler

---

[132] Hier sei anhangsweise auf zwei miteinander zusammenhängende wertvolle Folgerungen aus der Idee eines je eigenen personalen Wertwesens verwiesen.
Die Person als Vollzugszentrum wertverwirklichender Akte ist dynamisch, im geschichtlichen Verlauf des Einzellebens wie von Individuum zu Individuum in verschiedenem Intensitätsgrad nicht nur gegeben, sondern auch zu verwirklichen. „Erst eine bestimmte Stufe menschlicher Existenz" vermag zu zeigen, was Person ist und sein kann (vgl. *Der Formalismus . . .*: GW II, 470). In dieser Unterschiedlichkeit, die Scheler leider von der sittlich strebenden Verwirklichungsabsicht des Einzelnen ausschließt, um sie übertreibend nach Art gnadenhaft geschenkter Vergöttlichung aufzufassen (vgl. „Die Formen d. Wissens u. die Bildung": *Phil. Weltanschauung* 32f.), liegt die Möglichkeit der „Idee einer Rangordnung reiner Wertpersontypen" *(Der Formalismus . . .*: GW II, 568.)
Indes läßt sich nur unter Einbeziehung des eigenen Beitrages zur Verwirklichung des persönlichen idealen Wertwesens der Personen in Ungleichheit der Personen in „Sein" und „Wert", ihre „Aristokratie ,im Himmel' " (vgl. *Der Formalismus . . .*: GW II, 499, 500) einer alles und alle nivellierenden égalité gleichsam immer neu abtrotzen. Denn die Person „ist das geistige Wesen, das sich zu dem immer erst machen muß, was es in Wahrheit ist." (N. Hartmann, *Das Problem d. geistigen Seins* 132.)

[133] *Der Formalismus . . .*: GW II, 503.

[134] „Wie reich und mannigfaltig die Gliedschaften nun aber auch sein mögen, in denen *jede* Person dem Ganzen des sittlichen Kosmos eingeflochten ist, . . . – niemals geht sie doch in diese Gliedschaften auf . . . Hinter allem Erleben, das in diese Gliedstellen eintritt und hineinreicht, . . . spürt jeglicher noch (in irgendeinem Maße), so er sich das Ganze dieser Gliedstellen und sein Sein darin zur klaren Anschauung zu bringen sucht, noch ein *eigentümliches Selbstsein* über dieses Ganze hinausragen (desgleichen Selbstwert, Selbstunwert), in dem er sich (deskriptiv gesagt) *einsam* weiß. Dasjenige aber, was jedem in dieser Wesensform möglichen Selbsterlebens zur Gegebenheit kommt, nenne ich die ,*intime Person*' und scheide sie ausdrücklich vom Erlebnisgehalte aller Formen des Selbsterlebens, die im ausdrücklichen oder doch irgendwie mitgegebenen Hinblick auf das bloße Trägersein irgendeiner Gliedperson-

die soziale Person einen „überhaupt nur durch Bezug auf gewisse Sphären und Aufgaben bestehenden ABSTRAKTEN Inhalt."[135] Hier zeigt sich die für Scheler wichtige Einsicht, daß die Du- und Gemeinschaftsverwiesenheit der individuellen Person eine apriorische und als solche erlebbare Grundgegebenheit vor aller faktischen Vergemeinschaftung ist. Zugleich aber bleibt ein du- und gemeinschaftsunfähiger Bereich, eben die „Intimsphäre", erhalten. Und der Unterschied zwischen intimer und sozialer Person „ist nicht erkenntnistheoretischer, sondern ONTISCHER Natur."[136] Doch hat diese seinsmäßige Struktur einen doppelten verhaltensmäßigen Niederschlag, der zugleich den erfahrungsmäßigen Zugang zum Wesen der intimen Person gibt. Diese ist zunächst in ihrem Intimbereich wesenhaft einsam; ja sie steht „innerhalb des Gesamtbereiches endlicher Personen gleichsam in absoluter EINSAMKEIT – eine Kategorie, die also ein UNAUFHEBBARES Wesensverhältnis negativer Art zwischen endlichen Personen ausdrückt." In der dazugehörigen Anmerkung spricht Scheler von einer „absoluten Grenze der Selbstmitteilbarkeit der Person an eine andere", die gerade in den relativ intimsten Gemeinschaftsbeziehungen von Freundschaft, Ehe, Familie am stärksten erfahren wird.[137] Scheler berührt hier ein Phänomen, das von großer anthropologischer Bedeutung bleibt, sosehr es auch immer der Gefahr des Mißverständnisses als verantwortungsscheue Flucht in den Raum einer heimeligen Privatsphäre ausgesetzt sein wird. Es gibt ein Geheimnis der Person, das unmitteilbar ist und vor dem jeder Versuch gewaltsamen Eindringens auch und gerade seitens des liebenden Partners zumindest der Geschmacklosigkeit verfällt, ein Geheimnis der Person, das übrigens für den, der es in unbestechlicher Selbstkonfrontation aushalten muß, gar nicht so friedlich und anheimelnd ist, wie es in dem oben angedeuteten Mißverständnis den Anschein hat.

schaft überhaupt erfolgen, d.h. der *sozialen Person.*" (*Der Formalismus* ...: GW II, 548.)
    Derselbe Sphärenunterschied gilt auch für die Gesamtperson. Jedoch räumt Scheler ein, die Gesamtperson könne wegen der in ihr enthaltenen Einzelpersonen bloß „relativ intim" sein, nur die Einzelperson kann „absolut intim" sein. (Vgl. a.a.O. 549, 551.)
    [135] *Der Formalismus* ...: GW II, 502.
    [136] A.a.O. 552.
    [137] A.a.O. 549. – Th. Litt sieht in der notwendigen Icheinsamkeit ein Konstitutivum der (von ihm einseitig geistig aufgefaßten) Individualität, vgl. *Individuum u. Gemeinschaft* 40f.

In dieser Tatsache gründet die immer wieder erfahrene Schwierigkeit, echt „von Herzen" über das „Eigentliche" zu reden. Daraus aber fließt die Verpflichtung, die unauslotbare Tiefe der Person hinzunehmen, auch und gerade in der offenen und sich öffnenden Zuneigung. Niemals kann der Mensch im Dialog aufgehen, sich restlos an den Anderen verlieren, sosehr er in einer geheimen Sehnsucht, restlos verstanden zu werden, das möchte. Mag auch die Sehnsucht unbegrenzt sein, – so wenigstens lehrt es uns die Philosophie des Dialogismus –, die Partner der Begegnung bleiben jenseits aller schuldhaften Verweigerung begrenzt. Wenn Liebe, will sie sich nicht in ihr Gegenteil der egoistischen Zudringlichkeit verkehren, immer diskret ist, dann deshalb, weil sie im Grunde bereit ist, sich dem anderen auch als dem Unbekannten, Unverfügbaren anzuvertrauen. Wer hingegen die Einsamkeit des Partners überschwemmen will, wird sich und den anderen bald nur noch als leere Hülse empfinden, wird vom geduldig Wartenden zum unverschämten „Meinungsforscher".[138] – Aus der relativen Inkommunikabilität der Person ergibt sich die Unerkennbarkeit der persönlichen Intimsphäre. „Die absolut intime Person ist aller möglichen Fremderkenntnis und Fremdwertung ... ewig transzendent."[139] Und dies nicht nur wegen der Möglichkeit der Person zu schweigen,[140] sondern wegen der Unmitteilbarkeit des intimen Personkerns. Dabei ist freilich zu bedenken, daß diese Unerkennbarkeit als solche sehr wohl erfahren wird, auch und gerade in unmittelbarer, ja leiblicher Intimität. Daran vermag alle Ehrlichkeit und aller Wille zur Ganzhingabe nichts zu ändern. Auch das Gespräch und die

---

[138] Die Einsamkeit erfährt im Dialogismus eine unterschiedliche Beurteilung. Ebner kennt im Grunde nur die aktive, schuldhafte Abschließung des Ichs vom Du, die, einmal als solche erkannt, den Menschen auf jede Einsamkeit verzichten lassen müßte: vgl. etwa: *Das Wort u. die geistigen Realitäten* 34f.
Dagegen schätzt Buber die Einsamkeit als Anstoß zur anthropologischen Problematik, vgl. *Das Problem d. Menschen:* Werke I, 317; 353. Deshalb muß auch der alle ihm möglichen Beziehungen verwirklichende Mensch einer sein, „der die Einsamkeit überwindet, ohne ihre fragende Kraft einzubüßen." (A.a.O. 400.)
Für Binswanger, der von der dualen Wirheit ausgeht, kann das Problem eines inkommunikablen Personkerns gar nicht entstehen, wenigstens nicht im Raum der Liebe. Auf diesem Hintergrund erhält Einsamkeit einen völlig anderen Sinn: sie ist „auf dem Grunde liebender Gemeinsamkeit ruhende, ‚geschenkte' Selbstheit",„Selbstheit im Lieben, ... Sehnsucht des Mich-Dir-Schenken-könnens, Mich-von-Dir-geschenkt-bekommen-können und Dich-als-Geschenk-empfangen-können." *(Grundformen u. Erkenntnis menschlichen Daseins* 130 u. 136.)
[139] *Der Formalismus ...*: GW II, 556.
[140] Vgl. oben 80.

aufrichtigste Selbsterschließung kann diese Schranke nicht überschreiten. Mag man auch in Gegenwart der sich eröffnenden Person bisweilen für kurze Zeit ihr individuelles Wertwesen etwa im Durchscheinen ihrer ureigenen Intentionen restlos erfaßt zu haben glauben – schon im nächsten Augenblick droht diese Einsicht in die personale Intensität zugunsten einer Nivellierung des anderen Menschen auf das Maß des vermeintlich unausweichlichen ,,Man" zu verblassen. Scheler versäumt nicht, aus der Undurchschaubarkeit der absolut intimen Person ,,ein sehr bedeutsames PRINZIP für die Ethik" abzuleiten. ,,Dieses Prinzip besagt, daß alles endgültige Richten endlicher Personen über sittlichen Fremdwert und -unwert widersinnig in sich ist."[141] Gerade die mannigfaltigen Motivzusammenhänge in der sittlichen Entscheidung – in ihrer Komplikation der ethisch handelnden Person vielfach selbst nicht restlos bewußt – bieten einen tragfähigen Erfahrungshintergrund für das, was auch ohne metaphysische Verankerung der Person in Gott das Arcanum der individuellen Persönlichkeit genannt werden darf. Sich zu ihr hin immer wieder zu ,,sammeln", ist Aufgabe jedes Menschen, der, was er ist, immer mehr werden will. Die Sammlung[142] bedeutet nicht restlose Durchstöberung aller seelischen Schlupfwinkel nach Art psychologischer Exploration, ,, ,gleich als ob man ein Anderer wäre' ",[143] sondern ,,konzentriertes Insichsein",[144] ,,Zurückbeugung und Zentrierung seiner Existenz",[145] die auch und gerade das unreflektierte Intimum aushält, ohne deshalb schon ,,mystische" Gotteserfahrung sein zu müssen.[146]

i. *Ich und Person*

Der Rückblick auf die Analyse der ethischen Vollzüge der Person dürfte, auch wenn dies bei Scheler selbst nicht klar ausge-

---

[141] *Der Formalismus* ...: GW II, 557.
[142] Vgl. dazu schon oben 84f.
[143] *Wesen u. Formen d. Sympathie* 255.
[144] *Der Formalismus* ...: GW II, 417.
[145] *Die Stellung d. Menschen im Kosmos* 41.
[146] Vgl. Vorrede zur 2. Aufl. von *Vom Ewigen im Menschen*: GW V, 23 und oben 84.
 Th. Litt (*Individuum u. Gemeinschaft* 93–96) hat in kritischer Auseinandersetzung mit Schelers intimer und sozialer Person mit Recht darauf hingewiesen, daß diese Scheidung nicht schichtenhaft verstanden werden darf. Wie die Ausdruckshaftigkeit der Person, die sich immer auf den Anderen, der Ausdruck versteht, richtet, auch noch den absolut intimen Personbereich zumindest als einen solchen verlautbart, so zieht sich anderseits auch die Unmitteilbarkeit als ,,Innenaspekt" aller, auch der sozialen Akte und Erlebnisse, durch den ganzen Bereich personaler Vollzüge.

sprochen ist, in der theonom bestimmten Personlehre sogar geleugnet wird, doch eine doppelte Folgerung nahelegen. Zunächst ist die sprachliche Formulierung des personalen Selbststandes im Personalpronomen „Ich" der konzentrierteste Ausdruck der allen angeführten ethischen Vollzügen zugrundeliegenden Einheitserfahrung. Die aus der Anlehnung an die von Scheler als ich- (und du-) los gedachte Person Gottes postulierte Ich- (und Du-) losigkeit der menschlichen Person wird damit vom Phänomen selbst her Lügen gestraft. Damit aber ergibt sich die Notwendigkeit, nicht nur das Ich, sondern auch das Du aus dem bloß psychologischen Bereich in dem Raum des Personalen anzusiedeln. Wenn Scheler auch in seiner ethischen Personlehre verbal an der Ich- bzw. Dulosigkeit festhält,[147] dann ist darin eine Inkonsequenz zu erblicken, die N. HARTMANN unter Verweis auf die innere Dynamik des ethischen Ansatzes mit Recht tadelt.[148] Wenn Scheler in seiner theonomen Personlehre zu einer Konstitution der menschlichen Personalität durch die Person Gottes als Ausgangspunkt einer philosophischen Anthropologie neigt, so entgeht der extreme Dialogismus seinerseits nicht der Gefahr einer Personkonstitution erst vom begegnenden Partner her. Beides übersieht den Eigenstand des personalen Individuums, den erkannt zu haben ein unleugbares Verdienst der hohen Reflexionsstufe der Philosophie der Neuzeit ist. Schelers sehr ausbaufähige (und zweifellos auch erweiterungsbedürftige) ethische

---

[147] In der ethischen Personlehre geschieht dies einmal unter der nicht näher geklärten Annahme, den Tieren käme „ohne Zweifel auch eine Ichheit irgendwelcher Art" zu *(Der Formalismus* . . .: GW II, 469); ferner unter Verweis auf den Sklaven, dem bei erhaltenem Ichbewußtsein rechtlich die Personalität abgesprochen wurde und der, sofern er nur „echt"(!) ist, „nicht nur anderen, sondern auch sich selbst als Sache gegeben" wäre (a.a.O. 473). Der eigentliche Grund für die Trennung von Ich und Person ist auch hier die entsprechend dem ethischen Ansatz als Aufstieg vom Menschen zu Gott dargestellte Theorie von der ich- und dulosen Person Gottes (vgl. a.a.O. 474f.).

[148] „Es ist ein verbreiteter psychologischer Irrtum, die Korrelation von Ich und Du auf das Subjekt zu beziehen. Vielmehr nur unter Personen gibt es das einzigartige Verhältnis, das schon die Umgangssprache mit den personalen Pronomina vor allen anderen Verhältnissen auszeichnet. Ich und Nichtich bilden einen gnoseologischen, und unmittelbar auch einen psychologischen Gegensatz; Ich und Du aber bilden einen rein ethischen Gegensatz. Dieser besteht nur im Verhältnis aktvollziehender, personaler Wesen und ist real vorhanden nur im Vollzug der von Person zu Person gerichteten transzendenten Akte. Es ist schon eine Verschiebung dieses in sich einsichtigen Verhältnisses, wenn Scheler behauptet, ein Ich könne weder handeln noch spazieren gehen. [Vgl. *Der Formalismus* . . .: GW II, 389.] Gerade nur ein Ich kann das. . . . Die Sprache sagt ‚ich handle' und ‚ich gehe spazieren'. Darin liegt deutlich der personale Sinn des ‚Ich.' (N. Hartmann, *Ethik* 233f.)

Personlehre kann ein Beitrag zu einer Verhaltensanthropologie sein, die am sittlichen Leben des Menschen ansetzt, das Individuum als Zentrum sittlicher Akte entdeckt, dabei jedoch kein ,,intelligibles Ich der Ethiker'' konstruiert, sondern den Raum des Sittlichen als notwendig individuales wie partnerschaftliches Beziehungsgefüge freilegt.[149]

2. Du-Sphäre und Gemeinschaft

Seitens des Dialogismus wird der anthropologischen Konzeption Schelers vielfach Individualismus vorgeworfen. So beanstandet K. LÖWITH, bei Scheler werde ,,das je eigene Ich ... unter die anderen Ichobjekte sachhaft eingeordnet, aber nicht mehr als der personhafte Ursprung der Verhältnisse zu anderen Personen verstanden.''[150] Und M. BUBER meint bedauern zu müssen, daß Scheler, ,,obgleich er Soziolog war, in seinen anthropologischen Gedanken die sozialen Zusammenhänge des Menschen kaum beachtete.''[151] Schon aus dem Bisherigen ließe sich auf diese Vorwürfe eine doppelte Antwort geben. Zunächst ergab sich, daß Scheler, wo er für seine Gemeinschaftslehre christliches Gedankengut in eigener Interpretation heranzieht, das Individuum zugunsten einer überformenden Gesamtperson und einer alle Einzelverantwortlichkeit hinter sich lassenden Mitverantwortung geradezu gefährdet. Und weiters machte die Analyse der von Scheler herangezogenen ethischen Vollzüge klar, daß gerade die sittliche Person nur im Ausgriff auf die Welt der Sachen und Personen zu handeln vermag, ja daß auch die Sammlung zur eigenen Icheinsamkeit zumindest auch eine Rückkehr aus dem sozialen Raum ist. Indes machen diese Hinweise eine gesonderte Untersuchung der gemeinschaftstheoretischen Ansätze ,,in ethischen Zusammenhängen'' nicht überflüssig.

Zurückzuweisen ist dabei zunächst LÖWITHS gegen Schelers

---

[149] Selbst Ebners Kritik am ,,intelligiblen Ich der Ethiker'' muß einräumen, es entspreche ,,dem Ich des Ethikers – weil das Ethische im Gegensatz zum Ästhetischen und Metaphysischen auf die Wirklichkeit des geistigen Lebens hin gerichtet ist – in gewissem Sinne ein Du'', fährt aber gleich fort, es sei das nur ein ideelles Du, welches das Ich zu sich selbst spricht – eine Einschränkung, die allenfalls noch Kants Autonomieethik, nicht aber den ethischen Ansatz als solchen trifft (vgl. *Das Wort u. die geistigen Realitäten* 147f.).
[150] *Das Individuum in der Rolle d. Mitmenschen* 130.
[151] *Das Problem d. Menschen: Werke* I, 356.

Sozialphilosophie erhobener Vorwurf, es sei ,,die Frage nach der Zugänglichkeit des Mitmenschen . . . für Scheler kein prinzipiell ontologisches Problem, sondern eine Frage der ‚Erkenntnistheorie des Fremdverstehens'."[152] Falsch ist vor allem, Schelers Soziallehre einseitig aus dem Sympathie-Buch erheben zu wollen und dort wieder besonders aus dem letzten Abschnitt ,,Vom fremden Ich", während doch von der früher gegebenen Analyse der sympathetischen Akte mit Recht gesagt wird, sie sei ,,für die Erhellung des Ich-Du-Verhältnisses indirekt kaum weniger bedeutsam als die unmittelbar relevanten Arbeiten der Frühphänomenologie . . .[153] Aber selbst für das Sympathie-Buch kann Löwiths Tadel nicht uneingeschränkt gelten. Denn dort ist die vorwiegend erkenntnistheoretische Behandlung sozialphilosophischer Probleme zeitbedingt aus der Kritik an der Analogieschlußtheorie Bechers[154] und der Einfühlungstheorie von Lipps[155] zu verstehen.[156] Darüber hinaus aber finden sich auch im Sympathie-Buch deutliche Hinweise auf die hinter der Frage nach der Möglichkeit seelischer Fremdwahrnehmung steckende ontologische Problematik.[157]

[152] *Das Individuum in der Rolle d. Mitmenschen* 130. Auch Buber scheint dasselbe zu meinen, wenn er Schelers ,,Wesen u. Formen d. Sympathie" von den Beiträgen der Phänomenologie zum Dialogismus ausnimmt, ,,weil es dem Seins-Charakter unserer Fragestellung nicht entspricht." *(Zur Geschichte d. dialogischen Prinzips:* Werke I, 300, Anm. 7.)
[153] M. Theunissen, ,,Ich-Du-Verhältnis"; in: *Die Religion in Geschichte u. Gegenwart*, Bd. III, 555.
[154] Vgl. E. Becher, *Geisteswissenschaften u. Naturwissenschaften. Untersuchungen zur Theorie u. Einteilung d. Realwissenschaften;* München u. Leipzig 1921, 283–293.
[155] Vgl. Th. Lipps, ,,Das Wissen von fremden Ichen"; in: *Psychologische Untersuchungen* (hrsg. v. Th. Lipps); Leipzig 1907, 694–722.
[156] Vgl. *Wesen u. Formen d. Sympathie* 273–281.
[157] Scheler spricht in der richtigen Reihenfolge von der ,,Frage der Wesens-, Daseins- und Erkenntnisgründe der Verknüpfung von Menschenichen" und verweist zur ,,Lösung der axiologischen Probleme des Verhältnisses von Individuum und Gemeinschaft" sowie zur darin beschlossenen ,,ontisch-metaphysischen Seite" der Fremdwahrnehmungsfrage auf seinen ,,Formalismus" *(Wesen u. Formen d. Sympathie* 244, 245.)
Scheler fragt ferner nach dem ,,Wesensverhältnis zwischen Ich und Gemeinschaft überhaupt – sowohl im ontischen Sinne als im Sinne des Wesenswissens" (a.a.O. 248); er urgiert gegen E. Becher die ,,Metaphysik" der ,,Erkenntnis von Gemeinschaft und fremdem Ich" ,,und damit auch die Wirkverhältnisse von Seele auf Seele" (a.a.O. 259) und stellt als richtige (vom ihm im Gesamt seines sozialphilosophischen Ansatzes auch eingehaltene) ,,Sachordnung der Probleme" auf: ,,Gemeinsame Grundlage sowohl der erkenntnistheoretischen als der metaphysischen Untersuchung muß sein erstens die eidologische daseinsfreie Erkenntnis des Wesensverhältnisses von Ich und Gemeinschaft überhaupt; zweitens die genaue Eruierung des Tatbestandes in der natürlichen Weltanschauung. Auf sie folgt unmittelbar die erkenntnistheoretische Ursprungsfrage des Wissens ums fremde Ich, und auf diese Frage folgt

a. Der Ansatz an den wesenssozialen Akten der Person

Wie BUBER[158] erkennt auch Scheler richtig, daß eine der Wirklichkeit des ganzen Menschen entsprechende Anthropologie den rechten Ausgleich zwischen Individualismus und Kollektivismus finden muß, ohne die fruchtbare Spannung zwischen Individuum und Gemeinschaft aufzulösen. Zwischen dem das Individuum gefährdenden ,,Götzen und Leviathan von Staat, Nation oder sog. Gesellschaft" und der Überbetonung ,,jener berühmten ‚einsamen Seele und ihrem Gott' " soll vermittelt werden.[159] Daß Schelers letztlich christlich motiviertes Solidaritätsprinzip diese Vermittlung nicht zu leisten vermag, wurde schon aufgezeigt.[160] Doch läuft parallel zu Schelers eigenwilligen Überdehnungen der Erbsünden- und Kirchenkonzeption und in sie hineinverwoben ein am Menschen und seinem ethischen Verhalten orientierter sozialphilosophischer Ansatz, der geeignet ist, gerade auf Grund von am Individuum erhobenen Wesenseinsichten die Möglichkeit von Gemeinschaft überhaupt zu erweisen und so ein seinsmäßiges Wesensband zwischen diese beiden Pole menschlichen Daseins zu legen.

Der Vorteil dieses Ansatzes liegt zunächst darin, daß er die Gemeinschaftsbezogenheit des Menschen nicht aus der überall und immer anzutreffenden Vergesellschaftung von Menschen, auch nicht aus einem die Einzelindividuen übergreifenden Gesamtmedium (wie in der christlich motivierten Gesamtpersonlehre), sondern aus der erfahrbaren Aktstruktur des Individuums vor seiner Eingliederung in eine faktische Gemeinschaft ableitet, also dem Individuum sein Recht läßt. Der Ansatz ist zwar unter der Annahme des ,,erkenntnistheoretischen Robinson"[161] gleichsam gnoseologisch verpackt, im Grunde jedoch ontologischer

---

die erkenntniskritische Rechtfertigung dieses Wissens im Falle empirischer Erkenntnis." (A.a.O. 261f.)

[158] ,,Wenn aber der Individualismus nur einen Teil des Menschen erfaßt, so erfaßt der Kollektivismus nur den Menschen als Teil: zur Ganzheit des Menschen, zum Menschen als Ganzes dringen beide nicht vor." *(Das Problem d. Menschen; Werke I, 401.)*

[159] ,,Die christliche Liebesidee u. die gegenwärtige Welt": GW V, 377; vgl. a.a.O. 381f.; *Der Formalismus . . .*: GW II, 522.

[160] Vgl. oben 128–131.

[161] An zusammenhängenden Stellen dazu vgl. *Der Formalismus . . .*: GW II, 511; ,,Die christliche Liebesidee u. die gegenwärtige Welt": GW V, 372f.; *Wesen u. Formen d. Sympathie* 269–272.

Natur, da es sich um wesentliche Strukturen des Menschseins handelt, denen eine evidente Wesenserkenntnis entspricht. Gemeint sind die sogenannten ,,(wesens)-sozialen Akte", ,,d.h. Akte, die nur in einer möglichen Gemeinschaft Erfüllung finden können."[162] Es sind dies einmal die bloß erkenntnistheoretisch bedeutsamen Akte des ,,Nach- und Miterlebens, Nach- und Miteinanderfühlens",[163] also die Aktgruppe des Nachfühlens; sie ,,bleibt noch in der Sphäre des erkennenden Verhaltens und ist kein sittlich relevanter Akt."[164] Entsprechend der Bedeutung des ethischen Ansatzes bei Scheler treten diese Akte aber bei der Frage nach der Möglichkeit von Gemeinschaft überhaupt zurück zugunsten genuin sittlicher Verhaltensweisen des Individuums. Bei aller Einschränkung gegenüber den ethisch orientierten Sozialtheorien ist Scheler doch auch bei der primär erkenntnistheoretischen Frage nach dem Grund für die Berechtigung der Annahme anderer Individuen von der indirekten Bedeutung des individuellen sittlichen Bewußtseins überzeugt. ,,Nicht nur dieser oder jener sittliche Akt, sondern alle sittlich relevanten Akte, Erlebnisse und Zustände – soweit in ihnen die Wesensbeziehung auf andere sittliche Personwesen intentional eingeschlossen ist . . . – weisen in der Tat schon von sich aus kraft ihrer Aktnatur auf fremde Personwesen hin . . ."[165] Scheler nennt als solche Akte vor allem die ,,Arten" der Liebe, jene Regungen der Liebe, die ,,schon als Gemütsbewegungen selbst untereinander verschieden sind, nicht aber erst dadurch, daß sie sich auf verschiedene Objektenkreise richten . . .";[166] darunter fallen ,,Mutterliebe, Geschlechtsliebe, Vaterlandsliebe, Heimatliebe, aber auch Menschen und Gottesliebe."[167] Dazu kommen noch andere ethische Vollzüge wie Herrschen, Dienen, Versprechen, Geloben, Bitten, Danken, Befehlen, Gehorchen, Mitfühlen.[168] Allen diesen Akten ist eines gemeinsam: Sie treten zwar am Individuum, zumindest als Aktrichtung im Sinne eines Wunsches oder einer Sehnsucht

---

[162] *Der Formalismus* . . .: GW II, 511. *Wesen u. Formen d. Sympathie* 265.
[163] *Der Formalismus* . . .: GW II, 509.
[164] *Wesen u. Formen d. Sympathie* 5.
[165] A.a.O. 264f.
[166] A.a.O. 187, 198.
[167] *Der Formalismus* . . .: GW II, 511, Anm. 2; vgl. *Wesen u. Formen d. Sympathie* 197–199, 222–224.
[168] Vgl. *Der Formalismus* . . .: GW II, 511; ,,Die christliche Liebesidee u. die gegenwärtige Welt": GW V, 373. Zum Gehorchen vgl. oben 229f., zu Mitfühlen 163–166.

auf, sind also wirkliche „Selbsterfahrungen"¹⁶⁹; anderseits aber weist ihr immanenter Sinn, ihre intentionale Dynamik über den Einzelnen hinaus in den Raum der Gemeinschaft, so sehr, daß bei Vorenthaltung ihrer Erfüllung, also im Falle des fingierten Robinsons, als erfahrbarer Niederschlag dieser Aktrichtungen ein „wohlumgrenztes Leerbewußtsein resp. Nichtdaseinsbewußtsein ... für emotionale Akte" aufträte bzw. für „Strebensakte" ein „ ‚Mangelsbewußtsein' " oder „ ‚Nichterfüllungsbewußtsein', das unser Robinson immer und wesensgesetzlich dann erleben würde, wenn er Geistes- und Gemütsakte vollzieht, die nur mit möglichen sozialen Gegenakten zusammen eine objektive Sinneinheit bilden können."¹⁷⁰ So ist am menschlichen Individuum und seinen Vollzügen als ontischer Grundtatbestand die „Sphäre des Du" abzulesen; sie ist als apriorischer „ ‚Hintergrund' " jeder faktischen Vergemeinschaftung vorgegeben.¹⁷¹ Scheler kommt zu einer geradezu dialogistisch klingenden fundamentalen Feststellung: „Die ‚Du-heit' ist die fundamentalste Existenzkategorie des menschlichen Denkens."¹⁷² Diese These ist keine sittliche Idealforderung, auch kein Ergebnis soziologischer Reihenuntersuchungen, sondern gewonnen aus der Aktphänomenologie des geistigen Individuums.

Es darf nicht übersehen werden, daß das Modell vom erkenntnistheoretischen Robinson, der zeitlebens von aller faktischen Gemeinschaft isoliert lebt und dennoch aus sich heraus soziale Akte entwickelt, mit erheblichen Schwierigkeiten belastet ist und einer genauen experimentellen Untersuchung bedarf.¹⁷³ Dennoch ist neben der Orientierung am Individuum bedeutsam und

---

¹⁶⁹ *Wesen u. Formen d. Sympathie* 271.
¹⁷⁰ A.a.O. 271.
¹⁷¹ A.a.O. 271, 272.
¹⁷² „Probleme einer Soziologie d. Wissens": GW VIII, 57.
¹⁷³ Daß sich eine solche Isolierung nicht als gezieltes Experiment durchführen läßt, leuchtet aus naheliegenden Gründen ein. Die einzige Möglichkeit, hier einigen Aufschluß zu erhalten, sind die bisher bekannt gewordenen Fälle von Kindern, die durch Tiere großgezogen wurden. Abgesehen von den vielfachen Schwierigkeiten der Berichterstattung und nach kritischer Prüfung anderer Einwände formuliert A. Portmann vorsichtig als Ergebnis aus den „Wolfskinder"-Fällen: „Es würde bezeugt, daß die eigentliche Festigung der menschlichen Weltbeziehung ... sich nur in langen Jahren vollwertigen Sozialkontaktes verwirklicht und eine Eingliederung in die Gruppe möglich macht." Der bei Wolfskindern stets beobachtete Schwachsinn „bestärkt die Auffassung, eine geistig normale Haltung und Weltbeziehung brauche den langen Kontakt mit der normalen Gruppe ..." (Vgl. A. Portmanns Geleitwort zu J. A. L. Singh, *Die „Wolfskinder" von Midnapore;* Heidelberg 1964, 19.)

verdienstvoll, daß methodisch überhaupt nach den anthropologischen Bedingungen der Möglichkeit von Gemeinschaft gefragt wird. Vielfach wird diese Frage durch die Übernahme des aristotelischen Axioms vom ζῷον πολιτικόν schon im Keim erstickt. Aber auch die in Zeiten abnehmender Dialogbereitschaft laut gerufene sittliche Forderung nach Vertiefung der mitmenschlichen Beziehung setzt, so verdienstvoll sie unter ethischen und religiösen Gesichtspunkten ist, diese Frage als bereits gelöst voraus oder hält sie für belanglos. Bei solcher ethisch und religiös motivierten Appellphilosophie, wie sie etwa bei BUBER und EBNER vorliegt, kann von einer methodisch strengen philosophischen Anthropologie nicht die Rede sein. Bei BUBER ist die methodische Unbekümmertheit handgreiflich. ,,In krassem Gegensatz zur fundamentalen Bedeutung des Miteinanderseins stehen nun aber die Undifferenziertheit der argumentativen Operationen und die Unangemessenheit der Begriffe, mit denen Buber sein Thema zu bewältigen sucht.''[174] Der phänomenologischen Methode muß in diesem Zusammenhang eingeräumt werden, daß sie ohne Beschränkung auf die psychologische Empirie dennoch im Raum der anthropologischen Erfahrung die umfassende Frage nach dem Sinn von geistigen Akten überhaupt stellt, ohne ihren Umfang normativ einzuengen, etwa allein auf die ethisch wertvollen Aktvollzüge.[175]

Da Scheler, wie wir schon sahen, zu den individualistisch denkenden Philosophen gerechnet wird, ist darauf hinzuweisen, daß er zwar längst nicht das von hohem ethischen Verantwortungsbewußtsein getragene Gemeinschafts-Pathos des Dialogismus entwickelt,[176] wohl aber die Gemeinschaftsbezogenheit der Person so fest theoretisch verankert, daß sich daraus die selbstverständliche Forderung einer optimalen Realisierung dieser menschlichen Anlage ergibt. Nach Scheler ist die soziale Natur des Menschen eine Wesenstatsache mit all dem Gewicht, das dem Terminus ,,Wesen'' im Munde des Phänomenologen zukommt.

[174] M. Theunissen, *Der Andere* 258. Buber selbst bekennt in seiner ,,philosophischen Rechenschaft:'' ,,Ich muß es noch einmal sagen: Ich habe keine Lehre. Ich zeige nur etwas.'' *(Werke* I, 1114).
[175] Vgl. dazu Th. Litt, *Individuum u. Gemeinschaft* 12f.
[176] Indes findet sich auch bei Scheler der religiöse Aufruf zur Wiederbelebung der christlichen Gemeinschaftsidee; vgl. den Vortrag: ,,Die christliche Liebesidee u. die gegenwärtige Welt'': GW V, 355–401.

Zwar sieht Scheler richtig das Eigensein der individuellen Person, die durchaus nicht von der Gemeinschaft her allererst kontituiert wird. Aber die soziale Natur des Menschen folgt auch nicht erst etwa aus einem bestimmten Stand der individuellen Entwicklung, noch ist sie das abstrahierende Ergebnis einer generalisierenden Induktion aus möglichst vielen empirischen Einzelbeobachtungen. Gemeinschaftsverwiesenheit der Person ist vielmehr mit dem Sinn von Person überhaupt schon mitgegeben; wer Person meint, meint auch Möglichkeit und Notwendigkeit von Gemeinschaft auf Grund des intentionalen Selbstvollzugs der angezielten Person. ,,Da in einer gewissen Klasse von Akten die Intention auf mögliche Gemeinschaft WESENHAFT und mit der Natur der Akte selbst mitgegeben ist, ist mindestens der SINN von Gemeinschaft und ihre MÖGLICHE Existenz überhaupt keine Annahme, die erst empirischer Feststellung vorbehalten bliebe. Diese Annahme ist vielmehr mit dem Sinne einer ,PERSON' GLEICH wesenhaft und GLEICH ursprünglich verknüpft wie jene einer AUSSEN- UND INNENWELT."[177] Auch hier darf die gnoseologische Formulierung nicht darüber hinwegtäuschen, daß es sich um eine seinsmäßige Aktstruktur der geistigen Person handelt, wie denn überhaupt jede Trennung von Erkennen und Sein mit ihrer ewigen Frage nach ,,Kriterien" am phänomenologischen Grundanliegen Schelers vorbeigeht.[178] Wird die soziale Natur des Menschen als Wesenswahrheit gesehen – wobei über Art und Intensität der faktischen Vergemeinschaftung des Einzelnen noch nichts ausgesagt ist –, so ist zugleich die Gefahr abgewendet, in der Gemeinschaftsverwiesenheit des Menschen, mag man sie noch so sehr betonen, im Grunde doch nur einen (überwindbaren?) Defektzustand zu sehen. Bei JASPERS geben solche Überlegungen zwar den Blick auf die Frage nach der Transzendenz frei, aber das Seiende, das sich dabei in angeblich fragloser Gewißheit ergibt, ist notwendig kommunikationslos, solange Kommunikation nur aus der Bedürftigkeit gedacht wird.[179] Für

---

[177] *Der Formalismus...*: GW II, 509. Vgl. ferner: ,,Die christliche Liebesidee u. die gegenwärtige Welt": GW V, 371 u. *Wesen u. Formen d. Sympathie* 272.
Der späte Scheler schließlich läßt nach der Absolutsphäre die Sphäre der Mitwelt sogar allen anderen Sphären wissens- und erlebensmäßig vorgegeben sein, vgl. ,,Probleme einer Soziologie d. Wissens": GW VIII, 56, 57; 374f.
[178] Zum ,,Menschen des Kriteriumstypus" vgl. ,,Phänomenologie u. Erkenntnistheorie": GW X, 381f.
[179] ,,Wir fragen, ob wir am Grunde doch aus dem Sein selbst leben, das der Kom-

den Menschen ist das Element der schon biologischen Bedürftigkeit nicht zu leugnen. Allein aber genügt es nicht zur Ableitung seiner sozialen Natur. Weil höchste Geistigkeit auch höchste Kommunikation im Empfangen und Geben bedeutet, ist jede gesuchte Einsamkeit der geistigen Person nur unter Verzicht oder Verweigerung aufrechtzuerhalten. „Der Mensch wird nicht etwa notwendig um so einsamer, je mehr er geistig lebt."[180]

b. Wesensformen möglicher Vergemeinschaftung

Auf demselben apriorischen Wesenshintergrund wie die Gemeinschaftsverwiesenheit der Person überhaupt entwickelt Scheler auch die nach ihm allein denkbaren vier Wesensformen möglicher Vergemeinschaftung: Masse, Lebensgemeinschaft, Gesellschaft, Gesamtperson.[181] Auch hier ist die Apriorität des Ansatzes problematisch und die Möglichkeiten faktischen Gemeinschaftslebens, vor allem in der dann doch sehr ins einzelne gehenden Schilderungsweise Schelers, sind rein von der intentionalen Strukturverschiedenheit der wesenssozialen Akte nicht zu entwerfen. Hier geht F. TÖNNIES[182], dem Scheler die Unterscheidung von Lebensgemeinschaft und Gesellschaft verdankt und der in seinen Augen „Apriorisches und Historisches zu sehr zu vermischen scheint",[183] prinzipiell den besseren Weg. Schelers apriorischer Ansatz behält jedoch seinen Wert als an geistigen Wesensvollzügen des Menschen gewonnene formale Leitlinie für die Mannigfaltigkeit konkreter Formen der Sozialisierung wie als ideale Wesensforderung, die allen Sozialgebilden als anthropologische Norm vorausliegt, ohne jedoch in völliger Reinheit ver-

---

munikation nicht bedarf, da es über alle Kommunikation, deren Notwendigkeit ein Mangel ist, hinaus ist, und ob wir nicht bloß aus dem Keim leben, der in Kommunikation sich erhellt, sondern aus jenem darüber hinaus Liegenden, das auch die Kommunikation lenkt. ... Mitteilung ist das Mittel in der Zeit, zum Einen zurückzukehren. Verwirrung ist im Vielen, Ruhe im Ineinsschlagen. Dieses aber müßte wahrhaftig sein und total, wenn es die Kommunikation überwinden sollte." *(Von der Wahrheit.* Bd. I d. *Philosophischen Logik;* München 1958, 380f.)

[180] „Die christliche Liebesidee u. die gegenwärtige Welt": GW V, 373.

[181] Vgl. *Der Formalismus . . .*: GW II, 515-531. Dabei geht es um „eine Theorie von allen möglichen sozialen Wesenseinheiten überhaupt", um „Wesensarten sozialer Einheit", nicht um „bloß *graduell* verschiedene Entfaltungsstadien zufälliger historischer Natur", sondern um „*wesenverschiedene notwendige Dauer*formen *aller* möglichen sozialen Verknüpfung überhaupt." (A.a.O. 515, 522, 529.)

[182] Vgl. dazu *Gemeinschaft u. Gesellschaft;* Leipzig [8]1935. Zur Weiterführung und metaphysischen Neubegründung der Lehre von Tönnies vgl. H. E. Hengstenberg, *Grundlegungen zu einer Metaphysik d. Gesellschaft;* Nürnberg 1949.

[183] *Der Formalismus . . .*: GW II, 517, Anm. 1.

wirklicht werden zu können. Die Apriorität des Ansatzes ist
nicht reine Konstruktion, sondern geht aus von den am personalen Individuum erhebbaren ,,wesensverschiedenen ARTEN DES
MITEINANDERSEINS und Miteinandererlebens" in ,,rein immanenter Untersuchung und Erkenntnis des wesenhaften Aktbestandes
jedes Ich."[184] Die normative Linie führt dabei von der ver-
ständnis- und willenlosen Masse in Richtung steigender Individualisierung und intensiverer, d.h. immer mehr bewußt voll-
zogener Vergemeinschaftung bis zum Idealfall der höchste Individualität wie engste gemeinschaftliche Bindung gewähr-
leistenden Gesamtperson. Da der rechte Ausgleich zwischen Individuum und Gemeinschaft mit zu den wesentlichen Aufgaben
menschlichen Daseins gehört, kommt den Sozialkategorien Schelers, unbeschadet mancher korrekturbedürftiger Einzelheiten,
große anthropologische Bedeutung zu. Unter eben diesem formalen Gesichtspunkt der fruchtbaren Spannung von Individuum
und Gemeinschaft sollen sie hier referiert werden.

An unterster Stelle der Möglichkeiten sozialer Wesenseinheiten
steht die Masse. Ihr psychischer Mechanismus ist die ,,verständ-
nisfreie sog. Ansteckung und unwillkürliche Nachahmung."[185]
Weder das eigene noch das andere Individuum kommen in der
Masse als solche zur Geltung. Es kommt auch zu keiner echten,
bewußt angenommenen Vergemeinschaftung, sondern nur zu
einer ,,gegenseitigen Verschmelzung der Glieder ... in einem
Affekt und Triebstrom, der dann in seiner Eigenrhythmik das
Verhalten aller Teile von sich aus bedingt und Ideen und Tat-
projekte launisch wie der Sturm die Blätter vor sich herjagt."[186]
Mit der Masse stimmt die Lebensgemeinschaft (etwa in
Form der Familie) insofern überein, als auch in ihr ,,die personale
Einheitsform überhaupt ... noch gar nicht erscheint."[187] Dies
deshalb, weil in der Lebensgemeinschaft der Anteil des Indivi-

---

[184] A.a.O. 515; *Wesen u. Formen d. Sympathie* 265.
[185] *Der Formalismus* ...: GW II, 515. Vgl. *Wesen u. Formen d. Sympathie* 7–9,
17, 25f. Im Anschluß an Scheler entwickelt E. Stein eine Phänomenologie der psychischen Ansteckung in ihren ,,Beiträgen zur philosophischen Begründung d. Psychologie
und d. Geisteswissenschaften"; in: *Jahrbuch f. Philosophie u. phänomenologische Forschung* 5 (1922), 158–187. Die ganze Arbeit Steins wird von Scheler als Weiterführung
seiner im ,,Formalismus" gegebenen Charakteristik der sozialen Wesensformen angesehen; vgl. ,,Probleme einer Soziologie d. Wissens": GW VIII, 33, Anm. 2.
[186] *Wesen u. Formen d. Sympathie* 25f.
[187] *Der Formalismus* ...: GW II, 518.

duums noch gering ist. Nach Scheler bedarf es in ihr besonderer Akte, um das Individuum aus dem indifferenten Strom des gemeinschaftskonstitutiven Miteinandererlebens herauszulösen. ,,Dem Einzelnen sind seine Erlebnisse als eines Einzelnen hier zwar gegeben, aber erst auf Grund eines besonderen singularisierenden Aktes, der ihn aus dem Gemeinschaftsganzen gleichsam herausschneidet."[188] Immerhin ist auf dieser Stufe schon ein Erleben der eigenen Individualität möglich, ohne die Lebensgemeinschaft als solche zu zerstören. Hingegen betont Scheler für die Sozialform der Lebensgemeinschaft indirekt die Kraft des gemeinsamen Bandes, wenn er die Gemeinschaft als ,,ÜBERSINGULARE Lebens- und Leibeinheit" ansieht, in der ,,das individualistische Prinzip nur für die konkrete GEMEINSCHAFT, nicht für das Einzelwesen verwirklicht" ist.[189] Bezeichnend für die Bedeutung des Individuums zum Aufbau der sozialen Wirklichkeit in der Sicht Schelers ist die Tatsache, daß erst die dritte Sozialweseneinheit, die Gesellschaft, als personal bezeichnet wird.[190] ,,Sie ist zuvörderst gegenüber der NATÜRLICHEN Einheit der Gemeinschaft als eine KÜNSTLICHE Einheit von Einzelnen zu definieren, in der ... ALLE VERBINDUNG zwischen Einzelnen erst durch BESONDERE BEWUSSTE Akte hergestellt wird, die von jedem als von seinem HIER ZUNÄCHST erlebt gegebenen EINZELICH herkommend, und auf den anderen als einen ‚anderen' hinzielend erlebt sind."[191] Diese gesteigerte Individualität gefährdet keineswegs die Vergemeinschaftung. Wenn in Schelers Gesellschaftslehre dieser Eindruck erweckt wird, so deshalb, weil Scheler

---

[188] *Der Formalismus* ...: GW II, 516. – Gegen diese Minderbewertung des Individuums in der Lebensgemeinschaft, die bei Scheler zur Annahme einer Mitverantwortlichkeit vor jeder erlebten Selbstverantwortlichkeit führt (vgl. a.a.O. 516), wendet E. Stein mit Recht ein, ,,daß in einer Gemeinschaft ohne irgendwelche Glieder, die frei aus sich heraus Akte vollziehen (wofern dergleichen überhaupt denkbar ist), von einer Verantwortlichkeit im strengen Sinne nicht gesprochen werden könnte, von einer Verantwortlichkeit der Gemeinschaft so wenig wie der der einzelnen." (*Jahrbuch f. Philosophie u. phänomenologische Forschung* 5 [1922], 175.)

Hier macht sich die Einseitigkeit einer ungeachtet der empirischen Sozialverbände rein wesenssoziologisch arbeitenden Anthropologie bemerkbar: Man wird weder von einem mittelalterlichen ,,Stand" noch von einer modernen Familie sagen können, es schwebe ein ,,*einheitlicher* Aktus ... des Miteinandererlebens, -hörens, -sehens, -denkens, -hoffens, -liebens und -hassens *zwischen* den Individuen als ein *eigengesetzmäßiger Erlebnisstrom*, dessen Subjekt die Realität der Gemeinschaft selbst ist." (*Der Formalismus* ...: GW II, 516.)

[189] *Der Formalismus* ...: GW II, 517; 519.
[190] A.a.O. 518.
[191] A.a.O. 517.

wieder zu wenig die konkreten Gesellschaftsformen im Auge hat.[192] Indes darf nicht übersehen werden, daß bei Scheler die Gesellschaft prinzipiell unter Voraussetzung der lebensgemeinschaftlichen Bindung als Bedingung der Möglichkeit des Absetzens des anderen von mir, des Versprechens und des Vertrages[193] und unter Erreichung der gesteigerten Individualität des Einzelnen ein weiterer Schritt auf dem Weg zur Individuum wie Vergemeinschaftung ideal verwirklichenden Stufe der Gesamtperson ist. Im Sinne Schelers ist also nicht etwa die Gesellschaft eine unbedingt höhere Sozialwesenheit als die Gemeinschaft (selbstverständlich auch nicht umgekehrt); vielmehr enthalten Gemeinschaft und Gesellschaft je einen für die Vergemeinschaftung im idealen Vollsinn konstitutiven Wesenszug in besonderer Ausprägung (und unter Vernachlässigung des anderen): das solidarische Miteinandererleben einerseits und die personale Einzelindividualität anderseits. Erst die höchste Sozialwesenheit der Gesamtperson, auf die hin (Lebens-) Gemeinschaft und Gesellschaft seins- und erkenntnismäßig hingeordnet sind, vereint nach Scheler beide Wesenszüge unverkürzt und harmonisch.[194] Schelers Lehre von der Gesamtperson dürfte jener Teil seiner philosophischen Anthropologie sein, bei dem phänomenologische Aktanalyse und der christliche Hintergrund eigentümlich zurechtgemachter theologischer Daten am schwersten auseinanderzuhalten sind. Davon war schon im Abschnitt über sittliche Solidarität und Gesamtperson die Rede. Die dortigen Ergebnisse werden hier vorausgesetzt. Mühelos scheinen die Gleichungen aufzugehen: ,,Selbständige, geistige, individuelle Einzelperson" =

[192] Keine faktische Gesellschaft könnte auf die Dauer bestehen, wenn Scheler Recht hätte mit seiner Behauptung, es sei ,,grundloses und primäres *Mißtrauen* aller in alle die Grundeinstellung in der Gesellschaft." Unter dieser Voraussetzung gäbe es wirklich gemeinsames Wollen und Handeln ,,nur durch *Fiktion* und *Gewalt*" (*Der Formalismus* ...: GW II, 518) – eine Behauptung, die durch die tatsächlichen Leistungen gesellschaftlicher Institutionen wohl hinreichend widerlegt wird. Nach E. Steins berechtigter Kritik erscheint die Gesellschaft bei Scheler ,,als eine Verfallsform der Gemeinschaft, was sie prinzipiell nicht zu sein braucht." (*Jahrb. f. Phil. u. phän.* Forschung 5 [1922], 235.)
[193] Scheler bezieht den in der Lebensgemeinschaft erreichten Grad der Vergemeinschaftung als Fundament in die Sozialeinheit der Gesellschaft ein, vgl. *Der Formalismus* ...: GW II, 520.
[194] ,,Sowenig diese Idee einer höchsten Form von Sozialeinheit eine bloße ,Synthese' von Lebensgemeinschaft und Gesellschaft darstellt, sind doch *beider* Wesensmerkmale in ihr mitgegeben: Selbständige, individuale Person wie in der Gesellschaft; Solidarität und reale Gesamteinheit wie in der Gemeinschaft." (*Der Formalismus* ...: GW II, 527.)

„individuelle (kreationistisch) gefaßte ‚Seele' " und „selbständige geistige, individuelle Gesamtperson" = „Heilssolidarität Aller im corpus christianum".[195] Von da her erklärt sich auch die deutliche Idealisierung des sozialen Lebens im Begriff der Gesamtperson. Die Beachtung dieser Einflüsse hilft aber auch, den rechten Anhaltspunkt für den sozialphilosophischen und anthropologischen Wert dieser Kategorie zu finden. Die Gesamtperson ist keine mystische, überindividuelle Wirklichkeit, in der die produktive Spannung zwischen Individuum und Vergemeinschaftung in nicht näher einsichtiger Weise für immer überwunden wäre. Sie ist vielmehr der (sprachlich mißglückte) Ausdruck für die jeder geistigen Gemeinschaft, auch der Kirche,[196] immer neu gestellte Aufgabe, zwischen Einzelnem und Gemeinschaft zu vermitteln, was dann am besten gelingen wird, wenn sich die Gemeinschaft und ihre bestellten Repräsentanten der unveräußerlichen Rechte der Einzelpersonen, diese aber ihrer frei zu leistenden Mitarbeit am Aufbau des Sozialgebildes bewußt bleiben. Gesamtperson wäre dann „als eine ideale Grenze anzusehen, als die Form der Gemeinschaft, in der alle Glieder Personen im vollen Sinne des Wortes sind und alle mit ihrer Seele am Gemeinschaftsleben teilnehmen, sich ferner dieser Gliedschaft und ihrer Verantwortung in der Gemeinschaft und für sie bewußt sind."[197] Was bei Scheler darüber hinausgeht, stammt aus außerphilosophischen Quellen und ist phänomenologisch nicht mehr

---

[195] *Der Formalismus . . .*: GW II, 522.

[196] Man kann nicht einfach die Kirche als den idealen, spannungslosen Ort der fraglosen Unversehrtheit des Intimbereichs ihrer Glieder ansehen und unter dieser (stillschweigenden) Voraussetzung behaupten: „Das Maximum des relativ intimen Erlebnisgehalts der Person als solcher geht in die *religiöse* Gemeinschaft ein, d.h. in die Kirche. Es kann also in ihr eine der absolut intimen Person noch ‚näher' gelegene Erlebnisschicht frei und mitteilbar werden (auch der Kritik unterliegen) als in anderen Gesamtpersonen . . ." *(Der Formalismus . . .*: GW II, 553, f.).

Zunächst ist nicht einzusehen, wieso in der Kirche mehr Intimität frei werden soll als (wie Scheler a.a.O. 551 meint) grundsätzlich in einer Lebensgemeinschaft, etwa der Familie. Und weiters gibt es auch und gerade innerhalb der Kirche dort, wo Persönlichstes entfaltet werden soll, den Unterschied zwischen „Prinzipien" und „Imperativen" (vgl. K. Rahner, *Das Dynamische in der Kirche*; Basel-Freiburg-Wien ²1958, 14–37), den Raum des „Einzelnen in der Kirche" (vgl. K. Rahner, *Gefahren im heutigen Katholizismus*; Einsiedeln ³1955, 11–38) und die immer neu zu respektierenden „Grenzen der Amtskirche", „weil die sittliche Einzeltat des Einzelnen nicht adäquat aufgeht in der Beobachtung allgemeiner Prinzipien, sondern darüber hinaus ein individuelles Plus hat, das der Einzelne als solcher auch noch sittlich verantworten muß." (K. Rahner, „Grenzen d. Amtskirche"; in: *Schriften z. Theologie*, Bd. VI, Einsiedeln-Zürich-Köln 1965, 520.)

[197] E. Stein; in: *Jahrb. f. Philosophie u. phän. Forschung* 5 (1922), 249f.

zu decken. Wo Scheler rein phänomenologisch vorgeht, nähert er sich auch dieser anthropologisch wertvollen Auffassung der Gesamtperson als eines neuen, aus dem bewußten und gewollten Konspirieren der dafür konstitutiven und in ihrer Eigenständigkeit sich erhaltenden Einzelpersonen erwachsenden Erlebniszentrums.[198] Von diesem Ansatz her ist auch die rechte Einschränkung der von Scheler übertriebenen Mitverantwortlichkeit auf jenes Maß durchzuführen, das die für alle Solidarität konstitutive Reichweite der Verantwortlichkeit des Einzelnen zur Richtschnur nimmt. Dabei ist Scheler vorbehaltlos darin zuzustimmen, ,,daß jede Liebe Gegenliebe setzt (so sie irgendwie erfahren wird) und insofern ein neues sittlich Gutes zur Erscheinung bringt.''[199] Das bedeutet aber für den liebenden Menschen, der von diesen Aktzusammenhängen weiß, daß er durch seine Liebe dem geliebten Gegenüber Anlaß zum sittlich hochwertigen Akt der Liebe gibt. ,,Wer liebt, realisiert nicht nur einen positiven Aktwert an sich selbst, sondern ceteris paribus auch einen solchen Aktwert an seinem Gegenüber.''[200] Hier von Mitverantwortlichkeit für das sittliche Sein des Anderen zu reden, hat einen guten Sinn, weil die Ausstrahlung der eigenen Liebe auf den anderen durchaus im Bereich der eigenen Voraussehbarkeit des Einzelnen liegt. Anders verhält es sich mit Schelers unmittelbar anschließender Erweiterung des Solidaritätsprinzips zur ,,ganzen Fülle seiner Ausdehnung.''[201] Auch daran ist richtig, daß die empfangene und erwiderte Liebe den Empfänger in seiner Liebesfähigkeit gegenüber dritten Personen steigert, daß also ,,der in der Gegenliebe des B zu A steckende Tugendwert, resp.

---

[198] Vgl. drei phänomenologische Umschreibungen des mit Gesamtperson Gemeinten: ,,Die mannigfachen *Zentren* des *Er-lebens* in dieser unabschließbaren Totalität des Miteinander-erlebens ... sind dasjenige, was wir als *Gesamtperson* zu bezeichnen haben.'' *(Der Formalismus...: GW II, 510).*

,,Der jeweilige *Gesamt*gehalt alles Erlebens von der Art des ,Miteinanderlebens' ... ist die Welt einer Gemeinschaft, eine sog. *Gesamtwelt*, und ihr konkretes Subjekt auf der Aktseite ist eine *Gesamtperson*.'' (A.a.O. 511.)

Auch das neue Bewußtsein der Gesamtperson läßt sich im auf dem Bewußtsein der Einzelnen aufbauenden richtigen Sinn verstehen: ,,Da sich aber die Gesamtperson ja konstituiert im Miteinandererleben von Personen und diese als Person das konkrete Aktzentrum des Erlebens *in* diesem Miteinandererleben ausmacht, so ist *ihr* Bewußtsein-von in dem Bewußtsein einer totalen endlichen Person als *Aktrichtung* stets *mitenthalten*, keineswegs also ein ihm irgendwie Transzendentes.'' (A.a.O. 512.)

[199] *Wesen u. Formen d. Sympathie* 190; vgl. *Der Formalismus...: GW II, 524f.*
[200] *Der Formalismus...: GW II, 525.*
[201] A.a.O. 525.

der Steigerungswert seines Personwertes nicht nur für A, sondern auch für BELIEBIGE PERSONEN C, D, E . . . X besteht und fruchtbar werden kann."[202] Diese mögliche Fortpflanzung der Liebe bzw. ihre Unterlassung dem ursprünglich Liebenden als verantwortbar zuzuschreiben, geht aber nur dann an, wenn man entweder eine über die Reichweite individueller Einsicht hinausgehende Verantwortlichkeit annimmt oder die individuelle Eigenständigkeit und die damit notwendig gegebene relative Abgeschlossenheit der Einzelperson leugnet zugunsten eines einheitlichen, „abstrakten" Wesensaktes, davon die Einzelpersonen nur zufällige, „konkrete" raum-zeitliche Aussparungen sind. Beides konnten wir in Schelers theonom orientierter Personlehre erheben. Für den ethischen Ansatz ist keine der beiden Alternativen tragbar: die erste nicht, weil sie den Sinn sittlicher Verantwortlichkeit maßlos überdehnt, ja zerstört; die zweite nicht, weil sie Würde und Selbststand des personalen Individuums gefährdet. Ethisch-anthropologisch (und selbstverständlich auch genuin theologisch) gedacht gilt vielmehr: Was mein Partner mit meiner Liebe anfängt, wie und an wen er sie weitergibt, liegt nicht mehr im Bereich meiner Verantwortung, freilich auch nicht, wie Scheler richtig bemerkt, bei „den zufälligen Ursachen, die B dem C, D, E . . . X in Raum und Zeit entgegenführen",[203] sondern im Feld der persönlichen Verantwortung des durch meine Liebe bereicherten Partners, der ein ebenso selbst- und (im dargestellten Sinn) mitverantwortliches Wesen ist wie ich. Mitverantwortlich bin ich für den konkret Begegnenden (und dieser für die ihm Begegnenden und so fort) – nicht aber „für alle MÖGLICHEN ‚anderen'."[204] Die objektive Ausstrahlung meiner Liebe, jedoch wiederum bereichert und vermehrt, ist damit nicht geleugnet. Sie aber als Verantwortlichkeit und anrechenbare Solidarität zu bezeichnen, ist zumindest terminologisch höchst mißverständlich.

c. Gemeinschaft und Einzelperson

Im Zusammenhang mit der „Gesamtperson" erhebt sich auch die Frage, wie das neue Sein der Gemeinschaft im Verhältnis zum

---

[202] *Der Formalismus* . . .: GW II, 526.
[203] A.a.O. 526.
[204] A.a.O. 526.

Sein der sie bildenden Einzelpersonen zu denken sei. Hier fällt auf, daß gerade die an Scheler orientierte Sozialanthropologie etwa bei E. STEIN, D.v. HILDEBRAND, H.-E. HENGSTENBERG deutlich von der Konzeption der Gesamtperson als neuer, übersingularer, die Einzelindividuen überformender und einschmelzender Gesamtrealität abrückt und alles Eigensein der Gemeinschaft auf die gründende Intentionalität der sie bildenden Einzelpersonen zurückführt.[205] Indes finden sich neben der philosophisch nicht verantwortbaren überindividuellen Gesamtwirklichkeit der „Gesamtperson", die auch den ihr zugrundeliegenden Daten, deren phänomenologischer Niederschlag sie sein soll, nicht gerecht wird, schon bei Scheler Hinweise, die eine Hypostasierung der Gemeinschaftsrealität zu einem von ihren Gliedern unabhängigen Ganzen ausschließen. In der Spätphase spricht Scheler kaum mehr von der Gesamtperson, dafür aber von zwei Kategorien seiner nunmehr entworfenen „Wissens-

---

[205] Am nächsten kommt der Auffassung Schelers noch E. Stein: „Gemeinschaften können den Anspruch erheben, als selbständige Persönlichkeiten anerkannt zu werden, wenn sie in der Seele selbständiger individueller Personen wurzeln." Gemeinschaften haben einen „Charakter", eine „Seele", auch einen eigenen „Geist". Abschließend schränkt Stein jedoch bedeutsam ein, wenn sie schreibt, es könne „von einem ‚Kern' der Gemeinschaft überhaupt nicht gesprochen werden. Zeigt auch eine solche überindividuelle Persönlichkeit eine einheitliche Gestaltung ihres äußeren und inneren Seins, so läßt sich doch keine einfache Bildungswurzel ihres gesamten ‚personalen' Seinsbestandes aufweisen, sondern dieser weist auf den Kern der individuellen Personen zurück, die sein Fundament bilden." *(Jahrbuch f. Philosophie u. phän. Forschung* 5 [1922], 247, 248, 249.)

Mit deutlichem Bezug auf die Versuche, „die Gemeinschaftsgebilde als ‚Gesamtpersonen' zu charakterisieren", schreibt D. v. Hildebrand: „Das ganz einzigartige Sein eines Wesens, das ein Bewußtsein seiner selbst hat, sinnvolle Akte und Stellungnahmen vollzieht, das ‚sich selbst besitzt', das nicht nur einfach ‚da ist', sondern ein ‚erwachtes', ‚durchleuchtetes' Sein besitzt, kann nur in mystischer Spielerei einer natürlichen Gemeinschaft ... zugeschrieben werden." *(Metaphysik d. Gemeinschaft* 146; der Zusatz „natürlich" soll die gemeinten Gemeinschaften von der übernatürlichen Gemeinschaft des Corpus Christi mysticum unterscheiden, s. oben 125, Anm. 221.)

H. E. Hengstenberg betont ein Eigensein der Gemeinschaft, das jedoch ganz auf die gemeinschaftsbildenden Personen zurückverweist, und stellt „die These auf: Die Gemeinschaft ist ein Seiendes, das sich vom Sein der personalen Glieder unterscheidet (nicht scheidet), indem es unter Wirkung einer *forma unitiva* und Konstituierung eines Gemeinbesitzes an der Substanzialität und Personalität der Glieder partizipiert, ohne selbst jemals Substanz und Person zu werden." Die forma unitiva ist dabei „das Prinzip, in dem der Gemeinbesitz genossen wird; nichts, was die Glieder zusammenzwingt, sondern das, in dem sie selbst spontan zur Einheit kommen; nicht selbst eine Person, sondern das Prinzip, in dem die Personen einander zeugend ... begegnen." („Hat die Gemeinschaft ein Sein, das von der Glieder zu unterscheiden ist?"; in: ders., *Freiheit und Seinsordnung. Gesammelte Aufsätze u. Vorträge zur allgemeinen u. speziellen Ontologie*; Stuttgart 1961, 206, 208.)

soziologie", von der „Gruppenseele" und dem „Gruppengeist".[206] Dabei kommen mit genügender Deutlichkeit zwei für den Charakter des gemeinschaftlichen Seins grundlegende Momente zum Ausdruck: sein weder physischer noch metaphysischer, sondern intentional-geistiger Charakter wie seine Rückbezogenheit auf die das Miteinander konstituierenden Einzelpersonen. Gruppenseele und Gruppengeist sind für Scheler „nicht metaphysische Entitäten, die dem Miteinanderleben und -erleben substantiell vorhergingen, sondern nur die Subjekte des seelischen, resp. geistigen Gehalts, der sich im Miteinander immer NEU PRODUZIERT."[207] Hier ist ein ausreichender Ansatz gegeben, um anthropologisch das neue Sein der Vergemeinschaftung aus den konstitutiven Vollzügen der einzelnen Glieder zu entwickeln. Es wäre dann ein intentionales Sein im Sinne eines „Bandes" (HENGSTENBERG), das vom einmal gesetzten, immer wieder erneuerten oder ausdrücklich gemachten Willen einer Mehrzahl der Einzelpersonen auf ein gemeinsames Sinnziel (das selbstverständlich außerhalb der Einzelnen liegt) hin gebildet wird, und im Sinne von Schelers „Kollektivsubjekt" als der jener gemeinsamen Ausrichtung entspringenden neuen geistigen Leistungen und Strukturen. Beides ist damit gesichert: die eigenständige, gemeinschaftsbildende Kraft der Individuen und das neue, einheitliche Sein der sozialen Wirklichkeit.[208]

d. Die Bedeutung der faktischen Sozialgebilde

Schelers Wesenslehre des Sozialen besteht darauf, daß die vier Wesenseinheiten der Masse, Lebensgemeinschaft, Gesellschaft, Gesamtperson apriorische Vorgegebenheiten aller konkret-historischen sozialen Entwicklung sind. „Nicht aus dieser ‚Entwicklung' werden sie geboren, sondern NACH ihnen und in ihrem

---

[206] Die Zweiteilung „Gruppenseele" – „Gruppengeist" entspricht dem durchgehenden Schelerschen Schichtenmodell (Leib-) Vitalseele – Geist und hat in unserem Zusammenhang keine besondere Bedeutung: „Als ‚Gruppenseele' bezeichnen wir hierbei das Kollektivsubjekt nur jener seelischen Tätigkeiten, die nicht ‚spontan' vollzogen werden, *sich vollziehen*', wie Ausdrucksäußerungen oder sonstige automatische oder halbautomatische psychophysische Tätigkeiten; wogegen wir als ‚Geist' einer Gruppe das Subjekt meinen, das sich im Miteinandervollzug vollbewußter *spontaner Akte*, die gegenständlich intentional bezogen sind, konstituiert." („Probleme einer Soziologie d. Wissens": GW VIII, 55.)
[207] „Probleme einer Soziologie d. Wissens": GW VIII, 54.
[208] Vgl. dazu die Umschreibung der Gemeinschaft im Unterschied vom Organismus bei D. v. Hildebrand, *Metaphysik d. Gemeinschaft* 141.

RAHMEN findet alle Entwicklung statt."²⁰⁹ Sofern damit nochmals die alle faktische Vergemeinschaftung tragende wesenhaft soziale Natur des Menschen herausgestellt werden soll, ist Scheler nur beizustimmen. Doch dürfte hier hinter der betonten Wesensbetrachtung die anthropologische Bedeutung der konkreten Formen menschlicher Vergemeinschaftung nicht so zurücktreten, wie es bei Scheler der Fall ist. Die tatsächlich bestehenden Sozialgebilde sind doch mehr als bloße Erfüllungen „ursprünglicher Zielintentionen", mehr als das „ ‚Erfüllungsphänomen', das eintritt, wenn uns dinglich entgegentritt, was zunächst in der Liebesintention vorgegeben war."²¹⁰ Was der Mensch auf Grund seiner sozialen Anlage zu leisten imstande ist und wie er sie langsam und unter manchen Rückschlägen verwirklicht, das bringt nur die lange Bewährung in den konkreten Sozialformen der Freundschaft, der Ehe, des Volkes, der Glaubensgemeinschaft ans Licht. Diese Bewährung bedeutet zunächst Verwirklichung und Ausdifferenzierung der sozialen Anlage und damit rückwirkend ihre Intensivierung und Vertiefung. Darüber hinaus können die meisten der wesenssozialen Akte auf die Dauer nicht oder nicht richtig vollzogen werden ohne die Verleiblichung in ihnen entsprechenden Gemeinschaften. Gewiß, „auch ein Mann und eine Frau, die nie Fremdgeschlechtlichkeit erfahren und wahrgenommen hätten, würden diese Art des Sehnens, die Geschlechtsliebe und -trieb heißt, erfahren haben."²¹¹ Vom „Sehnen", das gerade im angeführten Beispiel bei konstanter und völliger Erfahrungsverweigerung die seltsamsten Formen annehmen kann, ist aber ein weiter Weg zum rechten Vollzug, der nicht nur die eigenen, sondern auch die fremden Wünsche erfüllt. Die in allen wesenssozialen Akten der Person dunkel geahnte „Erweiterung ihres Ichlebens",²¹² die sittlich hochwertige „Bejahung einer anderen PERSON als solcher",²¹³ die Erzeugung von „geistig-seelischem Gemeinbesitz",²¹⁴ alles das ist nach Wirklichkeit, Intensität und wesenerschließender Aussagekraft Frucht faktisch gelebter Sozialbeziehungen. „Die gegenseitige Liebe zweier Personen ver-

---

²⁰⁹ *Der Formalismus* . . .: GW II, 527.
²¹⁰ A.a.O. 526, Anm. 2; *Wesen u. Formen d. Sympathie* 221.
²¹¹ *Wesen u. Formen d. Sympathie* 222.
²¹² E. Stein; in: *Jahrb. f. Philosophie u. phän. Forschung* 5 (1922), 239.
²¹³ D. v. Hildebrand, *Metaphysik d. Gemeinschaft* 304.
²¹⁴ H. E. Hengstenberg, *Freiheit u. Seinsordnung* 207.

mag an sich von letzter Größe, Tiefe und Reinheit zu sein, wenn sie beiderseits unverlautbart bleibt und nie real ihr Objekt erreicht. Aber es besteht doch kein Zweifel, daß der reale Ineinanderblick ... nicht nur ein WERTNEUTRALES NEUES hinzufügt, sondern daß hierin gleichsam ein neuer ‚Sieg' der Liebe enthalten ist, ... eine eigentümliche, einzigartige Realisierung des ‚Stoffes' der fließenden Güte, der die Liebe auszeichnet."[215] Schließlich aber schützt (wie schon bei der Betrachtung anderer menschlicher Wesenszüge) auch hier die Ergänzung der Wesensbetrachtung durch die Analyse der konkreten Sozialgebilde vor jeder ungebührlichen Idealisierung des Gemeinschaftslebens. Daß die höchsten wesenssozialen Intentionen, etwa der Ausgleich zwischen Individuum und Gemeinschaft, nicht ihre vollkommene Erfüllung finden, braucht dabei kein Grund zur Resignation zu sein. Solche Erfahrung ist ebensosehr geeignet, als Ausgangspunkt für die Idee einer vollkommenen, gnadenhaft geschenkten Gemeinschaft zu dienen, ohne daß schon apriorisch die Notwendigkeit der Transzendierung aller faktischen Vergemeinschaftung postuliert werden müßte. Davon mehr im folgenden Abschnitt.

Es darf nicht übersehen werden, daß Schelers viergliedrige Aufbauordnung der sozialen Wesenheiten von der Masse zur Gesamtperson bei aller phänomenologischen Wesenhaftigkeit ohne Mitberücksichtigung der faktischen Ausgestaltung der sozialen Anlage des Menschen zumindest in ihrem ersten Glied, der Masse, nicht denkbar wäre. Man kann sich überhaupt fragen, warum Scheler die Masse, in der doch wesenhaft weder Individualität noch frei bewußte Vergemeinschaftung vollzogen wird, unter die sozialen Wesenseinheiten zählt, wo doch die im Massernerleben verwirklichten wesenssozialen Aktrichtungen ihre vollmenschliche Bedeutung erst in den höheren Sozialformen erhalten. Die Antwort liegt hier in der tatsächlichen Entwicklung des menschlichen Gemeinschaftslebens. Dabei ergibt sich, daß der Mensch, sowohl ontogenetisch wie phylogenetisch,[216] zu-

---

[215] D. v. Hildebrand, *Metaphysik d. Gemeinschaft* 305, 306.

[216] Zum Beweis für die primäre Verflochtenheit des Menschen in die Masse verweist Scheler auf „die Tatsachen des kindlichen Lebens" (Ontogenese) und „die Tatsachen alles primitiven Seelenlebens der Völker" (Niederschlag der Phylogenese), vgl. *Wesen u. Formen d. Sympathie* 285.

Selbstverständlich muß der Durchbruch zur Individualität, wenn auch nur ansatzweise und längst nicht immer auf der Höhe der Reflexionsstufe des neuzeitlichen Menschen, überall dort erfolgt sein, wo wirkliche Menschen lebten. In diesem Sinn

nächst nicht bei sich selbst ist, sondern im unreflektierten Eintauchen in die ihn umgebende Umwelt der anderen lebt. Nur so ist z.B. die Bildung echter Tradition möglich. ,,Die elementaren Prozesse, auf die alle Traditionsbildung zurückgeht, sind ... ‚psychische Ansteckung' durch die fremden Erlebnisse im MITtun und darauf gebautes MITerleben, so daß uns das objektiv unser Erleben bestimmende fremde Erleben ‚als unser eigenes' gegeben ist ..." Scheler spricht hier vom primär ,,sozialen Ich" des Menschen, welches das individuelle Ich förmlich erstickt; dieses ist ,,wie ... durch das ‚LEIBICH' ... so ... auch durch das ‚SOZIALE ICH' verdeckt und muß erst mühsam genug HINTER diesem gefunden werden."[217] Dieser Befund, der bei Scheler im Blick auf den historischen Verlauf der menschlichen Sozialentwicklung gewonnen ist und nur so gewonnen werden kann, steht hinter den in Schelers Fremdwahrnehmungstheorie gebrauchten Wendungen vom ,,in Hinsicht auf Ich-Du indifferenten Strom der Erlebnisse", von der ,,Eingeschmolzenheit in die Seele der Gemeinschaft", von einem ,,gesamten existierenden Reich der Seelen", dem ,,Hintergrund eines allumfassenden Bewußtseins", dem ,,großen Gesamtstrom des universellen Seelenlebens", vom ,,vagen Ganzen des eigenen jeweiligen Totalerlebens" u.a.[218] Es kann kein Zweifel daran bestehen, daß es sich bei dieser undifferenzierten Verwobenheit des Menschen in die soziale Umwelt auch für Scheler um eine zu überwindende Vorform personalen Lebens handelt im Sinne einer erweiterungsbedürftigen ,,natürlichen Weltanschauung", in der ,,niemals die Sachen ‚selbst gegeben' sind", deren Tatsachen vielmehr ,,sozusagen ein ZWISCHENREICH zwischen den Dingen selbst und unseren Zuständen bei ihrer Erfahrung" ist.[219] Für unseren Zusammenhang der sozialen Wesensverfassung des Menschen und ihrer Verwirklichung bedeutet dies, daß gerade auch die Betrachtung des faktischen Verlaufs des menschlichen Erwachens zur sozialen Natur die Bedingungen für ihre wesensgerechte Realisierung aufzeigt: fortschreitende Ausgliederung aus der vorbewußten Masse

---

ist Scheler zuzustimmen, wenn er eine Entwicklung von einer Sozialform zur anderen nur beschränkt zuläßt, vgl. *Der Formalismus...*: GW II, 529.
[217] ,,Die Idole d. Selbsterkenntnis": GW III, 284f.; 288.
[218] *Wesen u. Formen d. Sympathie* 284, 286, 289, 290; vgl. oben 168–170.
[219] Vgl. ,,Die Idole d. Selbsterkenntnis": GW III, 288; *Wesen u. Formen d. Sympathie* 298; ,,Lehre von den drei Tatsachen": GW X, 435, 436.

und vollreflexive Individualisierung, die allein im Sinne der von Scheler dem heranwachsenden Kind abverlangten objektivierenden „Distanz"[220] den Anderen als solchen freigibt und damit die freie, bewußte und in der stets möglich erhaltenen Einkehr bei sich selbst nur vertiefte Übernahme der personal-gemeinschaftlichen Bindung an ihn in den Hochformen menschlicher Vergemeinschaftung ermöglicht und trägt. Nur in und aus der Distanz, die, weil menschliches Grundverhalten, zu Recht „Urdistanz" heißt, wächst die „Beziehung".[221]

Der notwendige Ausgleich zwischen sozialem Wesensideal und den tatsächlichen, immer beschränkten Möglichkeiten seiner Verwirklichung zeigt, daß die Sozialität des Menschen nicht nur Wesenszug, sondern ebensosehr sittliche Aufgabe ist. Wenn die an den wesenssozialen Akten des Individuums ansetzende phänomenologische Analyse gezeigt hat, daß echte Vergemeinschaftung vom Individuum ausgeht, zum Anderen in seiner Individualität führt und erst so imstande ist, eine in Sinn und Ausdrucksform einige Gemeinschaft zu bilden, dann liegt die ethische Leistung des so verfaßten Menschen, will er wahrhaft Partner und nicht namenloses Glied einer ungeformten Herde sein, in der Annahme und Intensivierung seiner Individualität in ihrem VOLLEN Umfang: als in sich ruhende, die jedoch um ihrer eigenen Geschlossenheit willen des Anderen bedarf und aus ihrem innersten Intensitätsgrund zur Bereicherung des Anderen drängt. Die praktischen Leitlinien zu solcher Verwirklichung zu geben wird nur dann möglich sein, wenn die anthropologische Einsicht in diese Dimension der Person gefestigt ist.

3. *Erfahrung des Ungenügens und Transzendenz*

SARTRE berichtet aus seiner Jugend, daß er einmal beim Warten auf Mitschüler zu seiner „Zerstreuung nichts mehr zu erfinden vermochte und beschloß, an den Allmächtigen zu denken. Augenblicklich machte er sich in den Azur davon und verschwand ohne irgendeine Erklärung: er existiert nicht, sagte ich, höflich er-

---

[220] *Wesen u. Formen d. Sympathie* 285.
[221] Diese Einsicht im Dialogismus M. Bubers (vgl. *Urdistanz u. Beziehung:* Werke I, 412) bestätigt zu finden, darf als Gegenprobe für den gemeinten anthropologischen Grundgehalt gewertet werden.

staunt, zu mir selbst, und hielt die Angelegenheit für abgetan. In gewisser Weise war sie es auch, denn seither habe ich niemals die leiseste Versuchung gespürt, ihn von neuem zu beschwören."²²² Indes ist SARTRES Existentialismus in Wirklichkeit alles andere als ein Absehen von der Transzendenz- und Gottesproblematik. Seine nicht zuletzt vom Christentum geprägte Leidenschaft²²³ führte ihn (wie schon NIETZSCHE) weg von jener gelassenen Indifferenz zur aktiven Tendenz Gott „abzuschaffen" (supprimer).²²⁴ Dieser Doppelcharakter von SARTRES Atheismus, ersehnte Gleichgültigkeit gegenüber Gott und erfahrene Notwendigkeit, den Unumgehbaren zu bekämpfen, scheint nur nochmals, im Modus der Negation, den Weg der abendländischen Philosophie in der Gottesfrage zu bestätigen: Unerfahrbarkeit des Göttlichen und gleichzeitig immer neues Auslangen nach ihm. Positiv gewendet führt diese Situation von der griechischen Philosophie bis zur Gegenwart zum Versuch von „Gottesbeweisen", in denen „die menschliche Vernunft, seit ihrem Erwachen, durch das Medium der Welt nach Gott gefragt, ihn gesucht und sich vergewissert hat, daß er sei."²²⁵

Der Hinweis auf die Unumgehbarkeit der Gottesproblematik durch die Philosophie soll indes keinerlei ausdrückliche oder eingeschlossene Prognose über die Zukunft von Religion überhaupt bedeuten. In beiden Lagern, dem theistischen wie dem atheistischen, ist man mit solchen Vorhersagen eher vorsichtig geworden.²²⁶ Von heute aus beurteilt erscheint Schelers, übrigens weitgehend erfüllter, Ausblick von bemerkenswerter Ausgewogenheit; um 1920 meint er, „daß wir auf alle Fälle ein religiös äußerst LEBENDIGES Zeitalter zu erwarten haben, ein Zeitalter ganz neuartiger schwerer Geisteskämpfe um die Religion."²²⁷

---

²²² *Die Wörter*; Reinbek bei Hamburg 1965, 192.
²²³ Vgl. dazu G. Hasenhüttl, *Der unbekannte Gott?*; Einsiedeln 1965.
²²⁴ Vgl. *L'existentialisme est un humanisme*; Paris 1946, 89.
²²⁵ Qu. Huonder, *Die Gottesbeweise. Geschichte u. Schicksal*; Stuttgart 1968, 7.
²²⁶ So ist M. Bubers Ausblick mehr Zuversicht als Gewißheit: „Die Finsternis des Gotteslichts ist kein Verlöschen; morgen schon kann das Dazwischengetretene gewichen sein." (*Gottesfinsternis*: Werke I, 599.) Aber auch der Atheismus gebärdet sich nicht überall resolut; J. Amery etwa schreibt: „Persönlich glaube ich nicht an eine religiöse Renaissance, aber ich kann in solch subjektiver Prognose schwer irren, des bin ich mir sehr wohl bewußt, und vielleicht gehen wir, ihr zum Trotz, schließlich doch einer neuen Epoche des Glaubens entgegen." („Das Jahrhundert ohne Gott"; in: H. R. Schlette, Hrsgb., *Die Zukunft d. Philosophie* 33.)
²²⁷ „Probleme d. Religion": GW V, 116.

In diesem Sinn einer philosophischen Auseinandersetzung mit dem Gottesproblem, dem Fundament aller Religiosität, auch dann, wenn sie im Zeichen des „Todes Gottes" leben will, sollen hier Schelersche Ansätze verarbeitet werden, wobei mehr als in den beiden vorhergehenden Abschnitten über Scheler hinauszugehen sein wird. Voraussetzung ist dabei die in Schelers theonom orientierter Anthropologie vielfach übersehene Basis, daß sich die philosophische Gotteslehre auf keinerlei unmittelbaren Erfahrungskontakt mit dem Göttlichen stützen kann, sondern ihren Ausgang von der philosophischer Erfahrung zugänglichen Wirklichkeit von Welt und Mensch nehmen muß. Auch Scheler spricht diese Einsicht gelegentlich aus: „Das Urprinzip aller religiösen Erkenntnis, das Prinzip evidenter Selbstgegebenheit, steht genetisch am SCHLUSSE, nicht am Anfang DES RELIGIÖSEN ERKENNTNISPROZESSES und es kann daher sehr wohl ein reiches Gefüge mittelbaren Denkens nötig sein, damit wir uns dieser Evidenz annähern."[228] Von großer Bedeutung ist dabei zu betonen, daß der Mensch und seine Selbsterfahrung vorzüglicher Ansatzpunkt dieses mittelbaren Denkens zu sein hat. Kaum vermeiden läßt sich sonst die Gefahr aller „kosmologisch" orientierten Gottesbeweise, Gott zu sehr als die transzendente, für den sonst unverständlichen Lauf der Welt notwendige Spitze einer Seinspyramide zuungunsten seiner innerweltlich handelnden Personhaftigkeit zu sehen.[229] Schelers bekannte Reserven gegenüber einer philosophischen Erweisbarkeit des Personseins Gottes mögen nicht zuletzt der Niederschlag einer unverarbeiteten kosmologischen Kausalschlußtheodizee sein. Mit der Betonung des anthropologischen Ausgangspunktes des Transzendenzproblems erhält die philosophische Anthropologie eine Auf-

---

[228] „Probleme d. Religion": GW V, 116. – Man wird auch hier anmerken müssen, daß das „Prinzip evidenter Selbstgegebenheit" nicht einmal „am Schluß" des religiösen, ja selbst theologischen Erkenntnisprozesses steht.

[229] Mit dieser Auffassung gerät mit dem als echt göttlich nur auf Grund wahrer Transzendenz möglichen Handeln Gottes in und an der Welt auch seine universale Transzendenz selbst in Gefahr; „die welthafte Ursächlichkeit erscheint hier als etwas Unabgeschlossenes, Unvollständiges, Offenes, das durch einen ‚überweltlichen' Kausalfaktor ergänzt und integriert werden muß, wenn nicht jeglicher Kausalprozeß oder Bewegungsvorgang der Welt schlechterdings inintelligibel werden soll. Folgerichtig wird Gott hier als eine Art Naturkausalität aufgefaßt, deren Wirken auf der gleichen ontologischen Ebene liegt wie das der übrigen Naturursachen, womit aber seine Transzendenz, ähnlich wie im aristotelischen Deismus, nur als relative ... verstanden werden kann." (J. Schmucker, *Die primären Quellen d. Gottesglaubens* 47f.)

gabe, die, recht besehen, aus ihr immanenten Ansätzen über den Horizont des Nur-Menschlichen hinausführt. Daß dieser anthropologische Weg in der neuen und neuesten Zeit eine Renaissance erlebt,[230] braucht nicht übersehen zu lassen, daß es ihn neben der kosmologischen Richtung schon von altersher gab. Gerade ,,das platonisch-augustinische Denken", dem Scheler verpflichtet sein will, ,,stützt sich lieber auf die innere seelische Erfahrung des Menschen, um zur geistigen Wertwirklichkeit Gottes vorzudringen..."[231]

a. Zur gegenwärtigen Krise der philosophischen Gotteslehre

Es ist nicht zu übersehen, daß auch in der ,,christlichen" Philosophie seit der Definition der natürlichen Erkennbarkeit Gottes durch das I. Vaticanum die philosophische Gottesproblematik in ein kritisches Stadium eingetreten ist. Mehr und mehr einer rein akademischen Möglichkeitsspekulation abgeneigt und nicht zuletzt mit dem Blick auf den zusehends an Einfluß gewinnenden modernen Atheismus fragt man sich, was denn die klassischen, vor allem kosmologisch aufgebauten Gottesbeweise für den konkreten Menschen bei seinem redlichen Bemühen um eine philosophische Klärung der Gottesfrage zu leisten imstande sind. Bei aller Verschiedenheit der Antworten auf diese Frage läßt sich doch als gemeinsamer Grundzug die Einsicht festhalten, daß die klassischen Gottesbeweise, rein in ihrer formal-logischen Abstraktheit genommen, zur Begründung der Gottesüberzeugung des lebendigen Menschen nicht ausreichen.[232] Man wird hier ohne Übertreibung von einem ,,Unbehagen" an den überlieferten Gottesbeweisen sprechen können. Auch Scheler stellt sich die bange Frage, die letzte und dem Anliegen nach berechtigte Hin-

---

[230] Als Beispiel stehe hier S. Strassers klare methodologische Orientierung seiner ,,dialektischen Phänomenologie der menschlichen Existenz": Sie geht aus von der menschlichen Existenz in ihren fundamentalen Dimensionen, die sie als Form des Aufstiegs des Menschen zum Absoluten auffassen darf. Aber erst an ihrem Ende ,,zal het duidelijk worden, dat hetzelfde verlangen naar het Absolute reeds de geheime stuwkracht was bij de eerste schemering van het bewustzijn, de eerste ervaring van een wij, en het eerste tasten ener noodzakelijke vrijheid." (,,Het wezen van de mens"; in: *Bouwstenen voor een filosofische anthropologie* 51.)

[231] A. Lang, ,,Gottesbeweise"; in: *Lexikon f. Theologie u. Kirche*, Bd. IV, ²1960, 1096.

[232] Schon das I. Vaticanum selbst hat aus dieser Einsicht heraus die genannte Definition ,,mit vorsichtigen Klauseln umgeben"; vgl. dazu H. U. v. Balthasar, ,,Der Zugang zur Wirklichkeit Gottes"; in: *Mysterium Salutis*, Bd. II, 30.

tergründe seiner Ablehnung des Kausalschlußtheismus freilegt, „woher es kommen mag, daß diese Beweise, die doch wahrlich nicht verwickelt und schwierig sind ..., OHNE JEGLICHE ÜBERZEUGUNGSKRAFT für den modernen Menschen sind oder für jeden Menschen, der nicht durch Tradition, Glaube oder anderweitige religiöse Erkenntnisweisen den Glauben an Gottes Dasein schon vorher besitzt. Sind diese so einfachen Beweise ... so klar, so evident, so sicher, wie sie ausgegeben werden ..., wieso finden sie dann die allseitige Ablehnung bei allen modernen Menschen, besser bei allen, die nicht in dieser theologischen Tradition erzogen sind?"[233]

Scheler antwortet „auf die Frage nicht so wie schon Kant, der – ohne Grund – die Seinsgültigkeit des Kausalprinzips in Frage zog und fälschlich ... die Gottesbeweise logisch widerlegt zu haben meinte. ... Ich behaupte nur, daß Sein und Gültigkeit dieser Beweise noch etwas anderes VORAUSSETZT als die formalen Gesetze der Logik, das Kausalprinzip und die TATSACHEN DER ERFAHRUNG im induktiven Sinne: Die wesensmäßige Umspanntheit dieses beweisenden Denkens durch die RELIGIÖSE BETRACHTUNGSFORM der Welt und die besonderen Wesenstatsachen und Wesenstatsachenzusammenhänge, die in dieser Betrachtungsform und NUR in ihr ‚gegeben' sind."[234] Diese Antwort Schelers mit ihrem Verweis auf die spezifisch religiöse Erfahrung enthält zunächst ein bedenkliches Element. Es wurde schon mehrmals darauf hingewiesen, daß es jenen „mystischen", „unmittelbaren Erfahrungskontakt mit der Gottheit als Person", wie ihn Scheler schon in der Vorrede zu seinem religionsphilosophischen Werk einführt,[235] als allgemeine Tatsache menschlicher Selbstreflexion nicht gibt. Gäbe es ihn als selbstverständliche geistige Ausstattung des Menschen, dann wäre die Problematik der Gottesbeweise in ihrer differenzierten Form gar nicht entstanden. Darüber hinaus ist die strikte Trennung von religiöser und jeder anderen Erfahrung[236] sehr problematisch, vor allem für den Philosophen.

---

[233] „Probleme d. Religion": GW V, 270f.
[234] A.a.O. 273.
[235] Vgl. a.a.O. 23.
[236] Scheler betont: „Die essentiellen Bestände, die jedem *Gegenstande* eines religiösen Aktes zukommen und aus denen sich dieser Gegenstand aufbaut, sind in keiner Weise ‚zuvor' enthalten im Gebiet aller sonstigen ‚Erfahrung'. Sie sind nicht daraus irgendwie ‚herausgenommen', ‚abstrahiert' oder durch besondere Verarbeitung der außerreligiösen Erfahrung aufgebaut." („Probleme d. Religion": GW V, 276.)

Allzu leicht wird auf solcher Basis jeder philosophischen Gottesfrage überhaupt der Boden entzogen und der Fragende auf eine ursprüngliche religiöse Erfahrung verwiesen, die, sollte sie ihm abgehen, ihn in den Verdacht mangelnden Ernstes und sittlicher Minderwertigkeit bringt. Und theologisch ist zu fragen, wie denn bei so radikaler Unterschiedlichkeit von religiöser und weltlicher Erfahrung der Religion noch eine glaubwürdige Bedeutung für das Leben des Glaubenden in der Welt zukommen könne bzw. ob bei einem so tiefen Graben beider Erfahrungsbereiche das „per ea quae facta sunt" des Römerbriefes und der Vatikanischen Definition noch ernst genommen werde.

Dennoch enthält Schelers Antwort einen wertvollen Hinweis, daß nämlich für die philosophische Frage nach Gott außer Logik und spekulativen Axiomen auch noch Erfahrung von einer gewissen Anschaulichkeit und Erlebnisdichte im Sinne von „Anschauungsmaterien und -formen"[237] vonnöten ist. Wenn man die Einengung auf die religiöse Erfahrung wie die These vom unmittelbaren Erfahrungskontakt mit dem Göttlichen selbst und damit die unzulässige Phänomenologisierung theologischer Daten nicht mitmacht, hat Schelers typisch phänomenologisches Streben nach intentionaler Wesenserfahrung auch für die philosophische Frage nach Gott ihren tiefen Sinn. Die Not der neuzeitlichen Gottesproblematik liegt ja zu einem guten Teil im Zurückbleiben der zu ihrer Bewältigung notwendigen Erfahrungsgrundlage bzw. in der Vernachlässigung jener zentralen menschlichen Erfahrungen, die der Zustimmung zu einem guten und heiligen Gott im Wege stehen. Dabei ist zunächst an das moderne naturwissenschaftliche Denken zu erinnern. Der wissenschaftstheoretische wie praktisch-technische Erfolg aller naturwissenschaftlichen Disziplinen liegt in der gezielten Kombination von mathematischer Theorie und wissenschaftlichem Experiment. Oberstes Kriterium ist dabei die experimentelle Verifizierung aller zunächst als Arbeitshypothese genommenen Theorien. Für spekulative Auffüllung noch vorhandener Lücken bleibt dabei kein Raum.[238] Dieser Grundhaltung entspricht eine starke Betonung

---
[237] „Probleme d. Religion": GW V, 276.
[238] Zur geistigen Situation des naturwissenschaftlichen Zeitalters vgl. J.Schmucker, *Die primären Quellen d. Gottesglaubens* 14–19, wo die entsprechende Zeitdiagnose von J. Meurers, *Die Frage nach Gott und die Naturwissenschaft;* München 1962, aufgegriffen und bestätigt wird.

der erfahrbaren Wirklichkeit und ein tiefsitzendes Mißtrauen gegenüber allen spekulativen Konstruktionen. Die klassischen Gottesbeweise sind hier, freilich nicht zuletzt von der Sache selbst her, in dem Sinn im Nachteil, ,,daß sie als metaphysische Schlüsse ihrer Natur nach rein spekulativ verfahren müssen, d.h. ohne die Möglichkeit einer Verifizierung durch die Erfahrung, weil sie ja das Unerfahrbare zum Gegenstand haben."[239] Gott wird nie zum Gegenstand eines exakten Experiments werden können. Aber die weitestmögliche Erarbeitung einer Erfahrungsgrundlage für die Entwicklung der Transzendenzproblematik wird die philosophische Gotteslehre als Forderung seitens des modernen Wissenschaftlichkeitsideals nicht übersehen dürfen, wenngleich die hier heranzuziehenden Erfahrungen über den Rahmen NATURWISSENSCHAFTLICHER Empirie hinausgehen werden.[240] –

[239] J. Schmucker, *Die primären Quellen d. Gottesglaubens* 59. – Hier sind freilich gewisse Einschränkungen gegenüber Reichweite und Bedeutung der naturwissenschaftlichen Denkform angebracht. Zunächst ist nicht zu vergessen, daß die Erweiterung der naturwissenschaftlich-positivistischen Einstellung zur eindimensionalen Weltanschauung von der Naturwissenschaft allein her nicht möglich ist und, sofern sie nicht auf philosophische Weise legitimiert wird, eine unzulässige Grenzüberschreitung darstellt.

Weiters ist darauf hinzuweisen, daß das vielberufene ,,naturwissenschaftliche Weltbild" nicht (noch nicht?) derart den Menschen formt, daß für andere Anschauungsformen (die zum Teil mit den gewußten Ergebnissen der Wissenschaften in Widerspruch stehen können) kein Raum mehr bliebe; vgl. dazu J. Schmucker, a.a.O. 61f. Nun ist eine solche Unverbundenheit von Wissenschaft und Lebenspraxis gewiß kein Idealzustand. Auch kann es für die philosophische (und religiöse) Gottesproblematik auf die Dauer nicht sinnvoll sein, dort einspringen zu wollen, wo die Wissenschaft (vorläufig) objektiv oder zumindest subjektiv in der Auffassung der Mehrheit der von ihr Angesprochenen an ihrem Ende ist. Die psychologische Schwierigkeit einer restlosen Durchsetzung des naturwissenschaftlichen Weltbildes mag aber ein Indiz dafür sein, daß dem Menschen jede Einseitigkeit im Grunde nicht liegt und er neben den ,,exakten" und eindeutigen Erfahrungen noch Bereiche von nicht geringerer Realität und Wirkkraft kennt, die ihm hinsichtlich von Sinn und Richtung von Welt und Leben aufschlußreich sein können, ohne sofort und notwendig ,,unwissenschaftlich" sein zu müssen.

[240] Dabei wird es sich, der Natur der Sache nach, um die philosophische Explikation vor allem der vorwissenschaftlichen personalen Erfahrung handeln.

Es scheint, daß der Zug nach Erfahrbarkeit im weitesten Sinn nicht nur Zeichen unserer naturwissenschaftlich geprägten Zeit ist, sondern seit dem Erwachen des philosophischen Fragens immer schon der notwendige Gegenpol eines primär ,,idealistisch" orientierten Denkens war; und dies auch im Bereich des philosophischen Fragens nach Gott. So ist etwa das bekannte ,,ontologische" Argument Anselms v. Canterbury, will man ihm nicht jede Beweiskraft absprechen und den mittelalterlichen Denker unzumutbarer Primitivität zeihen, kaum anders deutbar denn als (transzendental-?) philosophische Auslegung einer wie immer gearteten Transzendenzerfahrung, die deshalb noch lange nicht auch heute und in gleicher Intensität gegeben sein muß. Vgl. dazu V. Warnachs Deutung: ,,Zum Argument im Proslogion Anselms v. Canterbury"; in: J. Ratzinger – H. Fries (Hrsgb.), *Einsicht u. Glaube*, Freiburg i.B. 1962, 337–357; ferner unsere Anselm-Studie: *Genugtuung u. Heil* 86f.,

Ein weiterer Anstoß, diese Forderung neu zu überdenken, kommt von der Seite der analytischen Sprachphilosophie, über deren Bezüge zur modernen philosophisch-theologischen Gottesproblematik neuestens O. MUCK einen instruktiven Überblick gibt.[241] Schon der Ausgangspunkt der ganzen Fragestellung zeigt, wie sehr es im Grunde um die Erfahrungsdeckung der Rede von Gott geht.[242] Und die kritische Stellungnahme MUCKS weist mit Recht darauf hin, daß die (theologische) Auskunft einer dereinst möglichen eschatologischen Erfahrung nicht genügt. Wenn dies schon für theologische Aussagen über Gott gilt, dann erst recht für den philosophischen Versuch einer Gewißheit von der Existenz Gottes. Hier ist ohne Ansatz bei der geistigen Selbsterfahrung des Menschen nicht auszukommen. ,,Allerdings ist diese Erfahrung kein einzelnes Beobachtungsdatum, das sich in einem einfachen Erfahrungsurteil ausdrücken ließe. Es ist nicht eine Beobachtung, welche eine exakte Voraussage bestätigt. Hier handelt es sich nicht um Einzelerfahrung, sondern um die **totale Erfahrung** unseres Lebens."[243] – Schließlich führt auch die sogenannte ,,Gott-ist-tot"-Theologie der neuesten Zeit in dieselbe Richtung einer neuen, der Möglichkeit personaler Sinnerfahrung mehr als bisher Raum gebenden Konfrontation mit der Frage nach Gott. Bei dieser Strömung handelt es sich nach dem Urteil einer ersten (katholischen) zusammenfassenden Darstellung ,,um ein lebendiges und verbreitetes Fragen und Suchen, das ausgelöst ist von der tiefen Unruhe der Christen, wie sie ihren Glauben glaubwürdig leben und ihre Kraft in den Dienst der neuen Ge-

---

wo 87, Anm. 163 eine Zusammenfassung der Deutung Warnachs gegeben wird; schließlich A. Schurr, *Die Begründung d. Philosophie durch Anselm v. Canterbury. Eine Erörterung d. ontologischen Gottesbeweises;* Stuttgart-Berlin-Köln-Mainz 1966, wo 122 gesagt wird, Anselm versuche in seinem Argument ,,nichts anderes, als nach der Wahrheit einer lebensmäßig für richtig erachteten Erfahrung zu fragen."

[241] ,,Zur Logik d. Rede v. Gott"; in: *Zeitschrift f. kath. Theologie* 89 (1967), 1–28.

[242] ,,Sind Aussagen über Gott analytisch, dann sind sie Folge sprachlicher Festsetzung und unterliegen denselben Schwierigkeiten, die seit je dem ontologischen Gottesbeweis entgegengebracht werden. Sind Aussagen über Gott synthetisch, dann müßten sie einen Sinn haben, der äquivalent ist mit einer Anzahl von elementaren Erfahrungsaussagen über Erlebnisse des Menschen oder über bestimmte Züge der erfahrbaren Wirklichkeit. Dann beziehen sie sich aber gar nicht auf einen transzendenten Gott im theistischen Sinn. Sind Sätze über Gott aber weder analytisch noch synthetisch und damit empirisch, dann liegen gar keine Aussagen vor, die wahr oder falsch sein können. Dann haben sie keinen Erkenntniswert, sondern nur Gefühlswert. Diese Stellungnahme kann man als den Ausgangspunkt der ganzen Diskussion um den Sinn der Rede von Gott ansehen." (O. Muck, a.a.O. 8.)

[243] O. Muck, a.a.O. 10.

sellschaft stellen können, und ob der Glaube die Menschen von heute noch wirksam anzusprechen und zu beeinflussen vermag und so seine ‚Relevanz'... erweist."[244] Schon das amerikanische Kriterium der „Relevanz" verweist auf die radikale Erfahrungsbezogenheit dieser Strömung im positiven wie im negativen Sinn. Gewiß weisen nicht alle Wurzeln dieser „radikalen Theologie" gleich deutlich in dieselbe Richtung. „Für manche haben exakte Wissenschaft oder Philosophie gewisse epistemologische Zweifel verursacht, die ein Sprechen über Gott nicht erreichen kann. Für andere ist der Tod Gottes ein mythisch-historisches Ereignis, das zur Selbstentäußerung Jesu am Kreuz in Beziehung gesetzt wird... Für wieder andere sind die modernen Erfahrungen unschuldig Leidender anders als alle anderen, und als solche haben sie viel von dem konventionellen Sprechen über Gott suspekt gemacht..."[245] Doch zeigt auch diese Charakteristik der verschiedenen Zugänge zur „Erfahrung" vom Tod Gottes seitens eines Vertreters der radikalen Theologie, wie sehr hinter den verschiedenen Ansätzen dieser Richtung die geänderte und intensivierte Welt- und Selbsterfahrung des heutigen Menschen steht.

Die Gefahr eines Erfahrungsansatzes, besonders in seiner letzten Form, besteht darin, daß leicht Erfahrung oder Nicht-Erfahrung einer welthaften Wirklichkeit mit Erfahrung oder Ausbleiben der Erfahrung des Göttlichen selbst gleichgesetzt wird. Nun ist aber Gott weder als gegenwärtiger noch als abwesender einfach gleich Welt und Mensch und unserer Erfahrung davon. Deshalb wirkt auch der alles auf Innerweltlichkeit und Mitmenschlichkeit setzende Tenor der Gott-ist-tot-Theologie auf Atheisten bisweilen eher auflösend als überzeugend.[246] Darüber darf aber das Anliegen nicht übersehen werden. Es besteht nicht in der Forderung eines reinen Erfahrungsbeweises für Dasein und Wesen Gottes ohne Zuhilfenahme eines transempirischen, metaphysischen Prinzips, wie beschaffen dieses auch immer sein mag. Mit der Unmöglichkeit reiner Erfahrungsbeweise ist noch nichts

---

[244] J. Bishop, *Die „Gott-ist-tot"-Theologie;* Düsseldorf 1968, 8.
[245] W. Hamilton, „Bemerkungen zur ‚Radical Theology' "; in: *Concilium* 3 (1967), 734.
[246] Vgl. die Kritik J. Amérys an dem ursprünglich im „Merkur" erschienenen Essay von D. Sölle (neuestens zusammen mit anderen Beiträgen als Buch: *Atheistisch an Gott glauben. Beiträge zur Theologie;* Olten 1968): „Das Jahrhundert ohne Gott"; in: H. R. Schlette, Hrsgb., *Die Zukunft d. Philosophie* 14–16.

gegen die Möglichkeit von Gottesbeweisen ausgesagt. Wohl aber ist zu fragen, ob man nicht doch im heutigen wissenschaftlichen Gespräch gerade unter „Beweis" etwas anderes versteht als das I. Vaticanum, ja als das der philosophischen Gottesfrage sachlich allein Angemessene überhaupt.[247] Wird das nicht gesehen, so erscheint schon rein terminologisch die Gefahr eines Mißverständnisses zwischen Wissenschaften und Philosophie (bzw. Theologie) kaum vermeidbar. Der positive Sinn einer an der personalen Erfahrung orientierten philosophischen Gottesfrage ist dem gegenüber – und so, nicht aber als neuer (oder alter „axiologischer") Gottesbeweis will die folgende Skizze verstanden werden – ein doppelter: 1. Zunächst soll ein möglichst breiter und ohne große Schwierigkeit nachvollziehbarer Erfahrungshintergrund gelegt werden, der nicht einseitig die Welt als im Grunde doch möglichst ungetrübten „Spiegel" oder als „Ausdrucksfeld" oder „Spur" Gottes auffaßt,[248] sondern ebenso die nun einmal nicht zu leugnenden und von altersher das eigentliche „Theodizeeproblem" ausmachenden Erfahrungen der Unabschließbarkeit und Defizienz wenigstens schon in den Ansatz einbezieht, anstatt sie hinterher als bloße „Einwürfe" gerade noch anzuhängen. Dabei ist die Sinn-Erfahrung wie keine andere geeignet, die notwendige Verbindung von rationalem und personalem Pol zu leisten, wie sie SCHMUCKER gegen den Irrationalismus von MEURERS fordert.[249] Bereits gegen Scheler war zu betonen, daß der Mensch, auch und gerade dort, wo er sich entscheidet und liebt, nicht jene unverbundene Dualität von „Herz" und „Verstand" ist, in die ihn ein Irrationalismus, der sich bisweilen (zuungunsten einer im Grunde doch „sündigen", weil fragenden Vernunft) gerne „gläubig" gibt, zerspalten will. Auf einem solchen Erfahrungshintergrund könnten dann die (freilich selbst noch zu modifizierenden) „Gottesbeweise" anders wirken denn als bloße formal-logische Gerippe. 2. Der Erfahrungsansatz leistet

---

[247] Der Behauptung O. Ninks, „die Stringenz der Argumentation" sei „dieselbe bei den Gottesbeweisen wie bei den mathematischen Beweisführungen" *(Philosophische Gotteslehre;* München 1948, 156) ist sachlich entgegenzuhalten: Das Ziel dieser Argumente, Gott, fällt nicht im selben Maß in die Reichweite des konstruktiven menschlichen Verstandes wie die Sätze der reinen Mathematik und erst recht nicht unter die wissenschaftliche, experimentell verifizierbare Erfahrung wie die (grundsätzlich mathematisierbaren) Gegenstände der Physik.

[248] Vgl. „Probleme d. Religion": GW V, 138, 162, 172, 266f. u.a.

[249] Vgl. *Die primären Quellen d. Gottesglaubens* 98–105.

dazu noch etwas Inhaltliches für das immer schon dunkel in der Gottesfrage mitbegriffene Wesen Gottes. Dieses nämlich darf vor lauter Konzentration auf das Dasein Gottes nicht vernachlässigt werden. Und hier wäre zumindest zu fragen, ob die beklagte Unwirksamkeit der klassischen, kosmologisch orientierten Gottesbeweise nicht auch damit zusammenhängt, daß der nach Gott fragende Mensch nicht recht einsieht, warum er sein Leben auf einen selbst unbewegten Erstbeweger, eine selbst unverursachte Erstursache ausrichten soll, wo ihm doch in seiner Welt Personen begegnen, die seiner bedürfen wie sie umgekehrt bereit sind, ihn zu beschenken.

b. Struktur eines möglichen Erfahrungshintergrundes der philosophischen Frage nach Gott

Unter den genannten Voraussetzungen sei nun in Anlehnung an Scheler, jedoch nicht ohne wesentliche Erweiterung und Korrektur seines diesbezüglichen Ansatzes, der Versuch unternommen, einen personal orientierten Erfahrungshintergrund für die philosophische Gottesproblematik zu legen. Auch für Scheler ist die Welt und der Mensch in ihr nicht nur der unverfehlbare Hinweis auf Gott. Auch für ihn gibt es, ansatzhaft wenigstens, einen doppelten Weg des Menschen zum Ewigen, nämlich ,,durch Wonne ODER Leid", d.h. auch aus der Erfahrung der Menschheit von ,,ihrer Schwäche, ihrer Niedrigkeit, ihrer Krummholzigkeit" und ,,der unsagbaren Gebrechlichkeit, Hinfälligkeit, Labilität des menschlichen DASEIENDEN Geistes."[250] Alles kommt nun darauf an, diese menschliche Erfahrung nicht zu mystifizieren zu einem notwendigen tragischen Weltelement im Sinne einer Phänomenologisierung der christlichen Erbsündenlehre, sondern sie richtig anthropologisch auf ihren tragenden Ermöglichungsgrund hin auszulegen. Dann aber ergibt sich, daß diese Erfahrung der Unvollendbarkeit der mannigfachen Weisen des geistig-personalen Selbstvollzuges des Menschen – in ihrer erlebten Radikalität die Bedingung der Möglichkeit für menschliches Leiden überhaupt –, nur möglich ist auf dem Boden einer vor aller Defizienzerfahrung gegebenen Einsicht in das volle, ungebrochene, in diesem Sinne ,,reine" Wesen des in Frage stehenden Vollzugs. ,,Der Mensch kommt in einem gewissen Sinne nie dahin, wohin

[250] ,,Probleme d. Religion": GW V. 103.

er will – ob er eine Geste macht, ein Haus baut oder ein Buch schreibt – ..."251 Um diesen Abstand aber als solchen zu erfahren, muß er immer schon, undeutlich zwar und einschlußweise, aber doch wirklich und jederzeit reflektierbar, vom „reinen" Ende seiner angestrebten Intention wissen.252 Damit wird jede, auch die intensive Defizienzerfahrung in ihr eigentliches Medium gestellt und die Uneinholbarkeit der gerade in ihrer raum-zeitlichen Konkretion als wesensrein und zugleich wesensunerfüllbar erlebten Vollzüge zum (möglichen, nie zwingenden) Anlaß eines unspekulativen, weil primär erfahrungsbedingten „Transzendierens". „Der Mensch wird sich dieser seiner Endlichkeit bewußt an Maßstäben eines Nichtendlichen... Das Unbegreifliche, aber ihm doch bewußt werdende Unendliche läßt den Menschen seine Endlichkeit überschreiten dadurch, daß er sich ihrer bewußt wird."253

Nur unter dieser Voraussetzung der Bedingtheit aller Endlichkeits- und Defizienzerfahrung durch ein ihr vorgegebenes unartikuliertes Wissen vom Vollwesensgehalt des jeweiligen Vollzugs läßt sich Schelers schon bekanntem „‚soziologischen' Gottesbeweis"254 Bedeutung abgewinnen im Sinne unseres Anliegens eines personalen Erfahrungshintergrundes für die philosophische Gottesproblematik. Scheler springt hier, gemäß seiner überspitzt theonomen Grundkonzeption, viel zu rasch und ohne die faktische Erfahrung der menschlichen Begegnung im positiven wie negativen Sinn wirklich eingeholt zu haben, in den Raum einer unendlichen Gemeinschaft und postuliert für den sozial verfaßten Menschen ein primäres Drängen über die irdischen Gemeinschaftsformen hinaus, weil angeblich von vornherein nichts gewisser sei, „als daß uns keine EINZIGE dieser faktischen irdischen Gemeinschaften... je ganz genügen... würde."255 Wäre dem so „von vornherein" – der Mensch würde sich nie auf das Wagnis

---

251 H. Plessner, *Die Stufen d. Organischen u. der Mensch* 337.
252 Diese Uneinholbarkeit des als solchen erfahrenen reinen Seins und Vollziehens, das eigentliche Endlichkeitserlebnis, wird nach Plessner gerade „dem reiferen Menschen" als „der tragische Konflikt... zwischen dem, was man selbst sein und tun muß, und dem, was daraus als vernichtendes Geschick entspringt, als Notwendigkeit durch Freiheit, ... eine nie versiegende Quelle des Weinens, und zwar des nicht mehr auf die eigene Person zielenden Weinens sein." *(Lachen u. Weinen. Eine Untersuchung nach den Grenzen menschlichen Verhaltens;* Bern-München ³1961, 181–182.)
253 K. Jaspers, *Der philosophische Glaube;* München 1954, 50.
254 Vgl. „Die christliche Liebesidee u. die gegenwärtige Welt": GW V, 373f.
255 A.a.O. 373.

personaler Begegnung einlassen, sondern bloß das für die Fristung seines Lebens notwendige Minimum rein sachlich orientierter, arbeitsteiliger Vergemeinschaftung pflegen. Der erste Schritt einer anthropologischen Aufhellung der Gottesproblematik mit Hilfe der personalen Erfahrung von Begegnung und Gemeinschaft verläuft gerade umgekehrt: Weil der Mensch von den Grundformen irdischer Vergemeinschaftung zunächst schlicht alles erwartet, geht er auch und gerade nach mehrfacher Enttäuschung immer wieder neue Bindungen ein, in der Hoffnung, es werde jetzt gelingen, was ihm zuvor versagt blieb. An der konkreten Begegnung als möglicher und notwendiger Erfüllung seiner wesenssozialen Aktvollzüge geht dem Menschen das Wesen von Freundschaft und ehelicher Liebe, den beiden Urformen von Begegnung, in seiner reinen Vollkommenheit auf: als Verstehen im Unausgesprochenen, als Erraten und Annehmen des Anderen unbeschadet des individuellen Eigenseins, als Treue, die ebenso aus der Banalität des Alltags wie aus den „Hochzeiten" des Lebens wächst (ohne den Unterschied von Höhe und Tal zu verwischen!), als Ehrfurcht und Scham, als Offenherzigkeit und Diskretion – dies alles in der Einheit von freiem Schenken und dankbarem Entgegennehmen und in leibhaft vermittelter Erlebensintensität.

Erst auf diesem Hintergrund erhält als zweiter Schritt eine andere Erfahrung ihr positives und den Menschen zur Ausschau nach einem möglichen Überstieg über die faktischen Gemeinschaften freigebendes Gewicht: die Erfahrung von der wesenhaften Unabschließbarkeit jeder, gerade auch der intensiven menschlichen Begegnung. Diese Erfahrung geschieht nur vom am konkreten Beispiel erfaßten Vollsinn personaler Begegnung aus und auch dann in der Regel nur nach einer Art Induktion vom mehrmals erlebten Zurückbleiben hinter dem reinen Vollzug gleichsam als „rückwirkende" Wesenserfahrung. Dann aber erschließt sich, daß jede Begegnung von Menschen, geboren auch aus der grundsätzlichen Bedürftigkeit jedes Partners, eben diese Seins-Armut aller an ihr Beteiligten nicht restlos und dauerhaft aufzufüllen vermag. Es bleibt die Unmöglichkeit völligen Ineinandertauchens; es erhebt sich die Möglichkeit (und Wirklichkeit) des Zweifelns an der Echtheit der entgegenkommenden wie der eigenen Intention; es erwächst daraus die ständige Versuchung, dort ohne Rücksicht einzudringen, wo nur die freiwillige, jedoch auch noch als solche unvollkommene Selbstüberantwortung einigermaßen Klarheit und Ruhe schaffen kann; es geht schließlich nicht ohne Versachlichung und institutionellen Schutz der streng personalen Beziehung ab. Und dies alles als anthropologische Grundsituation. Der Philosoph hat hier nicht an „Sünde" zu denken, weil diese in ihrer letzten Dimension als Verstoß gegen den heiligen Gott und den von ihm frei erwählten und so ge-heiligten Menschen ihm nicht zugänglich ist und weil damit eine verengende, den Wesenscharakter des Phänomens einseitig negativ verdunkelnde Wertung ausgesprochen würde. Der philosophisch fragende Mensch weiß, ohne diesen Tatbestand negativ reduzieren zu müssen, „daß sein sterbliches Leben seinem Wesen nach ein Schwingen zwischen Du und Es ist, und spürt dessen Sinn. Es genügt ihm, die Schwelle des Heiligtums, darin er nicht verharren könnte, immer wieder betreten zu dürfen; ja, daß er es immer wieder verlassen muß, gehört ihm innig zum Sinn und zur Bestimmung dieses Lebens."[256] Jenseits aller Schuld, wohl aber diese in ihrer spezifisch menschlichen Form ermöglichend, ist jede menschliche Begegnung begrenzt, weil an Geist und Ausdruck gebunden. So aber bleibt es immer auch einerseits dem Geist und seiner Intention überlassen, wie weit er in das Medium des leibhaften Ausdrucks eingehen will, während anderseits auch bei bestem Willen der Ausdruck nie zur restlosen Transparenz des Geistes wird.

Wie kann ein solcher Ansatz in einem letzten (zeitlich nicht notwendig von den beiden vorhergehenden Stufen zu trennenden) Schritt zu Gott führen? Nicht als selbständiger, zwingender Gottes „beweis"; auch nicht unter Voraussetzung einer aller Gemeinschaftserfahrung vorgängigen Transzendierungsevidenz auf Grund von Schelers voreiliger Annahme einer seinsmäßigen Gemeinschaftsfundierung in Gott; wohl aber als tragfähige, weil personale Erfahrungsstütze für die formal wie inhaltlich zu vertiefende philosophische Gottesproblematik im Sinne eines von Scheler auch angedeuteten echten Aufstieges zur Transzendenz: „Jeder Faden, den wir aus dieser Schöpfung herausnehmen..., führt auf Gott zurück, wenn wir ihn nach dem Gesetze des uns bekannten endlichen Stückes bis ins Unendliche ausgezogen

---

[256] M. Buber, *Ich und Du:* Werke I, 113.

denken."²⁵⁷ Wichtig ist hier die Beachtung des aufsteigenden Ansatzes: Aus dem bekannten und erfahrbaren endlichen Phänomen erfolgt das Auslangen nach dem Unendlichen. Voraussetzung für die Legitimität dieses Vorgehens ist eine nicht postulierte, sondern erlebte Dynamik des endlichen Vollzugs über sich hinaus auf dem Hintergrund erfaßter Wesensvollkommenheit, die doch nicht restlos zur Verwirklichung kommt und so erst die Erfahrung der Endlichkeit ermöglicht. Diese Dynamik nun, die zweifellos auch in einer Metaphysik der unterpersonalen Natur aufgewiesen werden kann, wird doch im Raum des personalen Geistes in intensiver Weise und ohne den nicht selten beschwerlichen Weg über metaphysische Prinzipien (die selbstverständlich darin impliziert sind) zum Erleben gebracht. Deswegen scheint der anthropologische Ansatz zumindest im Sinne des hier vorgeschlagenen Erfahrungshintergrunds die notwendige Ergänzung der kosmologisch orientierten Gottesproblematik zu sein. Zu dieser erkenntnistheoretischen Priorität des anthropologischen Ansatzes kommt sein seinsmäßiger Vorrang vor der an der unterpersonalen Natur ansetzenden Frage nach Gott: Erst aus „DEM WISSEN UM DEN ONTOLOGISCHEN UND AXIOLOGISCHEN RANG DER GEISTIG-PERSONALEN SEINSSTUFE ALS SOLCHER, wie wir es aus der Intuition in unser eigenes Sein gewinnen: daß nämlich das Geistig-Personale, als Subjekt und Prinzip des Sittlichen und damit als unbedingter Selbstwert und Selbstzweck, der Seinsart nach die höchste Seinsstufe darstellt, die überhaupt denkbar ist, ... nur auf Grund dieser ... Voraussetzung, ... kann das durch sachhaft-neutrale, ontologische Begriffe gekennzeichnete Absolute, wie es in den Konklusionen der kosmologischen und ontologischen Argumente steht, als moralische Personalität im Sinn des religiösen Gottesbegriffs bestimmt werden."²⁵⁸ Dieser personale Gottesbegriff aber muß aller philosophischen Bemühung um Gott vor Augen stehen, wenn anders sie nicht bloß einen Weltgrund erreichen will, der den Menschen (im Grunde völlig zu Recht) kalt läßt oder bestenfalls wehmütig-mitleidig stimmt, dann nämlich, wenn dieser Weltgrund selbst noch zerrissen und erlösungsbedürftig aufgefaßt wird.

Vorbedingung eines solches Aufstieges aus dem personal-

---

[257] „Die christliche Liebesidee u. die gegenwärtige Welt": GW V, 374.
[258] J. Schmucker, *Die primären Quellen d. Gottesglaubens* 56, 57.

geistig-sittlichen Vollzug der menschlichen Begegnung ist die phänomenologische Analyse dieses Bereichs im Sinne seines Vollwesensgehalts und seiner Unabschließbarkeit. Erst wenn das den Aufstieg zu Gott erfahrungsmäßig tragende Phänomen in seinen den Aufstieg anregenden Dimensionen freigelegt ist, verliert der folgende, dem „soziologischen" Weg aus der Begegnung zugrundliegende Satz Schelers den Charakter eines bloßen Postulats: „Und da nun alle Gemeinschaften ... nicht nur geistige Gemeinschaften sind, sondern auch PERSONgemeinschaften, so findet dieses im Prinzip unendliche Drängen und diese Vernunftforderung nach immer reicherer, umfassenderer und höherer Gemeinschaft nur in EINER Idee ihren möglichen Abschluß und ihr vollkommenes Genügen: In der Idee einer Liebes- und Geistesgemeinschaft mit einer unendlichen geistigen Person ..."[259] Nun ist zu fragen, welchen Sinn der angeführte Satz im Rahmen des vorgezeichneten Ansatzes haben kann. Zunächst ist darauf hinzuweisen, daß das von Scheler erwähnte Drängen des Menschen (als von einem nach Sein und Wirken endlichen Wesen ausgehend) selbst nicht unendlich genannt werden kann. Wohl aber ist es ein Drängen nach dem Unendlichen im Sinne einer angezielten Vollkommenheit der Begegnung, die doch im Bereich der konkret möglichen und wirklichen Gemeinschaften nicht erreichbar ist. Wer das Auslangen des Menschen selbst schon als unendlich bezeichnete, wäre unversehens im Ansatz schon beim Absoluten, „sozusagen ohne gelaufen zu sein", um GEHLENS anschauliche Wendung zu zitieren.[260] So ergibt sich, daß selbst der anthropologische Ansatz im Sinne einer Erfahrungsgrundlage für die Gottesproblematik ohne ein allgemeines, nicht unmittelbar erfahrbares Prinzip nicht auskommt. Es könnte als personales Finalitäts- oder besser: Sinnprinzip[261] bezeichnet werden

---

[259] „Die christliche Liebesidee u. die gegenwärtige Welt": GW V, 373.
[260] A. Gehlen, „Stellungnahme zu den Hauptsachen"; in: *Zeitschrift f. phil. Forschung* 6 (1951–52), 95.
[261] Anhangsweise sei hier vermerkt, daß die Schwierigkeiten gegen das klassische Finalitätsprinzip (und die darauf aufbauenden Gottesbeweise) darauf beruhen, daß früher das „agere propter finem", das ein dem aktiven Selbst- und Weltvollzug eines geistigen Wesens spezifisch vorbehaltenes Merkmal darstellt, ohne die nötigen Einschränkungen auf die untergeistige, ja anorganische Natur übertragen wurde, letztlich weil die Struktur der dort wirkenden Kräfte nicht bekannt war; vgl. J. Schmucker, *Die primären Quellen d. Gottesglaubens* 45. Wenn die Naturvorgänge in heutiger Sicht mehr als „passiv erfolgender Ausgleich meßbarer Engergiedifferenzen und -Spannungen" (a.a.O. 45) aufgefaßt werden, so empfiehlt sich für die Gottesproblematik

und liegt in der Annahme, daß ein am geistigen Selbstvollzug des personalen Wesens Mensch erfahrbares Streben nach Vollrealisierung eines erfaßten Wesensgehalts (in unserem Fall: der Begegnung) ein objektives Sinndatum ist, das einer Erklärung bedarf. Die Objektivität dieser Gegebenheit ist zumindest ebenso groß wie bei den Gegebenheiten der untergeistigen Natur und ihren Gesetzen. Handelt es sich doch um Grundstrukturen des menschlichen Geistes, der dichtesten und ranghöchsten Seinswirklichkeit, die in der Erfahrung von Welt überhaupt begegnet. Deshalb kann gegen den Ansatz am personalen Wesensvollzug der Begegnung nicht der Vorwurf der „Bedürfnistheologie"[262] erhoben werden, weil alle faktisch beobachteten Bedürfnisse nur auf dem Hintergrund der Wesensklasse der Akte des Begegnens verständlich werden, diese aber nur sinnvoll sind im Horizont einer möglichen Erfüllung. „Bedürfnisse sind immer Gegenstände einer Erklärung; sie selbst können nichts erklären."[263]

Nach diesen Hinweisen auf den Sinn der menschlichen Begegnungsintention, die über sich hinausweist, weil sie ihre Erfüllung in dem ihr zunächst zugänglichen Erfahrungsbereich nicht findet, ist noch nach dem Woraufhin dieser an sich endlichen Tendenz zu fragen. Scheler antwortet mit dem Hinweis auf die „Idee einer Liebes- und Geistesgemeinschaft mit einer unendlichen geistigen Person", womit er unmißverständlich Gott meint: „Unser Herz und unsere Vernunft sind sich gleich klar und gewiß, daß nur diese höchste abschließende Vernunft- und Liebesgemeinschaft mit Gott ihre Intentionen voll zu erfüllen und sie voll zu befriedigen vermag."[264] Auch hier ist nicht aus einer vorgefaßten und auf die Konstitution von Gemeinschaft angewandten, philosophisch nicht aufweisbaren Imago-Dei-Spekulation voreilig ins Absolute zu springen, sondern zu fragen, was denn unter Voraussetzung der bisherigen Phänomenologie der Begegnung den Gedanken an die mögliche Vollendung aller Gemeinschaft in Gott nahelegt. Eine anthropologische Deutung der Unendlichkeit kann hier den Weg weisen. Wenn oben[265] betont wurde,

---

auch von da her der Ausgang von der geistig-personalen Aktivität des Menschen, weil nur sie den unabgeleiteten, ursprünglichen Sinn von Finalität erfassen läßt.
[262] Vgl. „Probleme d. Religion": GW V, 114; 242; 156.
[263] A.a.O. 257.
[264] „Die christliche Liebesidee u. die gegenwärtige Welt": GW V, 373, 374.
[265] Vgl. 255f.

daß Gemeinschaft dem Menschen auf Grund seines Geistwesens und nicht nur aus Bedürftigkeit eignet, so darf darüber nicht vergessen werden, daß der Mensch in der Begegnung immer auch das „Mängel"-, besser: Mangelwesen bleibt. Bei ihm geschieht Begegnung immer auch aus Bedürftigkeit, dem mannigfach sich konkretisierenden Erlebnis, nicht in sich ruhen zu können, nicht fertig zu sein und im Auslangen auf den ihn ergänzenden Partner immer auch auf einen zu stoßen, der seinerseits aus der eigenen Unabgeschlossenheit nach Ergänzung sucht. Bedürftigkeit begegnet so Bedürftigkeit; und auf beiden Seiten wird erfahren, daß nie alles zu geben vermag, wer nicht alles besitzt. Daher die Unsicherheit in der Begegnung, die Möglichkeit des Mißtrauens, die bange und doch dem Bedürftigen unvermeidbare Frage, ob er, da er sich ganz losläßt, dafür auch genügend beschenkt werde. Diese in der notwendigen Bedürftigkeit der Partner liegende Grenze aller Begegnung läßt die Einsicht reifen, daß reine Begegnung in dem Vollmaß, das einem wesenhaft endlich-bedürftigen Wesen möglich ist, nur mit einem seinerseits unbedürftigen Partner geschehen kann. Gewiß ist Unbedürftigkeit der Formulierung nach ein negativer Begriff, dem Sinne nach ist sie jedoch von höchster Positivität, die darin besteht, daß der unendliche Partner zwar nicht begegnungslos in sich verschlossen ruht, wohl aber in aller Begegnung frei und aus der Fülle aus sich heraustritt, ohne auch nur das Geringste dabei für sich hinzugewinnen zu müssen. Aus dieser Verfassung heraus ist der unendliche Partner nicht nur imstande, den Bedürftigen ganz zu erfüllen, sondern ihn auch so seiner Bedürftigkeit zu entheben, daß er sich geborgen, nicht ausgeliefert erfährt. Begegnung aber, die nicht aus Bedürftigkeit, sondern aus reiner Vollkommenheit erwächst, gibt es nur im unendlichen personalen Wesen, in Gott.

Die Frage, ob es in und für Gott überhaupt Begegnung geben kann, ist freilich mit letzter Klarheit nur von der christlichen Trinitätsoffenbarung und ihrer theologischen Verarbeitung her zu entscheiden. Zugleich ergibt sich aber aus der Konfrontation von philosophischem Ansatz am wesenhaft gemeinschaftsbezogenen Menschen und theologischer Explikation der Trinitätsoffenbarung die Möglichkeit, einen lebendigen Bezug dieses zunächst so ferne scheinenden Grundzugs des göttlichen Wesens zum glaubenden Menschen herzustellen. Gott wird dabei, freilich nur theologisch erfaßbar, zum Wurzelgrund aller Gemeinschaft und nunmehr auch von seiner Wesensintention her zum Letztbegegnenden des Menschen, der gerade in seiner Göttlichkeit, die nach der Volloffenbarung des Neuen Testaments liebt ohne Eifersucht, die welthafte Begegnung des Menschen nicht verschlingt. Dies sei hier nur angedeutet. – Für unseren anthropologischen Ansatz folgt indes aus diesem Beispiel ein wichtiger Hinweis auf die, in Umkehr der Schelerschen Linie, notwendige anthropozentrische Ausrichtung des philosophischen und theologischen Fragens: Ergab sich über die (beinahe selbstverständliche) Forderung einer philosophischen Interpretation des Menschen vom Menschen her die Notwendigkeit einer anthropologischen Bereicherung der philosophischen Gottesproblematik, so erhellt auf diesem Hintergrund leicht die Bedeutung einer heute vielfach unter der Wirkung K. RAHNERS geforderten „anthropozentrischen Wendung" der Theologie.[266] Mag der Anstoß dazu ein geschichtlich bedingter sein[267] – was, die vielberufene Geschichtlichkeit menschlichen Seins einmal ernst genommen, durchaus keine Abwertung bedeutet – die sachliche Berechtigung ist nicht zu übersehen. Zunächst philosophisch anthropologisch: Offenbarung, deren begriffliche Auslegung und Entfaltung Theologie sein soll, trifft immer schon auf den Menschen mit seiner Erkenntnis und seinen personal-geistigen Vollzugsmöglichkeiten überhaupt.[268] Sie kann daher nicht das menschfremde Einfallen oder Überfallen Gottes sein, will sie nicht den Menschen (und damit ihren eigenen Sinn) gerade in den Dimensionen verfehlen, die angesprochen werden sollen. Auch eine „Offenbarungstheologie ... hat in sich als inneres Moment und Bedingung ihrer Möglichkeit den transzendental-unbegrenzten Horizont des menschlichen Geistes, von dem her so

---

[266] Vgl. dazu J. Speck, *Karl Rahners theologische Anthropologie. Eine Einführung;* München 1967.

[267] Vgl. dazu K. Rahner, „Theologie u. Anthropologie"; in: *Schriften z. Theologie,* Bd. VIII; Einsiedeln-Zürich-Köln 1967, 56.

[268] Wichtig ist hier gerade im Sinne unseres Ansatzes bei der Begegnung die Orientierung am Gesamtwesensvollzug des Menschen, nicht bloß an seinem Erkennen. Damit ergeben sich auch transindividuale Dimensionen des Menschen, deren Berücksichtigung „die Engführungen eines rein transzendentalen, existentialen oder personalistischen Ansatzes in der Theologie der Welt kritisch zu überwinden" imstande ist. (J. B. Metz, *Zur Theologie d. Welt;* Mainz-München 1968, 76.)

etwas wie ‚Gott' überhaupt nur verstanden werden kann."²⁶⁹ Und dies nicht als göttlich-weises pädagogisches Zugeständnis an irgendeine ,,Schwäche" des Menschen, jenseits der das ,,Eigentliche" liegt, weshalb der anthropologische Aspekt bloß angehängt zu werden brauchte,²⁷⁰ sondern vom Wesen des Menschen wie der Sache der Theologie her. Diese Sache der Theologie – und damit ist bereits der theologische Grund für die Notwendigkeit einer anthropologisch gewendeten Glaubensreflexion angedeutet – ist wissenschaftliches Einholen und Explikation dessen, was ,,Gnade" im weitesten Sinn genannt wird: Zuwendung Gottes zum Menschen, in Christus geschehenes und immer neu geschehendes ,,Heil" am und für den Menschen. Geschieht so christliche Verkündigung und damit Theologie als ihre notwendig mitgesetzte gedankliche Aufarbeitung immer und wesentlich ,,propter nostram salutem", so hat sie dem angesprochenen Menschen klarzumachen, wo denn die Heilsbedeutung ihrer zentralen Inhalte für ihn und sein Geschlecht überhaupt liegt. Dies braucht keine subjektivistische Umdeutung der Heilsbotschaft zu implizieren, solange der Bezug zum Subjekt als das eigentlich Objektive von Verkündigung und Theologie richtig gesehen wird. ,,Das Objektivste der Heilswirklichkeit ist zugleich notwendig das Subjektivste: die Unmittelbarkeit des geistigen Subjekts zu Gott durch Gott selbst."²⁷¹ Allein schon der alle Theologie treibende Wunsch nach Einsicht in Aufbau und inneren Zusammenhang des Heilsmysteriums ist beredtes Zeugnis jener immer schon ansatzhaft gegebenen anthropologischen Dimension der Theologie. In Zeiten gesteigerter Reflexivität wird sich Theologie gerade dann, wenn sie betont pastoral sein will, ihre anthropologischen Implikationen bewußt machen. ,,Man kann nicht mit einem absoluten Paradox oder einem credo quia absurdum zufrieden sein, wenn man eine universale Mission zur

---

²⁶⁹ K. Rahner, ,,Theologie u. Anthropologie"; in: *Schriften z. Theologie*, Bd. VIII, 51.
²⁷⁰ In diesem Sinn möchten wir die Kritik von L. Malevez (der sich an den genannten Ausführungen Rahners orientiert) am ,,Dogmatiker von gestern" auffassen: Für ihn war der (zweifellos in Ansätzen vorhandene) anthropologische Aspekt in der Theologie nur ,,une sorte de corollaire, d'appendice ajouté à l'essentiel qui était ailleurs; . . ." (,,Présence de la théologie à Dieu et à l'homme"; in: *Nouvelle Revue Théologique* 90 [1968], 786.)
²⁷¹ K. Rahner, *Schriften z. Theologie*, Bd. VIII, 53.

Welt hat und will."²⁷² Auch H. U. v. BALTHASAR, der sonst dem anthropologischen Anliegen jeglicher Immanenzmethode reserviert gegenübersteht, gibt zu, es gehe bei der „Plausibilität Christi" „um eine Korrespondenz in der menschlichen Existenz als ganzer mit der Gestalt Christi; nicht nur intellektuelle, sondern existenzhafte Vorbedingungen müssen sich erfüllen, damit die die Gesamtexistenz ansprechende Gestalt bei dieser Gesamtexistenz auch Gehör findet."²⁷³ Wenn dabei im Sinne einer „theologischen Ästhetik" die hinnehmende Betrachtung betont wird, die zunächst nicht fragt, was Christus „mir" sagt, und nur so alles erhält, so geschieht doch jene Schau nur im Rahmen eines immer schon gegebenen Vorverständnisses dessen, was schön, heilig und gut ist. Dieses Vorverständnis aber „ist durch die einfache, objektive Tatsache notwendig gegeben, daß Gott Mensch wird und insofern den allgemeinmenschlichen Daseins- und Denkformen entspricht."²⁷⁴ Damit ist zugleich, vom Christlichen her, die Klammer angegeben, die philosophische Anthropologie und anthropologische Theologie zusammenhält und den Christen zu beidem ermutigt: das Erscheinen Christi „im Fleisch."

§ 3. PHILOSOPHISCHE WELTANSCHAUUNG

Bei der häufigen stillschweigenden oder ausdrücklichen Gleichsetzung von Philosophie und Weltanschauung²⁷⁵ ist Schelers

---

²⁷² F. P. Fiorenza, „Die Abwesenheit Gottes als ein theologisches Problem"; in: Ch. Hörgl - F. Rauh (Hrsgb.), *Grenzfragen d. Glaubens. Theologische Grundfragen als Grenzprobleme;* Einsiedeln-Zürich-Köln 1967, 448.
²⁷³ H. U. v. Balthasar, *Herrlichkeit. Eine theologische Ästhetik.* Bd. I: *Schau d. Gestalt;* Einsiedeln 1961, 445, 446.
²⁷⁴ A.a.O. 447.
²⁷⁵ So z.B. H. Meyer in der einleitenden Überschrift zu seiner „Abendländischen Weltanschauung": „Die Aufgabe einer Geschichte der Philosophie (Weltanschauung)". (Bd. I: *Die Weltanschauung d. Altertums;* Paderborn-Würzburg ³1967, 1.) Und A. Wenzl will, „was wahre Philosophie wollte und immer wollen muß, versuchen, ein *einheitliches Weltbild und eine Weltanschauung* zu entwickeln..., denn *aus dem Bedürfnis nach Weltanschauung ist die Philosophie geboren.*" (*Wissenschaft u. Weltanschauung. Natur u. Geist als Probleme d. Metaphysik;* Hamburg ²1949, VII, 1.)
Für eine strikte Trennung von Weltanschauung und Philosophie „als strenger Wissenschaft" hat sich bekanntlich E. Husserl ausgesprochen. Doch scheint auch hier der eigentliche Anstoß zu dieser Forderung die tatsächliche Auseinanderentwicklung von Weltanschauungsphilosophie und Einzelwissenschaften und nicht so sehr die theoretische Unvereinbarkeit von Weltanschauung und Wissenschaft zu sein: „Für das neuzeitliche Bewußtsein haben sich die Ideen Bildung oder Weltanschauung und Wissenschaft - als praktische Idee verstanden - scharf getrennt, und sie bleiben

Betonung einer philosophischen Weltanschauung sicher mehr als eine unachtsame Tautologie. Äußerer Anlaß für dieses Programm des späten Scheler ist zunächst seine Abkehr von der Religion. Ein Wesens- und Weltanschauungsdenker, wie Scheler es unverkennbar ist, mußte sich zwangsläufig nach Wegfall einer religiösen Gesamtorientierung um betont philosophische Grundlegung seines Denkens kümmern. Daß dabei manches aus seiner christlichen Zeit übernommen wurde, ohne restlos philosophisch aufgearbeitet worden zu sein, ändert nichts an Schelers bewußter Absicht einer ,,philosophischen Weltanschauung."[276] Daneben führt jedoch auch der gegen Ende seines Philosophierens intensivierte anthropologische Ansatz Schelers mit innerer Folgerichtigkeit zur Bildung einer philosophisch fundierten Weltanschauung. Wenn der Mensch sich selbst als denkendes, wertgerichtetes, handelndes Wesen erfaßt, das Sinn entdeckt, aber auch selbst Sinn gibt, dann erscheint ihm ,,Welt" als notwendiges Einheitskorrelat seines eigenen Wesens. Dann aber ist die Frage

von nun ab für alle Ewigkeit getrennt. Wir mögen es beklagen, aber als eine fortwirkende Tatsache müssen wir es hinnehmen, die unsere praktischen Stellungnahmen entsprechend zu bestimmen hat." (,,Philosophie als strenge Wissenschaft"; in: *Logos* I [1910], 332.)

[276] Auch hier, wie so oft bei Scheler, zeigt sich eine mit seinem Wandel der Einstellung zur Religion parallel gehende Entwicklung, die von bloßer ,,Weltanschauungslehre" zur ,,philosophischen Weltanschauung" der Spätphase führt. Die frühe Einstellung kulminiert in dem Husserl nachgesprochenen Satz: ,,Und auch Philosophie kann, wie Husserl richtig hervorhebt, nie Weltanschauung, höchstens Weltanschauungs*lehre* sein." Dahinter steht ein Begriff von Weltanschauung, der deutlich deren vorwissenschaftlichen, unreflektierten Charakter des spontanen Selbstgewachsenseins im Sinne der später so genannten ,,natürlichen Weltanschauung" betont: ,,Weltanschauungen werden und wachsen, nicht aber sind sie von Gelehrten erdacht." (,,Vom Wesen d. Philosophie": GW V, 77); vgl. auch die in Anlehnung an W. v. Humboldt gegebenen umschreibenden Definitionen: Weltanschauung ,,bedeutet vor allem die (durch Reflexion nicht auch notwendig bewußten und erkannten) jeweiligen faktischen Formen des ,Weltanschauens' und der Gliederung der Anschauungs- und Wertgegebenheiten seitens sozialer Ganzheiten ..." (,,Vom Wesen d. Philosophie": GW V, 76; ähnlich: *Der Formalismus...*: GW II, 306 u. Anm. 2; ,,Tod u. Fortleben": GW X, 62; Gesamtvorrede zu den ,,Schriften zur Soziologie u. Weltanschauungslehre": GW VI, 7).

Später betont Scheler, daß auch die faktisch gegebene Weltanschauungen (im bisher definierten Sinn) beschreibende und erklärende philosophische ,,Weltanschauungslehre nur von einer systematischen *Sach*philosophie aus begründet werden kann, und daß die faktischen ,Weltanschauungen' nur von einer sachhaltig und rational einsichtig *gegründeten* und *gesetzten* ,Weltanschauung' her richtig in ihrem Sinn und relativen Wahrheitsgehalt verstanden und überschaut werden können." (Gesamtvorrede zu GW VI, 7f.) Und schließlich wird in der Spätphase die bereits im genannten Vorwort erwähnte ,,eigene Philosophie und ,Weltanschauung' " (GW VI, 8) als ,,philosophische Weltanschauung" dargelegt und ausdrücklich betont: ,,Wer aber eine philosophisch begründete Weltanschauung anstrebt, muß es wagen, sich auf seine *eigene* Vernunft zu stellen." *(Phil. Weltanschauung* 5.)

nach der Be-deutung dieser Welt „für" den Menschen nicht zu umgehen. HEIDEGGERS Anknüpfen bei der Redensart „über etwas im Bilde sein" zeigt gut die anthropologische Struktur jedes „Weltbildes": „ ‚Im Bilde sein', darin schwingt mit: das Bescheid-Wissen, das Gerüstetsein und sich darauf Einrichten. Wo die Welt zum Bilde wird, ist das Seiende im Ganzen angesetzt als jenes, worauf der Mensch sich einrichtet, was er deshalb entsprechend vor sich bringen und vor sich haben und somit in einem entschiedenen Sinne vor sich stellen will. Weltbild, wesentlich verstanden, meint daher nicht ein Bild von der Welt, sondern die Welt als Bild begriffen." Deshalb gibt es, streng genommen, kein antikes oder mittelalterliches Weltbild, sondern „Weltbild" steht und fällt mit der anthropologischen Wende der Neuzeit. „Daß die Welt zum Bild wird, ist ein und derselbe Vorgang mit dem, daß der Mensch innerhalb des Seienden zum Subjectum wird."[277] Die anthropologische Ortsbestimmung des Menschen führt folgerichtig zur Frage nach seiner Stellung im Kosmos, wie sie anderseits notwendige Vorbedingung für diese Frage ist.

Überblickt man die umschreibenden Definitionen von „Weltanschauung", so enthalten sie im groben Umriß immer ein theoretisches, erkenntnismäßiges Element, das seinerseits richtungweisend für das praktische Verhalten des weltanschaulich fragenden Menschen werden muß.[278] Schon die bis-

---

[277] Vgl. M. Heidegger, „Die Zeit d. Weltbildes"; in: *Holzwege;* Frankfurt a.M. 1950, 82–85. Heidegger nimmt hier „Weltbild" entgegen der verbreiteten Verwendung des Wortes im Sinne einer bloß naturwissenschaftlich extrapolierenden, etwa „physikalischen" oder „evolutionistischen" Gesamtkonzeption des Kosmos (vgl. z.B. H. H. Schrey, „Weltbild, IV. Das neuzeitliche Weltbild"; in: *Die Religion in Geschichte u. Gegenwart*, Bd. VI, 1621–1629; G. Söhngen, „Weltanschauung"; in: *Lexikon f. Theologie u. Kirche*, Bd. X, 1028; B. Thum, „Wissenschaft u. Weltbild"; in: A. Auer – B. Thum, *Weltbild u. Metaphysik;* München-Salzburg-Köln 1958, 73, 97) gleichbedeutend mit Weltanschauung als Deutung des „Seienden im Ganzen" mit seinen drei Grunddimensionen: Kosmos (Natur), Geschichte (Mensch), Weltgrund (das Göttliche): vgl. a.a.O. 82.

[278] Einige Beispiele zum Beleg:
W. Dilthey beschreibt die stets gleichbleibende Struktur aller Weltanschauungen als „Zusammenhang, in welchem auf der Grundlage eines Weltbildes die Fragen nach Bedeutung und Sinn der Welt entschieden und hieraus Ideal, höchstes Gut, oberste Grundsätze für die Lebensführung abgeleitet werden." *(Weltanschauungslehre, Abhandlungen zur Philosophie d. Philosophie:* Ges. Schriften, Bd. VIII; Stuttgart-Göttingen ²1960, 82.)
Nach K. Jaspers meinen „Weltanschauungen ... Ideen, das Letzte und das Totale des Menschen, sowohl subjektiv als Erlebnis und Kraft und Gesinnung, wie objektiv als gegenständlich gestaltete Welt." *(Psychologie d. Weltanschauungen* 1; vgl. auch:

herige Reflexion auf das Denken Schelers läßt die gleiche Orientierung für seine „philosophische" Weltanschauung erwarten. Dem entspricht, was Scheler im Zusammenhang mit der Erwähnung seiner eigenen Weltanschauung als Ziel seines philosophischen Werkes angibt: „Klärung und Festigung einiger zentraler Grundideen, mit denen der Mensch von heute an die Mannigfaltigkeit des chaotischen Lebens der Tage herantritt."²⁷⁹ Auch hier ist deutlich ein erkenntnismäßig-wissenschaftliches Element greifbar, das jedoch nicht im bloßen Erkennen – obwohl auch dieses schon ein Verhalten ist – steckenbleibt, sondern fruchtbar werden soll zur Bewältigung jener Aufgaben des Menschen wie der Menschheit, die zwar nicht mehr Erkennen sind, wohl aber ohne leitende theoretische Einsicht weder menschenwürdig noch sachlich geleistet werden können.

Philosophie. I. Philosophische Weltorientierung; Berlin-Göttingen-Heidelberg ³1965, 241.)
   M. Heidegger versteht unter Weltanschauung „die Grundhaltung des Menschen zum Seienden im Ganzen" und warnt vor dem Mißverständnis, Weltanschauung so zu begreifen, „als handle es sich da nur um ein untätiges Betrachten der Welt." („Die Zeit d. Weltbildes"; in: *Holzwege* 86.)
   Für A. Wenzl ist „Ziel eines bewußten Weltanschauungsstrebens ... die umfassende Zusammenschau, Überschau und Durchschau aller mit Wirklichkeitsanspruch auftretenden, uns zugänglichen Erscheinungen von bewußten begründbaren Gesichtspunkten, möglichst von einem einheitlichen Standpunkt aus, von dem aus die Mannigfaltigkeit, die wir Welt nennen, sich uns klärt und gliedert, von dem aus eine begründbare Überzeugung von unserer eigenen Stellung in der Welt und zur Welt sich ergibt, unser Verhältnis und unser Verhalten zur Welt sich bestimmt." *(Wissenschaft u. Weltanschauung* 2f.) Weltanschauung ist im Sinne J. Kleins „die Weise, in der der Mensch des Sinnes seines Daseins und seiner Welt theoretisch und praktisch inne wird. Es liegt ... im Wesen der Weltanschauung, daß sie als Lebensanschauung einen bestimmten Sinn des Lebens vermitteln und das Leben danach gestalten will." (Weltanschauung; in: *Die Religion in Geschichte u. Gegenwart,* Bd. VI, 1605.)
   Schließlich noch zwei gewichtige Stimmen, die, auf je verschiedene Weise, zwar eine strenge Trennung von Philosophie und Weltanschauung fordern, Weltanschauung selbst jedoch durchaus im genannten Sinn, wenngleich nicht als eigentlich wissenschaftliche Erkenntnis verstehen: Für Husserl ist Weltanschauung einerseits eine Art „abschließender und vereinheitlichender, allbegreifender und allverstehender Erkenntnis", anderseits gehört zu ihr eine „Kunstlehre vom richtigen Handeln" *(Logos* I [1910], 328, 331). Und nach H. Rickert, einem wesentlich schärferen Gegner einer philosophischen Weltanschauung als Husserl, wird das Wort Weltanschauung „von den meisten Menschen heute so verstanden werden, daß es sich dabei um Ansichten handelt, die sich auf den Sinn oder die Bedeutung des ganzen menschlichen Daseins im Weltganzen beziehen, und die für das Verhalten des Menschen, der an sie glaubt, in seinem Gesamtleben maßgebend werden können." („Wissenschaftliche Philosophie u. Weltanschauung"; in: *Logos* XXII [1933], 40.)
   ²⁷⁹ „Gesamtvorrede" zu GW VI, 8.

1. *Theoretischer Sinn einer philosophischen Weltanschauung*

Da in unserem Jahrhundert Weltanschauung zwar anerkannt oder wenigstens geduldet, ihr aber nicht selten jede Wissenschaftlichkeit abgesprochen und sie scharf von ,,strenger" oder ,,wissenschaftlicher" Philosophie unterschieden wird,[280] ist dem theoretischen Aspekt der philosophischen Weltanschauung besonderes Augenmerk zuzuwenden. Ohne im einzelnen vorbehaltos Scheler folgen zu wollen, können uns doch die drei Erkenntnisquellen, die er für die ,,philosophische" oder ,,setzende" Weltanschauung angibt, helfen, die theoretisch-wissenschaftliche (und ausschlaggebende) Seite einer möglichen Weltanschauungsphilosophie zu skizzieren. Die drei Erkenntnisquellen sind: ,,Die natürliche Weltanschauung in ihrer Konstanz; die philosophische Eidologie, die ... auf allen Sachgebieten ein APRIORIWISSEN ... aller formalen und materialen Daseins MÖGLICHKEITEN entwickelt; der Stand der Wissenschaften."[281] In Anlehnung an diese Dreiteilung kann als konstitutiv für eine philosophisch verantwortbare Weltanschauung angesehen werden: 1. Das Ausgehen von vor- (jedoch nicht wider-) wissenschaftlichen Grundgegebenheiten sowie die Stützung auf die große philosophische

---

[280] Husserl spricht von ,,Weltanschauung, die eben ihrem Wesen nach nicht Wissenschaft ist" und betont, ,,daß sie als Habitus und Leistung der Einzelpersönlichkeit zu beurteilen ist, die Wissenschaft aber als kollektive Arbeitsleistung der Forschergenerationen ... Die Weltanschauungsphilosophie lehrt, wie eben Weisheit lehrt: Persönlichkeit wendet sich an Persönlichkeit. ... Die Wissenschaft aber ist unpersönlich. Ihr Mitarbeiter bedarf nicht der Weisheit, sondern theoretischer Begabung. Was er beiträgt, bereichert einen Schatz ewiger Gültigkeiten, welcher der Menschheit zum Segen gereichen muß." *(Logos* I [1910], 338, 339.) Die Hoffnung, weisheitslose Wissenschaft müsse der Menschheit zum Segen gereichen, hat sich indes, mehr als fünfzig Jahre nach diesen Sätzen Husserls, noch nicht erfüllt. – Husserls (damaliges) Ideal von Wissenschaftlichkeit orientiert sich unverkennbar ,,an der objektiven Wahrheit, bezw. objektiv begründeten Wahrscheinlichkeit der wundervollen Theorien der Mathematik und der Naturwissenschaften." (A.a.O. 290.)
Auch Rickert bestreitet die Wissenschaftlichkeit der Weltanschauungen, ,,bei denen nach ihrer wissenschaftlichen Begründung oft nicht einmal gefragt wird. Solche vorwissenschaftlichen Gedankengebilde nennt man ,Weltanschauungen'." *(Logos* XXII [1933], 40.) Sein Wissenschaftlichkeitsideal orientiert sich jedoch am ,,theoretischen" Menschen, den er in unversöhnlichen Gegensatz zum ,,ganzen" Menschen bringt: ,,Warum solche Weltanschauungen sich nicht in jeder Hinsicht wissenschaftlich begründen lassen, liegt auf der Hand. Für sie kommt in der Regel vor allem das in Betracht, was man mit Dilthey den ,ganzen Menschen' ... nennt, und damit ist dann das Gesamtsein des Menschen gemeint, der nicht nur theoretisch und logisch denkt, sondern zugleich völlig alogisch will und fühlt, eventuell auch künstlerisch schaut oder religiös glaubt, und für den solche atheoretischen Verhaltensweisen zugleich bestimmend werden bei seiner Lebensführung." (A.a.O. 40.)

[281] ,,Weltanschauungslehre, Soziologie u. Weltanschauungssetzung": GW VI, 20.

Tradition. 2. Die eigentlich philosophische Arbeit der Freilegung oberster Denk- und Seinsgesetze. 3. Die stete Konfrontation philosophischer Denkarbeit mit der einzelwissenschaftlichen Empirie.

a. Vorwissenschaftliches Weltbild. Philosophische Tradition

Als ,,ehernes Fundament" jeder philosophischen Bildungsweltanschauung bezeichnet Scheler die ,,relativ natürliche Weltanschauung"; zu ihr gehört alles, was in einer Gruppe ,,als keines Beweises bedürftig, als Gegenstand keiner möglichen Beweislast, d.h. als völlig ,selbstverständlich' geglaubt und gefühlt wird."[282] Die Ausdrücke ,,glauben", ,,fühlen" dürfen nicht darüber hinwegtäuschen, daß es sich bei den Grunddaten der natürlichen Weltanschauung um eine, wenn auch diffuse, unreflektierte und vorwissenschaftliche Erkenntnis handelt. Von dieser Basis hat alle philosophische Weltanschauung auszugehen, weil die völlige ,,tabula rasa", von Scheler unter gleichzeitigem Eingeständnis ihrer Schwierigkeit einmal gefordert,[283] weder möglich noch wünschenswert ist, soll sich menschliche Erkenntniskraft nicht ins Schrankenlose vergeuden. Allein die Basis der natürlichen Weltanschauung ist breit genug, um eine Sinndeutung der Welt im Ganzen zu ermöglichen und die Frage nach einer umfassenden Weltanschauung überhaupt aufkommen zu lassen. Denn Welt als global erlebte Sinneinheit und ihre zunächst angenommene Sinnhaftigkeit – beides auch für den vernünftigen Vollzug der empirischen Wissenschaften nicht ohne Belang – sind nicht beobachtet, nicht mühsam erdacht, sondern Elemente (vielleicht die

---

[282] A.a.O. 16. Vgl. ,,Probleme einer Soziologie d. Wissens": GW VIII, 61. Von der ,,relativ natürlichen Weltanschauung" unterscheidet Scheler die ,,absolut natürliche Weltanschauung" als ,,eine in der Philosophie deskriptiv zu beschreibende, historisch-soziologisch unveränderliche ,Konstante', die sich freilich erst ergibt durch ein (schwieriges) Abschälen der in jeder konkreten Gruppenweltanschauung immer in sie hineingewebten ,echten' und ,lebendigen' Traditionen." (,,Weltanschauungslehre, Soziologie u. Weltanschauungssetzung": GW VI, 15.) Während Scheler zunächst die von ihm zur Grundlage der philosophischen Weltanschauung genommene relativ natürliche Weltanschauung auffaßt als ,,das Kompositum von absolut natürlicher Weltanschauung plus lebendiger echter Tradition" (GW VI, 15), also ein Minimum von absolut natürlicher Weltanschauung annimmt, behauptet er später, es lehre ,,der Vergleich ... der relativ natürlichen Weltanschauungen der größten Kulturkreise", – der doch nur auf der Basis einer echten Gemeinsamkeit unter den Weltanschauungen zu ziehen ist, was Scheler zu vergessen scheint –, ,,daß es eine, und eine konstante natürliche Weltanschauung ,des' Menschen überhaupt nicht gibt ..." (,,Probleme einer Soziologie d. Wissens": GW VIII, 61.)
[283] Vgl. ,,Mensch u. Geschichte": *Phil. Weltanschauung* 62.

einzigen?) jener vorwissenschaftlichen Grundüberzeugung, um die es hier geht. ,,Zu sagen, was Welt ist, wird mir gar nicht möglich sein, wenn mir nicht schon im vorwissenschaftlichen Stadium ein gewisser Eindruck von Welt aufgeprägt wurde, der dann wissenschaftlich erweitert wird."[284] Freilich ist die vorwissenschaftliche Weltsicht nur Ausgangspunkt. Sie muß, und damit beginnt das eigentlich philosophische Geschäft, ins reflexe Bewußtsein gehoben, kritisch geprüft, auf ihre eventuellen außerwissenschaftlichen Quellen untersucht und vor allem nach ihren Elementen in einen logischen Zusammenhang gebracht werden, um wenigstens ein Minimum an ,,absolut natürlicher", begrifflich faßbarer Weltanschauung zu erheben.[285] Weil eine ursprünglich philosophische Lehre aber auch für spätere Generationen gleichsam zur ,,natürlichen" Weltanschauung werden kann, erhellt hier die Bedeutung der philosophischen Tradition für die Bildung einer philosophischen Weltsicht. Der absolute, traditionslose Neuanfang, der mit HUSSERL ,,nichts Vorgegebenes hinnehmen, nichts Überliefertes als Anfang gelten" lassen will[286] und von Scheler zur ,,versuchsweisen" Bezweiflung ,,aller hergebrachten Meinungen"[287] gemildert wurde, wird immer ein letztlich unredlicher geistiger Gewaltakt bleiben. Denn ,,echte lebendige Traditionen können nur ,absterben' (wie ein organisches Gebilde)."[288] HUSSERL schreibt im gleichen Atemzug, es ströme uns aus der Tradition ,,philosophisches Leben entgegen, mit dem ganzen Reichtum und der Kraft lebendiger Motivationen."[289] Dieses Leben zu prüfen und zu sichten – was doch wohl HUSSERLS eigentliche Absicht der Tradition gegenüber war, wenn wir den ganzen HUSSERL befragen –, ist schon eine philosophische Tat. Sie wird ergeben, daß doch nicht alles und jedes ,,Sache der individuellen Überzeugung, der Schulauffassung, des ,Standpunktes' " ist,[290] daß nicht willkürlich Problemstellungen

---

[284] A. Auer, ,,Weltbild-Denken u. Weltbild-Typen d. neueren Philosophie"; in: A. Auer – B. Thum, *Weltbild u. Metaphysik;* München-Salzburg-Köln 1958, 14.
[285] Auch Husserl kennt eine solche Verarbeitung von Daten ursprünglicher Menschheitsweisheit und gebraucht dafür sogar die Qualifikation ,,wissenschaftlich", vgl. *Logos* I (1910), 330.
[286] *Logos* I (1910), 340.
[287] *Phil. Weltanschauung* 5.
[288] ,,Weltanschauungslehre, Soziologie u. Weltanschauungssetzung": GW VI, 16.
[289] *Logos* I (1910), 340.
[290] A.a.O. 291.

erfunden werden, vielmehr gerade in der Weltanschauungsphilosophie „seit Jahrtausenden eine Dreiteilung ... immer neu emportaucht ...: Welt; Seele; Gott",291 und daß es in der Metaphysik auf weite Zeit- und Kulturräume gleichbleibende „große Themen" gibt, mögen es nun „sechs" oder eine andere Zahl sein.292 Wer eine absolut voraussetzungslose Philosophie fordert, vergißt, daß niemand ihm verbürgt, daß nach Jahrtausenden des Philosophierens gerade sein Anfang neu und ihm nicht doch aus längst verschütteten Quellen zugeflossen ist.

b. Begriffsbildung. Oberste Denk- und Seinsgesetze

Selbst für DILTHEY bildeten die „universalen Stimmungen" oder „Lebensstimmungen" nur „die untere Schicht für die Ausbildung der Weltanschauungen."293 Scheler, der auch noch im Zusammenhang mit seiner Weltanschauung „Denken" scharf vom „anschauenden und wertenden Verhältnis des personalen Geistes zur Welt" scheidet,294 betont, die philosophische Weltanschauung müsse „rational einsichtig GEGRÜNDET" und auf die „EIGENE Vernunft" ihres Schöpfers gestellt sein.295 Man wird nicht sagen können, daß Scheler im bisher vorliegenden Werk wirklich von seinem Wesensintuitionismus losgekommen ist.296 Aber die Forderung nach Rationalität und Wissenschaftlichkeit von Weltanschauung ist wenigstens grundsätzlich erhoben. Mag die genannte philosophische Eidologie im Sinne Schelers ihr nicht genügen, das Element der apriorischen Erkenntnis als eines „vom Quantum induktiver Erfahrung" – nicht Erfahrung überhaupt! – „unabhängigen Wissens"297 weist einen genuin philosophisch wissenschaftlichen Weg. Er liegt in der Erarbeitung von Grunderkenntnissen (wie etwa der Einsichtigkeit oder Intelligibilität

---

[291] K. Jaspers, *Psychologie d. Weltanschauungen* 151.
[292] Vgl. H. Heimsoeth, *Die sechs großen Themen d. abendländischen Metaphysik u. der Ausgang d. Mittelalters*; Darmstadt ⁵1965.
[293] Vgl. *Weltanschauungslehre:* Ges. Schriften VIII, 81–82.
[294] Vgl. „Weltanschauungslehre, Soziologie u. Weltanschauungssetzung": GW VI, 23.
[295] Gesamtvorrede zu GW VI: GW VI, 8; *Phil. Weltanschauung* 5.
[296] Anhangsweise sei vermerkt, daß sich Husserl gerade am Ende seines leidenschaftlichen Eintretens für eine „Philosophie als strenge Wissenschaft" vom Ideal der „indirekten Methoden" der „eindrucksvollsten Wissenschaften der Neuzeit, der mathematisch-physikalischen" abwendet und einer „direkten Intuition" das Wort redet: vgl. *Logos* I (1910), 341.
[297] „Weltanschauung, Soziologie u. Weltanschauungssetzung": GW VI, 20.

des Seins überhaupt), die aller Einzelerfahrung logisch vorausliegen, weil sie den Hintergrund bilden, auf dem diese erst möglich wird. Eine solche Erkenntnis muß deswegen wissenschaftlich genannt werden, weil sie streng rational, d.h. nach den Gesetzen des menschlichen Intellekts, also im ursprünglichsten Sinn „logisch", logosgemäß vorgeht. Der menschliche Intellekt als „jede Art von denkender und erkennender Tätigkeit, die im Begriff ihre Vollendung findet",[298] ist dabei in einem wahren Sinn universal: „Es gibt in der Tat kein Stück Erfahrung, Leben, Wirklichkeit, das nicht als solches zugleich eine Bearbeitung durch den erkennenden Geist herausforderte."[299] Dieses logisch-begriffliche Vorgehen entspricht auch den von E. ZIMMER für den Bereich der „exakten" Forschung genannten „Merkmalen einer Wissenschaft, Gewißheit und Allgemeingültigkeit"[300]: Es ist gewiß, weil nicht auf Stimmung oder Willkür, sondern auf sachgerichtete und wirklichkeitsgerechte logische Gesetzlichkeit gegründet, wenngleich der subjektive Gewißheitsgrad vielfach unter der Überzeugungskraft experimentell verifizierbarer Tatbestände liegt; es ist allgemeingültig, weil die genannte logische Gesetzlichkeit einen allgemeinen Verstehenshorizont schafft, auf dessen Hintergrund die Probleme und ihre Lösungen, auch wenn sie historisch weit zurückliegen, nachgedacht werden können. Es gibt allgemeingültige Aussagen auch in der Philosophie, nur sind sie an Zahl und eindeutiger Anschaulichkeit geringer als in den empirischen Einzelwissenschaften, was nicht zuletzt mit der notwendigen, deswegen aber nicht zu vergötzenden „Randunschärfe" der philosophischen Sprache zusammenhängt.[301] So darf Weltanschauung, wenn sie philosophisch ist, wissenschaftlich genannt werden, „solange man nicht irgendeine besondere Methode einer Spezialdisziplin für die allein ‚wissenschaftliche' erklärt, sondern von der Wissenschaft nur verlangt, daß sie logisch begründete Wahrheit für alle denkenden Menschen

---

[298] Th. Litt, *Wissenschaft, Bildung, Weltanschauung;* Leipzig-Berlin 1928, 3, Anm. 1.
[299] A.a.O. 6.
[300] *Umsturz im Weltbild d. Physik;* München ^{12}1961, 332f.
[301] Wie sehr auch die von der analytischen Philosophie angestrebte einheitliche Wissenschaftssprache künstlich und keineswegs bloß Ausdruck allgemein verbindlich verifizierbarer Beobachtung ist, zeigt W. Stegmüller, der selbst dieser Richtung nahesteht, vgl. *Hauptströmungen d. Gegenwartsphilosophie. Eine kritische Einführung;* Stuttgart ³1965, 466f.

gibt."³⁰² Philosophie aber wird Weltanschauung dann sein, wenn sie auf dem angegebenen rationalen Weg oberste Denk- und Seinsgesetze freilegt. Denkgesetze, weil ,,Welt" notwendig auf den erkennenden Geist bezogen, wenn auch von ihm nicht restlos konstituiert ist und ,,Weltanschauung" der ewigen Frage desselben erkennenden Geistes an alles ihm Begegnende entspringt. Seinsgesetze, weil bei aller Denkbezogenheit des Seins dieses doch mehr ist als eine (im Grunde überflüssige) langsam und mühevoll zu sich kommende Reduplikation des erkennenden Geistes. Seinsmächtigkeitsgrade im Sinne von ,,Stufen" oder ,,irreduzibler Wesenheiten" – die mehr oder weniger räumlich getönten Anschauungsbegriffe lassen sich wohl kaum ganz vermeiden – werden dabei als Bedingung der Möglichkeit je verschiedener, faktisch geübter wissenschaftlicher Methoden ebenso aufscheinen wie sich eine letzte, innere Einheit alles Seienden ergeben wird, ohne die eine durchgehende Erkenntnishaltung gegenüber dem Sein in seiner ganzen Breite nicht denkbar wäre. Man wird einen solchen Weltanschauungsrahmen mit Recht metaphysisch nennen – auch Scheler bezeichnet seine philosophische Weltanschauung immer wieder als Metaphysik. Ihr ,,Seinsverstehen ... hält sich an die in den Ordnungen und Entfaltungen des Seienden greifbaren, wesentlichen und umspannenden Ausrichtungen und Zielbestimmtheiten, in deren Gesamtplan das Einzelne seine positive oder negative Bedeutung hat ..." Auch hier ist Bescheidenheit angezeigt, denn es ,,schenkt die metaphysische Reflexion uns nicht etwa mit einem Schlag die Lösungen der Probleme, um die das Weltbilddenken ringt. Aber wir erhalten von ihr das große Geschenk von Fragestellungen, die sicher berechtigt sind, und oft auch von Perspektiven, die uns neue Möglichkeiten sehen lassen ..."³⁰³

c. Philosophie und Empirie

In freier Anlehnung an Schelers dreifache Quelle der philosophischen Weltanschauung kommen wir zum dritten Punkt, dem Verhältnis der Weltanschauungsphilosophie zu den empi-

---

302 H. Rickert, ,,Wissenschaftliche Philosophie u. Weltanschauung"; in: *Logos* XXII (1933), 45.
303 B. Thum, ,,Wissenschaft u. Weltbild"; in: A. Auer – B. Thum, *Weltbild u. Metaphysik* 11; 140.

rischen Wissenschaften, die sich alle mit einem mehr oder minder
großen Ausschnitt der erfahrbaren Welt befassen. Zunächst ist
von der Einheit und Mehrstufigkeit des Seins und der beiden
Dimensionen entsprechenden geistigen Erkenntnis her zu sagen,
daß ein gegenseitiger Ausschluß methodisch verschiedener Er-
kenntniswege nicht denkbar ist. Damit ist einem unversöhnlichen
Auseinanderklaffen von Philosophie und Empirie der Boden entzogen. Unter dieser Voraussetzung hat die empirische Wissenschaft der philosophischen Weltanschauung gegenüber zunächst
die Funktion einer negativen Norm: oberste Seinsgesetze, die in
keiner, auch nicht in abgewandelter Form – man denke z.B. an
den Unterschied zwischen metaphysischem und physikalischem
Kausalitätsprinzip – auf die einzelwissenschaftlich erschlossene
Wirklichkeit passen, werden einer genauen Überprüfung bedürfen. Scheler sieht ferner die Beziehung der philosophischen
Weltanschauung zu den empirischen Wissenschaften darin, daß
die Metaphysik ,,die Subjekte ihrer Urteile und die Untersätze
ihrer Schlüsse aus den Realitätserkenntnissen der positiven Wissenschaften aufnimmt,'' während sie ,,die materialen Prädikate
ihrer Urteile und die Obersätze ihrer Schlüsse ausschließlich der a-
priorischen Erkenntnis der reduzierten Wesenswelt entnimmt.''[304]
Diese Formulierung scheint nahezulegen, die Einzelwissenschaften hätten nur Zahl und Umfang der konkreten ,,Einzelfälle''
einer schon längst durch und durch apriorisch erkannten Seinswirklichkeit zu liefern. Damit erschöpft sich aber die seiner-
schließende Funktion der wissenschaftlichen Empirie und ihrer
theoretischen Verarbeitung nicht. Denn diese ist sehr wohl imstande, Aussagen über jene Bereiche der Naturdinge zu machen,
die man als zu ihrem Wesen gehörig wird ansehen müssen, wobei
,,Wesen'' freilich immer in einem echten Bezug zu den Erschei-
nungs- und Äußerungsformen des jeweiligen Seienden gesehen
wird. ,,Wenn das Wesentliche eines Seienden in der inneren Bestimmtheit besteht, die für jede seiner Verhaltensweisen und
Zuständlichkeiten maßgebend ist, ist zu folgern, daß in eben
jenen allgemeinen Gesetzen der Wissenschaften das Wesentliche
ihrer Objekte zwar natürlich nicht ausgedrückt und begriffen,
aber doch angezeigt und sozusagen lokalisiert ist. Es ist zu denken
als die Weise der Seinskonstitution, die sich vorfindet und kund-

---

[304] ,,Weltanschauungslehre, Soziologie u. Weltanschauungssetzung'': GW VI, 20.

gibt, wo immer wir jene Gesetze bestätigt finden, und kann vom bloß Umstandsbedingten und Akzidentellen unterschieden werden nach Maßgabe der Unterscheidung zwischen allgemeinem Gesetz und veränderlicher, zufälliger Zuständlichkeit im Rahmen der theoretischen Darstellung."[305] Wenn Scheler schließlich schreibt, Wissenschaft habe ,,für die Gewinnung und Setzung einer Weltanschauung wesensmäßig KEINERLEI Bedeutung",[306] so ist diesem Satz in seiner Allgemeinheit (und mindestens de facto) auch im Rückblick auf den bisherigen Gang der naturwissenschaftlichen Forschung zu widersprechen. Die Entwicklung dieser Wissenschaften hat deutliche weltanschauliche Impulse gegeben, wie immer sie zu bewerten sein mögen: Die entscheidende Bedeutung der sinnlich fundierten Erfahrung, die grundsätzliche Operabilität und Veränderbarkeit von Welt und neuestens auch vom ,,Experiment Menschheit",[307] aber auch die vom neuen Materiebegriff selbst aus angebahnte Durchlöcherung eines allzu billigen Materialismus[308] und die Förderung einer ,,objektivierenden" Metaphysik durch das wissenschaftliche Sachlichkeitsideal[309] sind weltanschauliche Konsequenzen, die uns berechtigen, mit JASPERS ,,Philosophie wohl eine WISSENSCHAFTLICHE WELTANSCHAUUNG" zu ,,nennen: Weltanschauung AUF DEM GRUNDE wissenschaftlicher Weltorientierung und IN GESTALT artikulierten Denkens, nicht aber eine durch Wissenschaft BEWIESENE Weltanschauung."[310]

2. Praktische Bedeutung einer philosophischen Weltanschauung

Eine philosophische Weltanschauung im dargestellten Sinn, die in der von ihr erkannten Seinsrangordnung dem Menschen,

---

[305] B. Thum, ,,Wissenschaft u. Weltbild"; in: A. Auer – B. Thum, a.a.O. 88f. Thum führt a.a.O. 82f. Beispiele aus der Problematik um Substanz und Quantität an. Aus dem anthropologischen Berich darf beispielsweise angefügt werden, daß Grad und Weise der Unabhängigkeit des menschlichen Geistes von der Materie nicht ohne Befragung der anthropologischen Empirie zu bestimmen sind.
[306] ,,Weltanschauungslehre, Soziologie u. Weltanschauungssetzung": GW VI, 17.
[307] Vgl. P. Overhage, *Experiment Menschheit. Die Steuerung d. menschlichen Evolution;* Frankfurt a.M. 1967.
[308] Vgl. zu diesen Punkten W. Heisenberg, ,,Die Rolle d. modernen Physik in der gegenwärtigen Entwicklung d. menschlichen Denkens"; in: H. W. Bähr (Hrsgb.), *Naturwissenschaft heute;* Gütersloh 1965, 31–34.
[309] Vgl. B. Thum, ,,Wissenschaft u. Weltbild"; in: A. Auer – B. Thum, *Weltbild u. Metaphysik* 110–117.
[310] *Philosophie I. Philosophische Weltorientierung* 320f.

von dessen drängendem Fragen sie ihren Ausgang nahm, einen hervorragenden Platz einräumen wird, kann nicht ohne Bedeutung sein für die praktische Lebensführung des Menschen. Gewiß wird philosophische Weltanschauung in dem Augenblick aufhören Philosophie zu sein, wo sie etwa ein bestehendes Gesellschaftssystem legitimieren und stützen soll oder zur bloßen Rüstkammer für die Verteidigung schon vor aller Frage unverrückbar feststehender Thesen entartet. Aber alles auf das Leben bezogene Fragen zugunsten einer rein theoretisch und nur so universalen Einstellung unterdrücken zu wollen und das unabweisbare Orientierungsbedürfnis des Menschen allein auf eine betont außerwissenschaftliche und in diesem Sinn „gläubige" Weltanschauung zu vertrösten,[311] hieße den einen Menschen, der einsichtig handeln muß, ebenso zerspalten wie die ihm zur Erkenntnis und kulturellen Leistung an ihr gleichermaßen aufgegebene Wirklichkeit.

Weltanschauung im angedeuteten Sinn könnte so als vornehmste, weil umfassendste Aufgabe der Philosophie erscheinen, wenn anders nicht diese ständig in der Gefahr wirklichkeitsentzogenen Systemdenkens leben soll oder bloß Wissenschaftstheorie oder gar nicht mehr als Geschichtsschreibung ihrer selbst sein will. Und mit Religion braucht philosophische Weltanschauung nicht notwendig zu konkurrieren. Denn einmal ist nicht für alle die Bildung (oder auch nur die Übernahme) einer philosophischen Weltanschauung möglich. Wenn für manche Religion auf weite Strecken die Aufgabe einer bindenden Weltorientierung übernimmt, dann ist damit weder notwendig ein heimlicher Hochmut einer denkenden Elite genährt noch vergessen, daß Religion neben den Elementen, die auch in einer philosophischen Weltanschauung auftreten können, ein echtes Plus an Aussagen über Gott und eine auf ihn bezogene und darin erneut und vertieft sinnvolle Welt enthält, wenn auch vielfach in primär praktischer und wenig reflektierter Form. Wo aber Religion nur nach intensiver und immer neu zu leistender kritischer Reflexion und in von dieser Reflexion geprägter Weise als Lebenspraxis übernommen und gleichzeitig adäquat von anderen Ganzheitsübersichten abgesetzt wird, dort erweitert sie sich zur Theologie. Diese aber er-

---

[311] Vgl. H. Rickert, „Wissenschaftliche Philosophie u. Weltanschauung"; in: *Logos* XXII (1935), 48–57.

wächst aus einem bestimmten Weltbild und bedarf der Philosophie zu ihrer je neuen Artikulation, wie sie anderseits von sich aus oft auf verschlungene Weise immer auch philosophisch befruchtend wirkte. Mag auch im einzelnen die Grenzziehung nicht immer leicht sein, gerade die recht verstandene wechselseitige Verwiesenheit von Philosophie und Theologie kann Grundlage sein für eine objektive Zusammenarbeit beider.

PERSONENVERZEICHNIS

Anselm v. Canterbury: 9, 15, 92
Aristoteles: 2, 21
Augustinus: XII, 3, 15, 21, 22, 23, 39, 41f., 56, 68, 73, 115, 127, 138, 143, 145

Balthasar, H. U. v.: 49, 211, 288
Bassenge, F.: 145
Becher, E.: 250
Bergson: 5
Buber: 234, 236, 249, 251, 254
Buddha: 3, 35
Buytendijk, F. J. J.: 203

Dacqué, E.: 157
Dilthey: 5, 37, 92, 295

Ebner, F.: 254
Eucken, R.: 4

Fichte: 4, 147
Franz v. Assisi: 43f., 163
Freud: 27f., 137

Gehlen, A.: 23, 57, 183, 197, 283

Häberlin, P.: 196, 216
Haskamp, R.: 85
Hartmann, E. v.: 4, 105, 147
Hartmann, N.: 221, 223, 224, 225, 248
Hegel: 4, 147
Heidegger: 30, 182, 290
Hengstenberg, H.-E.: 263, 264
Hildebrand, D. v.: 263
Husserl: 5, 10, 20, 30f., 32, 35–36, 38, 294

Jaspers: 111, 203, 255, 299

Kant: 3f., 16, 24, 46, 224, 225, 275
Klages: 104

Köhler, W.: 174, 175

Landmann, M.: 156
Leibniz: 93
Lipps, Th.: 250
Löwith, K.: 249, 250
Lorscheid, B.: 89, 95
Luther: 44

Malebranche: 3
Malik, J.: 76
Meurers, J.: 277
Muck, O.: 275
Muth, C.: 16

Nietzsche: 5, 50, 57, 202, 269

Pascal: 3, 14, 41f.
Platon: 2, 20, 21, 22, 27, 35, 45, 50
Plessner, H.: 86, 183, 196, 202
Portmann, A.: 57

Rahner, K.: 286
Rothacker, E.: 196, 203

Sartre: 268, 269
Schelling: 4, 37, 105, 147
Schmucker, J.: 277
Schopenhauer: 4, 37, 101
Siegmund, G.: 203
Spinoza: 4, 63, 147
Stern, E.: 263
Strasser, S.: 90, 234
Stirner, M.: 243

Thomas v. Aquin: 3, 33
Tönnies, F.: 256

Van Melsen, A. G. M.: 216

Zimmer, E.: 296

SACHINDEX

(Diese Übersicht ist als Ergänzung zum ausführlichen Inhaltsverzeichnis gedacht)

Akt(e): 76
  religiöser: 13, 190–193
  wesenssoziale: 252–254
Alleben: 51f., 123, 180f.
Allmensch: 109, 141, 142
Anthropologie:
  phänomenologische: 151
  philosophische: 19, 61, 132f., 139, 148, 178f.
Apriori, materiales: 4, 31, 221
Arbeit: 107f.
Atheismus: 13, 16, 269, 271
Augustinismus: 3, 39
Autonomie: 229

Bedürfnistheologie: 284
Begegnung: 280–284
Bildung: 108

Christliche Philosophie: 3, 9, 53, 214f.

Defizienzerfahrung: 278f.
Demut: 25, 34
Dialogismus: 226, 236, 241, 246, 248, 249, 254
Distanz: 164, 268
Dualismus: 133, 137, 142–144, 152, 155, 158, 176, 199, 189, 201, 202, 203

Egozentrismus: 164
Eigenwirklichkeit d. Menschen: 207f.
Einheit d. Menschen: 157f., 165, 177f., 179, 189, 201f.
Einsamkeit: 245f.
Einfühlung: 162f.
Einzelwissenschaften: 1, 27f., 133, 135–137, 216f., 298f.
Endlichkeit: 206, 218, 219
Entleiblichung: 32, 38, 48, 117
Erbsündenlehre: 99f., 106, 112, 127f., 143
Erfahrung: 200, 276–278
Erkenntnis: 33f., 200

Erlebensphilosophie: 12f.
Erlösung: 101, 102f., 107
Ethik: 221, 225
Evidenz: 31
  „erste": 10f.
  „zweite": 11f.
Evolutionismus: 153, 156

Freiheit: 233–237
Fremdwahrnehmung: 167–170

Gefühle: 159–161
Gehorsam: 229f.
Geist: 95, 102, 174, 181f., 186–190
Geist-Leben-Spannung: 99, 101f., 103f., 105
Gemeinschaft: 114, 254–256
Gesamtperson: 112, 114–118, 128, 259f.
Geschlechtlichkeit: 49–52, 162
Gesellschaft: 258f.
Gewissen: 240f.
Gnade: 287
Gnadenerfahrung: 211f., 270
Gott: 11f., 13, 23, 33, 74f., 92f., 97f., 148f., 205f.
Gottebenbildlichkeit: 56f., 60f., 62f., 68, 73, 106, 114, 115, 133, 137f., 143, 146, 204, 210f.
Gottesbeweis, soziologischer: 115, 165, 279
Gottesbeweise: 206, 270, 271f.
Gotteserkenntnis: 73f., 78f.
„Gott-ist-tot"-Theologie: 275f.
Gruppenseele – Gruppengeist: 264

Heil: 107, 109f.

Ich: 248
Idealismus, Deutscher: 4, 63, 75
„Idee" v. Menschen: 215f.
Illuminationslehre: 22
Indifferenz, psycho-physische: 85–87, 114, 153